Klaus Bergdolt

Der Schwarze Tod in Europa

Werke zur Medizingeschichte

Rima Handley
Eine homöopathische Liebesgeschichte
Das Leben von Mélanie und Samuel Hahnemann
Aus dem Englischen von Corinna Fiedler.
1993. 272 Seiten. Leinen

Claudine Herzlich/Janine Pierret
Kranke gestern, Kranke heute
Die Gesellschaft und das Leiden
1991. 320 Seiten. Leinen

Dietrich von Engelhardt/Fritz Hartmann (Hrsg.)
Klassiker der Medizin
Band 1: Von Hippokrates bis Christoph Wilhelm Hufeland
1991. 443 Seiten mit 31 Abbildungen. Leinen
Band 2: Von Philippe Pinel bis Viktor von Weizsäcker
1991. 485 Seiten mit 26 Abbildungen. Leinen

Antje Krug
Heilkunst und Heilkult
Medizin in der Antike
2., durchgesehene und erweiterte Auflage. 1993.
246 Seiten mit 96 Abbildungen. Leinen

Heinrich Schipperges
Die Kranken im Mittelalter
3., ergänzte Auflage. 1993. 252 Seiten mit 22 Abbildungen.
Gebunden

Buchanzeigen

Klaus Bergdolt

Der Schwarze Tod in Europa

Die Große Pest und das Ende des Mittelalters

Verlag C. H. Beck München

Mit 8 Abbildungen im Text

Die Deutsche Bibliothek – CIP-Einheitsaufnahme

Bergdolt, Klaus:
Der Schwarze Tod in Europa : die große Pest und das Ende des Mittelalters / Klaus Bergdolt. – München : Beck, 1994
ISBN 3 406 38064 6

ISBN 3 406 38064 6

Satz und Druck: Appl, Wemding
Gedruckt auf säurefreiem, aus chlorfrei gebleichtem Zellstoff hergestelltem Papier
Printed in Germany

Wilhelm Bergdolt (1905–1971)
in Dankbarkeit

Inhalt

1. Vorwort

Die Pest, die Europa zwischen 1347 und 1351 heimsuchte, um sich für Jahrhunderte als «Krankheit par excellence»[1] zu etablieren, stellte eine der großen Katastrophen der europäischen Geschichte dar. Die Alltagsbilder des Schwarzen Todes,[2] der im Herbst 1346 von der Krim seinen Ausgang nahm und unseren Kontinent in die schwerste Krise seit Menschengedenken stürzte, lassen selbst heutige Betrachter schaudern. Männer, Frauen und Kinder wurden unversehens, oft innerhalb weniger Stunden, von einer neuen, schmerzhaften, ansteckenden und unheilbaren Seuche hinweggerafft, nachdem sie meist schon nach Auftreten der ersten Krankheitssymptome aus der menschlichen Gemeinschaft ausgestoßen worden waren. Der Europäer unseres Jahrhunderts hat solche Formen des Ausgestoßenseins, das Paradoxon des einsamen Todes inmitten eines Massensterbens, von den Tötungsmaschinerien des Stalinismus und Nationalsozialismus einmal abgesehen, zwar in Kriegs- und Kriegsfolgezeiten erlebt, doch nie mehr als Folge einer allgemeinen *Pandemie.* Cholera, Typhus, Pocken, Diphtherie, Kinderlähmung oder gefährliche Grippewellen fanden zwar immer wieder zahlreiche Opfer, hatten im Vergleich zur Pest, die 1348 praktisch ganz Europa überrollte, aber doch nur regionale Bedeutung.[3] Dagegen wiesen Seuchen- und Kriegszeiten stets zahlreiche Gemeinsamkeiten auf. Die Grausamkeit des Schwarzen Todes ließ die Menschen wie in einem Bürgerkrieg verrohen, die Angst vor einer Infektion besiegte Moralgesetze und Verantwortungsgefühl. Völlig zu Recht, wenn auch primär unter ökonomischen Gesichtspunkten, stellte James W. Thompson einen allgemeinen Vergleich zwischen dem Inferno von 1348/51 und der Katastrophe des ersten Weltkriegs an.[4] Einer fatalen Gesetzmäßigkeit folgend brachten Seuchen und Kriege – vom Mittelalter bis ins 20. Jahrhundert – den Völkern Europas fast zwangsläufig Hunger und Tod, Einsamkeit und Verzweiflung. Dürers «Apokalyptische Reiter» symbolisieren eindrucksvoll die Zusammenhänge von Kriegen, Teuerung, Hungersnot, Pestseuchen und Massensterben.[5] Als «klassische» Plagen stellten sie jahrhundertelang einen Alptraum der Menschheit dar.

Die Abwendung der Mitmenschen, ihre Mitleidlosigkeit und Panik, erklären sich in Pest- und Kriegszeiten durch die Todesangst, der überkommene Ordnungen und Institutionen im Regelfall ebensowenig standhalten wie eingespielte Hilfsmechanismen oder christliche Wertvorstellungen. Sie war ohne Zweifel begründet. Zwischen 1347 und 1350 erlag der Pest etwa ein Drittel der europäischen Bevölkerung (wobei die Mortalität in den einzelnen Städten erheblich variierte[6]), ein ungeheurer Anteil, wenn man bedenkt, daß z.B. – um wiederum den Bezug zum 20. Jahrhundert herzustellen – im und nach dem zweiten Wektkrieg, einschließlich der Opfer des Holocausts und der Vertreibungen, «nur» etwa fünf Prozent der Europäer umkamen.[7] Hier könnte man zwar einwenden, daß die absolute Zahl der Opfer des letzten Weltkriegs erheblich höher lag als 1348/51 (etwa 60 Millionen im Vergleich zu 20 Millionen)[8] und zudem menschliches Leid niemals in Prozenten gemessen werden kann, doch lassen sich die psychosozialen und wirtschaftlichen Folgen der Pest recht gut mit den epochalen Umwälzungen unserer Zeit vergleichen. Es bleibt jedenfalls unbestritten, daß der Schwarze Tod (der Begriff wird im folgenden ausschließlich auf die Pest zur Mitte des 14. Jahrhunderts bezogen) das spätmittelalterliche Europa mindestens ebenso sehr veränderte wie die Weltkriege die moderne Welt. Schon Egon Friedell stellte in seiner *Kulturgeschichte der Neuzeit* (1932) fest: «Das Konzeptionsjahr des Menschen der Neuzeit war das Jahr 1348, das Jahr des ‹Schwarzen Todes› »,[9] und diese Ansicht wurde von vielen Historikern geteilt.[10] Das 14. Jahrhundert gewinnt so nicht nur eine emotionale, sondern eine eminent historische Bedeutung. Nie zuvor fühlten sich Papst, Kaiser und Könige, Adlige und Handwerker, Gelehrte und Bauern, Klerus und städtische Obrigkeit in gleicher Weise herausgefordert und existentiell bedroht. Weniger die an einigen Orten auftretenden Massenpsychosen, die nicht selten gefährliche Ausmaße annahmen,[11] sondern eine berechtigte Realangst bestimmte dabei ihr Verhalten. Es kann nicht überraschen, daß weitsichtige Zeitgenossen, allen voran Petrarca, schon damals den Umbruchcharakter ihrer Epoche erkannten, den sie freilich nicht nur mit dem Schrecken der Pest zu erklären suchten.[12]

Im folgenden wird der Versuch unternommen, die Auswirkungen der Katastrophe von 1348 auf Wirtschaft und Politik, Kunst und Literatur, Medizin und Theologie, Alltag und Moral zusammenzufassen, kurz, die *social response* der europäischen Gesellschaft aufzuzeigen. Beschränkungen in der Auswahl der Quellen und Themenschwerpunkte sind dabei unvermeidlich. Zudem erscheint der Forschungsstand, was die einzelnen Teilthemen angeht, recht unterschiedlich.[13] Der Autor war sich durchaus bewußt, daß jedes Teilkapitel interessant genug wäre, in einem separaten Buch vorgestellt zu werden, und daß eine globale Übersicht über eine bestimmte Kulturepoche Risiken birgt. Viele Aspekte des Themas konnten so nur gestreift, aktuelle Forschungsthemen oft nur zusammenfassend diskutiert werden. Im übrigen wurde dankbar auf grundlegende Arbeiten zurückgegriffen, so von J. B. Biraben, N. Bulst, R. Delort, R. S. Gottfried, F. Graus, A. Haverkamp, B. I. Zaddach, P. Ziegler oder K. G. Zinn, um nur einige Namen zu nennen.[14] Ein Kapitel ist der Pathogenese und dem «klinischen Bild» der Pest gewidmet, da ohne Kenntnis von Grundzügen der Seuchenlehre manche von zeitgenössischen Chronisten beschriebene Alltagsphänomene nicht zu verstehen sind. So erscheint es z. B. völlig unsinnig, Beulen- und Lungenpestepidemien zu unterscheiden, da nicht nur der Infektionsweg, sondern vor allem die Resistenzlage eines Individuums über den Befall der Atemorgane entschied. Brach in einer Stadt die Beulenpest aus, ließ sich bei einigen älteren oder geschwächten Bewohnern mit an Sicherheit grenzender Wahrscheinlichkeit auch ein Lungenbefall nachweisen, d. h. die Pest wurde fortan auch durch «Tröpfcheninfektion» übertragen.[15] Ein weiterer Abschnitt handelt von der «Pest» des Altertums sowie der Seuche des frühen Mittelalters.[16] Obgleich das Thema besonders auch soziale Aspekte und Konsequenzen der Katastrophe von 1348/50 einschließt, war es weniger Absicht des Autors, eine *Sozialgeschichte* der Pest im 14. Jahrhundert zu schreiben. Vielmehr sollte der Leser mit möglichst vielfältigen Phänomenen des Pestalltags um 1350 konfrontiert werden. Auch heute noch bewegen die Berichte zeitgenössischer Chronisten, die den Schwarzen Tod aus nächster Nähe erlebten, ja oft genug selbst erkrankten. Sie stellen – die Bemerkung sei gestattet – den ergreifendsten Teil des Buches dar und sprechen in ihrer Expressivität für sich selbst. Aus diesem Grund findet der Leser, besonders in den die Ausbreitung der Pest abhandelnden Kapiteln, zahlreiche wörtliche Zitate aus Augenzeugenberichten.[17]

Obgleich die Reaktion der Gesellschaft auf globale tödliche Bedrohungen nicht zuletzt von den «jeweiligen historischen Rahmenbedingungen» (Zinn[18]) abhängt, steht, ungeachtet aller historischen Neugier, zudem auch die Frage im Raum: Wie würden die Menschen unserer Tage, wie würden wir selbst reagieren, wenn wir plötzlich mit einer der Pest des 14. Jahrhunderts vergleichbaren Seuche konfrontiert würden, d. h. wenn, von heute auf morgen, der Tod wie eine Grippe oder wie Schnupfen übertragen würde? Die Erfahrung mit der, was die Ansteckungsgefahr betrifft, im Vergleich zur Pest geradezu harmlosen Immunschwäche Aids läßt nichts gutes ahnen. So gewinnt das Thema, wie die Seuchengeschichte überhaupt, eine neue, höchst aktuelle Bedeutung.

In der alteuropäischen Gesellschaft bedeutete, jedenfalls bis ins frühe 18. Jahrhundert, Umgang mit Epidemien vor allem Umgang mit der Pest. In Auseinandersetzung mit ihr wurden bereits während des Schwarzen Todes Methoden der Prophylaxe und des Schutzes entwickelt, denen man offensichtlich bis ins 19. Jahrhundert vertraute. Sie hatten freilich einen fatalen gemeinsamen Nenner: Sie waren kaum effektiv. Ungeachtet mancher Lernprozesse, die vor allem die Quarantäne Verdächtiger und die Isolierung Kranker betrafen, unterschied sich deshalb der Pestalltag in den folgenden Jahrhunderten nur wenig von dem des 14. Jahrhunderts.

2. Die «Pest» im Altertum

Jahrtausendelang zählten Pestseuchen zu den Geißeln der Menschheit. In unregelmäßigen Abständen hatten sie bereits die Kulturvölker der Antike heimgesucht. Der Durchschnittsmensch fühlte sich ohnmächtig gegenüber Epidemien und Krankheiten, die nicht erst in der christlichen Tradition als Strafe Gottes empfunden wurden.[1] Es erscheint in diesem Zusammenhang eher belanglos, ob es sich bei den in der antiken Literatur geschilderten Seuchen tatsächlich um die Pest im naturwissenschaftlichen Sinn des Wortes handelte, d. h. die durch *Yersinia* bzw. *Pasteurella Pestis*[2] hervorgerufene Infektionskrankheit. Sorgfältige Interpretationen zeitgenössischer Beschreibungen lassen eher das Gegenteil vermuten. Mit großer Wahrscheinlichkeit wurden im Altertum auch Pocken, Typhus, Dengue-Fieber und andere ansteckende Seuchen als Pest (lat. *pestis*, griech. *loimós*, hebr. *deber*) bezeichnet. Dies ist ohne weiteres verständlich, da sich die finalen Krankheitsbilder, gekennzeichnet durch Gewichtsreduktion, Benommenheit, Flüssigkeitsverluste, Bluthusten, Durchfälle, Hautgeschwüre, Augenentzündungen und Lymphknotenschwellungen (Bubonen), bei allgemeiner Therapieresistenz weitgehend entsprechen und der Zusammenbruch des körpereigenen Abwehrsystems eine mehr oder weniger einheitliche klinische Symptomatik hervorrufen kann, die rasch zum Tode führt.[3] Solche «Pestseuchen» im weitesten Sinn stellten für Europa, Asien und Nordafrika eine kontinuierliche Bedrohung dar und bestimmten den Alltag Ägyptens, Mesopotamiens, Israels, Griechenlands und Roms ebenso wie Hungersnot oder Kriege. Die Berichte zeitgenössischer Chronisten lassen dabei menschliche Verhaltensmuster erkennen, wie wir sie letztendlich auch zur Zeit des Schwarzen Todes, ja bis in unsere Tage bei Epidemien wiederfinden.[4]

Neben der physischen Existenz bedrohten Seuchen auch stets die psychische Stabilität des Individuums. Sie lösten Familienbande, provozierten und entschieden Kriege, stürzten Dynastien, verursachten Völkerwanderungen, führten zu Hungersnot, riefen soziale Spannungen hervor und beeinflußten das religiöse Verhalten. Doch zeigten die antiken Epidemien niemals die flächendeckende Wirkung der echten «mittelalterlichen» Pest. Die Seuche *(deber)*, die Gott den Ägyptern als Plage schickte, scheint nach der alttestamentarischen Darstellung so ebensowenig dem Schwarzen Tod vergleichbar gewesen zu sein wie diejenige, welche das Heer der Philister dezimierte, nachdem diese die Bundeslade geraubt hatten. Zwar spricht der biblische Autor tatsächlich von Beulen *(Apholin)* als Krankheitssymptomen, ja von einer charakteristischen Mäuseplage, doch bleibt sein Bericht zu allgemein, um auf eine echte Pest schließen zu lassen.[5]

Tatsächlich läßt sich diese Diagnose für keine uns bekannte Epidemie des Altertums mit Sicherheit stellen. Zwar beschreibt auch Hippokrates (460–377), die führende medizinische Autorität der Griechen,[6] Fieber und Drüsenschwellungen als Symptome einer Seuche, deren Augenzeuge er war (und die von Galen und anderen antiken Autoren später als «Pest» interpretiert wurde).[7] Doch sind hier ebenso Zweifel angebracht wie bei der berühmten «Pest» des Thukydides (429), die durch die meisterhafte Schilderung des Athener Historikers in die Literatur einging. Erstmals in der Seuchengeschichte werden hier «klassische» Verhaltensmuster beschrieben, wie sie auch für den Schwarzen Tod typisch waren. Bittprozessionen, die Suche nach «Schuldigen», Todesangst, aber auch eine paradox erscheinende Vergnügungssucht,[8] der Verfall der Sitten und die Verrohung des Alltags, die Flucht der Reichen, die Verzweiflung der Infizierten und Sterbenden sowie eine allgemeine Resignation charakterisieren den Seuchenalltag ebenso wie die tödliche Selbstaufopferung mancher Angehöriger und Ärzte. Der Vorwurf der Brunnenvergiftung fehlt in Athen bereits ebensowenig wie in der mittelalterlichen Pestliteratur.[9]

Die geschilderten Reaktionen wurden bald zu Topoi der Seuchengeschichte. Sie lassen sich in entsprechenden Situationen, wie erwähnt, auch später häufig nachweisen. Im übrigen vermuten die Medizinhistoriker heute, daß Athen durch eine Pockenepidemie dezimiert wurde (was auch für die Pest angenommen wird, vor der im zweiten nachchristlichen Jahrhundert Galen aus Rom floh[10]). Tatsächlich erlauben aber die von Herodot, Livius, Sueton und Cassius Dio verfaßten Seuchenbeschreibungen kaum präzise Diagnosen. Fest steht nur, daß es sich jeweils um Epidemien mit hohen Menschenverlusten handelte.[11] Natürlich konnten auch die Ärzte der Antike keine wirksamen Prophylaxe- und Therapievorschläge präsentieren, es sei denn den dringlichen Rat zur Flucht. Diese radikale Prophylaxe stellte noch im 18. Jahrhundert die sinnvollste Maßnahme überhaupt dar und wurde, vom Rückzug der Pest aus Europa in der Folgezeit einmal abgesehen, erst nach Entwicklung der Antibiotika überflüssig.[12]

3. Die Pest des frühen Mittelalters

Obgleich ein Vorkommen von Yersinia Pestis in der Antike nicht beweisbar ist, handelte es sich bei der Katastrophe von 1348/51 keinesfalls um die erste nachweisbare Pest der europäischen Geschichte. Interpretieren wir die Quellen richtig, wurde die Beulenpest bereits 541 unter Justinian von Ägypten aus in die levantinischen Hafenstädte eingeschleppt.[1] Prokop, der Chronist am Kaiserhof in Byzanz und sein Nachfolger Agathias, ferner Evagrius Scholastikus aus Antiochia, der Historiker Johannes Malalás, der Rhetor Zacharias und – weit im Westen, am Merowingerhof – Gregor, der Bischof von Tours, beschrieben die *Justinianische Pest*[2] aus unmittelbarer Erfahrung, wobei sie in ihren rhetorischen Berichten recht unverblümt die Seuchenbeschreibung des Thukydides imitierten.[3] Die *Mimesis* des angesehensten Historikers der Antike gab ihren Schriften, obwohl es sich in Athen, wie wir sahen, gerade nicht um eine wirkliche Pest gehandelt hatte, besonderen Glanz.[4] Spätestens im Winter 543 hatte die Seuche im Osten Aserbeidschan (Atropatene), im Westen Dalmatien, Italien, Spanien und Nordafrika erreicht, im Norden Reims und Trier. Die Menschenverluste waren enorm, besonders in den Hafenstädten des Mittelmeers. Der Schiffsverkehr und – nach dem Zeugnis des Evagrius – Kranke auf der Flucht[5] sorgten für eine rasche Ausbreitung der Epidemie, die literarisch freilich weit weniger bekannt wurde als der Schwarze Tod des 14. Jahrhunderts.[6] Während der Kaiser sie optimistisch im März 544 «offiziell» für erloschen erklärte, flackerte die erste gesicherte Pest der europäischen Geschichte bereits 577 wieder auf und blieb etwa 200 Jahre *endemisch*[7] (nicht zufällig etablierte sich um 680 in Rom der Kult des hl. Sebastian, des wichtigsten Pestheiligen im ersten Jahrtausend[8]). Die verlustreichste Epidemiewelle überzog um 750 Italien. Kurz darauf erlosch die Pest endgültig. Erst 1347, nach rund 600 Jahren, sollte die Krankheit Europa wieder in Angst und Schrecken versetzen.[9]

Die Parallelen zwischen dem Schwarzen Tod und der Justinianischen Pest waren vielfältig. Wie im 14. Jahrhundert deutete man bereits zur Völkerwanderungszeit eine merkwürdige Häufung von Naturkatastrophen, Vulkanausbrüchen, Überschwemmungen und Kometenerscheinungen als unheilvolle Vorzeichen von Kriegen und Seuchen und brachte sie mit der Pest in Zusammenhang.[10] «Die Zukunft liegt im Dunkeln. Sie wird sich entwickeln, wie es Gott gefällt, der auch die Ursache kennt», notierte Evagrius pessimistisch.[11] Die meisten Zeitgenossen waren davon überzeugt, daß Gott die Menschheit strafen wollte. Theophanes Homologetes vermutete, daß «der Pesttod kam ..., um den frevelhaften Konstantinos (d. h. Kaiser Konstantinos V. Kopronymos, 741–755) zu züchtigen und ihn von seiner Raserei gegen die heiligen Kirchen und die ehrwürdigen Ikonen abzubringen».[12] Die Seuche wurde so zweifellos auch politisch ausgeschlachtet. Bekanntlich stellte der Bilderstreit über Jahrhunderte ein Hauptproblem byzantinischer Innenpolitik dar.[13]

Prokop, der berühmteste Chronist des 6. Jahrhunderts, beschrieb gewissenhaft die neurologischen Symptome der Seuche, wie wir sie aus vielen späteren Schilderungen kennen: Wahnsinnsanfälle, Lähmungen, Benommenheit, Traumgesichter und Fieber.[14] Augenentzündungen, Unterblutungen der Haut, Durchfall, Drüsenschwellungen, Gelenkschmerzen, die hohe Ansteckungsgefahr sowie die Wahrscheinlichkeit eines baldigen Todes stellte Evagrius in den Vordergrund seiner Darstellung. Traten Bubonen, also Pestbeulen auf, war mit dem Tod innerhalb von drei Tagen zu rechnen.[15] Prokop unterschied dabei schon richtig Fälle mit raschem Tod (d. h. innerhalb weniger Stunden) von solchen, wo die Erkrankten erst nach mehreren Tagen starben, was eine rein empirische Unterscheidung von Lungen- und Beulenpest bedeutete. Aussicht auf Rettung bestand, wenn eine Pestbeule platzte und sich der infektiöse Inhalt nach außen ergoß.[16]

Wie viele Seuchenperioden rief auch die Pest des Justinian Hungersnot und soziales Elend hervor. Viele Kranken brachen auf offener

Straße zusammen, ohne daß jemand den Mut fand, ihnen zu helfen. In den Städten sollen die Straßen von Leichen gesäumt gewesen sein. Allein für die Hauptstadt Konstantinopel gab Prokop eine (freilich rhetorisch übertriebene Zahl) von 5 000 bis 10 000 «und mehr» Opfern pro Tag an![17] Nach Johannes von Ephesus befiel die Seuche bevorzugt die Armen, die nicht hatten fliehen können.[18]

Wir wissen heute, daß die Justinianische Pest unabsehbare politische Konsequenzen hatte. Die Berber konnten noch im 6. Jahrhundert ungehindert das damals byzantinisch besetzte Gebiet des heutigen Tunesien erobern, dessen Besatzung der Seuche erlegen war. Ebenso problemlos nahmen die Awaren und Langobarden Illyrien ein, während die Bulgaren 599 das schutzlose Konstantinopel belagerten. Die Byzantiner verloren Syrien, die Sassaniden Mesopotamien und, zwischen 635 und 640, auch Teile Ägyptens an die Araber. Kalif Omar hielt 537 seine Truppen so lange in der Wüste zurück, bis die Pest in Damaskus abgeklungen und die byzantinischen Garnison samt der Mehrzahl der Einwohner umgekommen war. Er konnte die Stadt so praktisch kampflos einnehmen. Andererseits wurden die Eroberer, die mit dem Erreger der Seuche noch nicht in Berührung gekommen waren, durch die folgende Pestwelle selbst dezimiert.[19] Pest und Politik bildeten zur Zeit der Völkerwanderung zeitweise zwei Seiten einer Medaille.

Freilich war im 14. Jahrhundert die Erinnerung an die Seuchenkatastrophe des frühen Mittelalters verblaßt. Während der gelehrte Evagrius sich 542 sehr wohl an den Bericht des Thukydides erinnerte, lagen die von ihm verfaßten Aufzeichnungen 1348 – wie diejenigen Prokops und anderer frühbyzantinischer Autoren – in Klosterbibliotheken der Hauptstadt und waren bestenfalls einigen Klerikern bekannt. Nur privilegierte Chronisten wie der Kaiser Johannes Kantakuzenos kannten die Werke aus justinianischer Zeit, während die antike Vorlage des Thukydides häufiger als Vorlage diente.[20] Auch im Westen war die *Historia Francorum* Gregors von Tours offensichtlich in Vergessenheit geraten, obgleich am Hof der Valois Abschriften existierten.[21] Ein erstaunliches Phänomen, berücksichtigt man, daß viele mehr oder weniger bedeutende Ereignisse der *antiken* Geschichte im Mittelalter sehr wohl präsent waren (man denke nur an Dantes oder Petrarcas Antikenbegeisterung!) und selbst Kunstwerke des 6. Jahrhunderts häufig kopiert wurden.[22] Besonders im Westen Europas hatte man die bis dahin folgenschwerste Epidemie, der ein Drittel bis die Hälfte der byzantinischen Bevölkerung zum Opfer gefallen war, verdrängt.[23] Erst durch die im Hoch- und Spätmittelalter entwickelte Schreibkultur, den zunehmenden Kommunikationsfluß zwischen den Ländern sowie die Institution höfischer und städtischer Chronisten wurde eine solche kollektive Vergeßlichkeit unmöglich.

Von der mangelhaften Überlieferung einmal abgesehen, hätten sich die Historiker und Humanisten des 14. Jahrhunderts für das frühe und hohe Mittelalter zunächst auch wenig interessiert. Petrarca, Boccaccio und andere intellektuelle Zeitgenossen verachteten diese «finstere» Epoche zutiefst.[24] Es war so, im wahrsten Sinn des Wortes, eine «unerhörte» Seuche, die Europa um die Mitte des 14. Jahrhunderts heimsuchte.[25]

4. Ursache, Infektionswege und klinisches Bild der Pest

Um die von Evagrius und Prokop bereits im 6. Jahrhundert beschriebenen Krankheitssymptome zu verstehen, ist ein kurzer Exkurs in die Pathophysiologie der Pest unvermeidlich. Die Krankheit wird durch den Pestbazillus, *Yersinia* bzw. *Pasteurella Pestis* hervorgerufen, den Alexandre Yersin 1894 während einer Epidemie in Hongkong entdeckte.[1] Hauptwirte des Erregers sind kleine Nager, besonders aber Ratten, die *homolog,* d. h. über bereits infizierte Artgenossen durch den Biß («Stich») des Ratten- oder Pestflohs *(Xenopsylla Cheopis Roth)* infiziert werden. Befällt der Rattenfloh dabei die Wanderratte *(Rattus Norvegicus Birkenhout),* bleibt die Pest mit einer gewissen Wahrscheinlichkeit *endemisch,* d. h. sie tritt nur hier und dort in unregelmäßigen Abständen auf, ohne daß sie sich dabei zu einer wirklichen Epidemie entwickelt. Infiziert der Floh dagegen die Hausratte *(Rattus Rattus),* gelangt der Erreger vermehrt, ja massenhaft in menschliche Siedlungsräume, in Häuser, Speicher, Keller, aber auch Laderäume von Schiffen. Da der Rattenfloh gleichzeitig menschenpathogen ist, besteht damit Lebensgefahr für die Bevölkerung. Die *heterologe* Übertragung des Erregers von der Hausratte auf den Menschen bewirkt somit die Epidemie, die meist von Städten, Häfen oder größeren Dörfern ihren Ausgang nahm. Leider überträgt auch der Menschenfloh *(Pulex irritans)* den Pestbazillus, so daß bei zunehmender Infizierung der Bevölkerung zwangsläufig auch ein homologer Infektionsmechanismus von Mensch zu Mensch einsetzt und die Mortalitätsziffer steigert.[2]

Der genaue Infektionsmodus wurde bereits 1897 durch Ogata geklärt. Im infizierten Floh blockiert ein Pfropfen aus Bazillen und Blut den *Proventrikel,* eine kleine Tasche der Speiseröhre. Beim «Stich» bzw. Biß wird dieser hochinfektiöse Blutpfropf regurgiert und in die Bißwunde, d. h. in die Blutbahn von Ratte oder Mensch geschleudert. Möglich ist auch eine Infektion durch den Flohkot, der bei starkem Jucken, besonders bei Menschenflohbefall, in die Haut gerieben wird oder durch offene Wunden und Ekzeme in die Blutbahn des Wirts gelangt.[3]

Besonders nach dem Eingehen infizierter Ratten und Nager setzen sich die Pestflöhe massenhaft auf Menschen ab. Pferd, Schaf, Rind und Kamel werden offensichtlich vom Ratten- oder Menschenfloh gemieden und erkranken extrem selten, während sich Hunde- und Katzenflöhe, die ebenfalls als Überträger in Frage kommen, im allgemeinen auf Hunde- und Katzenfelle beschränken. Insgesamt ist der Mensch nur eine von etwa 370 potentiellen Wirtsspezies, wobei die meisten freilich bei der Pestübertragung im Vergleich zu den Nagern eine untergeordnete Rolle spielen.[4] Die Infektion wird aber dadurch begünstigt, daß Flöhe ungefähr dreißig Tage auch ohne Symbiose mit einem Wirtstier überleben und während dieser Zeit ohne weiteres aus Kleidern, Lumpen, Betten, Ritzen usw. heraus Menschen befallen können. Unterhalb von zehn Grad Celsius fällt der Floh in eine Gliederstarre. Dies ist wohl der Grund, daß sich die Pest im Winter bzw. bei kühleren Temperaturen langsamer ausbreitete.[5]

Die Infektion mit dem Pestbazillus erfolgte aber nicht nur durch Flohbiß, Kratzen oder Hautläsionen, sondern ebenso über den Nasen-Rachen-Raum (wie dies im Mittelalter schon bei der Lepra der Fall gewesen war[6]). Generell sind somit zwei große Ansteckungswege bekannt: durch die Haut und über die Lungen. Die Hautinfektion, im «klassischen» Fall durch Flohstiche hervorgerufen, führt in der Regel zur Beulenpest (*Bubonen*pest). Nach einer Inkubationszeit von einem bis sechs Tagen entsteht an der Einstichstelle eine Nekrose, die sich blau-schwarz verfärbt *(Schwarze Blattern).* Zwei oder drei Tage später bildet sich eine Schwellung der regionalen Lymphknoten, die zum eitrigen Aufbrechen neigen. Nach etwa einer Woche erfolgt, unter rasenden Kopfschmerzen, Benommenheit, Fieberschüben und allgemeiner Erschöpfung, eine langsame Besserung, oder die Lymphbarriere bricht durch, d.h. die Erreger gelangen in die Blutbahn. Die nachfolgende *Septikämie* führt fast immer zum Tode. Falls die Blutvergiftung ausbleibt, sind anhaltende Pusteln, diffuse Lymphknotenschwellungen («Pestbeulen»), Hautunterblutungen, Verdauungsstörungen,

Schwindel, Halluzinationen und psychische Auffälligkeiten, wie sie bereits Prokop beschrieb, typisch.[7] Jederzeit kann über ein Delir und Koma noch der Tod eintreten. Sitzen das primär infizierte Ganglion bzw. die zugehörigen Lymphknoten tief, kann der Patient auch ohne sichtbare äußere Symptome sterben. Durchbricht ein Abszeß die Lungengewebe, ist zudem ein sekundärer Lungenbefall möglich, dessen Symptome dem primären entsprechen. Er endet praktisch immer tödlich.

Die hochgefährliche primäre Lungenpest, die wie Schnupfen oder Grippe über den Nasen-Rachen-Raum übertragen wird, d.h. durch «Tröpfcheninfektion», hat eine Inkubationszeit von einem bis zwei Tagen und ist durch Herzrasen, Bluthusten, Atemnot und schließlich Ersticken auf Grund einer Nervenlähmung sowie der Lungengewebszerstörung gekennzeichnet. Sie führt fast immer zum Tode. Das Ende kann u. U. schon nach wenigen Stunden eintreten. Boccaccio berichtet von gesunden, jungen Menschen, die sich morgens noch ihrer Gesundheit erfreuten, «um am Abend darauf in der anderen Welt mit ihren Vorfahren zu tafeln».[8] Freilich bildete ein so rascher Tod die Ausnahme. Er trat im Regelfall nach ein bis zwei Tagen ein.[9] Beulen- und Lungenpest stellten aber, wie bereits erwähnt, nur verschiedene Verlaufsformen derselben Krankheit dar. Jederzeit konnte die Bubonenpest in die gefährlichere Form übergehen! Unsinnig wäre es, die harmlosere Verlaufsform einer historischen Epidemie mit dem isolierten Auftreten der Beulenpest zu erklären. Bei Individuen mit herabgesetzter Resistenz, bei Neugeborenen oder Alten, war jederzeit mit einem Lungenbefall zu rechnen!

Natürlich lassen sich die während der letzten hundert Jahre gewonnenen Detailkenntnisse über Pathomechanismus und klinische Verlaufsformen der Pest nur mit Vorbehalten auf den Schwarzen Tod des 14. Jahrhunderts übertragen, da Bazilleneigenschaften sich ohne weiteres verändern können.[10] Andererseits unterschied bereits Prokop, vor allem aber 1365 Guy de Chauliac, der Leibarzt dreier Päpste und des Königs von Frankreich, ohne natürlich die Ursachen zu durchschauen, rein empirisch Lungen- und Beulenpest. In Guys *Chirurgia Magna* lesen wir: «Die Krankheit hielt sich (in Avignon) sieben Monate. Es gab zwei Formen. Die erste dauerte zwei Monate und war durch anhaltendes Fieber und Blutspucken gekennzeichnet, und man starb daran innerhalb von drei Tagen. Die zweite dauerte lange Zeit an, ebenfalls unter anhaltendem Fieber, wobei sich Pusteln und Beulen auf der Haut entwickelten, besonders unter den Achseln und in der Leistengegend. Man starb daran nach fünf Tagen».[11]

Die Krankheitsdauer variierte natürlich in beiden Fällen, und es gab Menschen, die die Beulenpest überlebten.[12] Eine relative, d. h. nur eine bestimmte Zeit anhaltende Immunität war bei den Überlebenden die Regel und wurde bereits im 14. Jahrhundert beschrieben.[13] Die Prognose hing letztlich von der Funktionsfähigkeit der Lymphknotenbarrieren ab. Wurden sie durchbrochen, war ein tödlicher Ausgang wahrscheinlich. Die Lungenpest war deshalb so gefährlich, weil diese Schutzschranke von vorneherein ausgeschaltet war. Der Erreger gelangte über die Lungenbläschen direkt ins Blut.

Die erwähnten Wanderratten traten in Europa gehäuft erst im 17. Jahrhundert auf, so daß ihre epidemie*hemmende* Rolle zur Zeit des Schwarzen Todes keine Rolle spielte. Durch ihre starke Mobilität – sie verlassen, im Gegensatz zur Hausratte, Städte, Dörfer und Siedlungen nach kurzer Zeit – verhinderten sie explosionsartige Ausbreitungen der Seuche. Wahrscheinlich hängt der Rückzug der Pest aus Europa seit dem 18. Jahrhundert tatsächlich mit einer relativen Vermehrung dieser Rattenspezies und einer Verminderung der Hausratten zusammen.[14] Epidemiehöhepunkte waren – dies beweist die Pestgeschichte seit 1348 – fast immer im Herbst zu erwarten, da sich die Hausratten im Spätsommer und Rattenflöhe zu Herbstbeginn vermehrten.[15] Kalte Winter verhinderten große Epidemien, doch folgte eine zweite Erkrankungswelle meist im Frühjahr, wenn infizierte Ratten, von den aus der Kältestarre erwachten Flöhen «gestochen», in Massen verendeten und der Floh, mangels geeigneter Wirte unter den Nagern, notgedrungen auf Menschen übersiedelte.[16]

Wir kennen heute recht genau die Wirkung des Pesterregers auf den menschlichen und tierischen Organismus. Lymphzellen und «Makrophagen» sind nicht nur unfähig, Yersinien abzutöten, sondern nehmen sie fatalerweise als Wirtszellen auf. Die Bazillen, ovale, *gramnegative*,[17] unbewegliche Stäbchenbakterien, verstopfen so die Kapillaren und verursachen Blutungen und Ödeme im Gewebe, die innerhalb der Ganglienkapseln auf das Nervengeflecht drücken. Unerträgliche Schmerzen gehörten daher mit zum Krankheitsbild der Pest und kennzeichneten das finale Stadium der *Septikämie*.[18] Der Infektionsmodus der Seuche ist freilich auch heute noch nicht in allen Details erklärt, weshalb z. B. das Ausbleiben großer Epidemien in den Ballungszentren der Dritten Welt durchaus rätselhaft erscheint. Immerhin wurden noch nach dem zweiten Weltkrieg in den USA kleinere Pestepidemien nur durch massiven antibiotischen Einsatz unter Kontrolle gebracht.[19]

5. Pesttheorien im Spätmittelalter

Von der Alltagserfahrung abgesehen, daß die unbekannte Seuche hochinfektiös war, war der Kenntnisstand der Ärzte und Gelehrten des 14. Jahrhunderts über Ursache, Wirkung und Therapie der Pest deprimierend gering. Die spätmittelalterlichen Mediziner verließen sich in ihrem Kampf gegen den Schwarzen Tod auf antike Fachautoritäten wie Hippokrates, Galen und einige spätantike Autoren, die der *humoralpathologischen* Krankheitslehre anhingen. Gesundheitsstörungen bedeuteten demnach Fehlmischungen *(Dyskrasien)* der vier Körpersäfte Blut, Schleim, gelbe und schwarze Galle. Wie etwa ein Überwiegen der kalten und trockenen schwarzen Galle *(melaina cholé)* zur Melancholie prädisponiert, bedeutet ein Überschuß des feucht-warmen Blutes die Gefahr der Fäulnis innerer Organe, die nach der Überzeugung antiker und mittelalterlicher Ärzte den eigentlichen Pestvorgang darstellte. Man nahm an, daß diese Fäulnis aus der Luft oder über die Nahrung in den Körper gelangte. Die Luftverpestung erklärte man sich durch Ausdünstungen (Miasmen), deren Ursprung und Zusammensetzung freilich umstritten war.[1] Wie die Luft konnten auch zur Fäulnis neigende Speisen, etwa verdorbener Fisch, Magen und Darm infizieren. Als besonders gefährlich, ja als «klassische» Gefahrenquelle galten ein feuchtschwüles Klima sowie die gefürchteten Südwinde. Ebenso stand die Luft über stehenden Gewässern und Sümpfen im Verdacht, die Ausbreitung der Miasmen zu begünstigen. Gefürchtet waren auch Ausdünstungen bzw. der Atem von bereits Erkrankten, die man, zwar mit humoralpathologischer Begründung, doch – nicht zuletzt aus Erfahrung – objektiv richtig[2] für extrem infektiös hielt. Die Ärzte prüften deshalb den Puls meist mit abgewandtem Gesicht.[3]

Sie versuchten zudem durch Aderlaß, die Menge des vermeintlich schädlichen Blutes zu verringern und durch Einlauf bzw. Brechmittel Fäulnisgase oder faulige Speisereste aus dem Körper zu eliminieren. An klimatisch ungünstigen Orten, aber auch in Krankenzimmern reinigte man die Luft durch den Rauch von Holzfeuern. Gesicht und Hände wurden mit Essigwasser desinfiziert, dem man eine «pestizide» Wirkung zuschrieb. Da bekannt war, daß in Wohnräumen warme (und somit auch die pestverdächtige) Luft nach oben steigt, wurden die Kranken selbst hoch gelagert, damit sie die von Angehörigen und Pflegern eingeatmete Luftschicht nicht «verpesten» konnten.[4] Nur kalter

Buffalmacco, Der Triumph des Todes (Pisa, Camposanto, um 1338).

Nordwind, niemals feuchtschwüler Südwind sollte nach Ansicht der Mediziner ins Krankenzimmer gelangen.[5]

Die Pesttheorien des 14. Jahrhundert kulminierten im *Pesthauchmodell* des Gentile da Foligno, eines umbrischen Arztes, der selbst, «weil er sich zu sehr um die Pestkranken bemüht hatte»,[6] im Juni 1348 in Perugia der Seuche erlag. Als Folge einer ungünstigen Konstellation von Mars, Jupiter und Saturn, der drei «oberen» Planeten, am 20. März 1345 (!) wurden nach Gentile krankmachende Ausdünstungen von Meer und Land in die Luft gesogen, erhitzt und als «verdorbene Winde» *(aer corruptus)* wieder auf die Erde zurückgeschleudert. Wird ein solcher Pesthauch, so die Theorie, vom Menschen eingeatmet, sammeln sich giftige Dämpfe um Herz und Lunge, verdichten sich dort zu einer «Giftmasse»,[7] die diese Organe infiziert, durch die ausgeatmete Luft aber auch Familienangehörige, Gesprächspartner und Nachbarn anstecken kann.[8] Therapie bedeutete nach Gentile da Foligno «die Stärkung des Herzens und der Hauptorgane sowie die Bekämpfung der giftigen Fäulnis, welche in der Verhinderung ihrer Zunahme bei bereits Erkrankten und eines Befalls von Gesunden besteht».[9] Wichtigste Aufgabe des Arztes, aber auch der Behörden bleibt so die Prophylaxe und die Verhinderung von Massenepidemien, «damit die Erkrankten nicht auf unmenschliche Art sich selbst überlassen und auf noch elendere Weise ausgestoßen werden ... als es den gefühllosen Tieren eigen ist».[10]

Entscheidend war, daß sich auch das berühmte Pariser Pestgutachten vom Spätsommer 1348 auf diese Thesen bezog. Es wurde im Auftrag des Königs, in der Übersetzung und Bearbeitung von Pierre de Damouzy, der Pariser Fakultät vorgelegt, von den medizinischen Koryphäen der Stadt allgemein akzeptiert und der Öffentlichkeit präsentiert.[11] Im Grunde verschleierte es freilich die Hilflosigkeit der Ärzte. Bereits 1832 urteilte Hecker sehr treffend: «Die berühmte Fakultät befand sich in der peinlichen Lage, auf Verordnung weise zu sein».[12] Sicher war nur, daß die Pest ansteckend war. Auch Gentiles Pesthauchmodell reflektierte im letzten nur Thesen antiker Autoritäten. Daß klimatische Gegebenheiten, etwa feuchtschwüle Luft, Krankheiten förderten, erkannten bereits die Autoren des *Corpus Hippocraticum*, d.h. später dem Hippokrates zugeschriebener Werke des 5. bis 2. Jahrhunderts vor Christus. Nach Galen können auch Brunnen und stehende Gewässer, Tierkadaver und menschliche Leichen, die zu Kriegszeiten nicht sofort beerdigt werden, die Luft verderben.[13] Daß bei Erdbeben pesterregende Luft aus dem Erdinneren frei wird, hatte

Avicenna im *Canon Medicinae* bestätigt, der seit dem 12. Jahrhundert in lateinischer Übersetzung vorlag.[14] Tatsächlich ereignete sich am 25. Januar 1348 in Friaul ein schreckliches Beben, dessen Ausläufer selbst in Deutschland und Mittelitalien Zerstörungen anrichteten. Viele Chronisten sahen hier direkte Zusammenhänge mit der Pest, die wenige Monate später diese Länder überzog.[15]

Der in den Pestgutachten gegebene Rat war eindeutig: Die Flucht aus den verpesteten Gebieten galt – in der Antike wie im 14. Jahrhundert – als die sinnvollste Reaktion überhaupt. Fenster sollten nur nach Norden geöffnet, die eingeatmete Luft durch Duftstoffe, etwa in den Pestmasken der Ärzte, gereinigt werden.[16] Körperliche Anstrengung, so auch der Geschlechtsverkehr, waren zu vermeiden, um nicht die Einatmung gefährlicher Miasmen zu forcieren. Eine Pestdiät erschien durchaus sinnvoll, um fäulniserregende Substanzen vom Körper fernzuhalten. Stinkende, penetrant riechende Stoffe galten, vor die Nase gehalten, als sicherstes Prophylaktikum, wie auch der berühmte Theriak, jenes Sammelsurium von toten Substanzen, Opiaten, Schlangenfleisch, Vipernextrakten und Krötenpulver, das als Allheilmittel gepriesen wurde.[17]

Die von Boccaccio und anderen Autoren beschriebenen «hedonistischen» Verhaltensweisen erhalten vor dem Hintergrund zeitgenössischer Pesttraktate duchaus einen positiven Sinn. «Lachen, Scherze und gesellige Feiern» trugen zum Ausgleich der Temperamente bei. Der Rückzug in die Landvilla, wo Musik und Spiel gepflegt wurden, stärkte durch den Entspannungseffekt die Widerstandskräfte. Noch 1580 betonte der Paduaner Medizinprofessor Mercuriale, daß man durch Musik, Zuversicht, Freude und Heiterkeit erreichen kann, «daß Geist und Körper kräftiger gegen die Krankheit der Pest ankämpfen».[18] Siegmund Albich (1347–1427), Leibarzt des böhmischen Königs Wenzel und Professor an der Prager Universität, mahnt in seinem Pestregimen, «von der Pest weder zu sprechen noch an sie zu denken, da allein schon die Angst vor der Seuche, die Einbildung und das Reden von ihr den Menschen ohne Zweifel pestkrank machen».[19]

Von eminenter Bedeutung für die spätmittelalterliche Medizin war zudem die Astrologie, die im Westen durch Übersetzungen arabischer Autoren populär geworden war.[20] Wie alle materiell faßbaren Vorgänge galt auch die Physiologie von Mensch und Tier, d. h. die Interaktion der Leibessäfte, als direkt von astrologischen Einflüssen abhängig, weshalb die Berücksichtigung der Sterne bei Diagnosestellung und Therapie unabdingbar schien. Pietro d'Abano und Taddeo Alderotti hatten zu Beginn des 14. Jahrhunderts in Padua bzw. Bologna die Astrologie als medizinisches Lehrfach etabliert.[21] In Montpellier unterstrich der jüdische Gelehrte Profatius bereits vor 1300 durch Übersetzungen und die Konstruktion eines *Astrolabiums* ihren Stellenwert.[22] Jeder Arzt, der zur Zeit des Schwarzen Todes praktizierte, hatte eine profunde astrologische Ausbildung erfahren. Das hippokratisch-galenische Lehrgebäude war bereits im 10. Jahrhundert durch Avicenna um die Sternkunde erweitert worden,[23] und gerade zur Zeit der großen Pest wiesen bedeutende Ärzte wie Guy de Chauliac oder Dino del Garbo auf ihre Bedeutung für die Heilkunde hin:[24] Der Astrologe berät zu Seuchenzeiten den Arzt, aber auch die Behörden. Er kann zur Flucht raten und vor nutzlosen Schritten warnen. Ein *guter* Arzt ist freilich selbst astrologisch versiert. Im übrigen sah man in der Sternkunde im 14. Jahrhundert eine seriöse Naturwissenschaft. Ebenso fand die uralte Vorstellung vom menschlichen Körper als Mikrokosmos, der – nicht zuletzt durch die parallele Vierzahl der Körpersäfte, Elemente, Himmelsrichtungen und Jahreszeiten – dem Makroskosmos der Welt entspricht, in den Pesttheorien ihren Niederschlag. Auch unter diesem Gesichtspunkt ließ sich die Astrologie als medizinische Teilwissenschaft rechtfertigen.[25]

Es sei noch einmal betont: Die spätmittelalterlichen Ärzte kannten weder die Ursache noch den Verbreitungsmodus der Pest. Es gab im 14. Jahrhundert weder die Möglichkeit, den Pesterreger nachzuweisen, noch das theoretische Wissen, um von der humoralpathologisch orientierten Schulmedizin der Zeit abzurücken. Man ergriff aber bereits 1348 Maßnahmen zur Eindämmung der Seuche, die unsere Bewunderung verdienen. Die venezianischen Behörden regelten z. B. in kürzester Zeit Massenbestattungen, die Beseitigung von Tierkadavern, die Isolierung der Kranken und führten eine Art Meldepflicht in den Städten ein (wenn auch die Quarantäne selbst erst 1374 in Reggio d'Emilia bzw. 1377 in Ragusa nachweisbar ist[26]). Man bemerkte 1348 auch, daß Gerber seltener erkrankten als Bäcker, was wohl tatsächlich auf desinfizierende Gerbstoffe zurückzuführen war.[27] Tommaso del Garbo, ein berühmter Arzt aus Bologna, riet, die Fenster der Krankenzimmer stets weit geöffnet zu halten, da frische Luft der Pest schade, was in gewissem Sinn der Lehrmeinung widersprach.[28] Priester und Notare sollten Todgeweihten niemals in der stickigen Luft des Krankenzimmers gegenübertreten.[29] Doch waren solche Ansätze empirischen Denkens angesichts der unangreifbaren Autorität antiker und arabischer Autoren zur Zeit des Schwarzen Todes noch die Ausnahme.

6. Pestregimina und Pestconsilia

Tommaso del Garbo war Verfasser eines *Pestconsilium*, einer neuen Art von Fachliteratur, die 1348 in Europa aufkam und eng mit den *Pestregimina* verwandt war. Bei den Regimina handelte es sich um diätetische Anweisungen für Ärzte und Laien. Beide Literaturformen vermischten sich. Vorbilder der Pestconsilia waren *Rechtsconsilia*, die in Italien bereits im 13. Jahrhundert nachweisbar sind und das geschriebene Gesetz im praktischen Gerichtsalltag ergänzten.[1] Die Verfasser von Consilia beschrieben Kasuistiken. Ursache und Verlauf der Pest wurden humoralpathologisch erklärt, wobei eigene Erfahrungen mit der unbekannten Seuche berücksichtigt wurden. Tommaso del Garbo beriet auch Ärzte, Notare, Priester, Familienangehörige sowie sonstige Besucher der Erkrankten. Konform mit Galen empfahl er als Schutz gegen die Ansteckung in Wein getauchtes Brot sowie die berühmten Panazeen Theriak und Mithridat,[2] ferner Gewürznelken, deren Duft seiner Erfahrung nach Desinfektionswirkung besaß. Pragmatisch erscheint folgender Rat an die Priester, welche Sterbenden die Beichte abnehmen mußten: Jedermann sollte aus dem Zimmer gehen, damit der Kranke nicht flüstern mußte, sondern laut reden konnte und der Beichtvater sich ihm nicht zu nähern brauchte. Hatte der Besucher das Krankenzimmer verlassen, sollte er Mund und Hände mit Essig und Wein reinigen. Auch Süßigkeiten, in frischem, kaltem Wasser aufbewahrt, mit anregenden Substanzen wie Melisse, Ochsenzungenblüten und «sehr gutem» Zucker versetzt, galten als wirksam. Wer Theriak prophylaktisch einnahm, mußte täglich mindestens die Menge einer Haselnuß davon essen.[3]

Im Pestconsilium des Giovanni Dondi finden sich diätetische *und* therapeutische Ratschläge. Der Leibarzt des Bischofs von Mailand[4] empfiehlt den Aderlaß selbst am Kopf des Kranken, um das infektiöse Blut im Körper zu reduzieren. Die Waschung des Gesichts und der Hände mit Rosenwasser und Essig erscheint selbstverständlich. Trübe und neblige Luft sollte vermieden werden, ebenso der Südwind. Dondi empfiehlt, sich frühmorgens durch ein gutriechendes Feuer, z. B. von Eichen, Eschen-, Oliven- oder Myrthenholz, einzuräuchern. Werfe man dabei Balsam, Weihrauch oder Sandelholz in die Flammen, verstärke sich deren desinfizierende Wirkung. Alle Speisen waren mit stark duftenden Substanzen zu durchsetzen. Fleisch von Hammeln, Kälbern, Ziegen, Rebhühnern, Fasanen und Hühnern erschien unbedenklich, Fisch dagegen gefährlich. Wein und Bier wurden ausdrücklich empfohlen, süße Früchte wie Birnen, die leicht faulig werden, abgelehnt. Fast alle Ratschläge erklären sich durch die humoralpathologische Pesttheorie.[5] Frauen, geschweige denn «jeder unehrenhafte Verkehr» waren zu meiden und überhaupt alles, was die gefürchtete «Überhitzung» des Körpers hervorrief. Ferner sollte man tagsüber nicht schlafen, sich nie der Sonne aussetzen, weder in heißen noch feuchten Gegenden wohnen und Bäder fliehen. Auch für Dondi, letztlich als Uhrenkonstrukteur erfolgreicher denn als Pestarzt,[6] stellte die rechtzeitige Flucht das beste Prophylaktikum dar.

Ein Anonymus aus Padua (Pestschriften erschienen zunächst fast ausschließlich in Italien!) betont um 1360 in seinem Consilium, daß vorbeugende Maßnahmen sich sowohl nach der Jahreszeit wie nach geographischen Gegebenheiten zu richten hätten. Wichtig erscheint es dem astrologisch versierten Autor, die Arzneien zum richtigen Zeitpunkt einzunehmen bzw. notwendige Maßnahmen *rechtzeitig* zu ergreifen: Droht die Pest im Frühjahr, ist die Flucht empfehlenswert, um der miasmenreichen Sommerhitze zu entgehen. Wer keine Fluchtmöglichkeit hat, sollte Haus und Umgebung regelmäßig räuchern, zudem aber in seiner Wohnung die Miasmen durch Rosen, Veilchen und «alles, was gut riecht» bekämpfen. Kommt der Pesthauch – wie nach Erdbeben – aus Erdspalten oder aus Tümpeln mit abgestandenem Wasser, sind Räume im Erdgeschoß zu meiden. Entstammt er dagegen höheren Luftschichten, hat man sich gegenteilig zu verhalten. Bewegung gilt grundsätzlich als schädlich, da man vermehrt den miasmenreichen Pesthauch einatmet. Nur leichte Massagen sollten den Kreislauf anregen. «Was seelische Belastungen angeht, sei man heiter und fröhlich», lautet eine weitere Maxime des Anonymus. Wichtig ist auch eine geordnete Verdauung und Ausscheidung, da im Körper gestaute Ausscheidungsstoffe zur Fäulnis neigen.[7] Auch dieses Werk läßt sich nur in Kenntnis der mittelalterlichen Pesttheorie verstehen.

Das schon erwähnte Consilium des Gentile da Foligno, das älteste erhaltene überhaupt, war an die Ärzteschaft von Genua gerichtet. Kühn erscheint die Empfehlung, in Wohnräumen hohe Flammen zu entfachen. Jede Speise sollte in Wein getränkt werden. Bei warmen Mahlzeiten muß Kampher, bei kalten Mooskraut als Geruchsstoff verwendet werden. Saure Speisen galten als optimale Nahrung («Es besteht nämlich kein Zweifel, daß Angesäuertes die Fäulnis hemmt»). Theriak, Aderlaß und die Isolierung der Erkrankten bildeten seit Gentile Grundlagen der Pesttherapie.[8]

Natürlich wurden auch Außenseitermethoden angepriesen. Dionysus Secundus Colle, ein Arzt aus Friaul, empfahl seinen Mitbürgern zur Prophylaxe und Therapie ein Naturheilmittel, das Nießwurz, Pfirsichblüten, Tausendgüldenkraut und Bärlapp mit Zucker und Honigsaft enthielt. Der Landarzt pries auch die Wirkung von Holundersaft und Wolfsmilchpflanzen, die in Ziegenmilch gelöst wurden. Zudem beschwor er die miasmenhemmende Wirkung aromatischer Substanzen. Man solle deshalb Lorbeer- und Wacholderbeeren, besser noch Rinden von Lärchen, Pinien und Tannen im Mund tragen.[9] Im übrigen bestätigte auch Boccaccio in seinem Bericht über die Florentiner Pest, daß die Seuche eine Hochkonjunktur für Außenseiter und Quacksalber bedeutete, die «nie studiert hatten».[10]

Die Consilia und Regimina stellten Wegweiser der «ersten Stunde» dar, die nach 1348 in ganz Europa emsig kopiert wurden. Die Mediziner bemühten sich verzweifelt, ihre von vielen angezweifelte Fachkenntnis unter Beweis zu stellen. Prüfen wir die vorgeschlagenen prophylaktischen und therapeutischen Maßnahmen kritisch, war allerdings nur die Fluchtempfehlung sinnvoll. Zwar meiden Flöhe (wie viele andere Insekten) tatsächlich bestimmte Geruchsstoffe und wohl auch die Hitze des Feuers, doch hätten entsprechende Empfehlungen (die zweifellos auf sehr allgemeinen, jahrhundertealten Seuchenerfahrungen beruhten) eine floride Pest auf engstem Raum, geschweige denn die Lungenpest niemals aufhalten können. Effektiver war dagegen eine andere Maßnahme: Unzählige harmlosere Epidemien hatten bereits *vor* dem Schwarzen Tod die Isolierung aller nahegelegt, die an unbekannten Krankheiten litten. Daß dies auch bei der Pest sinnvoll war, bemerkte man schon nach wenigen Tagen. Mehr konnte in der vormikroskopischen und vorantibiotischen Ära nicht in Erfahrung gebracht werden. Man darf zudem nicht übersehen, daß die Humoralpathologie – bei allen praktischen Mängeln – *in sich* ein durchaus schlüssiges Gedankengebäude darstellte, das viele Krankheitsursachen und -symptome mühelos zu erklären schien.[11]

7. Europa um 1348

Als der Schwarze Tod im Jahre 1347 auf Mitteleuropa übergriff, hatte sich die politische Situation dieser Region nach einer Krisenperiode leicht beruhigt. Karl IV. von Luxemburg, der Sohn Johanns von Böhmen und Enkel Heinrichs VII., war 1346 in Rhens zum deutschen König gewählt und in Bonn gekrönt worden.[1] Die Niederlage der Luxemburger als Parteigänger der Franzosen bei Crécy im gleichen Jahr konnte ihren Aufstieg im Reich nicht aufhalten. 1347 starb Karls innenpolitischer Hauptgegner, Kaiser Ludwig der Bayer, worauf sich die luxemburgische Vormachtstellung endgültig festigte. Im Pestjahr 1348 gründete Karl in seiner künftigen Hauptstadt Prag die erste Reichsuniversität nördlich der Alpen und baute die Prager Neustadt aus. Es muß als Laune der Geschichte betrachtet werden, daß die neue Metropole, die von Menschen aller Herren Länder besucht wurde,[2] als eine der wenigen Städte Mitteleuropas vom Schwarzen Tod 1348/50 verschont blieb.[3]

Die Kirche war durch die «Babylonische Gefangenschaft» der Päpste in Avignon (1309–1377) geschwächt. Eine noch stärkere Machteinbuße, das *Große Schisma* (1378–1417) bahnte sich bereits an.[4] Seit 1341 saß Clemens VI. auf dem Stuhl Petri, der als Roger Fécamp Karls Lehrer in Paris gewesen war.[5] Frankreich, wo das Jahrhundert mit der Liquidierung der Templer (1314) blutig begonnen hatte, litt seit 1339 unter den Schrecken des Hundertjährigen Krieges. Die Waagschale des Glücks neigte sich seit 1347 deutlich zugunsten der Engländer, deren König Eduard III. die Franzosen nach dem Sieg bei Crécy aus Calais vertreiben konnte.[6]

Die wohlhabendsten Länder Europas waren vor der Pest zweifellos Flandern und Italien. Beide waren durch den Handel reich geworden, verfügten über ein entwickeltes Bankwesen und gaben kulturell den Ton an. Allerdings mehrten sich seit der Jahrhundertwende die Krisensymptome. Die politische Situation Italiens war extrem verworren. Soziale Unruhen konnten nur mühsam unter Kontrolle gehalten werden. In Florenz führten eine schwere Wirtschaftskrise und zahlreiche Bankkonkurse 1342 zur Diktatur des *Herzogs von Athen*,[7] der freilich schon ein Jahr später aus der Stadt vertrieben wurde.[8] 1344 fielen Hunderte von Menschen einer schweren Hungersnot zum Opfer.[9] Im Norden Italiens bildeten Mailand und Verona unter der Führung Azzo Viscontis und Mastinos II. della Scala zwei Herrschaftszentren, die von

Venedig und Florenz herausgefordert wurden. Venedig war seinerseits durch den jahrelangen Streit mit Genua geschwächt, der erst in der Seeschlacht vor Chioggia (1381) entschieden wurde. Der Putschversuch des Baiamonte Tiepolo reflektierte bereits zu Beginn des Jahrhunderts kräfteverzehrende innerstädtische Machtkämpfe.[10] Der italienische Süden stand dagegen unter der schwächer werdenden, auch moralisch diskreditierten Anjou-Herrschaft.[11] 1347 schwang sich Cola di Rienzo in Rom zum Volkstribun auf, der später Karl IV. in Prag die römische Kaiserkrone anbieten sollte.[12]

Osteuropa und der Balkan waren in zahlreiche Herrschaftsgebiete aufgeteilt. Byzanz litt seit dem Ende des lateinischen Kaiserreichs (1261) unter dem Druck der Osmanen, die seit 1300 fast ganz Kleinasien erobert hatten. Das Vordringen der Serben und ein Bürgerkrieg in Byzanz zwischen Andronikos II. und seinem Enkel Andronikos III. führten 1328 sogar zu einer Reichsteilung, die durch Johannes Kantakuzenos wieder aufgehoben wurde.[13] Die Stabilität der Mongolenherrschaft im Osten öffnete zahllose, auch über byzantinisches Territorium verlaufende Handelswege, die bei der Ausbreitung des Schwarzen Todes nach Westen eine wichtige Rolle spielen sollten. Seit 1346 erstreckte sich die byzantinische Herrschaft freilich faktisch nur noch auf Thrakien, die Inseln der nördlichen Ägäis, Thessaloniki und mehrere Exklaven auf der Peloponnes.[14]

Die vielerorts bedrohliche Situation und die gehäuften militärischen Auseinandersetzungen erfüllten die Zeitgenossen mit Angst und Sorge. Rückblickend schrieben die Paduaner Chronisten Cortusio 1364: «Damals (1348) führte man in der Christenheit fünffachen Krieg: Zunächst bei Smyrna gegen die Türken, dann (kämpfte) der englische König gegen Frankreich, der ungarische in Apulien, der König von Böhmen und erwählte römische Kaiser gegen Bayern, und schließlich floh der römische Tribun, von den Patriziern verfolgt, nach Apulien. Das Menschengeschlecht war so geschlagen und wußte, daß es nichts an dem ändern konnte, was Gott tat, damit es wieder Furcht vor ihm lernte».[15]

Europa befand sich zur Mitte des 14. Jahrhunderts zweifellos auch in einer *geistigen* Krise. Mittelalterliche Weltanschauungen wurden besonders in Italien und Frankreich in Frage gestellt. Das Feudalrecht galt vielen als reformbedürftig. Zweifel und Zukunftsangst quälten Klerus und Bürgerschaft.[16] Die italienischen Humanisten kämpften gegen den Vorrang der Scholastik in Kultur und Wissenschaft und begegneten der mittelalterlichen Geisteswelt mit Spott und Ironie.[17] Sie beraubten ihre Zeitgenossen aber auch spiritueller Grundlagen, die sich in Jahrhunderten entwickelt hatten und erst nach und nach durch ein *humanistisches* Weltbild ersetzt wurden.[18]

Man darf in diesem Zusammenhang unterstellen, daß die Entwicklung der Feuerwaffe in der ersten Hälfte des 14. Jahrhunderts für die meisten Europäer mindestens so bedeutsam und folgenreich war wie z. B. die viel berühmtere, hundert Jahre später erfolgte Erfindung des Buchdrucks durch Gutenberg (die in einer Gesellschaft von etwa 90 Prozent Analphabeten zunächst nur einer Elite zugutekam[19]). Zur Zeit der Großen Pest war die Pulverwaffe wohl schon überall in Europa bekannt. Zwar profitierte diese Erfindung von den handwerklichen Erkenntnissen und technischen Erfahrungen des Mittelalters (der Kanonenguß stand so in enger Beziehung zum Glockenguß!), doch hatten sich die militärischen Intentionen im 14. Jahrhundert verändert. Nach Zinn zeichnete sich nunmehr eine fatale, «auf Vernichtung gerichtete technische Entwicklungslinie» ab und setzte eine gewaltige Rüstungsspirale in Gang, die mittelalterlichen Ritteridealen ein Ende setzte.[20] Vieles spricht dafür, daß die Feuerwaffe *die* Basisinnovation der Neuzeit darstellte. Nicht nur der Pestalltag ließ so die Sitten verrohen. Auch die Schlachten des Hundertjährigen Krieges zeichneten sich dank der neuen Waffentechnik durch eine besondere Grausamkeit und Menschenverachtung aus.[21]

Fast ebenso revolutionär und folgenreich wie das Aufkommen der Feuerwaffe war eine sanftere Erfindung des 14. Jahrhunderts: die Konstruktion der mechanischen Uhr. Diese Gewichtsräderuhr befriedigte ein originäres Bedürfnis der Städter, Zeit *messen* zu können.[22] Zahlreiche Berufe, ja die Gesellschaft überhaupt, paßten sich in kürzester Zeit dem Glockenschlag an. Europa lebte seit den Vierzigerjahren in Stadt und Land unter der Turmuhr. Der Campanile bekam eine neue, zentrale Bedeutung. Herkömmliche Techniken der Zeitmessung wie Wasseruhren, gekerbte Kerzen oder Registrierungen des Stands der Gestirne verloren rasch an Bedeutung. Geniale Ingenieure wie Richard von Wallingford (um 1320) oder der Paduaner Arzt Giovanni Dondi (um 1360) schufen große Uhren, an denen die staunenden Zeitgenossen Mondphasen, Planetenstände und sogar bewegliche Festtage ablesen konnten.[23] Der Stand der Uhrmechanik dieser Zeit wurde bis zum 18. Jahrhundert kaum mehr übertroffen.[24] Freilich schärften die neuen Wunderwerke auch das Bewußtsein für die Begrenztheit des menschlichen Lebens. Der Schlag der Uhr erinnerte regelmäßig und unerbittlich an die Vergänglichkeit alles Irdischen, eine Erkenntnis, die der

Pest- und Kriegsalltag hundertfach unter Beweis stellte. Kein Wunder, daß sich auch die zeitgenössische Literatur mit diesem Phänomen vielfach auseinandersetzte.[25]

Vor dem Hintergrund der genannten Krisen und Innovationen, die ausreichten, bereits die Zeitgenossen von einer «neuen Zeit» sprechen zu lassen,[26] erlebte das 14. Jahrhundert den größten demographischen Einbruch, den Europa bis zum 20. Jahrhundert sah und zugleich die furchtbarste Judenverfolgung vor Hitlers Holocaust. Daß den Ereignissen von 1348 auch eine Klimaveränderung voranging – seit Beginn des Jahrhunderts sanken in Mitteleuropa die Temperaturen – rundet das Bild einer globalen Katastrophe nur ab.[27] Kein Wunder, daß die Angst zum Begleiter des Menschen wurde ...

8. Der Ursprung der Pest

Der Schwarze Tod kam aus Asien. In China, erzählte man sich in den Hafenstädten des Mittelmeeres, starben seit einiger Zeit viele Menschen auf unheimliche Art und Weise. Vor allem in Italien verbreitete sich deshalb Unruhe. Der Florentiner Chronist Matteo Villani berichtete 1346: «In diesem Jahr begann sich im Osten, in China und Nordindien und weiteren Gebieten, die an die dortigen Küstenregionen grenzen, unter den Menschen jeden Alters und Geschlechts eine Pestseuche auszubreiten. Man fing an, Blut zu spucken, und der eine starb sofort, der andere nach zwei oder drei Tagen ... Die Pest kam in Schüben und erfaßte ein Volk nach dem anderen und innerhalb eines Jahres ein Drittel des Erdteils, der Asien heißt. Und zuletzt erreichte sie die Völker am Schwarzen Meer, in Syrien, der Türkei und Ägypten, ferner die Küsten des Roten Meeres und im Norden Rußland, Griechenland, Armenien und die angrenzenden Landstriche ...»[1]. Der Autor ahnte nicht, daß er sehr bald selbst, mitten in Europa, der unbekannten Krankheit zum Opfer fallen sollte.[2]

Wo aber war deren Ursprung? Der arabische Arzt Ibn Hatimah vermutete ihn in «Hata, das heute nach der Sprache der Perser China heißt».[3] Sein Landsmann Ibn Battuta wollte ihr bereits 1332 am Südhang des Himalaya begegnet sein.[4] Ihr eigentlicher Ursprungsherd lag wohl in der Gegend des Balchaschsees in Zentralasien, wo Archäologen bei Ausgrabungen in christlichen Katakomben für die Dreißigerjahre des 14. Jahrhunderts eine auffallend hohe Sterblichkeit registrierten.[5] Von den damals mongolisch beherrschten, aber von nestorianischen Christen bewohnten Gebieten Transoxaniens erreichte die Seuche über das Issykkul-Gebiet im Westen Täbris, im Osten Nordindien und China. Letztendlich dürfte Europa die Seidenstraße zum Verhängnis geworden sein. Westlich des Aral-Sees läßt sich die tödliche Spur der Pest über die Urst-Ur-Platte um den Nordrand des Kaspischen Meeres herum bis Astrachan verfolgen, das 1346 heimgesucht wurde. Weiter südlich erreichte sie das Don-Gebiet, das Asowsche Meer und schließlich das Nordufer des Schwarzen Meeres. Ihre letzten außereuropäischen Etappen wurden bereits von byzantinischen Geschichtsschreibern wie Nikephoros Gregoras und Johannes Kantakuzenos ausführlich beschrieben.[6]

Ob für das Jahr 1341 in Westrußland und der Steiermark verbürgte Epidemien eine frühe Pestwelle darstellten, bleibt angesichts der spärlichen Quellenlage unklar.[7] Interessanterweise scheint die Ausbreitungsgeschwindigkeit der Seuche in Asien nach Westen kontinuierlich zugenommen zu haben. Sicher ist auch, daß der unter der Mongolenherrschaft blühende Handel die Mobilität von Mensch und Tier, einschließlich der Pestflöhe, förderte.[8]

Das Gerücht einer neuen, unheimlichen Seuche beunruhigte Europa immer mehr. Niemand wußte genau, wo *Kithay* lag, die Region, wo man die Pest zunächst vermutete.[9] Die Erzählungen Reisender waren eindrucksvoll. Wahres vermischte sich mit Phantasiebildern. Jedermann wollte unheilvolle Vorzeichen erkannt haben. Ungewöhnliche Naturphänomene wurden als Wunder interpretiert. In einer Chronik aus Bologna erfahren wir über die angeblichen Begleiterscheinungen der neuen Krankheit:

«Sie breitete sich bereits, wie es scheint, 1347 in China und Persien aus, wo es Wasser mit Würmern regnete und alle Menschen und Regionen von ihr heimgesucht wurden. Feuerbälle schienen vom Himmel zu fallen, die so groß wie ein dicker Menschenkopf waren, wie man es sonst nur vom Schneefall her kennt. Sie fielen zur Erde und verbrannten Land und Güter, als ob sie nur aus Holz gewesen wären. Man erzählte sich auch, sie hätten einen fürchterlichen Rauch verursacht, und wer diesen erblickt hätte, sei auf der Stelle tot umgefallen».[10]

Die geographischen Angaben des 14. Jahrhunderts waren recht vage. Unter China und Persien konnten sich wenige Europäer etwas vorstellen. Die Kenntnisse über Asien waren im 14. Jahrhundert, ungeachtet der Berichte mittelalterlicher Reisender wie Marco Polo, äußerst spärlich.[11] Selbst Weltkarten des 15. Jahrhunderts zeigten, was die Länder Innerasiens angeht, große Lücken.[12] Unhaltbar ist auch die Jahresangabe des Bologneser Chronisten. 1347 erreichte die Pest bereits Italien. Doch waren ähnliche Schreckensmeldungen, genährt durch Angst, Wunderglauben und Angeberei, nicht selten. Ein Geistlicher, der an der Kurie in Avignon weilte, schrieb im April 1348 in seine flämische Heimatdiözese, die Pest sei 1347 in Indien ausgebrochen. Nachdem es dort Frösche, Schlangen, Eidechsen, Skorpione und vielerlei giftige Tiere geregnet hatte, habe tags darauf, während eines unvorstellbaren Unwetters, ein schrecklicher Hagelschlag Menschen und Tiere vernichtet. Die Überlebenden hätte schließlich am dritten Tag ein vom Himmel fallendes Feuer, das einen undurchdringlichen Rauch entwickelte, verbrannt. Durch den Gestank der Leichen seien die gesamte Region, alle Nachbarländer sowie die Küsten des Schwarzen Meeres mit einem Pesthauch überzogen worden.[13] Obgleich auch dieser Bericht unpräzise Zeitangaben aufweist und erst verfaßt wurde, als die Pest in Europa selbst grassierte, läßt er erahnen, wie groß hier die Angst bereits *vor* der Ankunft des Schwarzen Todes war.[14]

Ein anderer europäischer Autor meldete, am Indischen Ozean seien die Wasserdämpfe durch Ausdünstungen umherliegender Leichen verdorben worden. Sie trieben übers Land und riefen überall Pest und Tod hervor.[15] Die Chronik der Este in Ferrara «bestätigte» den Bericht aus Bologna: «Zwischen Kithay und Persien war ein starker Feuerregen aufgetreten. Er fiel wie Schneeflocken zur Erde und verbrannte Berge, das Flachland und alle übrigen Regionen, dazu Männer und Frauen. Dabei entstand eine riesige Rauchsäule. Und wer sie erblickte, starb nach einem halben Tag. Und ebenso kamen diejenigen Männer und Frauen um, die jemanden sahen, der Augenzeuge dieses Ereignisses gewesen war».[16]

9. Die Pest in Osteuropa

Nach zeitgenössischen Berichten[1] erreichte die Pest im Frühjahr 1347 erstmals eine europäische Stadt, Caffa (das heutige Feodosia) auf der Krim, damals eine Handelsniederlassung der Genuesen, die hier mit tartarischen, russischen und asiatischen Händlern ihre aus Italien importierten Waren tauschten. Wiederum sollte der Handel der Ausbreitung der Seuche Vorschub leisten.

Caffa wurde seit 1346 von den Tartaren unter der Führung von Djanibek Khan belagert. Nachdem sich die Bewohner der umliegenden Orte in die Mauern der Stadt geflüchtet hatten, versuchte der Tartarenfürst, diese auszuhungern, freilich nicht mit letzter Konsequenz, was die Ankunft von Entsatzschiffen in unregelmäßigen Abständen beweist.[2] Unter den Tartaren brach nun völlig unerwartet die Pest aus. Sie stellte für die Belagerten, die bereits an die Übergabe gedacht hatten, zunächst einen Hoffnungsschimmer dar, da der feindliche Ring um die Stadt abbröckelte. Doch scheint ein frühes Beispiel bakteriologischer Kriegsführung deren Schicksal besiegelt zu haben. Gabriele de Mussis, ein junger Notar aus Piacenza, der seit 1346 in Caffa lebte, später aber nach Italien flüchten konnte, berichtet, wie sich in wenigen Wochen ein Inferno entwickelte:

«Zu diesem Zeitpunkt befiel die Seuche die Tartaren. Ihr ganzes Heer geriet in Panik, und täglich starben Tausende. Den Eingeschlossenen erschien es, ob Rachepfeile vom Himmel flögen, um den Übermut der Feinde zu zügeln. Diese zeigten nämlich nach kurzer Zeit charakteristische Symptome an ihren Körpern, nämlich verklumpte Körpersäfte an den Gelenken und Leisten. Folgte dann das Fäulnisfieber, starben sie, denn die Ärzte konnten ihnen weder Rat noch Hilfe bieten. Als die nunmehr von Kampf und Pest geschwächten Tartaren bestürzt und völlig verblüfft zur Kenntnis nehmen mußten, daß ihre Zahl immer kleiner wurde und erkannten, daß sie ohne irgendeine Hoffnung auf Rettung dem Tod ausgeliefert waren, banden sie die Leichen auf Wurfmaschinen und ließen sie in die Stadt Caffa hineinkatapultieren, damit dort alle an der unerträglichen Pest zugrundegehen sollten. Man sah, wie sich die Leichen, die sie auf diese Weise hineingeworfen hatten, zu Bergen türmten. Die Christen konnten sie nämlich weder wegschaffen noch vor ihnen fliehen.

Eine Rettung schien nur dadurch möglich, daß man die herabstürzenden Leichen, soweit es möglich war, in den Fluten des Meeres versenkte. Bald war jedoch die ganze Luft verseucht und ebenso das Wasser durch die krankmachende Fäulnis vergiftet. Es breitete sich ein solcher Gestank aus, daß von Tausenden nur noch einer in der Lage war, das Heer zu verlassen und die Flucht zu wagen. Auch er trug die Pest mit sich und brachte ihr Gift überall zu den Menschen, wobei er allein durch seinen Anblick Orte und ihre Bewohner infizierte».[3]

Daß die Krankheit durch den «Anblick» übertragen wurde, beweist, daß die Lungenpest grassierte.[4] De Mussis fügt hinzu, daß die Seuche zu dieser Zeit bereits Persien, Kardien, Armenien, Tarsus, Georgien, Mesopotamien, Nubien, Äthiopien, Turkmenien, Ägypten, Griechenland sowie das Gebiet der Sarazenen erreicht hatte.[5] In kurzer Zeit brach der Handel in der Levante zusammen. Auf Schiffen von Kaufleuten gelangten infizierte Pest- und Menschenflöhe, versteckt im Fell von Hausratten, in der Kleidung der Seeleute sowie in Pelzen, Stoffen und Getreidefässern, nach Süden und Westen. Trapezunt an der Südküste des Schwarzen Meeres war ebenso wie Alexandria oder Zypern noch 1347 betroffen. Entlang der großen Ströme eroberte die Pest auch das Hinterland. Niemand konnte sich freilich erklären, warum sie sich flußabwärts schneller als flußaufwärts ausbreitete oder warum manche Städte zunächst über Jahre von ihr verschont blieben.[6] Im Sommer 1347 beklagte man auch in Konstantinopel die ersten Opfer. Die Hauptstadt des byzantinischen Reiches erlebte somit die zweite große Pestkatastrophe ihrer Geschichte.[7] Selbst Mitglieder der kaiserlichen Familie kamen um. Der Kaiser selbst, Johannes Kantakuzenos, berichtete in seiner Chronik:

«Die Krankheit war unbezwingbar, so daß weder eine bestimmte Lebensweise noch starke Körpersäfte gegen sie ankamen. Sie befiel nämlich jeden Körpertypus, ob schwach oder stark. Wer sich behandeln lassen konnte, starb ebenso wie die Allerärmsten. Dieses Jahr zeigte auch keine Tendenzen, andere Seuchen zu entwickeln. Im Gegenteil, wer vorher an anderen Krankheiten litt, fürchtete jetzt nur noch diese. Die ärztliche Kunst konnte nichts ausrichten. Die Seuche zeigte dabei unterschiedliche Verlaufsformen. Manche starben noch am gleichen Tag, an dem sie erkrankt waren, ja einige bereits nach einer Stunde. Wer aber zwei oder drei Tage überlebt hatte, wurde zunächst von einem heftigen Fieber und, nachdem die Seuche den Kopf befallen hatte, von einer Sprachlähmung und Wahrnehmungstrübung gegenüber allem, was um ihn herum geschah, befallen, worauf eine tiefe Bewußtlosigkeit folgte. Erwachte er und wollte er reden, war ihm die Zunge gelähmt und das meiste, was er sagen wollte, unverständlich, da die Nerven im Nacken abgestorben waren. Und er starb dann sehr schnell».[8]

Ohne natürlich die pathomechanischen Zusammenhänge zu kennen, unterschied der Autor wiederum rein empirisch die Lungen- von der Beulenpest.[9] Eindrucksvoll erscheint dabei die Beschreibung der Symptomatik einer Hirnhaut- und Gehirnentzündung. Natürlich schreckte die Lungenpest die Menschen in besonderer Weise: «Bei anderen schlug die Krankheit nicht auf den Kopf, sondern auf die Lungen und verursachte heftigste Brustschmerzen. Sie hatten einen blutigen Auswurf und einen merkwürdigen, übelriechenden Atem aus dem Körperinneren. Rachen und Zunge waren von der Hitze ausgetrocknet, zudem schwarz und blutig. Es machte keinen Unterschied, ob sie viel oder wenig tranken. Sie litten auch an Schlaflosigkeit und allgemeinen Beschwerden».[10]

Besondere Aufmerksamkeit schenkte der medizinisch interessierte Kantakuzenos[11] pesttypischen Hautveränderungen wie Lymphknotenschwellungen (Bubonen) und verschiedenen, durch Unterblutungen hervorgerufenen Fleckenbildungen: «Über und unter dem Schultergelenk, bei einigen auch am Kiefergelenk, bei anderen auch an weiteren Stellen des Körpers, entstanden Ablagerungen, einmal kleiner, einmal größer, woraus schwarze Gebilde hervorwuchsen. Bei anderen entwickelten sich am ganzen Körper schwarze Stiche, bei manchen in großer Zahl und durchsichtiger, bei den anderen zusammenfließend und dafür größer. Alle aber, die solche Symptome entwickelten, starben auf dieselbe Weise, wenn auch bei einigen alle zusammentrafen, bei anderen nur eines oder mehrere davon.

Die wenigen aber, die die Krankheit überlebten, wurden niemals ein zweites Mal von ihr heimgesucht, sondern befanden sich nun in Sicherheit ... An den Schenkeln und Achselhöhlen entstanden (ebenfalls) große Ablagerungen. Wurden sie aufgeschnitten, ergossen sich übelriechende Massen aus ihnen. Die Krankheit konzentrierte sich dann auf diese Stelle und riß den schädlichen Stoff mit heraus. Viele, die angesteckt worden waren, konnten so wider Erwarten doch gerettet werden».[12]

Dem kaiserlichen Bericht entsprach auch die Beschreibung des Nikephoras Gregoras (gest. 1360), nach dem auch viele Hunde, Pferde, Vögel sowie alle, die im Haus eines Kranken lebten, umkamen.[13] Im Sommer 1347 waren die östlichen Mittelmeerküsten ohne Ausnahme verseucht. Die Pest bedrohte jetzt Zentral- und Südeuropa, besonders aber Italien, dessen Hafenstädte und Metropolen durch den Handel mit der Levante eng verbunden waren.

10. Der Schwarze Tod in Italien

Die Pest hatte bereits 1347 Konstantinopel sowie fast alle Hafenstädte des östlichen Mittelmeeres erreicht.[1] Die Bewohner Europas nahmen bestürzt zur Kenntnis, daß nicht nur kriegerische Auseinandersetzungen mit ihren Grausamkeiten und unüberschaubaren Konsequenzen, sondern ebenso die mit der Befriedung eines Landes einhergehenden Blütezeiten des Handels sowie enge politische und kulturelle Beziehungen die Ausbreitung von Seuchen begünstigen.[2] Jede neu infizierte Hafen- und Handelsstadt der Levante wurde – als Ausgangspunkt von Schiffslinien und Handelsstraßen – zum Multiplikator des Schwarzen Todes. Berücksichtigt man dabei die Unerfahrenheit der Behörden und die Hilflosigkeit der galenisch geprägten Schulmedizin,[3] war der Siegeszug der Pest durch Europa wohl in dem Moment vorprogrammiert, als sie dessen östliche Metropole erobert hatte. De Mussis schildert ihren Weg von der Krim nach Italien:

«So gelangte man aus der erwähnten Stadt Caffa mit einigen Schiffen, welche von zwar noch lebenden, aber bereits mit der Seuche infizierten Seeleuten gesteuert wurden, nach Genua, mit anderen nach Venedig, mit wieder anderen in weitere Regionen der Christenheit. Es klingt unglaublich: Kaum gingen die Matrosen irgendwo an Land – die krankmachenden Ausdünstungen begleiteten sie ja – und kamen dort mit den Menschen in Berührung, starben diese. Auf Grund des pestbringenden Kontagiums ereilte in jeder Stadt, jedem Ort und jedem Land die Bewohner beiderlei Geschlechts ein rascher Tod. Wenn jemand erkrankte, brach er bald darauf zusammen und starb. Dabei steckte er seine ganze Familie an. Entsprechend kamen auch die Totengräber um, welche die Leichen bestatten sollten. Und der Tod kam auf diese Weise sogar durch die Fenster. Städte und Burgen wurden entvölkert, und man weinte um ganze Ortschaften wie um seine Verwandten».[4]

Der Bericht endet in einem Verzweiflungsschrei. Wie viele Zeitgenossen des Schwarzen Todes fühlt sich der Autor an dessen Ausbreitung mitschuldig. Hatte man nicht gesündigt und so den Zorn Gottes hervorgerufen? Trug nicht die eigene Nachlässigkeit zum Siegeszug der Pest bei? Hatten die italienischen Kommunen nicht selbst verantwortungslos gehandelt, als sie die infizierten Galeeren in ihre Häfen einfahren ließen? Die nüchterne Schilderung wandelt sich zu einem flammenden Vorwurf: «O Genua, was hast du verbrochen! Erzählt

Giovanni di Paolo, Die Pest (Bicchernentafel aus Siena, um 1437).

doch, Sizilien und ihr reichen Inseln im Meer, von dem Gottesgericht! Erklärt doch, Venedig, Toskana und ganz Italien, wie ihr euch verhalten habt. Wir aus Genua und Venedig gaben uns Mühe, Gottes Ratschluß zu enträtseln. O Schmerz! Als wir unsere Flotten gegen fremde Städte richteten, wandten wir uns letztlich gegen unser eigenes Haus! Nachdem uns die Seuche ereilt hatte und von tausend Schiffen gerade zehn übriggeblieben waren, strömten Freunde, Verwandte und Nachbarn aus allen Richtungen zu unserem Empfang. Ach, wir selbst trugen die Todespfeile, als man uns umarmte und küßte und festhielt. Wir wurden gezwungen, mit dem eigenen Mund beim Erzählen das Gift auszustreuen ...».[5]

Italien wurde in dramatischer Weise von der Pest überrollt. Matrosen, die an der tödlichen Lungenpest litten, infizierten durch «Tröpfcheninfektion» ihre Umgebung. Der Bericht von De Mussis wird in diesem Punkt durch die moderne Seuchenforschung voll bestätigt.[6]

Den jungen Juristen beeindruckten besonders der Zusammenbruch überkommener Wertvorstellungen, das Wanken scheinbar fester, uralter Traditionen, das Versagen der christlichen Gesellschaft. Das Gefühl, der Rache Gottes anheimzufallen, aber auch das Erliegen des Handels, die Hilflosigkeit der Umwelt, das Zerreißen der Familienbande und die Todesangst veränderten die Menschen in kürzester Zeit. Täglich starben unzählige. Kriminalität breitete sich aus, doch auch die Diebe gingen ein hohes Risiko ein:

«Städte, Mauern, Felder, Haine, Wege und Gewässer werden seither von Räubern umlauert. Es handelt sich um böse Geister, die höchsten Plagewesen des Richters. Allen Menschen kommen sie wie eine furchtbare Strafe vor. Wir können ihre Angst zum großen Teil erklären. In der Nähe von Genua kam zum Beispiel ein Heer zum Lagern. Da stahlen sich vier Kriegsknechte davon, um Ortschaften und Menschen auszurauben. Sie verließen das Heer und gelangten nach Riparolo und zur Meeresküste, wo alle Menschen der Seuche erlegen waren. Dort fanden sie die Häuser verschlossen. Da niemand da war, brachen sie eines auf und legten sich darin in ein Bett. Als sie eine Wolldecke ausgebreitet fanden, nahmen sie diese mit sich und legten sich nach ihrer Rückkehr zum Heer alle vier unter die Decke und schliefen so fest auf ihrem Lager ein. Dort fand man sie frühmorgens tot auf. Da erfaßte alle ein großes Entsetzen, und man wollte weder Habe noch Kleidung der Verstorbenen an sich nehmen oder benutzen, ja nicht einmal mehr in die Hand nehmen. Dies war aus (der Region von) Genua zu vermelden, wo kaum ein Siebtel der Bevölkerung übrigblieb».[7]

Beunruhigt nahm man wahr, daß die Umgebung der Stadt zusehends verödete. Auch auf dem Land kehrten Ärzte und Priester, die sich um Kranke und Sterbende kümmerten, «selbst als Patienten zurück und folgten diesen nach kurzer Zeit im Tode nach».[8] Resigniert schließt De Mussis seine Chronik: «So geschah es. Einer starb nach dem anderen, und am Ende alle ...».[9]

Die Pest erreichte Italien zuerst im Süden. Es ist für den heutigen Betrachter ohne weiteres möglich, ihre Ausbreitung mit Hilfe zeitgenössischer Chroniken und Dokumente zu rekonstruieren. Sizilien war zugleich die erste *west*europäische Landschaft, die betroffen wurde. Der Franziskaner Michele da Piazza berichtet in der *Historia Siculorum* von den dramatischen Ereignissen: «Es geschah nun, daß im Jahre der Menschwerdung des Herrn 1347, ungefähr Anfang Oktober, zwölf genuesische Galeeren vor der göttlichen Rache flohen, die der Herr über sie kommen ließ und den Hafen von Messina erreichten. Sie trugen bereits eine so schlimme Form der Pest mit sich, daß, wer auch immer mit einem Mitglied der Besatzung sprach, von dem tödlichen Leiden dahingerafft wurde und dem Tod auf keine Weise mehr entgehen konnte ...».[10] Solche Schreckensbilder glichen sich in Ost und West, ob in Caffa, Byzanz, Genua oder Messina. Die von Michele da Piazza präsentierten Verhaltensmuster wiederholen im Grunde nur die Beschreibungen von De Mussis und Kantakuzenos, ja Prokop und anderen, inzwischen vergessenen Augenzeugen der Justinianischen Pest. Nicht nur die klinischen Symptome waren stets identisch, auch die Verzweiflungsreaktionen der Betroffenen entsprachen sich. Wie in Ligurien veränderte der Schwarze Tod auch in Sizilien das Sozialgefüge der Städte. Die Menschen begegneten einander mit Angst und Mißtrauen. Nicht allein Handel und Lebensmittelversorgung waren bedroht, sondern auch Freundschaften und familiäre Bindungen. Nächstenliebe, Mitleid und Rücksicht schwanden:

«Als die Einwohner Messinas erkannten, daß die plötzlichen Todesfälle mit der Ankunft der genuesischen Galeeren zusammenhingen, vertrieben sie diese mit größter Eile aus dem Hafen und der Stadt. Doch wütete die Seuche weiter, und in der folgenden Zeit suchte sich der Tod auch hier auf schreckliche Weise seine Opfer. Das Verhältnis unter den Menschen verrohte, so daß ein Vater, wenn sein Sohn krank darniederlag, sich weigerte, bei ihm zu bleiben. Hatte er freilich den Mut, sich ihm zu nähern, wurde auch er von der Krankheit befallen, wodurch er dem Tod geweiht war und nach drei Tagen ebenfalls starb. Und nicht nur er gab seinen Geist auf, sondern alle Familienmitglieder, die in seinem Haus wohnten. Selbst die Katzen und übrigen Haustiere, die im Haushalt lebten, folgten ihm in den Tod».[11]

Daß der Vater nicht mehr seine Kinder, die Frau nicht mehr ihren Mann sehen wollte, wenn diese an der Pest erkrankt waren, wurde ein berühmtes Motiv der Pestliteratur.[12] Doch berichtet Michele da Piazza auch von Priestern und Notaren, die von Angst überwältigt wurden. Tatsächlich hätten die von Tommaso del Garbo an diese Berufsgruppen ausgesprochenen Empfehlungen wohl auch wenig genutzt.[13] Wollten Kranke ihr Testament machen (wozu im 14. Jahrhundert zumindest in Italien und Frankreich der Notar gehörte!) oder die Sterbesakramente empfangen, ließ das Pflichtbewußtsein von Juristen und Geistlichen – man möchte sagen verständlicherweise – nicht selten zu wünschen übrig:

«Die Priester und Notare weigerten sich, in die Häuser zu gehen. Betrat einer von ihnen dennoch ein Haus, um ein Testament oder dergleichen aufzusetzen, konnte auch er dem baldigen Tod nicht entkommen. Die Minderbrüder, Dominikaner und andere Ordensleute, die in die Wohnungen solcher Kranker gehen wollten, damit diese ihnen ihre Sünden beichten konnten, raffte selbst (oft) ein brüsker Tod hinweg, so daß einige gleich in den Sterbezimmern zurückblieben. Als die Leichen verlassen in den Wohnungen lagen, wagte es kein Priester, Sohn, Vater oder Verwandter mehr, hineinzugehen. Man bezahlte vielmehr Dienstleuten einen nicht geringen Lohn, damit diese die Toten zum Begräbnisplatz brachten».[14]

Die noch nicht von der Seuche betroffenen Kommunen Siziliens lehnten es bald ab, Flüchtlinge aus Messina aufzunehmen. Zwischen infizierten und nichtinfizierten Städten entwickelte sich ein feindseliges Verhältnis. Die Insel war in einer Art Ausnahmezustand. Catanias Bevölkerung weigerte sich, die schützenden Reliquien der hl. Agathe verseuchten Nachbarstädten auszuleihen.[15] Mitbürgern, die Flüchtlinge aus Messina beerdigten, drohte der Kirchenbann. Syrakus, Sciacca und Agrigent wurden ebenfalls dezimiert, das Gebiet um Trapani «menschenleer». Daß Catania «der Vergessenheit anheimfiel», war freilich eine rhetorische Übertreibung des Chronisten. Jedoch blieben viele sizilianische Dörfer unbewohnt.[16]

Von Sizilien aus erreichten die Pestschiffe die Hafenstädte der Adriaküste und des Tyrrhenischen Meeres, allen voran Venedig, Pisa und Genua. In Genua versuchte man in den folgenden Wochen sogar, mit Spezereien beladene Schiffe aus dem Osten durch Beschuß mit Brandfackeln am Anlegen zu hindern.[17] Die Einwohner wußten inzwischen, daß allein die Unterhaltung mit erkrankten Matrosen tödliche Folgen haben konnte. Vor der Küste der Stadt trieben Schiffe, deren Besatzungen auf See umgekommen waren. Als ein solches Schiff, das in Italien nicht vor Anker gehen durfte, heimlich in Marseille gelöscht wurde, wurden in kürzester Zeit Hafen, Stadt und deren Umgebung infiziert.[18]

Von den Häfen gelangte die Seuche auch ins Hinterland, so von Genua in den Appenin und die Lombardei. In Bobbio, wo Kaufleute aus der Stadt ihre Waren anboten, kamen nach einem Markttag alle Verkäufer und Käufer samt ihren Angehörigen um, aber auch Notare, Ärzte und Priester, «so daß fast sämtliche Einwohner in kürzester Zeit verstarben».[19] Schließlich brach die Pest in Piacenza aus, wo sich dramatische Szenen abspielten:

«Im Sommer des Jahres 1348 begab sich ein Genuese in die Umgebung der Stadt. Auch er war vom Unheil der Seuche befallen. Als seine Erkrankung offenkundig geworden war, suchte er einen Mann auf, der ihm unter Tränen beistand und dem er in Freundschaft verbunden war. Dieser nahm ihn auf, worauf er sich bald zum Sterben niederlegte. Und kurze Zeit später verstarb mit seiner ganzen Familie und vielen Nachbarn auch derjenige, welcher ihn getröstet hatte. So breitete sich die Pest in kürzester Zeit aus und erreichte auch Piacenza selbst ...».[20] Den Einwohnern standen entsetzliche Tage bevor. «Überall erhob sich Weinen und Klagen. Ich sah», berichtet De Mussis, «wie man an bestimmten Tagen wiederholt Kreuzesfahnen sowie den Leib Christi umhertrug und dennoch die Zahl der Beerdigungen nicht abnahm. Der Tod, der (nun) Ernte hielt, war so grausam, daß die Menschen kaum atmen konnten. Als Lebender bereitete man sich nur auf seine eigene Beerdigung vor. Da der Boden für Gräber fehlte, war man gezwungen, auch unter Laubengängen und Straßen, wo niemals zuvor Begräbnisse stattgefunden hatten, Gruben auszuheben ...».[21]

Allein im Dominikanerkonvent von Piacenza starben 23 Brüder, darunter Sifredo de Bardis, «ein umsichtiger und hochgelehrter Mann, der das Grab des Herrn besucht hatte», ferner 25 Franziskaner, darunter Fra Bertolino, «der sich in den Wissenschaften und vielen anderen Gebieten ausgezeichnet hatte».[22] Die Augustiner-Chorherren beklagten sieben Opfer, ebenso die Karmeliter. Aus dem Konvent der Serviten kamen vier Brüder um, «und von den anderen Prälaten und führenden Geistlichen der Kirchen in Piacenza und seiner Region über sechzig. Auch aus dem Adel starben viele, und in gleicher Weise unzählige junge Menschen».[23]

Die Pest schuf ungeahnte Konflikte. Viele Kranke verzweifelten. Immer wieder enttäuschte die Grausamkeit und Rücksichtslosigkeit der Mitmenschen: «Ein Kranker lag verlassen in seinem Haus. Kein Angehöriger wagte sich in seine Nähe. Diejenigen, welche ihm nahestanden, weinten, doch sie hielten sich in einem (entfernten) Winkel des Hauses auf. Kein Arzt kam. Der Priester war voller Angst und reichte die kirchlichen Sakramente nur furchtsam. Ach, und dann erklang die weinerliche Stimme des Kranken. Erbarmt euch, erbarmt euch doch, hörte man die Stimme meines Freundes, wo mich doch die Hand des Herrn berührt hat. Ein anderer rief: O mein Vater, warum hast du mich verlassen? Denk' doch daran, daß du mich gezeugt hast! Ein anderer: O Mutter, wo bist du, warum bist du jetzt so grausam zu mir, wo du noch gestern so liebevoll warst, wo du mich mit der Milch deiner Brüste genährt und neun Monate getragen hast! Ein weiterer: O ihr meine Söhne, die ich unter Schweiß und Mühen erzogen habe, warum flieht ihr? Und gegenseitig klagten sich Mann und Frau an: Weh uns, die wir uns friedlich unserer Ehe erfreuten und jetzt, o Schmerz, in Trauer geschieden und getrennt werden!

Und während ein Kranker auf diese Weise furchtbar litt, stieß er Klagerufe aus: Kommt meine Verwandten und Nachbarn, reicht mir einen Tropfen Wasser, ich habe Durst. Ich lebe doch noch! Habt keine Angst! Vielleicht kann ich weiterleben! Faßt mich an, berührt doch meinen elenden Körper! Ihr müßt mich jetzt anfassen!».[24]

Wie die Seuche Sizilien und die italienischen Hafenstädte niedergemäht hatte, überzog sie in kürzester Zeit auch die Toskana, Kampanien, Latium, und, von Genua aus, die Lombardei. Über Piacenza wurden die Handelsstraßen der Poebene erreicht. Mailand blieb erstaunlicherweise von der Katastrophe verschont. Mit äußerster Konsequenz hatten die Stadtväter jeden möglichen Kontakt mit Menschen, die aus verpesteten Gebieten kamen, unterbunden.[25] Veronas Einwohnerschaft wurde ebenfalls dezimiert. Nach dem Zeugnis Petrarcas wütete die Pest dort so schlimm, «daß unsere Augen in der Vergangenheit nie eine Epidemie dieser Art gesehen hatten».[26] Schweigen und Trauer breitete sich im Land aus. «Städte und Burgen wurden auf Grund dieser Katastrophe verlassen. Man hörte keine Stimmen, kein Weh, keine Schmerzensrufe, kein Weinen mehr. Die Stimmen von Braut und Bräutigam, der Klang der Laute, der Gesang junger Leute und jeglicher Freude waren geschwunden».[27]

In Pisa dauerte die Pest vom Frühjahr bis zum September 1348, und man begrub «bis zu 500 Menschen am Tag».[28] Auch im Dominikanerkonvent von Santa Caterina hielt der Tod reiche Ernte. Ein Geistlicher berichtet: «Frater Jacopo Orlandi war der erste, der 1348, im schlimmsten Pestjahr starb, das beinahe den Untergang der Menschheit gebracht hätte. Damals kamen in Pisa mehr als vierzig Brüder um. Auch unter den Laienbrüdern herrschte eine Angst vor, die niemand beschreiben könnte. Nach dieser äußerst furchtbaren und grausamen Periode des Sterbens ließen sich Ordensdisziplin und religiöse Gewissenhaftigkeit nicht mehr wie in alten Zeiten durchsetzen. Frater Jacopo war der erste Mitbruder, den ich umkommen sah, nachdem ich in den Orden eingetreten war. Er war klug und von ausgeprägter Frömmigkeit, zudem ein guter und hingebungsvoller Prediger, ferner äußerst vorbildlich und führte ein überaus geordnetes Leben. Dem Konvent war er beim Beichthören und Chorgesang von Nutzen, ferner als gewissenhafter Lehrer der Novizen und Subprior in Pisa. Er verschied im März in Frieden».[29]

In Siena grassierte die Pest von April bis Oktober. Das «gewaltigste, furchtbarste und schrecklichste» Szenario, das die Stadt je gesehen hatte, beschrieb Agnolo di Tura, einer der großen italienischen Chronisten des 14. Jahrhunderts. Unzählige Einwohner starben. Agnolo di Tura verlor durch die Pest fünf Kinder, die er selbst begraben mußte: «Ich, Agnolo di Tura, genannt der Dicke, bestattete mit eigenen Händen meine fünf Kinder in der Grube. Genauso erging es vielen anderen. Es gab auch Leichname, die so schlecht beerdigt waren, daß Hunde sie fanden und Teile von ihnen in der Stadt zerstreuten und an ihnen fraßen. Es läuteten keine Glocken mehr und niemand weinte. Welch ein Unglück herrschte vor, als jeder nur noch seinen eigenen Tod erwartete!

So Schreckliches ereignete sich, daß das Volk glaubte, niemand würde überleben. Viele waren überzeugt und äußerten, das Ende der Welt sei gekommen. Weder ein Arzt noch Arzneien nutzten hier etwas, und es gab keine Möglichkeit, sich zu schützen. Selbst wer einen besonderen Rat geben konnte, war, wie man sehen konnte, kurze Zeit später selbst tot. Man starb wirklich auf so unheimliche, furchtbare und schreckliche Weise, daß es keine Feder gibt, die Lage zu beschreiben. Man fand heraus, daß in Siena und seiner Region zu dieser Zeit mehr als 80000 Menschen umkamen».[30]

Schicksalsschläge, die in normalen Zeiten die Menschen zur Verzweiflung gebracht hätten, wurden plötzlich verkraftet. Das Drama des Agnolo di Tura war kein Einzelfall.[31] Siena beklagte 1348 auch den Tod zweier seiner bedeutendsten Maler, der Brüder Ambrogio und Pietro Lorenzetti.[32]

In Orvieto hielt sich die Seuche vom Mai 1348 bis zum September. Auch hier soll es Tage gegeben haben, «wo 500 Christen starben, Erwachsene und Kinder, Männer und Frauen».[33] Die Werkstätten der Handwerker blieben geschlossen. In einer 1363 verfaßten Chronik wird berichtet, daß viele Häuser leerstanden, «und man errechnete, daß neunzig Prozent der Bevölkerung umkamen. Und die, welche übrigblieben, waren krank und voller Angst. Entsetzt verließen sie ihre Wohnungen».[34]

Bereits im Februar 1348 grassierte die Seuche in Venedig. Kurze Zeit nach dem erwähnten Erdbeben in Friaul, dessen Auswirkungen in vielen Teilen Europas registriert wurden,[35] starb hier die Hälfte der Einwohnerschaft.[36] Schon im Dezember 1347 war die Pest nach Spalato (Split), Sebenico (Sibenik) und kleineren Küstenstädten Dalmatiens gelangt. Im Frühjahr 1348 starben in Ragusa (Dubrovnik) 7000 Einwohner.[37] Über die venezianische Lagune näherte sich der Schwarze Tod Padua. Die Chronik der Brüder Cortusio berichtet: «In Venedig ... nahm man Schiffe und ließ die Leichen gegen hohe Kosten auf die Inseln bringen. Die Stadt war fast ausgestorben. Ein Mann entkam unerkannt nach Padua. Er infizierte die Stadt so heftig, daß in ihr ein Drittel der Bewohner dahinstarb».[38]

Auch in der Universitätsstadt erloschen das gewohnte Leben, der Universitätsbetrieb und die Amtsgewalt. Der Podestà starb, und ebenso Richter und Professoren. Kein Wunder, daß die Pest, die aus Venedig eingeschleppt worden war, den Haß auf die Rivalin am Rialto schürte. Ein unbekannter Arzt stellte seinem Pestregimen folgendes Gebet voran: «O wahrer Lenker, der du alles auf der Welt bestimmst! Mögest du die Paduaner verschonen, der du ewig lebst, und als ihr (wirklicher) Vater keine Seuchen über sie kommen lassen. Diese sollen vielmehr Venedig erreichen und die Länder der Sarazenen ...».[39]

Auch in anderen Universitätsstädten fielen Professoren und Studenten der Pest zum Opfer.[40] Aus Bologna berichtete der Franziskaner Bartolomeo della Pugliola in knappen Worten: «Im Monat März (1348) begann die Pest und dauerte bis Sankt Michael im September. Sie war so heftig, daß man schätzte, daß von fünf Menschen drei oder mehr umkamen. Sie war schlimmer, als man es in Worten hätte ausdrücken können. Während der Seuche starben hochberühmte Doktoren wie Messer Giovanni di Andrea und andere».[41]

Die Zahlenangaben stellten natürlich Topoi dar. Der Chronist wollte nur die ungeheuren Menschenverluste unterstreichen, die Bologna zu beklagen hatte. Nach dem Abflauen der Seuche konnten sich wieder

Legislative und Exekutive entfalten, aber auch die Grausamkeit des Jahrhunderts. Über einen Putschversuch lesen wir: «In diesem Jahr wurden Gherardo de'Ghislieri und der Kanoniker de Galluzzi auf dem Hauptplatz von Bologna hingerichtet. Sie wurden auf Befehl von Messer Jacopo und Messer Giovanni de'Peopoli, den Herren von Bologna, umgebracht, weil sie in San Felice eine Volksarmee aufgebaut hatten, um einen Abt in ihre Gewalt zu bringen. Zudem hatten sie auch die Familie des Podestà beleidigt. Deshalb nahmen Soldaten und Männer (des Podestà) Waffen und metzelten sie nieder, als sie den Hauptplatz betraten».[42]

Der Vorfall wird durch die Chronik des Giovanni da Bazano bestätigt.[43] Am 2. Juni 1348 erreichte die Pest Trient. Der Kanoniker Johannes von Parma, der selbst die Seuche überlebt hatte, versichert, daß von sechs Personen «gewiß fünf» starben. Jede Familie hatte Opfer zu beklagen, in vielen Haushalten überlebte kein Mitglied.[44] Faszinierend sind seine Schilderungen des Pestalltags, den er als Geistlicher der Abtei San Vigilio beobachtete. Jedermann in der Stadt versuchte den Kontakt mit Infizierten zu vermeiden:

«Als ich einmal frühmorgens – andere Geistliche waren nicht da – am Fenster der Sakristei von San Vigilio stand, sah ich eine Frau zum Grab ihres Mannes gehen, der tags zuvor gestorben war. Und ich sah, wie sie beim Beten selbst tot zusammenbrach und wie sie (daraufhin) neben ihrem Mann beerdigt und ins Grab gelegt wurde. Wie ein Schaf wurde sie ohne Bahre beigesetzt. Es gab auch keinen, der gesungen hätte. Und ich kann berichten, daß durch solche Ereignisse in der Bevölkerung eine solche Panik entstand, daß viele Wohlhabende mit ihren Familien auf die Dörfer flohen und die Häuser, die ihnen gehörten, zurückließen. Und die Christen gingen einander aus dem Weg wie der Hase dem Löwen oder ein Gesunder dem Aussätzigen».[45]

Auch die Liturgie der Gottesdienste wurde der gefährlichen Situation angepaßt. Der Klerus beschränkte den Kontakt mit der Bevölkerung auf das Nötigste. Gemeindepfarrer und Mönche waren versucht, sich ihrer Pflicht, die Sterbesakramente zu spenden, zu entledigen. Der Kanoniker erinnert sich: «Viele beichteten, als sie noch gesund waren. Tag und Nacht wurden auf den Altären die Kommunion und das heilige Krankenöl ausgelegt. Denn kein Priester wollte das Sakrament überbringen, außer denen, die auf eine Belohnung aus waren. Und fast alle Bettelmönche und Priester in Trient erwartete der Tod. Doch sah ich auch einige von denen überleben, die sich in der Stadt um die Seelsorge kümmerten und Kranke besuchten. Alle Friedhöfe der Gemeinde waren in so kurzer Zeit überfüllt, daß es angebracht schien, auch außerhalb der Kirchhöfe zu beerdigen. Oft wurde ein Grab sogar fünf- oder sechsfach belegt. Manchmal öffnete man dasselbe Grab an einem Tag zweimal. In San Vigilio starben vierzig Kleriker, die dort ihre Pfründe hatten, darunter vierzehn Kanoniker. Zwei Hausstellen blieben doppelt verwaist, ebenso sechs Monate lang viele Altäre».[46]

Johannes, der Kanoniker, glaubte, daß die Pest wie magisch durch die Schönheit junger Mädchen angezogen wurde und bemerkte: «Junge Leute starben früher als Greise, besonders auch junge Frauen. Und je attraktiver eine war, desto schneller kam sie um. Allgemein starben mehr Frauen als Männer, vor allem, wenn, wie ich hörte, die zweite Verlaufsform der Seuche vorherrschte (d. h. die Lungenpest) und sie sehr schön waren, was in Trient ja häufig der Fall ist. Ich sah so drei junge Mädchen, die auch an einem Königshof mit ihrer Schönheit bestanden hätten, an einem Tag dahinsterben ...».[47]

Die Phantasie der Menschen kannte angesichts der unbekannten Ursache und hohen Kontagiosität der Seuche keine Grenzen. Daß junge und schöne Menschen bevorzugt Opfer der Pest wurden, versicherte auch Boccaccio.[48]

In der Hafenstadt Genua, die zu den größten des Kontinents zählte und im 14. Jahrhundert, nach dem Sieg über die Pisaner (1284), das westliche Mittelmeer beherrschte,[49] konnte die Regierung durch den Tod zahlreicher Ratsmitglieder keine rechtsbindenden Beschlüsse mehr fassen. Genuesische Galeeren hatten die Pest nach Westeuropa und so auch in ihren Heimathafen gebracht. Nach den Angaben von De Mussis kam nur ein Siebtel der Einwohner mit dem Leben davon.[50] Viele Genuesen waren geflohen und brachten die Pest so ins Hinterland.[51] Gentile da Foligno, dessen Pestconsilium an die Ärzte Genuas gerichtet war, behauptete sogar, die Pest sei in Italien erstmals in dieser Stadt aufgetreten.[52] Der Hafenbetrieb wurde eingestellt, und der Schwarze Tod war wohl mit Ursache, daß Genua 1381 in der Schlacht vor Chioggia den Kampf um die Vorherrschaft im östlichen Mittelmeer gegen Venedig verlor. Vor der Eroberung durch Luchino Visconti, den Herrn von Mailand, der sich 1348 anschickte, den Appenin zu überqueren und die von der Pest geschlagene Stadt zu erobern, rettete die *Superba* nur der Tod des lombardischen Tyrannen. Der Doge Giovanni di Murta, eine der friedfertigsten Gestalten der Genueser Geschichte, erlag 1350 der Seuche. Bemerkenswert ist, daß unmittelbar nach Ankunft der Galeeren aus Messina in Hafen und Stadt die gefährliche Lungenpest grassierte. «Unzählige starben an einem einzigen Tag», berichtet der anonyme Verfasser der *Historia Parmensis.*[53]

Rom erreichte die Pest im Sommer 1348. Der damals auf Grund des Exils der Päpste in Avignon recht unwirtliche Ort soll etwa die Hälfte seiner Einwohner verloren haben. Bedeutung gewann die Stadt freilich durch das für 1350 ausgerufene Jubeljahr, das Pilger aus ganz Europa anzog und wahrscheinlich auch die Ausbreitung des Schwarzen Todes begünstigte.[54] Die meisten Orte der Campagna folgten im Laufe des Jahres. Vergeblich suchte Pistoia nach dem Vorbild Mailands eine Kontaktsperre durchzuführen. Der Handel mit Pisa und Lucca wurde unterbunden, die Stadttore blieben für Fremde hermetisch geschlossen. Doch hatten Ratten und Pestflöhe wenig Erbarmen mit der Stadt. Pistoia fiel dem Schwarzen Tod ebenso zum Opfer wie seine Nachbarn Florenz, Lucca und Pisa.[55]

Italien war, wie gesagt, das erste westeuropäische Land, das die Pest heimsuchte. Während ihr die übrigen Länder bereits mit einer gewissen Minimalerfahrung gegenübertreten konnten und z. B. von Anfang die Isolierung der Kranken anstrebten (man betrachtete bald mißtrauisch jedes fremde Schiff in den Häfen), traf die Seuche Sizilien und die Städte am Meer wie ein Keulenschlag. Die psychologischen Folgen waren verheerend. Die Angst und das soziale Verhalten, nicht die *ökonomischen* Folgen der Pest standen im Mittelpunkt der zitierten Chroniken (obgleich diese im allgemeinen erst einige Jahre *nach* 1348 verfaßt wurden, als sich auch die wirtschaftlichen Konsequenzen der Katastrophe deutlich abzeichneten[56]). Zwar glichen sich die Reaktionen der Menschen von Trient bis Sizilien, doch beweisen gerade stereotyp anmutende Verhaltensweisen, daß 1348 für einige Monate der Kampf ums nackte Dasein begonnen hatte. Man kümmerte sich nicht mehr um Ruf oder soziale Reputation, sondern hatte nur noch ein Ziel vor Augen: zu überleben.[57] Die genannten Mortalitätsziffern sind freilich weit übertrieben. Sie beweisen nur, daß im wahrsten Sinn des Worts *unzählige* Zeitgenossen der Pest zum Opfer fielen. Realistische Schätzungen belaufen sich auf 30 bis 50 Prozent der Gesamtbevölkerung, was in der Tat einen ungeheuren demographischen Einschnitt darstellte.[58]

Besonders ausführlich, ja akribisch dokumentiert wurde die Pest in Venedig und Florenz, den, abgesehen von Genua, größten Städten des Landes. Nirgends in Europa haben sich aus den Jahren 1348/50 soviele Zeugnisse über die Reaktion von Bevölkerung und Regierung erhalten wie in diesen beiden Metropolen.

11. Die Pest in Venedig

Nach dem Bericht des Dogen und Geschichtsschreibers Andrea Dandolo (um 1360) starb in Venedig, im 14. Jahrhundert zweifellos eine der mächtigsten Städte des Kontinents, *el terzo deli habitadori.*[1] Weniger literarische Beschreibungen wie in Florenz als die sachlich-nüchternen Berichte amtlich bestellter Chronisten, Ratsprotokolle und Anordnungen der Gesundheitsbehörden sowie einige Inschriften vermitteln ein eindrucksvolles Bild der Todesangst und Hoffnungslosigkeit, die das Leben in der Stadt von März bis Juni 1348 bestimmten.

Die umfassendste Beschreibung des schwarzen Todes in Venedig stammt von Lorenzo de Monacis, der einige Jahrzehnte nach der Katastrophe minutiös Dokumente sammelte und, unter Berücksichtigung der Erzählungen Überlebender, einen knappen, packenden Bericht zusammenstellte, der uns an den Pestalltag vieler anderer Städte erinnert:

«Gleich zu Beginn raffte die Pest innerhalb weniger Tage führende Persönlichkeiten, Richter und Beamte hinweg, die man in den großen Rat gewählt hatte, danach auch diejenigen, welche deren Platz eingenommen hatten. Im Monat Mai nahm sie so sehr zu und wurde derart ansteckend, daß Plätze, Höfe, Grabstätten und Friedhöfe von Leichen überquollen. Viele wurden an öffentlichen Wegen begraben, einige unter dem Boden ihrer Häuser. Unzählige starben, ohne daß jemand dabei war, und ihre Leichen stanken aus den verlassenen Häusern. Keine natürliche Flamme könnte fettige Dinge, die sich nahe beieinander befinden, so umzingeln oder verbrennen, wie diese Pest alles verdarb und befiel, was in ihrer Nähe war. Keiner, der sich bei einem Sterbenden aufhielt, konnte dem Tod entkommen. Hauchte nämlich jemand sein Leben aus, wurde alles von einem unentrinnbaren, tödlichen Ansteckungsstoff erfüllt. So überließen sich Eltern, Kinder, Geschwister, Nachbarn und Freunde gegenseitig ihrem Schicksal. Die Ärzte besuchten keine Patienten mehr, sondern ergriffen die Flucht».[2]

Wie in vielen anderen Kommunen Italiens waren auch in Venedig die staatlichen Institutionen, Jurisdiktion und Exekutive außer Kraft gesetzt. Wie in Messina, Trient und anderen Orten zerbrachen die Familien. Jedermann fühlte sich vom Tode bedroht. Das öffentliche Leben war gelähmt: «Niemand in der Stadt sorgte mehr für Gerechtigkeit. Die üblichen Ratsversammlungen und sonstigen Veranstaltungen der Gemeinde mußten abgesagt werden. Die Maßvollen, Zurückhaltenden, Keuschen und Nüchternen wurden ebenso hinweggerafft wie Betrunkene, Gefräßige, Säufer, Prasser, Sparsame und Verschwender, die Heiteren und Traurigen, Beherzten und Schüchternen, diejenigen, welche flohen ebenso wie jene, die zurückblieben, und zwar ohne Beichte und die Sakramente der Kirche. Die Angst befiel ebenso auch die frommen Kleriker und Priester, und die Pest tötete auch sie. Was wäre noch zu bemerken? Die ganze Stadt war ein einziges Grab».[3]

Ganz Venedig schien dem Tod geweiht. Begräbnisse beherrschten den Alltag. Mit brutaler Logik separierte man die Toten, ja selbst Sterbende, um den von ihnen ausgehenden «Pesthauch» einzuschränken. Wer Symptome der Krankheit zeigte, konnte weder auf Mitleid noch Hilfe hoffen. Die Gesellschaft verschwor sich gegen die Kranken: «Die Not machte es erforderlich, daß man auf Staatskosten Männer bestimmte, die mit Barken ... durch die Stadt ruderten, Leichen aus den verlassenen Häusern holten, sie zu den Inseln San Marco Boccalama oder San Leonardo Fossamala, nach San Erasmo und auf andere Inseln außerhalb der Stadt brachten und sie dort haufenweise in sehr breite und tiefe Gräben warfen, die man zu diesem Zweck mit großem Einsatz ausgehoben hatte. Viele gaben (erst) auf diesen Schiffen und viele, die noch atmeten, erst in diesen Gräben ihren Geist auf. Auch die Mehrzahl derer, die die Barken ruderten, wurden von der Pestseuche befallen. Wertvoller Hausrat, Geld, Gold und Silber lagen in den verlassenen Häusern offen da, doch wurden sie nicht von Dieben entwendet, da alle Menschen eine unglaubliche Lähmung und Panik erfaßt hatte».[4]

Wir erfahren, daß Schwangere die Pest kaum überlebten. Wie in Trient grassierte die Seuche mehr unter Frauen als unter Männern, unter Jugendlichen mehr als unter Greisen. «Hätte die Pest im Juni und Juli noch so schrecklich gewütet wie im April, wäre die ganze Stadt menschenleer geworden»,[5] bemerkt der Autor am Ende seiner Ausführung.

Seine Beobachtungen lassen sich weitgehend durch Dokumente belegen, die unmittelbar aus dem Pestjahr stammen. Während einer Hungersnot, die in ganz Italien Opfer forderte, hatten sich bereits 1347 viele Bewohner der Terraferma nach Venedig geflüchtet, das dank rechtzeitig organisierter Getreideimporte aus Sizilien und dem Schwarzmeergebiet über ausreichende Nahrungsreserven zu verfügen schien. Die obdachlosen Massen bettelten auf Plätzen und vor Kirchenportalen um Nahrung. Das Erdbeben vom 25. Januar 1348[6] veranlaßte sie, weiter in der Stadt zu bleiben. Als die genuesischen Galeeren im Hafen anlegten, suchte sich die Pest unter diesen hungernden und geschwächten Personen ihre ersten Opfer. Ihre Leichen wurden auf Karren zu den öffentlichen Friedhöfen gebracht, die bald überfüllt waren. Am 30. März 1348 beauftragte der Große Rat eine Dreierkommission, die *Savi*, mit der Ausarbeitung eines Notplans, der am 3. April vorgelegt wurde. Danach mußten alle Personen, die in den Hospizen im Sterben lagen, und alle Armen, «die dem Tode nahe sind, aber in der Stadt keine Unterkunft haben und von Almosen leben»,[7] auf die von Lorenzo de Monacis erwähnten Inseln gebracht werden.[8] Da sich offensichtlich Angehörige gegen diese Maßnahme, die natürlich den sicheren Tod bedeutete, zur Wehr setzten, wurde ihnen in recht zynischer Weise gestattet, die Sterbenden zu begleiten, d. h. sich als Gesunde freiwillig auf die Inseln zu begeben, wo sich die Massengräber der Pesttoten befanden. Dies bedeutete praktisch auch für sie die Infektion und das fast sichere Ende.[9]

Fern der Stadt wurden die Toten in Massengräber geworfen, die «fünf Fuß tief» waren. Berücksichtigt man, daß die Notverordnung tatsächlich nicht nur den Abtransport Toter, sondern auch Sterbender vorsah,[10] dürfte Lorenzos Schilderung, daß auch «viele, die noch atmeten», in die Gräber geworfen wurden, nicht übertrieben gewesen sein. Einige Geistliche mußten sich auf den Inseln für Beichten und Beerdigungen bereithalten, und auch die Totengräber wurden gezwungen, ständig dort zu wohnen. Da angesichts der Leichenmassen der Boden bald nicht mehr ausreichte, wurden die Toten und Sterbenden später auch nach San Erasmo und San Martino di Strada, weiteren Inseln in der nördlichen Lagune gebracht.

Diese wurden zum Massenfriedhof für Bettler, Obdachlose und Einwanderer, während die registrierte Bevölkerung nach wie vor in der Stadt, etwa auf dem Friedhof bei San Salvatore in der Nähe des Rialto beerdigt wurde. Im *Chronicon monasterii S. Salvatoris Venetiarum* (1349) schildert Francesco della Grazia die gefährliche und unerträgliche Situation auf den Friedhöfen: «Glaub' mir, daß es Tage gab, wo man 25 oder 30 Menschen neben der Kirche beerdigt hat. An einem Tag waren es etwas mehr, an einem anderen weniger ... Es herrschte ein so großer Gestank, daß die Regierung auf alle Kirchhöfe der Stadt Sand in großer Menge bringen ließ. Es nützte freilich wenig. Man ordnete an, daß niemand mehr innerhalb der Stadt beerdigt werden durfte, der nicht über eine eigene Grabstätte verfügte. Alle wurden auf Bahren transportiert, die an verschiedenen Stellen der Stadt bereitstanden. Wie sonst nur Holz wurden jetzt Leichen nach San Marco Boccalama und San Leonardo Fossamala gebracht».[11]

Auch in Venedig nahm die Kriminalität zu. Gewisse Stadtbezirke waren nur unter großer Gefahr zu betreten. Die Regierung verdoppelte die Anzahl der Wächter und wies die Vorsteher der Sestieri[12] an, rigoros gegen Delinquenten vorzugehen.[13] Die Kontrollbeamten mußten auch die Neuverstorbenen für den Transport auf die Inseln melden. Ihre Tätigkeit wurde von drei *buonuomini* überwacht. Besonders streng wurde die Gewohnheit ärmerer Leute geahndet, tote Angehörige einfach vor die Tür ihrer Häuser zu legen, damit sie durch Mitglieder der *Scuolae* und anderer karitativer Einrichtungen beerdigt wurden.[14]

Bald ergaben sich weitere Probleme. Man bemerkte, daß immer mehr Reisende mit Pestsymptomen im Hafen ankamen und zudem Venezianer, die auf der Terraferma wohnten, häufig ihre an der Pest verstorbenen Angehörigen zur Beerdigung in die Stadt brachten. Am 5. Juli erging deshalb die Verordnung, daß von außerhalb kein Erkrankter mehr einreisen durfte, «und zwar unter Androhung der Galeerenstrafe, der Verbrennung des betreffenden Schiffes, von Geldbußen und anderen Strafen, die von den Zuwiderhandelnden eingefordert werden».[15] Wenige Tage später, am 10. Juli, erließ der Senat eine völlige Einreisesperre für Fremde. Solche Kontaktsperren waren, wie erwähnt, auch aus Mailand und Pistoia bekannt, ließen sich aber in einer offenen Hafenstadt kaum realisieren.[16] Auf die Durchführung hatten besonders die Schiffseigner zu achten. Ihnen drohten, ebenso wie den Ruderern der *Traghetti,* welche erkrankte Personen unbekannter Herkunft «oder solche, die krank aussahen»,[17] über die Kanäle übersetzten, schwere Sanktionen. Ausnahmeregelungen gab es, nach sorgfältigster Untersuchung der betreffenden Person durch einen Arzt, nur für wichtige offizielle Reisende und Diplomaten. Auch das Personal der genannten Inseln wurde streng kontrolliert.

Freilich wurde der städtische Beamtenrat durch die Pest bald selbst so stark dezimiert, daß Verordnungen mangels ausführender und kontrollierender Organe immer weniger Wirkung zeigten. Anfang Juni war zudem der Große Rat, der die Umstände der Ankunft der pestbringenden Galeeren untersuchen sollte, selbst beschlußunfähig. Das für die Abstimmung vorgesehene Quorum von 40 Mitgliedern wurde nicht mehr erreicht. Man verschob deshalb die Untersuchung, nicht ohne der Hoffnung Ausdruck zu verleihen, daß «durch Gottes Gnade irgendein Heilmittel» gefunden werde.[18] Damit war ein schon erwähntes Kernproblem des Schwarzen Todes angesprochen: das Fehlen einer wirksamen Therapie. «Keine Kunst vermochte etwas, kein Kraut nützte, keine Medizin richtete hier etwas aus. Die Wissenschaft versagte», stellte Lorenzo de Monacis fest,[19] und Petrarca, ein Freund des Dogen Andrea Dandolo, gab in seinem Brief an seinen Bruder Gherardo auf die Frage nach einer effektiven Medizin eine ebenso deprimierende wie karikierende Antwort: «Frag' die Historiker: Sie schweigen. Konsultiere die Ärzte: Sie staunen nur. Was wäre von den Philosophen zu sagen? Sie zucken nur mit den Achseln, runzeln die Stirn, legen den Finger auf die zusammengekniffenen Lippen und bitten um Ruhe».[20]

Allerdings bestand in Venedig ein merkwürdiger Gegensatz zwischen den Seuchentheorien der Ärzte, die sich auf Autoritäten wie Hippokrates oder Galen beriefen,[21] und dem Pragmatismus der Behörden, denen bald klar wurde, daß Schiffe die Pest nach Venedig gebracht haben mußten und nicht etwa ein Pesthauch aus der Lagune. Sie versuchten deshalb, durch Isolation der Kranken die Bevölkerung vor Ansteckung zu schützen. Man ließ zudem – im Sinne Gentiles da Foligno – die Luft durch Feuer reinigen und neue Trinkwasserquellen erschließen. So stiftete Marco Arian, bevor er Anfang Juni starb, im Hinblick auf die Pest testamentarisch zwei neue Brunnen neben der Kirche Sant'Angelo Raffaele, die noch heute erhalten sind.[22] Vorsichtshalber ließen die Behörden auch die Schenken am Rialto schließen, eine Maßnahme, die nicht nur in Venedig notwendig wurde.[23] Tatsächlich suchten 1348 viele Menschen Zuflucht in Schwelgerei und Alkoholkonsum. Die Angst vor der Wirklichkeit, deren Grausamkeit täglich deutlicher wahrgenommen wurde, brach auch hier die Konventionsschranken. Die Beamten waren auch deshalb zum Einschreiten gezwungen, da die Seuchengesetzgebung nur bei einem Minimum von Disziplin in der Bevölkerung sinnvoll war. Weniger die Moral als der Staat schien gefährdet. Auch der in Venedig übliche Weinverkauf durch fliegende Händler auf Booten wurde eingestellt. Dem Einfluß der Schulmedizin war es zuzuschreiben, daß auch die Lagerung von gepökeltem Schweinefleisch verboten wurde, «weil es fürchterlich stank».[24]

Mit Zunahme der Pest begann eine allgemeine Stadtflucht. Man zog zum Strand, auf noch nicht infizierte Inseln wie Torcello oder Murano, aber auch in Städte wie Chioggia, Ferrara, Padua, Treviso und Ceneda.[25] Auch die Amtsträger verließen die Stadt. Anfang Juli stellte der Senat fest, daß viele Notare, Schreiber und kleine Beamte Venedig den Rücken gekehrt hatten. Unter Androhung des Verlustes ihrer Stellung wurden sie zur sofortigen Rückkehr aufgefordert. Auch Ärzte und Geistliche hatten in Scharen die Stadt verlassen, doch gab es rühmliche Ausnahmen. So bekam der aus Rom zugewanderte Magister Francesco, der während der Pest selbst einen Sohn verloren hatte, von der Regierung eine Gehaltserhöhung, weil er mutig die Kranken behandelt hatte, und, «obgleich er die so gefährliche Lage erkannte, auf Grund seiner eigenen Entscheidung nicht weichen wollte und sagte, er wolle lieber hier sterben als anderswo leben und daß gleichsam die Gnade des Allerhöchsten über sein Schicksal zu urteilen hätte».[26] Solche Mediziner verdienten umso höhere Anerkennung, als sie die Arbeit ihrer geflohenen Kollegen mit übernahmen. Dennoch wurden die flüchtigen Ärzte nach ihrer Rückkehr nicht bestraft, sondern sofort wieder zur Berufsausübung zugelassen, wobei einige geschickt argumentierten, sie hätten nur eine Erholungspause eingelegt.[27] Der durch Pest und Flucht hervorgerufene Ärztemangel veranlaßte die Gesundheitsbehörden auch, nach dem Abflauen der Seuche um auswärtige Mediziner zu werben. Steuerliche Vergünstigungen sollten Kandidaten anlocken, obgleich die Mitglieder des Ärztekollegiums eifersüchtig und sorgfältig darauf achteten, daß nur Mediziner, die vor diesem Gremium eine Prüfung abgelegt hatten, die ärztliche Kunst ausübten.

Die Strenge des Kollegiums war verständlich, denn während der Pest hatten die Quacksalber einen ungeahnten Aufschwung erlebt. Hiermit sind nicht die Chirurgen und Barbiere gemeint, die im 14. Jahrhundert in der Hierarchie der Heilberufe eine untergeordnete Rolle spielten und nur gewisse Eingriffe vornehmen durften[28] (obgleich einer von ihnen, ein gewisser Andrea aus Padua, zu einer Geldstrafe verurteilt wurde, weil er mehr als hundert Pestkranke geheilt haben wollte, der Rat aber der Meinung war, daß die Patienten eher durch Zufall als durch seine Kunst gesund geworden waren[29]). Vielmehr betätigten sich im allgemeinen Chaos Färber, sonstige Handwerker und Menschen verschiedenster Herkunft und Ausbildung als Wunderheiler. So war auch in Venedig die Zahl der Personen, die Heilung versprachen, ähnlich wie es in Florenz Boccaccio beschrieb, «abgesehen von den studierten Leuten durch Männer und Frauen, die nie eine medizinische Ausbildung erfahren hatten, sehr groß geworden».[30]

Lorenzo de Monacis erwähnt nicht die wirtschaftlichen Folgen der Pest, die Venedig in eine schwierige Lage brachte. Erst der erwähnte Sieg über die Genuesen bei Chioggia (1381) ließ die Behörden der Serenissima wieder aufatmen. Lakonisch stellte der Senat fest, daß, bedingt durch die notwendig gewordenen gesundheitspolizeilichen Maßnahmen, die Ausgaben der Stadt die Einnahmen bei weitem übertroffen hatten.[31] Zudem war, wie gesagt, die Einwohnerzahl bedenklich gesunken. Die Pest hatte alle Schichten dezimiert, «den größten Teil des Adels wie des einfachen Volks».[32] Am 22. Juni erging deshalb die Anordnung, unter Gewährung von Straffreiheit, sonstigen Freiheiten und Steuererlassen um Neueinwanderer zu werben.[33] Im allgemeinen wurde dieser Aufforderung auf dem Land gerne Folge geleistet.

Es wäre ungerecht, nicht auch der Menschen zu gedenken, die aus christlicher Verantwortung ihr Leben aufs Spiel setzten, um anderen zu helfen. Die berühmten venezianischen *Scuolae,* Wohltätigkeitsorganisationen, die christliche Nächstenliebe praktizierten und der Oberschicht ein beachtliches soziales Engagement abverlangten, verloren unzählige Mitglieder. Von der Scuola della Carità starben elf Vorsteher und etwa 300 Mitglieder, ebenso unzählige aus der Johannesbruderschaft.[34] Sie hatten nicht gezögert, sich unter Lebensgefahr um die Erkrankten zu kümmern.

Das Szenario in Venedig erlaubt letztendlich auch Rückschlüsse auf andere Städte, wo die Ereignisse weniger lückenlos dokumentiert sind. Die Grausamkeit des Seuchenalltags dürfte sich vielerorts entsprochen haben. Im übrigen trug die geographische Schlüsselposition der Stadt in besonderer Weise zur Weiterverbreitung der Pest bei, so in die Poebene, in die Alpenregion und nach Friaul.

12. Die Pest in Florenz

Die Pest, die Florenz im Jahre 1348 heimsuchte, wurde weltberühmt durch Boccaccios literarische Beschreibung in der Einleitung des *Dekamerone.* Sieben vornehme junge Damen und drei standesgemäße Signori beschließen nach einem (fast menschenleeren) Gottesdienst in Santa Maria Novella, in eine Landvilla überzusiedeln, um fern der Stadt der Ansteckung zu entgehen. Neben Musik, Tanz und Spiel sollten vor allem Erzählungen für Kurzweil sorgen. Doch zuvor schildert der Autor den Pestalltag. Er erwähnt die Hilflosigkeit von Behörden und Ärzten, die zunehmende Mißachtung der Gesetze, die Verzweiflung der Massen und die erwähnten Verlaufsformen der Krankheit.[1] Interessant und für viele Städte exemplarisch erscheinen die unterschiedlichen, ja kontroversen Reaktionen der Bevölkerung. Wie zum Trotz gegenüber dem Tod nahmen Genuß und Sinnesfreude zu, freilich in typischen Abstufungen:

«Manche dachten durch eine maßvolle Lebensweise und dadurch, daß sie sich vor jedem Überfluß hüteten, ihre Widerstandskraft gegen die Seuche stärken zu können. Sie taten sich in Gruppen zusammen und lebten abgesondert von allen anderen, versammelten sich in abgeschlossenen Häusern, wo kein Kranker war, und um ihre Überlebenschancen zu steigern, genossen sie mit Maß die köstlichsten Speisen und besten Weine, mieden aber jedes Übermaß. Ohne für jemanden ansprechbar zu sein oder Nachrichten von außen über einen Todesfall oder die Erkrankung der Mitbürger hören zu wollen, verbrachten sie ihre Zeit mit allerlei Kurzweil».[2]

Ihnen stellt Boccaccio die Schwelger und Prasser gegenüber, die ihre Gedanken an den Tod durch Trunk und Ausschweifung zu vertreiben suchten: «Andere vertraten die gegenteilige Auffassung und versicherten, die sicherste Medizin bei einer solchen Katastrophe sei reichlich zu trinken, zu genießen, singend und scherzend umherzuziehen, jegliche Lust, wo es nur möglich ist, zu befriedigen und über das, was kommen möge, nur zu lachen und zu spotten. Und wie sie es sagten, verhielten sie sich auch, soweit es möglich war. Sie gingen Tag und Nacht bald in diese, bald in jene Kneipe, um haltlos und ohne Maßen zu trinken, lieber aber noch in fremde Häuser, wenn sie dort nur Dinge wahrnahmen, die ihrer Lust entgegenkamen ...».[3]

Nüchtern konstatiert der Dichter, daß es auch einen Mittelweg gab, freilich ebenso die Möglichkeit der Flucht, die er für unmoralisch hielt: «Viele schlugen einen Mittelweg ein, indem sie sich weder beim Essen einschränkten wie die ersten noch im Trinken und bei anderen Ausschweifungen so zügellos waren wie die zweiten, vielmehr alles zu Genüge genossen, wie sie gerade Lust hatten, sich aber nicht einschlossen, sondern (in der Stadt) umhergingen ... Andere waren rücksichtslos (obgleich dies vielleicht der sicherste Weg zur Rettung war) und sagten, es gebe gegen die Pest kein besseres oder gleichwertiges Mittel als die Flucht. Mit diesem Gedanken verließen viele Leute, Männer und Frauen, an nichts als sich selbst denkend, ihre Stadt, Häuser, Ämter, Verwandten und Besitztümer und suchten ihre (wenn nicht gar fremde) Landgüter auf, als hätte der zornige Wille Gottes, mit dieser Pest die Ungerechtigkeit der Menschen zu strafen, sie nicht überall, wohin sie gingen, erreichen können».[4]

Auch in Florenz, wo das Zusammenleben der Menschen durch eine vorbildliche Verfassung geregelt war, wo man auf die eigene Kulturtradition stolz war und sich anderen Städten diesbezüglich überlegen fühlte, breiteten sich Eigensucht und Egoismus aus. Boccaccio schämte sich dieser Barbarisierung, die, wie in so vielen Städten, vom Schwinden christlicher Nächstenliebe begleitet wurde: «Wir wollen nicht er-

Andrea Orcagna, Triumph des Todes (Florenz, S. Croce, um 1345).
Fragment: Kranke flehen den Tod an, sie zu erlösen.

wähnen, daß ein Bürger dem anderen aus dem Wege ging und sich fast niemand mehr um seinen Nachbarn kümmerte und Verwandte einander selten (und dann nur von ferne) oder nie sahen ... So blieb für die meisten erkrankten Männer und Frauen nur das Mitleid der Freunde, von denen es freilich wenige gab oder die Habgier der Krankenpfleger, die sich gegen einen hohen und ungebührlichen Lohn um sie kümmerten».[5]

Der Dichter beschreibt Verhaltensmuster, die wir bereits kennen.[6] Die Furcht und Feigheit der Nachbarn, die nur aus Angst vor pestbringenden Ausdünstungen die Leichen ihrer Mitbürger beseitigten, die Routine der Bestattungen, der Zusammenbruch der Familienstrukturen, das Versagen vieler Kleriker, Notare und Beamter, die Versuche einiger, aus der Krise Gewinn zu ziehen und Erkrankten Geld abzupressen, werden von zeitgenössischen Autoren, nicht nur in Italien, in vielen Variationen bestätigt. Boccaccio erkannte, daß Verrohung und Gefühllosigkeit eng mit der Todesangst zusammenhingen, die die Gesellschaft lähmte, daß mit der Gefahr aber auch die Leidensfähigkeit zunahm, «so daß etwas, was kein Weiser geduldig zu ertragen gelernt hat ..., wenn das Unglück erst einmal eine gewisse Größe erreicht hat, auch von einfachen Menschen mühelos und achtlos hingenommen wird».[7]

Die bisher obligatorische, in vielen Ritualen institutionalisierte Trauer von Familienangehörigen, Freunden und Nachbarn beim Tod eines nahestehenden Menschen wurde die Ausnahme. Statt Mitleid und Klagen herrschte Gleichgültigkeit vor. Man gewöhnte sich an das Sterben. «Lachen, Scherze und gesellige Feiern» kennzeichneten Leichenbegängnisse und Totenmahle, die freilich bald eingestellt wurden.[8] Bekümmert stellt der Dichter fest, daß sich auch Frauen diesem Brauch «auf das beste» angepaßt hatten.[9] Boccaccios Bericht stellt ein Psychogramm der Florentiner Gesellschaft dar, das sich auf viele andere Orte übertragen läßt. Er ist zu Recht das berühmteste zeitgenössische Dokument, das sich über den Schwarzen Tod 1348 erhalten hat.

Der Chronist und Kaufmann Giovanni Villani erinnert zunächst an die Naturkatastrophen, die der Pest im Frühjahr 1348 vorausgingen, so an das auch in Venedig registrierte Erdbeben vom 25. Januar.[10] Seine Chronik wurde nach seinem Pesttod im Sommer von seinem Bruder Matteo fortgesetzt. Besonders die Armen der Stadt, die in beengten Verhältnissen lebten und keine Fluchtmöglichkeit hatten, wurden von der Seuche hinweggerafft: «Das Gleichgewicht der Bevölkerung wurde auf Kosten des niedrigen Volkes, das etwas stärker dezimiert wurde, zugunsten des Mittelstandes und der Oberschicht verschoben. Die unteren Klassen wurden nämlich zuerst von der Pest befallen, bekamen weniger Hilfe und hatten mehr Mangel und Not».[11]

Trotz des allgemeinen Niedergangs der Moral gab es auch in Florenz Menschen, die sich, wie Matteo anerkennend bemerkt, in frommer Nächstenliebe um Kranke und Sterbende kümmerten: «Viele setzten sich der Todesgefahr aus, indem sie ihre Freunde und Verwandten pflegten, die erkrankt waren, und lebten so mit der Pest. Sie setzten ihren Pflegedienst auch dann fort, als sie selbst infiziert waren. Jeder sah sich dabei vor, und man begann, einander ohne Vorurteil zu helfen und zu dienen. Dadurch wurden viele wieder gesund ...».[12]

Im Dominikanerkonvent von Santa Maria Novella, wo Boccaccio die Rahmenhandlung des Dekamerone beginnen läßt, kamen von 130 Brüdern 80 um. Konsterniert stellte der für die Eintragungen ins Totenbuch zuständige Fra Paolo Bilenchi fest: «Möge der Nachwelt dieses Ereignis nicht wie eine Sage aus dem Volk erscheinen. Vielmehr sollen die Überlebenden von der Unerbittlichkeit der göttlichen Gerechtigkeit erzählen, als deren Folge die ganze Welt vom Tode beherrscht wurde».[13]

Marchionne di Coppo Stefani berichtet in seiner unmittelbar nach 1348 entstandenen Chronik, wie die ärztliche Versorgung in kurzer Zeit zusammenbrach. Die hippokratische Ethik wich offenbar kaltem Geschäftssinn: «Ärzte fanden sich nicht mehr, da sie wie die anderen Menschen dahinstarben. Und traf man noch einige, so forderten sie im voraus eine unverschämte Geldsumme auf die Hand, sobald sie ein Pesthaus betraten. Waren sie aber eingetreten, tasteten sie den Puls nur mit abgewandtem Gesicht ...».[14]

Die Preise für Lebensmittel stiegen sprunghaft an. Backwaren und Zucker wurden «maßlos teuer», ebenso Hühner (deren Fleisch als Pestprophylaktikum galt) und entsprechend Eier. «Wer an einem Tag drei davon in der ganzen Stadt finden konnte, war glücklich».[15] Wegen des großen Bedarfs an Totenkerzen eskalierte der Wachspreis, der schließlich staatlich reguliert werden mußte. Niemand durfte mehr als zwei Kerzen kaufen. Apotheker und Totengräber versetzten zu Höchstpreisen Bahren, Decken und Kissen für Leichenfeiern – und gewannen ein Vermögen. Die Leichenbekleidung einer Frau kostete normalerweise drei Florin. 1348 schnellte der Preis in Florenz bald auf 30 Florin hoch «und wäre noch weiter auf hundert Florin gestiegen, wenn man nicht aufgehört hätte, die Toten überhaupt zu bekleiden», wie Marchionne ausführt.[16] Reich wurden in Florenz auch die Priester und Bettelbrüder, die sich ihren geistlichen Beistand hoch bezahlen ließen. Um die Bürger nicht zu sehr zu deprimieren, verbot die Florentiner Regierung das Läuten der Sterbeglocken, «weil die Erkrankten die Glocken hören konnten und Gesunde wie Kranke darüber in Bestürzung gerieten».[17] Voller Angst wandten sich die Menschen von ihren dem Tod geweihten Mitbürgern ab. Unter einem Vorwand suchte man das Weite:

«Viele kamen um, ohne daß es von jemand bemerkt wurde, und eine große Zahl verhungerte. Wenn nämlich jemand aufs Krankenbett geworfen wurde, sagten die Mitbewohner im Haus voller Angst: ‹Ich gehe einen Arzt holen›, verschlossen leise die Tür zur Straße und kehrten nie mehr zurück. So wurde der Kranke zuerst von seinen Mitmenschen und dann von der Nahrung abgeschnitten. Wenn das Fieber dazukam, ging es ihm noch schlechter. Abends bestürmten viele (Patienten) ihre Verwandten, sie nicht zu verlassen. Diese erwiderten ihnen dann: ‹Nimm doch selbst etwas Gebäck, Wein und Wasser zu dir, damit du nachts nicht bei jeder Gelegenheit denjenigen, der dich pflegt, wecken mußt und dessen Dienst nicht Tag und Nacht andauert. Ich lege dir (diese Dinge) ans Kopfende deines Bettes auf einen Stuhl. Du kannst dich dann bedienen›. War der Kranke dann eingeschlafen, ging man weg und kam nicht wieder. Konnte der Patient dann, wenn das Glück ihm hold war, sich nachts an dieser Nahrung erfreuen und morgens gestärkt ans Fenster treten, so wartete er, wenn es sich nicht um eine Hauptstraße handelte, erst einmal eine halbe Stunde, bis jemand vorbeikam. Und wenn einer kam und er rufen mußte, damit er überhaupt gehört wurde und er dann schrie, so wurde ihm einmal geantwortet, einmal nicht. Und auch wenn er eine Antwort erhielt, wurde ihm noch lange nicht geholfen. Denn keiner oder nur wenige waren bereit, in ein Haus zu gehen, wo sich ein Erkrankter befand».[18]

Die Chronik Marchionnes stellt eines der erschütterndsten Zeugnisse über den Pestalltag dar. Wie manche Regierungen noch lebende Pestkranke «aus Sicherheitsgründen» zu den Massengräbern transportieren ließen, schlossen Angehörige nicht selten Todgeweihte in ihren Häusern ein, um sie verhungern zu lassen.[19]

Im Einklang mit der vorherrschenden Miasmentheorie der Ärzte[20] verbot man in Florenz auch die Zufuhr schädlicher, zu Fäulnis neigender Früchte wie Pflaumen, Mandeln, Bohnen «und jeglichen nutzlosen und ungesunden Obstes».[21] Die Werkstätten und Buden der Handwerker blieben geschlossen, geöffnet dagegen Apotheken und Kirchen. Marchionne bestätigt Boccaccios Bericht, daß sich die Menschen gegenseitig zu ermutigen suchten, indem sie gemeinsame Mahlzeiten organisierten: «Man war so betroffen und voller Angst, daß man sich in Gruppen zum Essen versammelte, um etwas Trost zu erlangen. Der eine gab abends eine Mahlzeit für zehn Bekannte. Am folgenden Tag bekam einer von diesen den Auftrag zur Vorbereitung des Essens. Und es kam vor, daß man bei einem speisen wollte, der nichts mehr auftischen konnte, weil er selbst inzwischen krank geworden war. Oder es fanden sich, wenn das Mahl für zehn bereitet war, zwei oder drei weniger ein».[22]

Wie reagierten die Behörden? Sie waren bereits durch die Hungersnot 1344 und 1347 in Zugzwang geraten. Auf Staatskosten mußten Tausende ernährt werden. 4000 Menschen waren dennoch seit 1346 an Hunger gestorben (!).[23] Die Lebensmittelpreise waren durch Mißernten bereits vor der Pest in die Höhe geschossen. Als sich das Gerücht des nahenden Unheils verdichtete, wurden Reinigungsknechte beauftragt, den Müll aus der Stadt zu schaffen, da sein Geruch nach der Miasmentheorie die Verbreitung der Seuche begünstigte.[24] Krankheitsverdächtige Personen aus anderen Städten erhielten Einreiseverbot, und die Regierung ließ auf Empfehlung der Ärzteschaft Ratschläge und Tips zur Vorbeugung – hierzu zählten vor allem die nicht ungefährlichen Reinigungsfeuer! – öffentlich bekannt machen.[25] Doch war die Katastrophe nicht mehr aufzuhalten.

Nach ihrem Ausbruch ließ man nach kurzer Zeit neue Friedhöfe anlegen. Schichtweise wurden die Leichen, wie Marchionne berichtet, übereinandergelegt. Bittgottesdienste und -prozessionen kennzeichneten den Alltag. Das Gnadenbild der Madonna von Impruneta wurde durch die Stadt getragen.[26] Da Florenz voller Landflüchtlinge war, kamen mehr Leute um, als von der Einwohnerzahl her zu erwarten war (Boccaccio sprach von nahezu 100 000 Menschen[27]). Als die Pest ihren Höhepunkt erreicht hatte, stellte man fest, «daß nur mit größter Schwierigkeit und Mühe der Rat des Podestà und der Stadt in der notwendigen Anzahl zusammengerufen werden konnten, weil viele Bürger auswärts weilten».[28] Da die Signoria die Staatsgeschäfte natürlich nicht einstellen wollte, beschloß sie, daß bis Allerheiligen schon 100 Anwesende für Beschlußfassungen ausreichten. Die Änderung des Abstimmungsquorums war umso notwendiger, als auch viele der im Frühsommer neu gewählten Ratsmitglieder inzwischen gestorben waren.[29] Die Parallelen zu Venedig waren augenscheinlich. Nur mit einer Notstandsgesetzgebung glaubte der Rat die Krise meistern zu können.[30]

Man war auch nicht mehr in der Lage, Getreide in der Stadt zu verteilen, wodurch die Hungersnot zunahm. Da die notwendigen Nachtwächter und Aufseher fehlten, konnten die Bürger auch nicht vor der zunehmenden Kriminalität geschützt werden. Viele Berufe starben aus. Noch im Januar 1349 fehlten Experten, die Münzen herstellen konnten, so daß erfahrene Münzhersteller aus Neapel zur Einwanderung aufgefordert wurden.[31] Allgemein begann der Rat nach dem Abklingen der ersten Pestwelle, die Immigration zu fördern. Delinquenten, die geflohen waren, wurde bei Rückkehr sogar Straffreiheit gewährt. Leute, die verbannt waren, durften gegen Bezahlung zurückkehren und füllten so die leeren Staatskassen auf. Wir dürfen heute davon ausgehen, daß die Einwohnerschaft von Florenz im Verlauf der Pest von rund 90000[32] auf etwa die Hälfte sank.[33] Während viele Läden, Häuser, Villen und Paläste leer standen, stellte die Verwüstung des Hinterlandes ein noch größeres Problem dar, da sie die Nahrungsmittelversorgung langfristig gefährdete. In einer offiziellen Verlautbarung vom Oktober 1348 rügte die Regierung, «daß einerseits viele Bürger verarmt, andererseits viele Arme (durch die Pest) reich geworden waren».[34] Auch viele Klöster und Bruderschaften hatten vom Schwarzen Tod profitiert, da sie Nutznießer von Testamenten wurden. Matteo Villani äußert sich sehr kritisch über die hohe Summe von 350000 Florin, die der Bruderschaft von Orsanmichele zugeflossen waren.[35] Das «Erzspital» Santa Maria Nuova und die karitative Compagnia der *Misericordia* hatten dagegen nur 25 000 bzw. 35 000 Florin erhalten.[36] Niemand fand sich mehr zum Wehrdienst bereit, und die Bewachung der florentinischen Grenzfestungen wurde schwierig.[37] Die einfachen Leute zogen es vor, sich an ererbten oder herrenlosen Luxusgegenständen zu erfreuen, an Kleidern und Gelagen. In einem *Luxusgesetz* vom November 1349 wurde jeder «jungen und alten Frau» verboten, Hermelinpelze zu tragen.[38]

Auch in Florenz veränderte die Pest die Gesellschaft auf so vielfältige Weise, daß viele Zeitgenossen allein durch die Verwandlung ihrer Lebenswelt irritiert wurden. Boccaccio bekannte offen: «Es klingt wundersam, was ich hier sagen muß. Und wenn es nicht die Augen vieler Leute ebenso wie meine eigenen gesehen hätten, würde ich mich kaum getrauen, es zu glauben, geschweige denn niederzuschreiben, und hätte ich es auch von einer noch so zuverlässigen Person vernommen».[39]

13. Die Pest in Frankreich

Einfallspforte der Pest in Frankreich war der Hafen von Marseille, wo ein Schiff, das in Genua am Löschen seiner Ladung gehindert worden war, die Seuche eingeschleppt haben soll.[1] Tausende von Menschen kamen allein im Stadtgebiet zu Tode, darunter fast sämtliche Ärzte, Geistliche und Notare.[2] Nach Norden folgte der schwarze Tod dem Lauf der Rhône, während im Westen nach kurzer Zeit das Languedoc und Montpellier erreicht waren. Nach dem Bericht des Arztes Simon de Couvin ließ sich hier das Dahinsterben der Studenten mit dem Welken von Blumen vergleichen.[3] Schwangere Frauen und Kinder erschienen besonders krankheitsanfällig, ebenso alte Menschen.

Carcassonne und Bordeaux wurden im August 1348 «verpestet». Früh waren auch Aix und vor allem Avignon betroffen, im 14. Jahrhundert als Sitz der päpstlichen Kurie eine der wichtigsten Städte Europas. Bereits in den ersten drei Tagen starben 1800 Einwohner. Zwei Jahre lang sollten Pestschübe die Stadt dezimieren. Guy de Chauliac, der Leibarzt Clemens' VI., beschrieb nicht nur in «klassischer» Weise die Pestsymptome, sondern auch die Atmosphäre des Mißtrauens, die sich in Südfrankreich breitmachte: «Viele fragten sich, welches der Grund dieser unglaublichen Seuche war. In einigen Gegenden glaubte man, die Juden hätten die Welt vergiftet. Und deshalb tötete man sie. In einigen Regionen wurden auch die Armen totgeschlagen, oder man hetzte sie aus der Stadt, in einigen Gebieten auch die Reichen. Man fürchtete sich davor, Reisen zu unternehmen. Es kam vor, daß Wächter die Menschen vor Dörfern und Städten anhielten und nur diejenigen einließen, die ihnen gut bekannt waren. Und wenn sie bei jemanden Pulver oder Salbe fanden, so zwangen sie ihn, diese zu schlucken, aus Furcht, es könnte sich um Gift handeln».[4]

Der Vergiftungsvorwurf sowie die Verfolgung von Minderheiten lassen sich zu Seuchenzeiten bis ins 18. Jahrhundert nachweisen.[5] Guy de Chauliac war im übrigen davon überzeugt, daß die Pest auf Grund der 1345 eingetretenen Konstellation der drei «oberen» Planeten unvermeidlich war.[6] Jedenfalls kündigten für ihn Naturphänomene dieser Art stets einschneidende, wundersame oder schreckliche Ereignisse an, so «das Ende von Herrschaften, die Ankunft von Propheten oder große Seuchen».[7] Natürlich verteidigte er als Arzt die Humoralpathologie, was einige seiner Therapievorschläge erklärt. *Vor* der Ansteckung waren, mit abnehmender Wirksamkeit, die Flucht, Aloepillen, ein Aderlaß, die Räucherung des eigenen Hauses, der Theriak, Riechsubstanzen und schließlich der «armenische Würfel», ein Geheimrezept des Autors, zur Säuerung der Körpersäfte empfehlenswert. *Nach* Ausbruch der Krankheit wurden Aderlaß, Purgierung, Latwerge und Säfte notwendig, deren Zusammensetzung der Fäulnis im Körper entgegenwirken sollte. Pestbeulen wurden mit Feigen, gekochten Zwiebeln und Pistazien behandelt.[8] Guy gestand, als Arzt furchtbare Ängste durchgestanden zu haben. Er infizierte sich, gehörte aber zu den wenigen, die die Pest überlebten. Nur die Sorge um seinen Ruf hatte ihn von der Flucht abgehalten, wie er offen zugab: «Ich wagte aus Furcht vor der Schande nicht zu fliehen. Unter ständiger Angst versuchte ich, so gut es ging, mich zu schützen, wie ich es darlegte. Trotzdem hatte ich am Ende ein anhaltendes Fieber mit Beulen in der Leistengegend und war etwa sechs Wochen krank. Dabei schwebte ich in solcher Lebensgefahr, daß alle meine Freunde glaubten, ich würde sterben. Doch war es Gottes Wille, daß die Beulen ausheilten und kuriert werden konnten. So entkam ich dem Tode».[9]

Während etwa die Hälfte der Bevölkerung in Avignon der Pest erlag, starben von 450 Kurialen «nur» 94, wofür es verschiedene Gründe gab.[10] Der Papst selbst mied den Kontakt mit der Außenwelt und ließ ununterbrochen große Feuer unterhalten. Niemand hatte Zutritt zu seinen Gemächern.[11] Clemens VI. ließ auch Pestleichen sezieren, um der Ursache der Krankheit auf die Spur zu kommen. Freilich waren die kurialen Ärzte so sehr von der humoralpathologischen Pesttheorie überzeugt, daß sie bei Sektionen stets deren Bestätigung suchten und fanden. Auch eine besondere Form von Bittgottesdiensten zu Seuchenzeiten *(pro evitanda mortalitate)* wurde eingeführt.[12] Anfangs fanden in Avignon wöchentlich Prozessionen statt, die großen Anklang fanden, ja eine ebenso merkwürdige wie unheimliche Begeisterung auslösten. Zweitausend Menschen wurden gezählt, «unter ihnen Teilnehmer beiderlei Geschlechts. Barfuß, viele in Sack gekleidet, einige mit Asche bedeckt, im Gehen klagend und sich die Haare raufend, peitschten sie sich mit Geißeln, bis sie bluteten ...».[13]

Bald verbot der Papst diese neue, sehr emotionale Variante von Bußveranstaltungen, die der kirchlichen Kontrolle zu entgleiten drohte und zudem der Ausbreitung der Seuche Vorschub leistete.[14] Zeitweise hielt sich die Kurie bei Valence in einem Schloß an der Rhône auf, kehrte aber im Herbst wieder nach Avignon zurück, obgleich der Schwarze Tod hier kaum merklich nachgelassen hatte. Nachdem man die Pesttoten anfangs in den Fluß geworfen hatte, ging man im Verlauf des ersten

Seuchenmonats dazu über, riesige Notfriedhöfe anzulegen. Auf dem Höhepunkt der Pest sah sich Clemens VI. gezwungen, eine Generalabsolution zu erteilen, da nicht mehr genügend Priester zur Erteilung der Sterbesakramente zur Verfügung standen.[15] Bevor noch die Gefahr der Ansteckung erkannt war, starben in Avignon, unmittelbar nach Ausbruch der Seuche, auch sämtliche Mitglieder des Karmeliterkonvents. Glaubt man Henry Knighton, dem Stiftsherrn der englischen Abtei Leicester, scheint ihr Ruf nicht der beste gewesen zu sein: «Unter den Karmeliterbrüdern von Avignon starben (alle) sechsundsechzig, bevor die Bürger noch von der Ursache der Katastrophe wußten. Sie dachten (zunächst), die Brüder hätten sich gegenseitig umgebracht ...».[16]

Auch unter den Augustiner-Eremiten überlebte kein einziger. Kein Zweifel, daß viele Mendikanten und Mönche sich selbstlos und in christlicher Nächstenliebe um die Erkrankten kümmerten, was ihre Lebenserwartung, von den engen, die Ansteckung begünstigenden Verhältnissen in den Klöstern einmal abgesehen, drastisch reduzierte.

Jeden Tag kursierten in der Stadt neue Theorien über Ursache und Herkunft der Pest. Der bereits erwähnte flämische Geistliche,[17] der den Schwarzen Tod zufällig in Avignon miterlebte und minutiös beschrieb, notierte, daß sich viele Leute plötzlich weigerten, Fisch zu essen, «da sie sagten, er sei durch seinen Geruch infektiös. Ja sie nahmen auch keine Gewürze zu sich und faßten nur solche an, die ein Jahr zuvor konserviert worden waren. Sie befürchteten nämlich, daß diese erst kurz zuvor auf den besagten Schiffen importiert worden waren. Und tatsächlich konnte man oft beobachten, daß diejenigen, welche neueingeführte Gewürze oder eine bestimmte Sorte von Seefisch verzehrten, unversehens erkrankten ...».[18]

Petrarca, neben Boccaccio einer der berühmtesten Zeitgenossen des Schwarzen Todes und sorgfältiger Chronist der Ereignisse, beklagte den Tod Lauras, die er in vielen Werken besungen hatte. Sie starb in Avignon am 6. April. Der Dichter notierte in seinen Vergil-Band: «Ihr reiner und schöner Leib wurde am Abend desselben Tages in der Minoritenkirche beigesetzt. Ihre Seele kehrte, wie ich meine, zum Himmel zurück, woher sie gekommen war ...».[19]

Die Beisetzung von Pestopfern in Kirchen wurde freilich bald verboten. Doch scheint sie auch in Rom 1348 üblich gewesen zu sein.[20] Ausnahmen gab es selbst noch im 16. Jahrhundert, als man Tizian in der venezianischen Frari-Kirche beisetzte.[21]

Ein weiterer Situationsbericht aus Avignon stammt von Chalin de Vinario, der wie Guy de Chauliac Leibarzt des Papstes war. Als typischer

Mediziner seiner Zeit rühmt er sich präziser Kenntnisse antiker und mittelalterlicher Pesttheorien. Die Werke der Fachautoritäten, «von diesseits und jenseits der Alpen, von Paris und Avignon», bleiben für ihn unantastbar.[22] Seine Überzeugung, daß die Ärzte seiner Zeit gegenüber der Antike einen enormen Wissensvorsprung besaßen, hält freilich einer objektiven Überprüfung nicht stand.[23] Chalins Pesttheorie entspricht im Grunde derjenigen von Guy de Chauliac, mit dem er auch den Glauben an den astrologischen Determinismus teilt. Interessant ist sein Stimmungsbild aus der geistlichen Metropole Europas im 14. Jahrhundert. Er erkannte, daß viele Leute niedrigen Standes, «weil sie im Schmutz lebten und deshalb sehr viel leichter an der Pest erkrankten», dahingerafft wurden und war zudem davon überzeugt, daß die Völker und Regionen in unterschiedlicher Weise durch die Seuche bedroht waren, wobei seine Vorurteile wohl als zeittypisch zu betrachten sind:

«Zunächst kamen die Spanier um, weil sie schmutzig waren und viel Fleisch aßen, was sehr viel Blut erzeugt, das, wenn es in großer Menge vorhanden ist, leicht in Fäulnis übergeht, dann, weil sie unmoralisch lebten und viertens, weil sie aus bereits verseuchten Gebieten nach Avignon kamen. Angesteckt wurden schließlich auch die Juden, weil (auch) sie in unhygienischen Verhältnissen lebten und sich ebenfalls in einer anderen Region aufgehalten hatten, wo auf Grund der Besonderheit und des Klimas der Gegend eine tödliche Seuche grassierte. Aus diesem Grund starben auch solche, die durch körperliche Arbeit geschwächt waren, etwa die Bauern. Bei ihrer Arbeit atmen sie nämlich notwendigerweise viel verseuchte Luft ein. Sie erkranken also, weil sie Tag und Nacht unter freiem Himmel der Luft ausgesetzt sind, die sie durch die Atmung aufnehmen. Weitere Gründe, weshalb zu Epidemiezeiten die meisten Menschen erkranken und sterben, sind die anhaltende Sorge, die Angst und (all) die Eindrücke, die durch häufiges Glockenläuten, die Totengesänge und Leichenkarren hervorgerufen werden. Man nimmt auch wahr, wie die Kommunion zu den Kranken gebracht und wie jedermann vom Tod heimgesucht wird ...».[24]

Chalin versuchte also, die lähmende Angst zu erklären, die die Pest überall begleitete. Sein Bericht entstand erst 1382, was ihn in die Lage versetzte, Vergleiche der seit 1348 aufgetretenen Epidemien anzustellen. Der überzeugte Humoralpathologe hält einen bestimmten Persönlichkeitstypus für besonders gefährdet, nämlich durch einen Überschuß an «Hitze und Feuchtigkeit» ausgezeichnete Individuen:

«Zarte und zu einem Übermaß an Feuchtigkeit neigende Organismen waren mehr der Infektion ausgesetzt, so Neugeborene, Kinder, Frauen und Jugendliche. Sie starben in solchen Zeiten immer zuerst, danach die schwachen, zarten und cholerischen Organismen mit erweiterten Poren, die viel Hitze aufweisen. Sie kommen gleich nach den Kindern, z. B. Frauen nach der Menstruation mit vierzehn oder fünfzehn Jahren und Jünglinge um die zwanzig, die viel Samen verlieren, ferner sportlich trainierte Personen, die oft Beischlaf halten und Bäder nehmen».[25]

Mit Hilfe der Humoralpathologie wird auch Chalins Bemerkung verständlich, daß die «trocken und kalt» disponierten Melancholiker gegen die Pest gut geschützt seien.[26] Ob er hier nur schulmedizinische Lehrmeinungen reflektiert oder tatsächlich aus seiner ärztlichen Erfahrung schöpft, bleibt offen.

Auch die von Guy de Chauliac erwähnten Grenzkontrollen werden von seinem Kollegen bestätigt. Dennoch scheint im April die Hälfte der Einwohner Avignons umgekommen zu sein. 7000 Häuser mußte man amtlich versiegeln, weil die Bewohner verstorben waren. Innerhalb von sechs Wochen wurden auf neuen Friedhöfen außerhalb der Stadt 11000 Menschen beerdigt. Nach der Chronik Heinrichs von Rebford starben in den ersten drei Tagen der Fastenzeit allein 1400 Personen.[27] Während den Zahlenangaben in zeitgenössischen Berichten meist rhetorische Bedeutung zukommt, dürften sie in diesem Fall tatsächlich zutreffen.

Im März 1348 erreichte die Pest Narbonne, wo man seit der Hungersnot von 1347 Getreide aus Italien importierte. Durch Färber, die in der Nähe des Hafens und am Fluß ihre Werkstätten besaßen, wurde die übrige Bevölkerung angesteckt. Nach neueren Untersuchungen sollen etwa 30000 Menschen umgekommen sein (die Stadt erreichte nach dem Schwarzen Tod nie mehr ihre alte Bedeutung). Wie so oft verdächtigte man auch hier Fremde bzw. Feinde, Pestgifte ausgestreut und die Brunnen verseucht zu haben. Auf Anfrage teilte der Richter André Bénézeit mit, daß man Männer mit verdächtigem Pulver festgenommen habe, die zum Teil freiwillig, zum Teil unter der Folter Giftanschläge gestanden hätten. Sie seien vermutlich von Engländern für ihre Schandtaten bezahlt und deshalb mit Zangen gezwickt, zerstückelt und schließlich verbrannt worden.[28]

Im April grassierte die Pest in Toulouse und im Mai in Paris, wo sie bis in den Herbst hinein andauerte. Ein Jahr später notierte der Chronist von St. Denis, daß binnen achtzehn Monaten nahezu 50000 Menschen umgekommen waren[29] (Paris hatte vor Ankunft des Schwarzen Todes etwa 180000 Einwohner!). Wie in Venedig und Florenz war die Stadtbevölkerung unmittelbar *vor* der Katastrophe stark angewachsen. Hungersnot und die Wirren des Hundertjährigen Krieges hatten Tausende in die Hauptstadt fliehen lassen, wo man sich durch Betteln und Gelegenheitsarbeiten am Leben zu halten suchte. Zweifellos förderten die hygienischen Mißstände die Verbreitung der Seuche. Dunkle Vorzeichen am Himmel verdüsterten die Stimmung. Jean de Venette, Karmeliter und Theologieprofessor von Rang, beschrieb die Situation unmittelbar vor Ausbruch der Pest:

«Im Jahre des Herrn 1348 wurden Frankreich und fast die ganze Welt von einem Schicksalsschlag getroffen, der nicht (einmal) einem Krieg vergleichbar war ... Im Monat August erschien westlich von Paris nach der Vesper, als die Sonne unterzugehen begann, ein riesiger, heller Stern. Er schien nicht, wie dies sonst der Fall ist, hoch über unserer Hemisphäre zu stehen, sondern, im Gegenteil, ganz nahe. Nach Sonnenuntergang und Anbruch der Nacht hatten ich und andere Mitbrüder, die ihn betrachteten, den Eindruck, daß er sich nicht von der Stelle bewegte. Dieser große Stern zerbarst schließlich zur Verwunderung von uns allen, die wir zuschauten, in viele unterschiedliche Strahlen, verschwand und löste sich vollständig auf. Sein Licht verlöschte über den östlichen Quartieren von Paris. Ob er aus Ausdünstungen der Luft bestand und sich nur in Dämpfe auflöste, möchte ich dem Urteil der Astrologen überlassen. Es ist aber auch möglich, daß er nur die schreckenserregende Pestseuche ankündigen sollte, die tatsächlich kurze Zeit später Paris, Frankreich und andere Länder überrollte ...».[30]

Daß Sterne dunkle Ereignisse ankündigen konnten, stand für den Theologen außer Zweifel. Skeptisch war er nur hinsichtlich der Frage, ob es sich wirklich um einen Stern und nicht eine Lufttäuschung handelte.

Viele wollten beichten und ihr Testament machen, doch fehlten wie andernorts Priester und Notare.[31] Auch die Richter verstarben, ebenso die Professoren und Studenten der Universität. Im Juli folgte ihnen Bischof Foulque de Chanac, kurz darauf die gelähmte Königin Johanna sowie deren Schwiegertochter Bonne von Luxemburg, die Frau des Dauphin, der wie der König selbst die Pest überlebte.[32] Zeitweise brachte man täglich 500 Leichen vom Hôtel-de-Dieu zum Begräbnis auf den Friedhof von SS. Innocents. Jean de Venette berichtet, wie sich Ordensleute in der Krankenpflege verausgabten und ihre Zahl, obgleich heftig dezimiert, nach der Pest sofort durch Freiwillige ergänzt wurde. Besonders die Nonnen des Hôtel-de-Dieu zeigten großen Mut. «Die heiligen Schwestern hatten keine Furcht, pflegten die Kranken mit aller Zuneigung und Güte und vergaßen all ihre Angst».[33]

Freilich flohen auch Priester und Mönche. Ebenso verließen die Wohlhabenden die Stadt, während Arme nicht selten aus Hunger auf Raubzüge ausgingen. Im November ließ der Bischof in allen Kirchen den hl. Sebastian um Hilfe anflehen. Zu diesem Zeitpunkt hatte die Seuche ihren Höhepunkt erreicht. Die Chronik von St. Germain-l'Auxerrois, der damals wichtigsten Pfarrei der Stadt, zeigt, wie die zwischen 1340 und 1358 an die Gemeinde überschriebenen Vermächtnisse seit 1348 derart zunahmen, daß sie 1349 nicht mehr einzeln registriert werden konnten. Viele Ehepaare gingen während der Pest zusammen zum Notar, und es gab Menschen, die dort tot zusammenbrachen.[34] Auf dem Höhepunkt des Schwarzen Todes sollen in Paris täglich 800 Bewohner umgekommen sein.

Mit großem Selbstbewußtsein stellte die medizinische Fakultät der Stadt das schon erwähnte Pestgutachten vor, um das sie der König gebeten hatte. Es war ebenso phantasiereich wie den traditionellen Autoritäten verpflichtet. Der Pariser Bevölkerung hat es mit Sicherheit wenig genutzt:

«Wir, die Mitglieder des Medizinalkollegiums zu Paris, legen hiermit nach reiflicher Überlegung und gründlicher Diskussion über die vorherrschende tödliche Pest sowie nach Erforschung der Meinung unserer alten Lehrer eine klare Analyse dieser Seuche nach den Regeln der Astrologie und Naturwissenschaften vor. Wir erklären folgendes:

Man weiß, daß in Indien und den Ländern am großen Meer die Gestirne, welche mit den Sonnenstrahlen und der Hitze des Himmelsfeuers kämpfen, ihren Einfluß besonders auf das Meer ausüben und heftig gegen seine Gewässer ankämpfen. Dabei entstehen Dämpfe, welche die Sonne verdunkeln und ihr Licht in Finsternis verwandeln. Diese Dämpfe bilden einen Kreislauf des Steigens und Fallens von 28 Tagen. Schließlich wirken die Sonne und ihr Feuer so stark auf das Meer ein, daß sie eine große Menge davon anziehen und in Dampf verwandeln, der sich in die Luft erhebt.

Ist nun irgendwo das Wasser durch verendete Fische verdorben, kann es durch die Sonnenwärme nicht mehr aufgelöst und weder in heilsamen Dampf noch Hagel, Schnee oder Reif verwandelt werden, sondern die Dünste verbreiten sich in der Luft und hüllen manche Gegenden mit Wolken ein. So geschah es in Arabien, Teilen Indiens, in den Ebenen und Tälern Mazedoniens, in Albanien, Ungarn, Sizilien und Sardinien, wo kein Mensch am Leben blieb ...».[35]

Freilich machten die Pariser Ärzte den Mitmenschen durch günstige Prognosen Hoffnung. Als sie sich nicht bewahrheiteten, verschlechterte sich das bereits ramponierte Ansehen der Ärzteschaft weiter: «Wir glauben, daß die Gestirne sich mit Hilfe der Natur darum bemühen, durch ihre himmlische Macht das Menschengeschlecht zu erhalten und von seinem Leid zu befreien. Sie werden mit Hilfe der Sonne durch die Kraft ihres Feuers die dichten Wolken innerhalb von zehn Tagen, bis zum 17. Juli, durchbrechen. Der Nebel wird sich dann in einen giftigen Regen verwandeln, nach dem die Luft wieder rein wird. Sobald ihn Donner und Hagel ankündigen, muß jedermann mit Niederschlägen rechnen und den Kontakt mit der Luft während des Regens vermeiden. Danach soll man große Feuer aus Weinreben, Lorbeerzweigen oder anderem, noch grünem Holz anzünden, ferner viel Weihrauch und Kamille auf öffentlichen Plätzen und zu Hause verbrennen. Niemand soll die Felder betreten, bevor sie völlig trocken geworden sind. Drei Tage soll man auch wenig Nahrung zu sich nehmen und sich vor der Kühle des Morgens, des Abends und der Nacht hüten».[36]

Interessant, wenn auch nutzlos und ohne Wirkung auf das Verhalten der Pestflöhe, erscheinen die angefügten diätetischen Ratschläge. Auch sie werden nur durch die «offizielle» Seuchentheorie verständlich:

«Man soll kein Geflügel essen, keine Wasservögel und Spanferkel, kein altes Ochsenfleisch und fettes Fleisch, ferner nur Fleisch von Tieren mit warmer und trockener Natur und kein solches, das erhitzt und reizt. Wir empfehlen (auch) Brühen mit gestoßenem Pfeffer, Zimt und Spezereien, besonders solchen Menschen, die normalerweise wenige und ausgesuchte Speisen zu sich nehmen. Schädlich ist es, am Tag zu schlafen. Der Schlaf darf nur bis Tagesanbruch dauern. Zum Frühstück soll man nur wenig trinken und das Mittagessen gegen elf Uhr einnehmen. Dabei darf man etwas mehr als morgens trinken, und zwar klaren, leichten Wein, der zu einem Sechstel mit Wasser gemischt ist. Unschädlich sind auch trockene und frische Früchte, wenn man sie zusammen mit Wein zu sich nimmt ...».[37]

So interessant diese Vorschläge klangen (und wer hätte 1348 sinnvollere Ratschläge geben können!), so deprimierend mußten sie im Seuchenalltag erscheinen. Ihre Bedeutung lag in ihrer Signalwirkung für viele andere «Pestgutachten» des 14. Jahrhunderts.[38] Im übrigen benahmen sich auch die französischen Ärzte am Krankenbett recht vorsichtig. Ein Professor aus Montpellier empfahl seinen Kollegen, die Patienten die Augen schließen zu lassen oder sie mit einem Tuch zu bedecken, um die Ansteckung durch Blickkontakt zu vermeiden.[39] Bei Hitze solle der Arzt einen Essigschwamm vor die Nase halten, bei Kälte Raute und Kümmel in der Hand tragen. Als besonders infektiös galt der Schweißgeruch von Achselhöhlen.[40]

Von Paris aus gelangte die Pest in die Normandie, Pikardie und zur Kanalküste, während sie vom Languedoc aus die Bretagne erreicht hatte. Gerade in Nordfrankreich waren die Menschen durch Hunger geschwächt, der seit 1347 eine allgemeine Landflucht bewirkt hatte. Zudem wütete auf dem Land das *Antoniusfeuer*, Folge einer chronischen Vergiftung durch Mutterkornalkaloide, die auf einseitiger Mangelernährung beruhte.[41] Der Schwarze Tod hatte leichtes Spiel. Schwarze Fahnen signalisierten den Fremden von den Kirchtürmen der Dörfer, daß die Pest Einzug gehalten hatte. Im August hatte sie Calais erreicht, das seit 1346 die Engländer besetzt hielten.[42] In Bayeux starben der Bischof und die meisten Mitglieder des Domkapitels. Auch in Rouen mußten neue Friedhöfe geweiht werden.

In La Graverie «gingen die Körper der Verstorbenen noch auf dem Krankenbett, wo sie der Tod ereilt hatte, in Verwesung über».[43] Der Pfarrer der Nachbargemeinde Coulonces weigerte sich voller Angst, nachdem sämtliche Priester der Pest erlegen waren, dort Beerdigungen vorzunehmen. Selbst die Frau des Burgherrn wurde so ohne geistlichen Beistand im Schloßpark beigesetzt.[44] Gilles Li Muisis, der Abt von St. Martin in Tournai, berichtet, daß Kaufleute und Pilger überall Vieh- und Schafherden ohne Hirten umherirren sahen. Scheunen und Weinkeller seien offengestanden, die Häuser leer.[45] Auch in Nordfrankreich fehlte es nicht an unheilvollen Vorzeichen, die Not und Unglück verkündeten. Am Himmelfahrtstag herrschte ein fürchterliches Unwetter. «Niemals hatten die zu dieser Zeit lebenden Menschen einen so schrecklichen und entsetzlichen Sturm erlebt», versichert der Chronist von Tournai,[46] wo bereits im Frühjahr die Muttergottes weinend die Einwohner zur Buße mahnte. Vergeblich suchte der Bischof durch eine Bittprozession das Unheil abzuwenden. Er selbst erlag als einer der ersten der Seuche, die im August ihren Höhepunkt erreichte. Wiederum trug man die Toten in Massen zum Friedhof, «einmal fünf, einmal zehn, dann fünfzehn, und aus der Pfarrgemeinde St. Brizzius manchmal sogar zwanzig oder dreißig am Tag». Gilles Li Muisis beurteilte das Verhalten der Geistlichkeit sehr kritisch: «In allen Kirchen läuteten die Pfarrhelfer, Geistlichen und Kirchendiener morgens, abends und nachts die Sterbeglocken, um ihren Lohn einzustreichen. Dadurch wurde die gesamte Einwohnerschaft der Stadt, Männer und Frauen, zunehmend mit Angst erfüllt».[47]

Öffentlich versuchte man, den Zorn Gottes zu besänftigen, nicht nur durch Bittgottesdienste und Gebete, sondern auch durch Besserung der Moral. Paare, die nicht verheiratet waren, wurden in Tournai aufgefordert, sich zu verehelichen oder zu trennen.[48] Glücksspiele wurden ebenso unter Strafe gestellt wie Sonntagsarbeit, aber auch Trauerversammlungen oder das Tragen von Trauerkleidern. Arm und Reich wurden «ohne Unterschied» auf neuen Friedhöfen außerhalb der Stadtmauer beigesetzt. Die Sitten besserten sich so zur Freude des besorgten Abtes. Die Zahl der «wilden» Ehen nahm ab. Spiel, Fluchen oder Arbeit am Feiertag bekamen Seltenheitswert. Niemand wollte Gottes Strafe provozieren.

Dennoch war der Erfolg dieser Bemühungen unbefriedigend. Bemerkenswert ist, daß in Tournai Reiche und Mächtige eher starben als die Unterschicht. Der Chronist konnte sich dieses Phänomen ebensowenig erklären wie die Beobachtung, daß in der Nähe des Marktplatzes oder in engen, ärmlichen Gassen mehr Menschen der Pest erlagen als in breiter angelegten Straßen. Obgleich man annehmen kann, daß Wohlhabende eher die Möglichkeit hatten, sich vorsichtig und klug aus der Stadt zurückzuziehen, spürten bereits die Zeitgenossen, «daß niemand sicher war, ob reich, aus der Mittelschicht oder arm. Jedermann wartete vielmehr jeden Tag darauf, Gottes Willen zu akzeptieren».[49]

Amiens blieb 1348 noch von der Pest verschont. Im Juni des folgenden Jahres mußte der König freilich dem Bürgermeister gestatten, einen neuen Friedhof zu eröffnen, «weil die Seuche so unglaublich überhandgenommen hatte, daß die Leute urplötzlich dahinstarben, ohne Symptome entwickelt zu haben, (oft) zwischen einem Abend und dem folgenden Morgen, ja noch rascher ...».[50] Auch auf dem Land veränderte sich die Gesellschaft. Die Pest glich einer Naturkatastrophe. Von den 1200 bis 1500 Einwohnern des burgundischen Dorfes Givry bei Chalon-sur-Saône starben bis 1348 im Jahresdurchschnitt 30 Personen, zwischen dem 5. August und 19. November 1348 dagegen allein 615![51] In St. Pierre-du-Soucy, einer Gemeinde in Savoyen, verringerte sich die Zahl der Haushalte von 108 im Jahre 1347 auf 55 im Jahre 1349. In den sieben Nachbardörfern schrumpfte ihre Zahl ebenfalls um die Hälfte. Das Land war öde, da weder gesät noch geerntet wurde. Gilles Li Muisis bestätigt die drastischen Einbrüche der Bevölkerungszahl. «Dörfer, Städte und Burgen» wurden aufgegeben. Wie in Italien glaubte man auch in Frankreich, daß die Menschheit, von der Sintflut einmal abgesehen, niemals zuvor von einem so schrecklichen Unglück heimgesucht worden sei. Resignierend stellte der Kanoniker fest: «Die tödliche Seuche grassierte in Marseille und (in den Städten) am Meer. Auf dem Landweg eroberte sie Montpellier, die ganze Provence und Avignon, wo damals die römische Kurie weilte, und schließlich das ganze Vaterland, jeden Ort, was kaum zu glauben ist ...».[52]

14. Die Iberische Halbinsel

Von einem Pilger, der 1348 aus Santiago de Compostela zurückgekehrt war, erfuhr man in Tournai, daß am Jakobsweg unzählige Dörfer vom Schwarzen Tod ausgelöscht waren. Vor allem Galizien hatte Tausende von Opfern zu beklagen. Ebenso zeittypisch wie schauerlich klingt die folgende Geschichte, die uns wiederum Gilles Li Muisis berichtet:

«Ein Reisender erzählte mir, daß er (als Pilger mit einem Gefährten) zusammen mit dem Wirt in einer Herberge saß. Dieser hatte allein mit seinen beiden kleinen Töchtern und einem Knecht (die Pest) überlebt. Niemand ahnte etwas von einer Erkrankung. Man rechnete über den Verzehr ab, und als der Wirt das Geld erhalten hatte, ging man schlafen. Am nächsten Morgen erhoben sich die Pilger schon früh, um von ihrem Tischgenossen die Erlaubnis zur Abreise zu holen. Sie fanden aber niemanden, der ihnen antwortete. Sie erfuhren vielmehr durch eine alte Frau, die sie in ihrem Bett aufstöberten, daß der Wirt samt seinen beiden Töchtern und dem Knecht des Hauses in dieser Nacht gestorben war. Als sie dies hörten, eilten sie in großer Hast davon ...».[1]

Spanien war zunächst vom Süden aus infiziert worden, wo Schiffe aus Italien und Marseille vor Anker lagen. Nach dem Bericht des Aragoneser Hofchronisten Pedro Carbonell eroberte die Pest von Teruel aus Aragon und erreichte im September 1348 Saragossa.[2] Bereits im Frühjahr starben die Menschen auf den Balearen. Mallorca wurde im März dezimiert. Die von der Seuche geschwächten Einwohner konnten weder einem Piratenangriff noch dem Bey von Tunis Widerstand leisten, ebensowenig die Besatzung Menorcas, das auch mit Hilfe einer königlichen Entsatzflotte nicht zu halten war. Allein auf Mallorca sollen 30000 Menschen umgekommen sein.[3] Bald darauf wütete der Schwarze Tod in Barcelona und Valencia, im Juni in Almeria und weiteren Städten Andalusiens, die im 14. Jahrhundert größtenteils noch islamisch beherrscht waren. In Almeria starben die Bewohner bis zum Februar des folgenden Jahres, ohne daß die Pest sich abschwächte. Siebzig

Tote beklagte man täglich. Christliche Chronisten versicherten, daß einige Muslime konvertieren wollten, da sie die Pest als Strafe für ihren offensichtlich Gott mißfallenden Glauben betrachteten. «Als sie aber bemerkten, daß die Pest auch die Christen ereilt hatte, gaben sie ihre guten Vorsätze auf und kehrten zu ihrer (alten) Religion zurück».[4]

Erstaunlicherweise widerstand die vor Gibraltar lagernde kastilische Armee der Seuche bis zum März 1350, wurde dann aber schlagartig dezimiert. Obgleich man ihn bat, sich in Sicherheit zu begeben, starb Alfons XI. am Karfreitag inmitten seiner Soldaten. Er war der einzige Herrscher Europas, der dem Schwarzen Tod erlag.[5] Auch die Königin von Aragon, Leonora, ihre Tochter Maria und eine weitere Nichte kamen in den folgenden Monaten um. Auf dem Weg zu ihrem künftigen Ehemann, Pedro von Kastilien, starb auch Johanna, die Tochter Eduards III. von England.[6] Wie in Italien zogen Räuberbanden durch das Land und raubten die Häuser Verstorbener aus, wobei sie nicht selten selbst den Beraubten in den Tod folgten. Auch die Herrscher waren mit ihren Familien unentwegt auf der Flucht vor der Ansteckung.

Die arabischen Ärzte Andalusiens erkannten die Gefahr sehr früh. Weniger die galenische Theorie der Luftverpestung, die westlichen Gelehrten Kopfzerbrechen machte, sondern die aggressive Ansteckung von Mensch zu Mensch oder über «verpestete» Stoffe, wie man sie in täglicher Erfahrung erlebte, stand im Mittelpunkt des Berichts, den uns Ibnul Khatib, ein Arzt und Politiker aus Granada hinterlassen hat:

«Für die Ansteckung(stheorie) spricht folgendes: Der Umgang mit Kranken führt meist zum Tod. Ein Kleid oder ein Gefäß kann das Übel übertragen. Sogar ein Ohrring eines Kranken, den sich ein Gesunder anhängte, brachte diesem den Tod und zog seinen ganzen Hausstand in den Untergang. Anfangs ist nur *ein* Haus in der Stadt befallen. Danach werden diejenigen angesteckt, die mit den Kranken zu tun hatten, dann die Nachbarn und Verwandten und die, welche den Kranken besuchten. Städte am Meer erfreuen sich allgemeiner Gesundheit, bis ein Infizierter aus einem fremden Land ankommt. Danach bricht die Seuche aus. Leute, die sich ganz von der Außenwelt abschließen, bleiben dagegen gesund, so der fromme Ibn Abu Madyan in der Stadt Salé, der von der ansteckenden Kraft (der Pest) überzeugt war, sich mit Mundvorrat vorsah und die Tür seines Hauses für die zahlreichen Bewohner vermauerte».[7]

Der Erfolg eines solchen Verhaltens ließ sich nicht mit der vorherrschenden Theorie der Luftverpestung vereinen, die an westlichen und vielen arabischen Universitäten gelehrt wurde. Daß Gott die Pest als

Strafe schickte, Fromme dagegen durchaus vor einer Ansteckung schützen konnte, stand im übrigen auch für arabische Gelehrte außer Zweifel. «Das wunderbarste aber während dieser Zeit war, daß mehrere tausend kriegsgefangene Muslime in der Werft von Sevilla mit Gottes Hilfe von der Pest verschont blieben, während die Stadt selbst fast völlig ausstarb»,[8] notierte Ibnul Khatib voller Bewunderung. Er erwähnt zwar die Miasmentheorie, doch spielt sie letztendlich in seiner Seuchentheorie eine untergeordnete Rolle. Konservativer erscheint hier Ibn Hatimah, ein Arzt aus Almeria, für den die Lage dieser Stadt fast zwangsläufig die Pest anzog. Ihre nach Süden offene Lage, die gefährliche, feuchtschwüle Winde begünstigte, der sumpfige Boden und die Fischnahrung der Bewohner prädestinierten Almeria in «klassischer» Weise.[9] Tatsächlich war sie die erste muselmanische Stadt auf spanischem Boden, die der Schwarze Tod fast gänzlich auslöschte.

Interessant ist, wie Ibnul Khatib mit religiösen Argumenten die Flucht vor der Pest rechtfertigt, die so viele Zeitgenossen in Gewissenskonflikte stürzte und unter den arabischen Gelehrten offenbar moralisch umstritten war: «Das Schwert der Pest wütete unter den Menschen. Gott lieferte sie (dabei) einigen Rechtsgelehrten aus, unter deren Rohrfederspitzen so viele verbluteten, daß Gott allein ihre Zahl kennt, obgleich diese Rechtsgelehrten gesetzestreu handelten, indem sie sich auf den Buchstaben der Überlieferung stützten. Sie leugneten nämlich die Ansteckungskraft der Seuche und verboten so die Flucht aus der Gefahrenzone, obwohl der Gefährte des Propheten, Kalif Omar Ibn al Khattab, als er auf seinem Feldzug nach Syrien hörte, daß dort die Pest ausgebrochen sei, seine Meinung änderte und sagte: Ich fliehe das Land, das nach Gottes Urteil von der Pest heimgesucht wird, um in das Land zu gehen, das nach seinem Ratschluß verschont blieb. Das Verhalten derer, die die Ursachen der Ansteckungskraft der Seuche nicht anerkennen, verrät aber Bösartigkeit und frevelhaftes Verhalten gegenüber Gott und Geringschätzung der Seelen der Muslime».[10]

Nach Ibnul Khatib konnten nur einige Heuchler und Unwissende, «die nie eine Pest erlebt hatten», deren Kontagiosität in Frage stellen. Er gewann zudem den Eindruck, daß nicht alle Stände und Gesellschaftsschichten in gleicher Weise dezimiert wurden. Besonders die Armen schienen ihm gefährdet, nicht nur durch deren engeren Kontakt mit Sterbenden und Toten, sondern auch wegen «ihrer gedrängten Behausungen und der Masse von Menschen darin, ferner wegen der schlechten Kost, der Torheit und Unwissenheit der gemeinen Leute».[11]

Nach dem heutigen Stand der Pestforschung dürfte diese Aussage weit mehr der Realität des Seuchenalltags entsprochen haben als die Behauptung des Gilles Li Muisis, daß eher die Reichen von der Pest ereilt wurden.[12]

Der Schwarze Tod wütete in Spanien bis zum Herbst des Jahres 1350. Ibnul Khatib erkannte nach einiger Zeit auch, daß Menschen, die mit der Seuche schon in Berührung gekommen waren bzw. sie, was selten genug vorkam, überstanden hatten, weniger heftig erkrankten. Er behauptete ferner, daß man an einigen Orten versucht habe, Konkubinen feindlicher Könige oder Herrscher zu infizieren, um so den Feind selbst zu töten.[13]

In Portugal wurde 1350 Coimbra heimgesucht. Neunzig Prozent der Einwohner sollen nach zeitgenössischen Quellen umgekommen sein, obgleich der Tod im Westen der Iberischen Halbinsel weniger heftig wütete als in Spanien. Im Kloster San Pedro starben der Prior und alle Brüder.[14] Über den Jakobspfad erreichte die Pest schließlich Santiago. Wie am Mittelmeer gelangte sie durch den Schiffsverkehr auch in viele Häfen der Atlantikküste.

15. Die Pest in den deutschsprachigen Ländern

Über Venedig und Friaul gelangte der Schwarze Tod im Frühjahr 1348 auf österreichisches Gebiet. «Die Pest schob sich kriechend nach Kärnten vor, um dann heftigst in der Steiermark zu wüten», heißt es lakonisch in der Chronik von Stift Neuberg, dessen Chorherren fast ausnahmslos umkamen. Die Landwirtschaft wurde wie in Frankreich vernachlässigt, das Vieh streunte auf den Feldern. «Niemand hatte Lust, sich um die Zukunft zu kümmern».[1] Selbst die Tiere verhielten sich auffällig, als ob sie die Gefahr ahnten. Wölfe, die aus den Alpen kamen, um Schafe zu reißen, kehrten um und flohen, «wie von einem unsichtbaren Warnsystem aufgeschreckt, in die Wildnis zurück».[2]

Im Sommer hatte die Pest von Trient aus über die Brennerstraße, das Pustertal und den Reschenpaß Bayern und Tirol erreicht. Bozen, Innichen und die Städte im Vintschgau bildeten Stationen auf ihrem Weg. Kein Wunder, daß, wie der Regensburger Domherr Konrad von Megenberg berichtet, «viel läut in dem geperg sturben».[3] Den zweifelhaften Ruhm, als erste deutschsprachige Stadt nördlich der Alpen von der

Epidemie heimgesucht worden zu sein, erntete Mühldorf am Inn, wo am 29. Juni 1348 die ersten Seuchenopfer begraben wurden. Innerhalb weniger Monate starben 1400 Menschen «unter der bereits zuvor dezimierten Einwohnerschaft». Auch in Braunau, München und Landshut wütete die Pest, wobei es bis heute umstritten ist, ob diese Städte wirklich schon 1348 vom Schwarzen Tod überrascht wurden.[4] Nach Konrad von Megenberg kam sie erst 1349 «gegen Paiern und ze Pazzaw und viel verrer».[5] Wie die italienischen Ärzte war sich der Domherr sicher, daß «der gemain sterben kom(t) ... von dem vergiften Luft», was man «an viel ding» erkennen könne.[6] In Mühldorf scheint die Pest freilich zunächst zum Stillstand gekommen zu sein. Der größte Teil Bayerns wurde erst 1349 heimgesucht. Doch notierten deutsche Chronisten bereits 1348 dieselben Krankheitssymptome wie ihre italienischen Kollegen. Nach Goswin, dem Mönch der Abtei Marienberg im Vintschgau, handelte es sich zweifelsfrei um die Pest: «Besagte Seuche war unheimlich. Die einen hatten geschwollene Drüsen in der Leistengegend und starben unter starker Benommenheit innerhalb von drei Tagen. Die anderen hatten Blut im Speichel und Auswurf. Und wer sich an solchen Drüsensekreten oder solchem Blut infizierte, starb».[7]

Knapp und bündig unterschied auch ein Bozener Chronist die beiden Hauptmanifestationen der Seuche. Die Menschen starben demzufolge «entweder zu den Drüsen oder rachneten Blut».[8] 1349 grassierte die Pest «aufs grausamste in Wien».[9] Einige glaubten, dort die *Pestjungfrau* gesehen zu haben. Erhob sie ihre Hand, bedeutete dies die Infektion eines Menschen. Einer blauen Flamme gleich flog sie durch die Lüfte, «und oft sah man sie dem Mund von Toten entweichen». Ein allzu verständliches Kausalitätsbedürfnis setzte, wie auch in Frankreich und Italien, der Phantasie der Zeitgenossen kaum Grenzen.[10]

Ende 1348 war der Schwarze Tod von der Lombardei ins Tessin gelangt, worauf er seine Ausbreitungsgeschwindigkeit nach Norden verlangsamte. Das Kloster Disentis wurde immerhin im selben Jahr, Pfäfers bzw. St. Gallen erst 1349 heimgesucht. In die Westschweiz gelangte das «große Sterben» von Avignon aus durch das Rhônetal. «Das sterbot kam von der sunnen undergang und gieng gegen der sunnen ufgang», erklärt Konrad Justinger in der *Berner Chronik*.[11] Genf und Bern wurden überrollt. 60 Personen sollen am Tag gestorben sein.[12] So willkürlich und rhetorisch solche Zahlen im 14. Jahrhundert gehandhabt wurden, lassen sie doch die unerhörten Menschenverluste ahnen. Im Dezember 1349 muß die Pest in Bern bereits abgeklungen gewesen sein, denn am Stefanstag, «ze stund *nach* dem großen Tode», zogen die

Bewohner «fröhlich» in ein kleines Scharmützel.[13] In der Abtei Engelberg starben die Mönche im September, Zürich war nach der Klingenberger Chronik am 11. September erreicht («An den herbst ze unser Herren Felix und Regula dult do was der gross tod hie und in vil landen»).[14] In einer Rapperswiler Chronik wird auf die schreckliche Kontagiosität der Pest hingewiesen, die «viele Städte, Dörfer, Klöster, Landstriche und Inseln ... menschenleer» zurückließ. Die Beobachtung, daß ein Gesunder sterben mußte, wenn er «in die Nähe eines Kranken oder mit dessen Atem oder Ausdünstung oder Kleidung in Kontakt kam», verrät die zeittypische Synthese von ärztlicher Alltagserfahrung und der Seuchentheorie der Schulmedizin. Es war richtig, daß der Kontakt mit Kranken lebensgefährlich war, doch nicht wegen deren Ausdünstungen, sondern, im Fall der Lungenpest, durch die Gefahr der Tröpfcheninfektion oder, bei der Beulenpest, durch das Risiko des Flohbisses.[15] Die Chronik von Rappertswil verrät, daß sich hier, wie in Italien, die Totengräber weigerten, «selbst bei hoher Belohnung» Leichname zur Kirche und zur Beisetzung zu transportieren.[16] Dies war nur allzu verständlich, waren doch die meisten Gelehrten fest davon überzeugt, daß von den Toten giftige Stoffe in die Luft abgegeben wurden.

Im Winter 1349 war «ain großer tod zu Costentz», bereits im Sommer ein «groß luttensterbeit» in Basel, und zwar «von Eschsemertor untz an das Rintor, die selbi gas durch nider ...».[17] 14000 Menschen sollen in der Stadt umgekommen sein. Wie in späteren Kapiteln dargelegt wird, gingen dem Schwarzen Tod am Oberrhein grauenvolle Judenverfolgungen voraus, die unzählige Opfer forderten. Von Avignon aus waren zudem die Geißler durch die Burgundische Pforte nach Norden gewandert und schürten hier die Angst, indem sie die nahende Pest als Strafe Gottes darstellten. Es war nicht die Seuche allein, die den Jahren zwischen 1348 und 1351 vielerorts apokalyptische Züge verlieh.[18]

Von Basel aus erreichte der Schwarze Tod Mühlhausen und das Elsaß. Matthias von Neuenburg, Kanoniker am Straßburger Münster, erkannte, daß es sich um ein tödliches, alle Menschen bedrohendes Ereignis handelte, «wie es seit der Sintflut nicht mehr vorkam». Er fügte hinzu: «Einige Länder wurden völlig entvölkert. Die Gelehrten konnten freilich, obgleich sie vieles behaupteten, keine sichere Ursache anführen, außer daß die Pest Gottes Willen entsprach ....[19]

Daß die Große Pest eine Krise der zeitgenössischen Medizin, ja der spätscholastischen Naturwissenschaft überhaupt zur Folge hatte, wurde schon erwähnt.[20] Über Colmar erreichte sie am 8. Juli 1349 Straßburg, wo sie bis Oktober reiche Ernte hielt. Ein Geißler klagte dort, daß nunmehr in ganz Europa, von Zypern bis Padua, von Rom bis Lyon, «der dirte mensch nit lebet», ja daß der Tod vorgedrungen sei «bitz gen Bern und in Kernden und in Österreich und gar bitz ins Elsass».[21] Gerade die Flagellanten verbreiteten die Fama der Pest von Ort zu Ort. Die nahende Gefahr verlieh ihren chiliastischen Lehren besondere Wirkungskraft.

Fritsche Closener beschrieb die *Pestilentia magna* in der elsässischen Metropole: «Das Sterben war so furchtbar, daß man täglich in jeder Gemeinde sieben, acht, neun, zehn oder mehr Menschen in Kloster- oder Spitalfriedhöfen beisetzte. Es waren so viele, daß sich die alte Grube für Beerdigungen als zu klein und eng erwies und man die Begräbnisstätte des Spitals von der Kirche weg in einen großen Garten verlegte ... Einer steckte den anderen an. In einem Haus, wo ein Todesfall aufgetreten war, blieb es selten bei *einem* Opfer ...».[22]

Wie in Italien und Frankreich erwiesen sich auch in den oberrheinischen Städten die gesellschaftlichen Konventionen als brüchig. Standes- und Solidargemeinschaften zeigten sich ihren Aufgaben und Idealen nicht mehr gewachsen. Angst lähmte die Menschen, obgleich ihnen ihr Verhalten nicht selten selbst fragwürdig erschien:

«In dieser Zeit war es auch untersagt, Tote in Kirchen zu begraben oder sie über Nacht in ihren Häusern liegen zu lassen. Unmittelbar nach ihrem Ableben mußten sie beerdigt werden, obgleich es zuvor üblich gewesen war, sie erst einmal am Morgen (darauf) zur Kirche zu tragen. War ein Verstorbener wohlhabend, hatten ihn dabei vermögende Bürger, war er niedrigen Standes, einfache Leute getragen. Gehörte er einer Handwerkergilde an, taten dies die Zunftgenossen. Während der Pest erlaubte man diese alte Gewohnheit zunächst wieder, ja schrieb sie vor. Doch hatten sich die Menschen (inzwischen) ein anderes Verhalten angewöhnt. Sollte ein Toter zu Grabe getragen werden, war hierzu niemand mehr bereit. Da es den Vornehmen aber peinlich war, daß Leute eines anderen Standes sie (zum Friedhof) bringen sollten oder sogar Knechte bezahlt werden mußten, um Menschen aus ihrer Schicht zum Grabe zu geleiten, verbot man diesen Brauch wieder ...».[23]

An Ostern erreichte die Pest Frankfurt. Bittprozessionen hatten sie nicht abwenden können. Bereits vor ihrer Ankunft starb dort der erwählte deutsche König Günther von Schwarzburg. «Er herrschte (nur) zwei Monate und drei Tage», lesen wir in den *Annales Francofurtani.* «Zur Krönung als Kaiser gelangte er nicht mehr ...».[24]

Doch erlag der Gegenspieler Karls IV., wie gesagt, 1348 noch nicht der Pest, die in Frankfurt erst im folgenden Jahr Einzug hielt. Die Chronik des Caspar Camentz berichtet: «Im gleichen Jahr (1349) herrschte vom Magdalenentag bis Mariä Heimsuchung überall der Tod. Innerhalb von 72 Tagen starben über 2000 Menschen. Am Morgen eines einzigen Tages begrub man 35 Personen ohne Glockenläuten, Kerzen und Priester».[25] Schrecklich, wenn auch nicht ganz der Realität entsprechend, klingt der nachfolgende Satz: «Im gleichen Jahr wurden in Deutschland alle Juden samt ihren Häusern durch Feuer vernichtet ...».[26]

Inzwischen hatte sich die «große Pest» erneut in Bayern und Tirol ausgebreitet. 1349 bat Hugo von Reutlingen die Madonna noch um Verschonung seiner Stadt, doch dezimierte die Seuche zu dieser Zeit bereits viele Städte an der Handelsstraße nach Schwaben. In Augsburg, Ulm, Esslingen und Stuttgart beklagte man viele Opfer, ebenso in Mainz, Kassel und Limburg. Kreuznach und Sponheim folgten.[27] Köln war im Dezember erreicht, als Wilhelm von Gennep Bischof geworden war. Eine lokale Chronik beschrieb das «grosse sterfde an den drosen».[28]

Unter den großen Städten des Reichs blieben 1348 bis 1350 Nürnberg und Würzburg merkwürdigerweise ebenso verschont wie Prag und viele Orte Böhmens und Schlesiens. Anfang 1350 erschien der Schwarze Tod in Thüringen. Eine Erfurter Chronik berichtet, daß die Stadtväter «auf den Rat führender Ärzte hin» die Eröffnung weiterer Friedhöfe untersagten.[29] So wurden notgedrungen mehrere Personen gemeinsam in einem Grab beigesetzt. In Neuseß, d.h. außerhalb der Stadt, hub man elf große Gruben aus, «wohin man mit Fuhrwerken und Karren die Leichname von etwa 12000 Menschen brachte. Von Jakobi bis zum Fest Mariä Reinigung sammelten am Tag drei bis vier Karren an allen Orten, auf Friedhöfen und Straßen, die Leichen auf».[30] Im Mai desselben Jahres waren Magdeburg, Halberstadt und Bremen betroffen. In Magdeburg starben «innerhalb von fünf Wochen fünf Ratsmitglieder, während sechs überlebten».[31]

In Mainz sollen 1349 und 1350 6000, in Limburg an der Lahn 2400, in Münster 11000, in Hannover 3000, in Erfurt 12000 und in Wismar allein in einem Monat 2000 Menschen umgekommen sein.[32] Im Bremer Bürgerbuch lautet der Eintrag für 1351: «Im Jahre des Herrn 1351, als die Pest, die die Welt heimsuchte, auch nach Bremen gelangte, ließ der Rat (der Stadt) die Zahl der Verstorbenen niederschreiben. Und man notierte unter den registrierten Mitgliedern der Gemeinde Sankt

Marien 1816, in Sankt Martin 1415, in Sankt Ansgar 1922 und Sankt Stefan 1813 Tote, so daß die Zahl der Verstorbenen etwa 7000 betrug».[33]

Nach anderen Bremer Quellen wütete der Schwarze Tod dort – wie auch in Hamburg – bereits 1350. Auch der Schleswiger Chronik ist zu entnehmen, daß das heutige Schleswig-Holstein schon in diesem Jahr betroffen war. Zu Pfingsten 1350 war Lübeck erreicht. «Die Leute starben nur so dahin, und viele auch aus Angst und Furcht vor der Vorstellung, ihr Land bliebe unbewohnt zurück», berichtete die *Detmar-Chronik*.[34]

28 Prozent der Hausbesitzer und 35 Prozent der Ratsherren fanden den Tod. Im Predigerkloster in Wismar befand sich noch im 19. Jahrhundert eine Inschrift, nach der dort im Jahr 1350 innerhalb eines Monats mehr als 2000 Menschen gestorben sein sollen.[35] Im Juli wurde der Trauergesang der Klageweiber untersagt. Eine von Zeitgenossen erwähnte *littera contra pestilentiam* ist leider nicht erhalten.[36]

Man haderte mit Gott, sah in der Pest und den Kümmernissen der Zeit aber auch die Plagen, die in der Bibel geweissagt wurden. Vielerorts verdächtigte man Fremde, ja selbst Mitbürger, die Seuche hervorgerufen zu haben. Während in Stralsund, Wismar und Lübeck Juden verhört und verdächtigt wurden, beschuldigte man in Rostock auch einen Priester, Gift gelegt und so die Pest verursacht zu haben. Mit gefesselten Gliedern und verbundenem Mund kämpfte der Geistliche, bei Wasser und Brot, ein halbes Jahr um sein Recht. Als er schließlich von der Anklage freigesprochen wurde, mußte er schwören, über die Angelegenheit zu schweigen.[37]

Über Utrecht erreichte die Seuche Friesland und Ostfriesland, das wiederum über seine Hafenstädte infiziert wurde. Um Gottes Zorn zu besänftigen, vermachten die Wangerländer am 25. Januar 1350 die Kirche von Marienfelde dem Dominikanerkonvent von Norden. Andere Klöster dieser Stadt wurden völlig ausgelöscht.[38]

Schon 1349 war Preußen über die Ostseehäfen verseucht worden, ideale Umschlagplätze für Ratten- und Menschenflöhe. Nach dem ältesten Bürgerbuch der Stadt Braunsberg grassierte die Pest in diesem Jahr auch in Elbing, Frauenburg und Oliva. Eine dortige Chronik vermeldet: «Besagte Pestilenz, die schon fast alle wärmeren Regionen heimgesucht hat, ist in unsere Breiten vorgestoßen und hat fast überall in Pommern und Pommerellen unzählige Männer und Frauen niedergemäht und bis zum heutigen Tag nicht nachgelassen».[39]

Auch in Braunsberg wurden Juden beschuldigt, die Seuche durch

Gift verursacht zu haben. Wir erfahren aus dem erwähnten Bürgerbuch auch, daß «vom Sankt Bartholomäustag bis zur Geburt Christi mehr als 9000 Menschen starben». Im selben Jahr herrschte die Pest auch in Marienburg, (Preussisch)-Holland, Heiligenbühl, Frauenburg und Samland, wo «viele Pruzzen dem Gift zum Opfer fielen».[40] Nicht nur die Pest, sondern auch der Verdacht zerstörte die Gesellschaft.

Während das übrige Böhmen und Mähren fast völlig verschont blieben, wurde Brünn im Jahre 1350 «grausam entvölkert und leer». Eine zeitgenössische Chronik berichtete sogar, es sei «der Verödung anheimgefallen».[41] Dasselbe gilt für die österreichischen Stifte Melk, Heiligenkreuz und Klosterneuburg. Bereits 1349 kamen über Hainburg und Preßburg die Geißler nach Ungarn, und mit ihnen wiederum – die Pest.[42]

1351 konnte man nirgends mehr in Deutschland vor ihr sicher sein. Die Erfahrung sprach sogar dafür, daß Ortschaften, die bisher verschont geblieben waren, irgendwann umso heftiger – und meist völlig unerwartet – heimgesucht wurden (so übrigens Prag 1359, wie ein Hirtenbrief des Erzbischofs Ernst aus diesem Jahr beweist[43]). Der Kaiser, die Kurfürsten und Landesherren flohen von Ort zu Ort, überzeugt davon, daß das beste Mittel gegen die Seuche die Flucht darstellte. Reisende und Fremde waren deshalb überall verdächtig. Der Kontakt mit Unbekannten bedeutete ein unabwägbares Risiko. Die *pestilentia totius mundi* hatte innerhalb von zwei Jahren, wie Frankreich und Italien, auch Deutschland verändert, und niemand konnte mehr ausschließen, daß das Ende der Menschheit bevorstand.

16. Skandinavien und die Niederlande

Von Norddeutschland aus eroberte die Pest auch Skandinavien. Die Hansestädte bildeten ihre wichtigsten Brückenköpfe. 1350 wütete sie auf Jütland und Gotland.[1] Doch auch von England aus drohte den schwedischen und norwegischen Häfen Gefahr. Schon im Mai 1349 soll ein Segelschiff aus London, dessen Besatzung ausnahmslos auf hoher See umgekommen war, vor Bergen auf Grund gelaufen sein. Als Küstenbewohner zu Hilfe eilen wollten, wurden sie infiziert und brachten die Pest nach Norwegen. Bergen war die erste Stadt des Landes, die betroffen wurde. Einige Bewohner flohen nach Tusededal, doch holte sie der Schwarze Tod auch dort ein. Nur ein kleines Mädchen überlebte seine Angehörigen allein in der Wildnis. Es kehrte erst nach einigen Jahren in die Zivilisation zurück und wurde Stammutter einer weitverzweigten norwegischen Familie.[2]

Natürlich erreichte die Seuche nach kurzer Zeit auch Schweden. Umsonst hatte der König sein Volk zur Buße gemahnt. Für ihn stand es außer Zweifel, daß die Seuche eine Strafe Gottes darstellte. Als er sah, daß die Pest «in dem Land, das westlich des unsrigen liegt», grassierte, ließ er das Volk freitags nur Wasser und Brot zu sich nehmen, barfuß in die Kirchen gehen und Reliquien von Schutzheiligen in Prozessionen um die Friedhöfe tragen. Bittgebete sollten das Land aus der prekären Lage retten, als «der Tod in Norwegen und Holland wütete und sich unserem Königreich Schweden näherte».[3] Doch war alle Mühe vergebens. Selbst zwei Brüder des Königs starben.

Der lübische Chronist Detmar notierte über die 1350 erfolgte Ausbreitung der Pest in Skandinavien sowie im Nord- und Ostseeraum: «Darna in engheland, darna in vlandern, darna in sweden, von sweden in denemarken, in nortiudlande und uppe selande, darna in prutzen to koenigsberg, to melbinghe was grot sterven».[4]

Die Ostseeküste war 1350 im Osten bis Livland «verpestet», einschließlich unzähliger Inseln, Seelands und Schleswig-Holsteins. Dänemark wurde wohl, wie Norwegen, zunächst von England aus infiziert. Auch viele Geistliche kamen um, so der Erzbischof von Trondheim mit fast dem gesamten Domkapitel.[5] Dennoch breitete sich die Pest in Skandinavien langsamer aus als in Italien oder Frankreich, vielleicht weil man hier bereits wußte, welche Gefahr auf das Land zukam und rechtzeitig die Flucht ergreifen konnte. Auch mag sich in diesem Fall die im Vergleich zu Mittel- und Südeuropa dünnere Besiedlung positiv ausgewirkt haben.

Andererseits drang der Schwarze Tod vielleicht sogar bis Grönland vor, wo Dänen und Norweger seit Jahrhunderten Jagd- und Fischereistützpunkte unterhielten. Diese Orte scheinen durch die Pest weitgehend ausgelöscht worden zu sein, wobei die zu dieser Zeit im Nordmeer aufkommenden Eisberge die Handelskontakte zwischen Europa und der Insel blockierten und eventuell überlebende Bewohner endgültig ihrem Schicksal überließen.[6]

In den flandrischen Handelsstädten scheint die Mortalitätsrate niedriger als in Deutschland gewesen zu sein, obgleich keine sicheren Zahlenangaben vorliegen. In Brügge, Gent, Ypern, Brüssel und Antwerpen kamen etwa 20 Prozent der Bewohner zu Tode.[7] Simon de Couvin, Kanoniker der Johannes-Kathedrale zu Lüttich, berichtet in seiner um 1350 in Paris verfaßten Verschronik von einer unheilvollen Konstellation der Sterne, die zwangsläufig die Pest zur Folge hatte. In vielem entsprach seine Seuchentheorie dem Pariser Pestgutachten von 1348,[8] doch spielt, von Bezügen zur antiken Mythologie einmal abgesehen, ein Urvertrauen in die Vorsehung bzw. Gerechtigkeit Gottes eine zentrale Rolle. Der christliche Grundgedanke wird mythologisch umgesetzt: Die Sterne selbst streiten bei Simon um das Schicksal des Menschen, wobei die Sonne als übergeordnete Instanz im Namen Gottes den Schuldspruch fällt. Nach ihrer Entscheidung wurde die Menschheit dazu verdammt, ihre Sündhaftigkeit durch ihren Untergang zu büßen. Letztendlich behält Gott selbst die Macht über Gesundheit und Krankheit, Leben und Tod in seinen Händen.[9]

Nach Simon de Couvin erlagen der Pest vor allem die Armen. Auch er erkannte, daß die Medikamente, die die Ärzte verschrieben, völlig nutzlos waren. An der Schulmedizin schätzte er nur deren Begeisterung für die Astrologie.[10]

17. England und der Schwarze Tod

Im August 1348 hatte die Pest Calais erreicht, das damals von den Engländern besetzt war.[1] In den Kirchen Südenglands flehte man zu Gott, das Land zu verschonen. Für entsprechende Fürbitten erließ der Bischof von Bath einen Ablaß von vierzig Tagen. Voller Angst fragte man sich, ob der Kanal eine ausreichende Schutzzone darstellte, doch ließ die Antwort nicht lange auf sich warten. Wiederum sorgte der Handel für eine rasche Verbreitung der Seuche. Nicht von Calais, sondern, wie es scheint, aus der Gascogne kam der Tod auf die Insel. In einer zeitgenössischen Chronik lesen wir: «In diesem Jahr 1348 gingen in Melcombe in der Grafschaft Dorset, kurz vor dem Fest des hl. Johannes des Täufers, zwei Schiffe vor Anker, von denen eines aus Bristol kam. Einer der Matrosen hatte aus der Gascogne die schreckliche Pest mitgebracht, und durch seine Schuld waren die Einwohner von Melcombe die ersten, die in England infiziert wurden».[2]

Natürlich standen viele südenglische Häfen in engem Kontakt mit dem Festland, und es war eher Zufall, daß gerade Melcombe Regis, heute ein Vorort von Weymouth, dem Schwarzen Tod in England die Tore öffnete, ungeachtet der Tatsache, daß 1350 und später die Pest immer wieder auch nordenglische Häfen als Einfallstor benutzte. Die Besetzung der Gascogne rächte sich offensichtlich bitter. Aus den okkupierten Gebieten kam der Tod per Schiff ins Land des Siegers. Wahrscheinlich wurde Melcombe Ende Juni infiziert. Der erste Einheimische starb Anfang Juli, und ab August sollte die Pest England wie ein Lauffeuer überrollen.

Im Frühjahr waren bereits die Kanalinseln verpestet, wie einem Brief Edwards III. an den Gouverneur von Jersey zu entnehmen ist. Der König verzichtete nämlich auf die Fischereipacht, die ihm jährlich zustand, da sie nicht mehr einzutreiben war, «ohne daß die überlebenden Fischer verarmen würden und heftigst betroffen wären ...».[3] Natürlich läßt sich der heimtückische Weg des Todes nach England nicht lückenlos rekonstruieren. Auch militärische Verbindungen nach Calais könnten die Ankunft der Ratten und Flöhe gefördert haben. Frühe Stationen der Pest bildeten auch Bristol, Southampton, Plymouth und Exeter. Henry Knighton, der schon zitierte Kanoniker von St. Mary-of-the-Meadow in Leicester, beschrieb die Wirkung des Schwarzen Todes im Englischen Süden:

«Dann erreichte die schreckliche Pest, der Küste folgend, Southampton und auch Bristol, wo fast die gesamte Bürgerschaft vom plötzlichen Tod überrascht wurde. Einige lagen nur zwei oder drei, ja manche auch nur einen halben Tag in ihren Betten. Danach verbreitete sich das grausame Sterben in alle Himmelsrichtungen, von Osten nach Westen. In der kleinen Heilig-Kreuz-Gemeinde in Leicester starben 400 Menschen, in St. Margarethen 700 Gemeindemitglieder, und so in jeder Pfarrei sehr viele Menschen ...».[4]

Die Geistlichkeit sah sich gezwungen, die Sakramentenspende der Notzeit anzupassen. Bischöfliche Privilegien wurden auf normale Priester und Ordensleute übertragen. Doch herrschte im Sterbezimmer nicht selten ein grausamer Pragmatismus vor. «Der Bischof von Lincoln ließ in seiner ganzen Diözese ankündigen, daß die Priester, sowohl Ordens- wie Weltgeistliche, die Vollmacht erhielten, mit voller bischöflicher Gewalt allen Personen die Beichte abzunehmen und die Absolution zu erteilen, es sei denn, sie hatten Schulden. In diesem Fall mußte der Schuldner erst seine Schuld begleichen, sofern er hierzu zu Lebzeiten noch in der Lage war. Sonst waren andere Personen zu benennen, die diese nach seinem Ableben aus seinem Vermögen bezahlten.

Entsprechend gewährte der Papst allen, die die Absolution erhielten, für den Moment des Todes einen vollkommenen Sündennachlaß. Er erließ dieses Privileg bis zum folgenden Osterfest, wobei jedermann seinen eigenen Beichtvater aussuchen durfte».[5]

Goeffrey the Baker, ein weiterer Chronist, bestätigte diese Angaben. Bristol hatte 1348 zwischen 10000 und 20000 Einwohner und war – nach London und neben Norwich – Englands zweitgrößte Stadt. Unter den Klerikern starb jeder zweite, von der Bürgerschaft etwa ein Drittel, und zwar, wie in Tournai, besonders unter der wohlhabenden Schicht.[6] Steuerlisten, Besitzverzeichnisse, Schuldenbücher sowie Gerichtsakten mit Zuteilungsurkunden lassen recht gut den demographischen Einschnitt erkennen, den der Schwarze Tod bewirkte.[7] In einigen Städten mußten die Gilden sogar die Lehrzeiten kürzen und die Meisterprüfungen erleichtern, da viele Mitglieder verstarben und manche Handwerkszweige auszubluten drohten. Der Zunftstolz schwand, aber auch die Arbeitsqualität.[8]

Besonders die Totenlisten der Kirchengemeinden lassen uns den Weg der Pest nachvollziehen. Dorset erreichte sie im Herbst 1348, um bis Ende Februar langsam abzuflauen. Die kleine Stadt Poole wurde besonders betroffen. Die Stadtväter ließen die Toten auf einer Landzunge am Meer beerdigen, die man zu diesem Zweck aufkaufte.[9]

Der heutige Betrachter muß berücksichtigen, daß es nicht nur die Angst vor dem Sterben *per se* war, die die Menschen zur Zeit der Pest lähmte, sondern die alptraumhafte Vorstellung des *unvorbereiteten* Todes, d.h. des brüsken Dahinsterbens ohne Empfang der Sterbesakramente. Verschied jemand ohne Absolution im Zustand der Todsünde, erwartete ihn, so die allgemeine Überzeugung, die ewige Verdammnis. Um nicht ungerecht zu erscheinen, mußte die Kirche dieser Entwicklung Rechnung tragen. Da die meisten Priester starben und die Überlebenden ihrer Beichtvaterfunktion nicht überall nachkommen konnten, erließ Ralph von Shrewsbury, der Bischof von Bath, im Januar 1349 folgende, recht zeittypische Notverordnung:

«Die gegenwärtig grassierende ansteckende Pestseuche, die im ganzen Land wütet, hat viele Kirchen und Orte unserer Diözese ihrer Priester und Geistlichen beraubt, die sich ihrer Pfarrkinder hätten annehmen können. Da sich nun keine Kleriker mehr finden, die sich aus Neigung, Frömmigkeit oder gegen Bezahlung dort um die Gemeinden kümmern, die Kranken besuchen und ihnen die Sakramente der Kirche spenden (vielleicht auch aus Angst vor einer Ansteckung oder Erkrankung), zeigen wir Verständnis dafür, daß viele Menschen ohne Empfang der Bußsakramente sterben. Diese Personen wissen aber nicht, welche Zuflucht ihnen in einem solchen Notfall offensteht, und sie glauben, daß auch in einer Notlage die Beichte ihrer Sünden nur dann nützlich und verdienstvoll ist, wenn sie gegenüber einem ordnungsgemäß eingesetzten Priester erfolgt.

Wir wollen nun, wie es unsere Pflicht ist, uns um ihr Seelenheil kümmern und sie vom Pfad des Irrtums, den sie eingeschlagen haben, abbringen und befehlen unter Hinweis auf den uns geschworenen Gehorsamseid, daß ihr Rektoren, Vikare und Pfarrer in allen euren Kirchen und auch ihr Dekane in euren Sprengeln, wenn der Trost durch einen Priester unmöglich geworden ist, kundtut und die Menschen darüber informiert, besonders die erkrankten oder die durch künftige Krankheiten gefährdeten, daß sie im Moment des Todes, wenn sie keine priesterliche Unterstützung haben, auch jedermann *sonst* beichten können, wie es die Apostel lehren und erlauben, so einem Laien, ja sogar einer Frau ...».[10]

Natürlich verpflichtete der Bischof die Laienbeichtväter und -mütter zu strengster Verschwiegenheit, um nicht den «Zorn Gottes und der ganzen Kirche hervorzurufen».[11] Allerdings konnten nur Priester die Hostien konsekrieren, mit deren Darreichung das Sakrament der Krankenölung *abgeschlossen* wurde. Fehlten die Kleriker, konnte also kein Kranker die Kommunion empfangen. In diesem Fall, «wie auch sonst, mußte der Glaube genügen».[12] Die Sorge des Bischofs galt ferner Geistlichen, die sich aus Angst vor einer Ansteckung weigerten, zu den Sterbenden zu gehen. Freilich war der Oberhirte selbst recht zaghaft. Während der gefährlichsten Monate, vom November 1348 bis Mai 1349, blieb er vorsichtshalber in seinem weitab gelegenen Landhaus in Wiveliscombe, am äußerten Rand seiner Diözese. Es muß auf die Priester in den Städten schon merkwürdig gewirkt haben, wenn sie aus der sicheren Abgeschiedenheit des Bischofssitzes Belehrungen für ihr Verhalten an der Pestfront entgegennahmen.[13]

Mehr als alle anderen Bevölkerungsschichten scheint in England tatsächlich der Klerikerstand von der Pest betroffen worden zu sein. Ihr Amt gebot den Geistlichen den Kontakt mit Sterbenden. Hatten diese die Lungenpest, war jeder Gesprächspartner und natürlich auch jeder Beichtvater ein Todeskandidat. Fast die Hälfte des Klerus soll z.B. in der genannten Diözese Bath umgekommen sein.[14] Ähnliche Verlustziffern gab es in den meisten Städten des Landes. Rückschlüsse auf die Allgemeinbevölkerung erscheinen schwierig, obgleich die Tatsache, daß in Yorkshire doppelt so viele Kleriker umkamen wie in

Northamptonshire, die Vermutung nahelegen könnte, daß in der erstgenannten Grafschaft auch ein doppelt so hoher Prozentsatz der Allgemeinbevölkerung starb wie in der zweiten.[15] Schwer zu interpretieren ist dabei die Reaktion der Bevölkerung von Yeovil, die im Dezember 1349 den Bischof von Bath während einer Pastoralvisite «mit Bogen, Pfeilen und Eisenstangen bewaffnet» angriff.[16]

In Bristol, der ersten *wichtigen* englischen Stadt, die von der Pest dezimiert wurde, starben 15 von 52 Mitgliedern des Rates. In Exeter lähmte die Seuche den Handel und stoppte den geplanten Ausbau der Kathedrale.[17] Viele Städte und wichtige Abteien verloren auf Jahrhunderte ihre alte Bedeutung. Im Dekanat Woodstock kamen 42 Prozent, in Bicester 40 und in Chipping Norton 29 Prozent der Bewohner um, in der Universitätsstadt Oxford 43 von 100 Einwohnern. Die von dem Kanoniker Fitzralph angegebenen Zahlen erscheinen freilich abenteuerlich. Er behauptet, daß von 30000 Studenten, sei es durch Tod oder Flucht, 6000 übriggeblieben seien.[18] Nach neueren Untersuchungen kamen z. B. in der theologischen Fakultät «nur» zehn Prozent der Mitglieder zu Tode, wobei nicht auszuschließen ist, daß diese Zahl auch Pest*flüchtlinge* einschloß. Allerdings scheint unter den Theologie*studenten* die Verlustziffer erheblich höher gewesen zu sein.[19]

In Winchester fielen der Pest im Winter 1348/49 soviele Menschen zum Opfer, daß Teile der Hauptstraße als Beerdigungsfeld rekrutiert wurden. Diese erstaunliche und in der Pestgeschichte wohl einmalige Maßnahme muß bei vielen Ärzten auf Skepsis gestoßen sein, da sie in diametralem Gegensatz zur galenischen Seuchenlehre (und zum Pariser Pestgutachten) stand.[20] Auch in Winchester vereitelte der Schwarze Tod den Ausbau einer berühmten Kathedrale, auf deren Fassade und Westtürme man nunmehr verzichtete. Nachdem die Stadt ihre hochmittelalterliche Bedeutung als englische Hauptstadt längst verloren hatte, kam mit der Pest der Abstieg in die politische Bedeutungslosigkeit.[21]

Im September erreichte die Seuche – einerseits über die Straße von Bristol und Southampton, andererseits wohl auch durch den Schiffsverkehr – London, im 14. Jahrhundert mit etwa 50000 Einwohnern Englands größte Stadt. Eine erhebliche Überbevölkerung hatte hier bereits *vor* der Pest eine Krise des öffentlichen Gesundheitswesens hervorgerufen. Noch 1348 war die Fleet, ein wichtiger Nebenarm der Themse, derart mit Unrat und Abfällen vollgestopft, daß das Wasser kaum weiterfließen konnte. Wie in Venedig, Florenz oder Paris sollten Obdachlose, die der Hunger in die Stadt getrieben hatte, entscheidend zur Ausbreitung der Seuche beitragen. Vergeblich hatten die Behörden zunächst versucht, die Stadt zu isolieren. Der Handel wurde eingeschränkt, fremden Besuchern der Zutritt versagt. Auch die Schlachthäuser waren strengen Kontrollen unterworfen. Drastische Strafen drohten Metzgern, die verdorbenes Fleisch an den Mann brachten (das nach Meinung der Schulmedizin und der Behörden im Organismus die pestbringende Fäulnis bewirken konnte).[22] Freilich ließen sich effektive Maßnahmen angesichts der Menschenmassen in absehbarer Zeit nicht durchführen. Überall verpesteten Müll und Exkremente die Gassen. Immerhin wurde, wer Abfall im Freien lagerte, hart bestraft. Ein Hausbesitzer haftete für Schmutzaufhäufung und Unrat vor seinem Haus, selbst wenn er nicht der Verursacher war (weshalb die besitzende Bürgerschaft mit Nachdruck strenge Kontrollen durch die Behörden forderte). Es ist verbürgt, daß ein Hausierer, der bei St. Mary-le-Bow einige stinkende Aale liegen ließ, von der aufgebrachten Menge erschlagen wurde.[23]

Trotz dieser Maßnahmen und ungeachtet eines bereits 1344 erlassenen Verbotes bestanden in der Stadt riesige Müll- und Schuttplätze. 1349 ermahnte der König den Bürgermeister, endlich die Straßen von Fäkalien zu befreien, da sie die Luft der Stadt vergifteten, was «besonders während dieser ansteckenden Pestseuche» Lebensgefahr für alle Bewohner bedeutete.[24] Hierzu fehlte allerdings das Personal, das vollauf mit dem Transport der Leichen beschäftigt war. Als das Parlament im Januar 1349 zusammentreten sollte, setzte der König den Termin aus, «weil die tödliche Seuche an diesem Ort und in der Nachbarschaft ausgebrochen war und täglich heftiger wütete, so daß man sehr um die Unversehrtheit der Personen bangen mußte, die zum jetzigen Zeitpunkt zusammentrafen».[25]

In Wirklichkeit fürchtete der Monarch freilich auch, daß das Parlament eine im Vorjahr beschlossene Steuererhöhung zurücknehmen könnte, und das objektiv berechtigte Argument der Pestgefahr diente so gleichzeitig als Vorwand. Alle Maßnahmen gegen die Pest waren letztendlich vergebens. Sie eroberte die Stadt in Schüben und grassierte den ganzen Winter bis zum Frühjahr 1349. Mit der Lungenpest nahm auch die Zahl der Todesopfer zu. Zwischen Ostern und Lichtmeß wurden 1349/50 nach dem Bericht Roberts von Avesbury täglich mehr als 200 Menschen begraben.[26] Auf einer Friedhofsinschrift von 1350[27] konnte man lesen: «Als im Jahre des Herrn 1349 die fürchterliche Pest wütete, weihte man diesen Friedhof. Hier und innerhalb der Umgrenzung des gegenwärtigen Klosterbesitzes wurden die Leichen von mehr als 50000 Verstorbenen beigesetzt, abgesehen von vielen anderen, die von der damaligen Zeit bis heute begraben wurden. Gnade Gott ihren Seelen».[28]

Doch das Schlimmste stand noch aus. Nach den Aufzeichnungen der Behörden starben von Juni bis September 1349 täglich etwa 300 Menschen.[29] Solche Zahlen mögen übertrieben sein, reflektieren aber den *subjektiven* Eindruck, den die schockierten Zeitgenossen gewannen. Verzweiflung breitete sich aus. Auch die berühmte Westminster-Abtei wurde nicht verschont. Ihr Abt, Simon de Bircheston, erlag der Seuche allerdings fern der Stadt in seinem Landhaus in Hampstead. Außer ihm starben 27 weitere Mönche.[30] Als die Hungersnot in London zunahm, bildete die für das Überleben notwendige Getreideeinfuhr einen wichtigen Infektionsweg. Immer neue, heftigere Pestschübe traten auf. Im Juni und Juli 1349 wurden in Westminster vier von sieben Kanonikerstellen vakant. John Stratford, der Erzbischof von Canterbury, starb – wiederum in seinem Landhaus – im August 1348, sein Nachfolger, John Offord, genau ein Jahr später, und bereits im August 1349 dessen Nachfolger, der berühmte Gelehrte Thomas Bradwardine. Letztere kamen in der Stadt selbst um, Offord übrigens unmittelbar vor seiner Inthronisation.[31]

Die königliche Familie scheint verschont worden zu sein, mit Ausnahme der Tochter Eduards III., Johanna, die, wie bereits erwähnt, auf dem Weg nach Portugal der Seuche erlag.[32] Dagegen starb der Leibarzt des Königs, Roger de Heyton.[33] Besonders heftig waren die Gilden betroffen. Alle acht Vorsteher der Schneiderinnung, alle sechs der Hutmachergilde und vier aus der Zunft der Goldschmiede kamen um.[34] Insgesamt dauerte die erste Pestwelle in London bis zum Frühling des Jahres 1350. Etwa 35 bis 40 Prozent der Bevölkerung fielen ihr zum Opfer. Die Stadt blieb aber ein Magnet für Immigranten aus allen Teilen Englands und gewann in den Jahren nach dem Schwarzen Tod viele Neubürger. Ihre alte Bevölkerungszahl von etwa 50000 Menschen erreichte sie allerdings erst wieder im frühen 16. Jahrhundert.[35]

Fürchterlich wütete die Pest auch in der alten Universitätsstadt Cambridge, die weitaus mehr Opfer zu beklagen hatte als die Rivalin Oxford. Von 40 hier ansässigen Professoren starben zwischen April und August 1349 allein 16.[36]

Südenglands Handel war auf Jahre paralysiert. Überall stieg die Kriminalität an, und wie in Florenz entwickelten sich Hedonismus und eine übersteigerte Lebensgier. Besonders die Londoner galten als egoistisch, stolz und arrogant. «Man glaubte nicht mehr an Gott und die alten Sitten».[37] Andere fühlten sich wiederum an die biblischen Plagen erinnert. Schon vor Ankunft der Seuche in Winchester beklagte William Edendon, der Bischof der Stadt und königliche Kammerer, in lyrischer Form das Schicksal, das England ereilt hatte. Er spielte dabei auf den bethlehemitischen Kindermord an:

«Eine Stimme erhob sich in Rama. Überall, in allen Ländern der Welt, hörte man Weinen und Klagen. Ihrer Kinder beraubt lassen sich die Völker am Abgrund einer unerhörten Pestseuche nicht mehr trösten, wie man voller Schrecken vernimmt. Städte, Orte, Dörfer und Schlösser, mit edlen und schönen Gebäuden geschmückt, bisher daran gewohnt, sich ihrer trefflichen Bürgerschaft zu erfreuen, ihrer Weisheit, Erfahrung und Strenge, aber auch der Schönheit ihrer Frauen und Mädchen, dort, wo jede Freude überströmend war und unzählige Menschen sich in Freiheit trafen, sind nun durch das Unglück dieser Pest, die grausamer ist als jedes zweischneidige Schwert, den Völkern genommen worden. Man kann sich an die besagten Orte nicht mehr hinwagen, sondern muß sie fliehen wie den Biß wilder Tiere. Jede Freude ist gewichen, angenehme Worte verstummten, jede Spur von Frohsinn wurde verjagt. Sie sind nun Horte des Grauens und reinster Wildnis. Fruchtbare Landstriche werden nicht mehr bestellt, da die Bauern hinwegstarben. Der Unfruchtbarkeit preisgegeben, bilden sie nun Wüsten ...».[38]

Der Bischof erkennt, wie unzählige Zeitgenossen, im Schwarzen Tod die Strafe Gottes, befürchtet aber, daß die Menschheit sich angesichts der tödlichen Bedrohung kaum bessern würde, ja im Gegenteil «noch tiefer in die Sünde fallen und den Zorn Gottes hervorrufen könne».[39] Er schlägt vor, unter Psalmengesängen barfuß und barhäuptig in Prozessionen Gott um Milde anzuflehen. Krankheit und frühzeitiger Tod galten als Folgen der Sünde. Heile man die Seele, so William Edendon, weiche auch die Pestseuche.

Auch Sussex und Kent wurden fürchterlich getroffen. Obgleich der Abt von Battle zehn Jahre vor der Pest sein Kloster mit Ringmauern und Fortifikationen geschützt hatte, dezimierte diese die Mönche mühelos. Etwa die Hälfte kam um.[40]

Was Kent betrifft, so blieb uns der Bericht Williams von Dene erhalten, eines Mönchs der Abtei von Rochester. Mit knappen Worten beschreibt er die Situation in der Stadt: «In diesem Jahr wütete in unserem Land England eine Pest, wie man sie nie zuvor erlebt hatte. Der Bischof von Rochester, der nur einen kleinen Hof unterhielt, verlor vier Priester, fünf Dekane, zehn Hilfspriester, sieben junge Geistliche und sechs

Pagen, so daß man ihm bei keinem Anlaß mehr dienen konnte. In Malling weihte er zwei Äbtissinnen. Doch beide starben kurz darauf und ließen nur vier Nonnen und vier Novizinnen zurück. Eine von diesen beauftragte der Bischof mit der Betreuung der Laienschwestern, eine andere mit der der Nonnen, denn es erschien ihm unmöglich, eine Frau zu finden, die zum Amt der Äbtissin geeignet gewesen wäre».[41]

Immer wieder hören wir von uns bereits vertrauten Verhaltensmustern. Niemand fand sich mehr, der die Verstorbenen zu Grabe tragen wollte. Notgedrungen brachten Eltern ihre toten Kinder selbst zur Kirche «und warfen sie daraufhin in ein Massengrab».[42] Von diesen ging ein solch penetranter Gestank aus, daß man es kaum wagte, in die Nähe des Friedhofs zu gehen. Feierliche Beerdigungen wurden seltener, man trennte sich von verstorbenen Angehörigen «wie von Tieren». Der Bischof hielt sich, wie so viele seiner Amtsbrüder, außerhalb der Stadt auf, was psychologisch kaum ermutigend wirkte. Selbst schon sehr alt, beklagte er «den schrecklichen Wandel, den die Welt erfuhr».[43] Die Lebensmittelknappheit war auch in der Abtei zu spüren, wo die Brüder ihr Brot selbst mahlen mußten, doch am Ende, mangels Getreide, Hunger litten und erkrankten. «Nur der Prior aß täglich vom besten ...», fügt William von Dene kritisch hinzu.[44]

Der Prior des Konvents von Christchurch in Canterbury führte die Tatsache, daß nur wenige seiner Mitbrüder starben, auf die gute Qualität des Trinkwassers zurück. Diese Ansicht entsprach der bereits erwähnten, weitverbreiteten Vorstellung, daß die Pest durch verseuchtes Brunnenwasser hervorgerufen wurde.[45] Erstaunlicherweise nahm die Zahl der Pilger in Canterbury kaum ab. Viele Menschen wollten Gott für die Gnade der (bisherigen) Verschonung vor der Pest danken und gleichzeitig um künftige Errettung bitten.

Es bleibt dennoch festzuhalten, daß viele Aspekte der Pestverbreitung ungeklärt bleiben. Wir können uns heute letztlich nicht erklären, warum der Schwarze Tod einige Dörfer verschonte, andere dagegen völlig entvölkerte. Erstaunlich ist auch, daß manche Ortschaften nur zehn Prozent oder weniger ihrer Einwohner verloren. Hier muß entweder die Aggressivität der Pestflöhe bzw. deren Verseuchungsgrad schwächer gewesen sein oder aber die Resistenz der Menschen besonders stabil. Für England durchgeführte Untersuchungen ergaben zudem, daß – ganz im Gegensatz zu Berichten vieler anderer europäischer Chronisten[46] – mehr alte als jüngere Menschen der Pest erlagen. Ob andernorts der Tod junger Menschen nur mehr *beeindruckte,* so daß subjektiv ein falscher Eindruck entstehen konnte, bleibt offen. Jedenfalls überlebten in England die Pestperiode am ehesten die Kinder. Von den sechs- bis zehnjährigen starben «nur» sieben Prozent, von den elf- bis fünfzehnjährigen etwa 15 Prozent.[47]

Wie ein Pfeil traf die Seuche auch die berühmte Abtei von St. Albans, die den Mittelpunkt blühender Ländereien bildete. Die Mönche wurden dabei weitaus härter getroffen als die Laienbrüder in den Wirtschaftsbetrieben. Michael von Mentmore, einer der angesehensten Äbte in der Geschichte von St. Albans, erlag der Pest am 2. April 1349 als einer der ersten Geistlichen: «Er war der erste, den die tödliche Seuche befiel, die später auch seine Mönche niedermähen sollte. Die ersten Beschwerden hatte er am Gründonnerstag. Aus Ehrfurcht vor dem Festtag und eingedenk der Demut unseres Herrn, zelebrierte er das Hochamt und wusch anschließend, vor dem Abendessen, demütig und bescheiden den Armen die Füße. Nach dem Essen fuhr er fort, die Füße der Mitbrüder zu waschen und zu küssen und alle Verpflichtungen des Tages allein und ohne Hilfe durchzuführen. Als am folgenden Tag sich sein Zustand verschlechterte, legte er sich zu Bett, beichtete als guter Katholik mit reuigem Herzen und erhielt das Sakrament der letzten Ölung. Unter den Klagen aller, die um ihn waren, starb er am Nachmittag des Ostertages ..., und es kamen damals 47 Mönche um».[48]

Norwich war mit 10000 bis 12000 Einwohnern die zweitgrößte Stadt des Landes. Die Pestseuche grassierte hier vom Januar 1349 bis zum Frühjahr 1350, wobei die gefürchtete Lungenpest kontinuierlich zunahm. Etwa die Hälfte des Klerus und 40 Prozent der Gesamtbevölkerung scheinen ihr erlegen zu sein. Vier Pfarrgemeinden wurden aufgehoben, da nicht nur die Priester, sondern fast alle Gläubigen gestorben waren. Die durch die Pest verursachte Dezimierung des Klerus war so gewaltig, daß Bischof Bateman das später so berühmte Trinity Hall College in Cambridge in der Absicht gründete, dem Priestermangel abzuhelfen. Auch Norwich gewann seine alte wirtschaftliche Bedeutung nie mehr zurück.[49]

Bury St. Edmunds, damals eine 7000 Seelen zählende, prosperierende Stadt in der Nähe der gleichnamigen Abtei, verlor ebenfalls die Hälfte seiner Einwohnerschaft. Im Januar 1351 gestattete Clemens VI. dem Abt William von Bernham, zehn Männer unter dem kirchenrechtlich vorgeschriebenen Alter von 25 Jahren zu Priestern zu weihen, da 40 Mönche, d. h. mehr als die Hälfte des Konvents umgekommen waren. Tatsächlich scheint die Region von East Anglia neben der Toskana und einigen Großstädten wie Venedig in Europa am stärksten von der

Pest heimgesucht worden zu sein, wie ein Vergleich der Listen stimmberechtigter Bürger ergab.[50]

Der Tod überrollte auch Schottland und Irland. Bevor die Schotten ein Heer in Marsch setzen konnten, um ihren durch die Pest geschwächten alten Gegner England zu demütigen, wütete der Schwarze Tod in ihrem eigenen Land. Im Juli 1350 beklagte man die ersten Opfer. Der Chronist John von Fordun berichtet:

«Im Jahre 1350 begann im Königreich Schottland eine so gräßliche Pest unter den Menschen, wie man es seit Erschaffung der Welt bis in unsere Zeiten nie von jemanden vernommen hatte. Mit grausamer Hartherzigkeit schlug diese Seuche so sehr zu, daß etwa ein Drittel der Menschheit der Natur ihren Tribut zahlen mußte. Noch schlimmer war, daß dieses Übel nach Gottes Willen zu einer merkwürdigen und ungewohnten Todesart führte, wobei das Fleisch der Erkrankten (aus dem Leib) herausgedrückt wurde und anschwoll. Die Menschen konnten (daraufhin) ihr irdisches Leben nur noch um zwei Tage fortsetzen».[51]

Der Autor betont, daß besonders die ärmeren Schichten zu Tode kamen. Sein Landsmann und Zeitgenosse Androw von Wyntoun beschreibt die Furcht, welche die Seuche hervorrief. Nach seinem Zeugnis kam in Schottland ein Drittel der Einwohner um.[52] Erst nach einem Jahr flaute die Pest ab. Androw war davon überzeugt, daß das Land noch nie eine Katastrophe erlebt hatte, die «Männer, Kinder und Frauen» in gleicher Weise dahinmähte und eine so hohe Zahl an Opfern forderte.

Allerdings wurde das Machtverhältnis zwischen England und Schottland durch die Pest nicht wesentlich beeinflußt, sieht man einmal von der Tatsache ab, daß sie ein anhaltendes Übergewicht der Engländer verhinderte.[53] Jedenfalls scheint der Schwarze Tod im folgenden schottischen Winter, auf Grund der Gliederstarre der Flöhe, sehr schnell an Wirkung und tödlicher Durchschlagskraft verloren zu haben.

Noch früher als in Schottland wütete die Pest offensichtlich im gebirgigen Wales, wo die Windmühlen bald stillstanden, weil niemand mehr Getreide zum Mahlen brachte. Nach den Steuerlisten des Dorfes Ruthin starben dort in der zweiten Juniwoche 1349 plötzlich sieben Menschen, bis zum Monatsende sogar 77, d. h. mehr als ein Drittel der Einwohnerschaft.[54] Wahrscheinlich von den englischen Häfen Chester und Bristol aus wurde schließlich Irland erreicht, wo im Sommer 1349 der Erzbischof von Dublin verstarb. Der Franziskaner John Clyn von

Kilkenny beendete die letzte Eintragung in eine Chronik mit folgenden dramatischen Sätzen: «Fast schon tot, selbst auf mein Ende wartend, habe ich sorgfältig alles notiert, was ich hörte und in Erfahrung bringen konnte. Damit aber meine Aufzeichnungen nicht verlorengehen und das Werk nicht mit seinem Schöpfer stirbt, lege ich Pergament für eine Fortsetzung bereit, falls durch Zufall künftig jemand am Leben bleiben und ein Nachfahr Adams der Pest entkommen und das begonnene Werk zu Ende führen sollte».[55]

Die Passage beweist, wie sich der Mensch zur Zeit des Schwarzen Todes als Spielball des Schicksals betrachtete, den Launen der Pest ausgeliefert, die rücksichtslos, scheinbar zufällig, zuschlug. Tatsächlich fügte eine fremde Hand später auf demselben Pergament hinzu: «An dieser Stelle ist der Autor offensichtlich verstorben ...».[56] Dieser Mönch erwähnt auch, daß in Irland 1348 «in den Monaten September und Oktober Bischöfe, Prälaten, Mönche, Priester, Adlige und andere, Männer und Frauen, aus allen Landesteilen zum Wallfahrtsort That Malyngis am Fluß Burrow kamen. Ihre Zahl war so groß, daß man an vielen Tagen Tausende von Menschen zusammenströmen sah, einige aus Frömmigkeit, andere, und wohl die Mehrheit, aus Furcht vor der Pest, die stark überhandnahm. Sie brach in Howth und Drogheda in der Nähe von Dublin aus. Diese Städte wurden fast gänzlich ruiniert und entvölkert».[57]

Ob die Pest tatsächlich bereits 1348 Irland erreichte, bleibt umstritten. Es überrascht jedenfalls, daß noch im August des Jahres Richard Fitzralph, der Erzbischof von Armagh, anläßlich eines Besuchs in Avignon dem Papst berichtete, daß die Pest zwei Drittel aller Engländer getötet, die Iren und Schotten aber bisher verschont habe. Ein solches Informationsdefizit eines Bischofs erscheint reichlich merkwürdig, selbst wenn man die (einfache) Reisezeit von Dublin nach Avignon von etwa drei Wochen berücksichtigt. Zwar ist nicht auszuschließen, daß Fitzralph vom Ableben seiner Amtsbrüder in Dublin und Meath – beide starben im Juli 1349 – nichts mehr erfahren hatte, doch müßten ihm, stimmten die obigen Angaben, natürlich die Sterbefälle von 1348 geläufig gewesen sein, die das Land zutiefst erschütterten und die Menschen in Massen zu Pilgerfahrten veranlaßten. Da auch die Annalen von Connacht nur von Todesfällen berichten, die 1349 beklagt wurden, ja von «einer großen Pest in Moylurg und ganz Irland in diesem Jahr» sprechen, ist es nicht unwahrscheinlich, daß auch Clyn dieses Jahr im Auge hatte und vielleicht nur ausdrücken wollte, daß der Schwarze Tod in Irland 1348 seinen *Einzug* hielt.[58] So dürfte die Pest vor allem

1349 auf der Insel ihre Opfer gesucht und auf schreckliche Weise gefunden haben.

Ohne Zweifel war der demographische Einschnitt, den der Schwarze Tod für England bedeutete, weitaus bedeutender und folgenreicher als für Schottland oder Irland. Auch die wirtschaftlichen Folgen waren erheblich. Bereits die großen Siege Edwards III. über die Schotten bei Sluys und gegen die Franzosen bei Crécy und Calais hatten nicht über die eminente Staatsverschuldung schon *vor* dem Schwarzen Tod hinwegtäuschen können. So war die Krone des Königs seit 1344 an den Trierer Erzbischof verpfändet und dessen Schuldenberg bei einigen Florentiner Bankhäusern so hoch wie nie zuvor. Die Pest bedeutete eine gewaltige Schädigung der Woll- und Tuchindustrie, d. h. des Exports auf das europäische Festland, vor allem nach Deutschland und Flandern.[59]

18. Ein Zeuge des Unglücks: Francesco Petrarca

Der Streifzug durch die wichtigsten Länder Europas zeigte, wie der Kontinent durch den Schwarzen Tod aufgewühlt wurde. Krisenstimmung, Pessimismus und Hoffnungslosigkeit machten sich breit. Eigentlicher Herrscher war zwischen 1348 und 1351 die Angst. Überall konnte man die Verzweiflung der Menschen beobachten, die sich in bestimmten, von Sprache und Region weitgehend unabhängigen Verhaltensmustern äußerte. Daß viele Beschreibungen Topoi darstellten, die auf berühmte, meist italienische Vorlagen zurückgingen,[1] spricht wohl nur in den seltensten Fällen für die Einfallslosigkeit der Autoren, sondern erklärt sich durch die geradezu archaische, Konvention, Erziehung und herkömmliche Moral sprengende Gefahrensituation, in welche die Pest die europäische Gesellschaft von Italien bis Irland stürzte. Die Spielarten der Überlebensphilosophie reichten von dumpfer Resignation bis zur deutlichen Absicht, die wenigen auf Erden noch zu erwartenden Tage angesichts des (fast) sicheren Todes in Freuden zu genießen, «komme was da wolle».[2] Einer der prominentesten Zeitgenossen des Schwarzen Todes war Petrarca, der nach Meinung vieler Kulturhistoriker in Europa das Zeitalter der Renaissance begründete und als der erste wirkliche Humanist in die Geschichte einging.[3] Der

Andrea Orcagna, Strozzi-Altar (S. Maria Novella, Florenz, 1354–57).

Dichter sah sich auf vielfältige Weise mit der Pest konfrontiert: intellektuell als erbitterter Feind der Schulmedizin und der Ärzte, die, wie erwähnt, 1348 im Grunde ratlos waren und denen der Schwarze Tod einen Tiefpunkt ihres beruflichen Prestiges bescherte, aber auch in menschlicher Trauer und Bestürzung angesichts des Todes zahlreicher Familienangehöriger (so seines einzigen Sohnes) und vieler Freunde. Petrarca wurde so nicht nur der gefeierte Autor des *Canzoniere,* sondern auch dezidierter Vertreter einer *Vanitas*-Philosohie, die die Vergänglichkeit des Lebens und alles Irdischen in den Vordergrund stellte.

Schon *vor* der Jahrhundertkatastrophe des Schwarzen Todes beschäftigte sich der Dichter mit moralphilosophischen Fragen, dem Tod und der Flüchtigkeit menschlicher Existenz. In einem *metrischen* Gedicht an den Veroneser Notar Guglielmo da Pastrengo brachte er im Winter 1347/48, also kurz vor der Pest, seine melancholische Grundstimmung zum Ausdruck:

«Du fragst mich, was ich treibe? – Was Menschen immer tun. – Was ich begehre? – Ruhe – Was ich erhoffe? – Keine Ruhe. – Wohin ich ziehe? – Hin und Her. – Zu welchem Ziel? – Geradewegs zum Tode. – Mit welchem Herzen? – Das kein Zagen kennt, entschlossen, aus der Kerkernacht zu scheiden. – Wer mich begleitet. Was auf Erden sterblich ist. – Mein Ziel? – Das Grab. – Und was danach? – Der Himmel, und wird mir der versagt, vielleicht die Hölle. Doch diese Strafe, Gott, erlaß' mir Armem! – Wo ich jetzt bin? – In Parma ...».[4]

Natürlich verstärkte die Nachricht von dem neuen, unvorstellbaren Massensterben diese melancholische Seelenlage. «Das gewaltigste, schrecklichste und furchtbarste Sterben, von dem je berichtet wurde und das man sich vorstellen konnte»,[5] war für die Generation Petrarcas eine Grunderfahrung. Allein in Avignon, wo der Dichter seine Jugend verbracht hatte, starben Tausende. Petrarca selbst hatte freilich zunächst Glück. Ein ausgesprochen günstiger Reiseplan als Kurier des Papstes (eine Absicht ist bei der Unberechenbarkeit der Pest kaum zu unterstellen!) ersparte ihm eine *direkte* Konfrontation mit dem Seuchenalltag. In Verona besuchte er Azzo da Correggio, dem er seinen Moraltraktat *De remediis utriusque fortunae* gewidmet hatte.[6] Hier erlebte er am 25. Januar 1348 das schreckliche Erdbeben, das überall in Mitteleuropa als unheilkündendes Vorzeichen verstanden wurde.[7] Viele seiner Freunde starben in kurzer Zeit. Am 19. Mai erfuhr er in Parma, daß auch Laura, die Geliebte seiner Dichtungen, der Pest erlegen war.[8] Diese Nachricht stürzte ihn in eine existentielle Krise, vertiefte seinen Pessimismus und veränderte sein Leben. Deprimiert resümiert er auf dem Einband seines «Vergils» seine Begegnungen mit der Verstorbenen. Der Philosoph der *Vanitas,* ein glühender Bewunderer stoischer Gelassenheit, ist selbst von Trauer und Emotion übermannt. Nicht *Apatheia,* sondern menschliche Betroffenheit kennzeichnet sein Verhalten. Nicht als Befreiung wie in vielen sonstigen Werken, sondern als Strafe und Unglück wird der Tod empfunden. Der «metrische» Brief *Ad se ipsum* stellt eines der erschütterndsten Dokumente dar, die sich aus dem Jahre 1348 erhalten haben:

«Weh mir, was muß ich erdulden? Welch heftige Qual steht durch das Schicksal mir bevor? Ich seh' eine Zeit, in der sich die Welt rasend ihrem Ende nähert, wo Jung und Alt um mich herum in Scharen dahinsterben. Kein sicherer Ort bleibt mehr, kein Hafen tut sich mir auf. Es gibt, so scheint es, keine Hoffnung auf die ersehnte Rettung. Unzählige Leichenzüge seh' ich nur, wohin ich die Augen wende, und sie verwirren meinen Blick. Die Kirchen hallen von Klagen wider und sind mit Totenbahren gefüllt. Ohne Rücksicht auf ihren Stand liegen die Vornehmen tot neben dem gemeinen Volk. Die Seele denkt an ihre letzte Stunde, und auch ich muß mit meinem Ende rechnen. Ach, verstorben sind die lieben Freunde, vorbei die angenehmen Gespräche, plötzlich verblichen die lieben Gesichter. Schon wird die Erde knapp für die Gräber ...

Pestbringend kam das Jahr über die Menschheit, drohte ihr einen tränenreichen Untergang an, und die Ausdünstungen in der Luft begünstigten das Sterben. Grimmig blickt Jupiter vom Himmel der Krankheit, schickt Seuchen und traurigen Tod wie Regen zur Erde. Ohne Gnaden versuchen die Parzen die Lebensfäden schnell zu zerreißen, alle zugleich, wenn es ihnen möglich wäre. Unzählige seh' ich erbleichen, so viele hineilen zum finsteren Tartarus ... Wo kann ich nur mein Haupt verstecken? Weder das Meer noch das Land mit schattiger Höhle bieten dem Flüchtling Sicherheit. Denn alles besiegt der Tod. Er kommt mit Schrecken, und kein Versteck ist sicher genug».[9]

Angesichts des alltäglichen Massentodes wurden Weltflucht und die Verachtung alles Irdischen bald zentrale Themen Petrarcascher Dichtung. Die *Trionfi* (der *Triumph des Todes* wurde bezeichnenderweise noch 1348 verfaßt) sowie *De remediis utriusque fortunae,* ja selbst der *Canzoniere,* Petrarcas epochale Gedichtsammlung, sind in ihrer Endfassung ohne die Pesterfahrung undenkbar. Der zweite Teil des Canzoniere gilt als Vanitas-Dichtung schlechthin. Das individuelle Erlebnis von Lauras Tod («Was soll ich tun, Amor, rat' mir doch! Die Zeit ist vom Tode gezeichnet, und ich habe ihn länger hinausgezögert als ich wollte»[10]) wird im Pestjahr zur Allgemeinerfahrung. In Europa herrschen Unsicherheit und Zweifel an den überkommenen Werten, ein Umstand, der nicht unwesentlich für Petrarcas Erfolg war. «Dieses Pestjahr sucht alle Länder und Meere heim», schreibt er an Giovanni dell'Incisa.[11]

Die lyrische Umsetzung des Schwarzen Todes in einigen *Eklogen* folgt nach wenigen Monaten: Die neunte besingt den trauernden Schäfer, dessen Schafe und Freunde die Pest vernichtet hat, die zehnte vergleicht die Seuche mit einem Sturm, der viele Bäume entwurzelt, darunter *laurum,* den Lorbeerbaum (zweifellos eine Anspielung auf den apollinischen Ruhm des Dichters wie auf Laura selbst). Die elfte Ekloge beinhaltet eine Metapher zu Lauras Tod, einen Dialog der trauernden Niobe mit Fusca, die die gefährlichen menschlichen Affekte verkörpert (hier den Schmerz der Trauer) und Fulgida, welche das Licht himmlischer Hoffnung symbolisiert. Thema ist der Tod von Niobes Tochter Galathea, die wiederum für Laura, das Pestopfer, steht.[12]

Wie schon erwähnt, blieb die Pest in Europa auch in der Folgezeit endemisch. Während eines Tischgesprächs bei Bischof Ildebrandino von Padua erfuhr Petrarca im Frühjahr 1351 von zwei Kartäusern, daß sein Bruder Gherardo als einziger Mönch der Kartause von Montrieux (die er übrigens 1347 selbst besucht hatte) die Seuche überlebt hatte. Obgleich der Prior selbst den Brüdern zur Flucht geraten hatte, blieb Gherardo mit dreißig Geistlichen in Montrieux zurück. In wenigen Tagen starben alle Gefährten. Er nahm ihnen die Beichte ab, spendete ihnen die Sterbesakramente und begrub sie schließlich. Gherardo, der das nunmehr verlassene Kloster sogar gegen Räuber verteidigen mußte, ging im Herbst 1350 zur Grande Chartreuse und bat den dortigen Prior, aus anderen Klöstern neue Mönche nach Montrieux zu schicken. In einem Brief an den Bruder feiert Petrarca dessen Verhalten als Triumph christlicher Gelassenheit über die Angst: «So wurde durch deine Fürsorge, deine Weisheit und deinen Glauben das ehrwürdige Montrieux, das verlassen war, als klösterliche Gemeinschaft neu begründet».[13]

Doch war auch Petrarcas Familie nicht immer vom Glück begünstigt. Im Juli 1361 erhielt der Dichter die Nachricht, daß sein einziger Sohn Giovanni in Mailand der Seuche erlegen war. In seiner Verzweiflung schrieb der Vater in sein Vergil-Exemplar: «Unser Giovanni wurde in Mailand Opfer des beispiellosen Unglücks, welches die Seuche hervorrief, die diese Stadt bisher mit ihren Nachstellungen verschont hatte, jetzt aber mit voller Härte traf».[14] Der Dichter bezog sich auf die Tatsache, daß Mailand 1348 dank der behördlichen Vorsichtsmaßnahmen von der Katastrophe verschont geblieben war, nun aber, einige Jahre später, umso grausamer von einer Pestwelle heimgesucht wurde.[15] In einem Brief an Bonaventura Bafro bemerkt er zur Lage in Italien: «Das Unglück nimmt hier kein Ende. Es besteht nur noch Hoffnung auf das Mitleid Gottes. Man kann auch denen nicht zustimmen, die glauben, daß das, was sie sich ersehnen, schon eintreten wird und sich Hoffnungsträumen hingeben ... Die Straßen sind von Leichenzügen gesäumt ..., überall sah ich die Opfer der hoffnungslosen und ansteckenden Seuche zusammenbrechen».[16]

In einem Nachsatz findet sich die nicht uninteressante Bemerkung: «Ich gestehe, daß mich nicht nur die Furcht, sondern (auch) der Ekel in den häuslichen Wänden zurückhält».[17]

Petrarca ist hin- und hergerissen zwischen stoischer Gelassenheit und demütiger Annahme des Schicksals einerseits und menschlicher Verzweiflung andererseits. Sein berühmter Brief an den Freund «Sokrates», den er kurz nach 1348 verfaßte, ist ein einziger Aufschrei, ja – in Andeutungen – eine Anklage Gottes:

«Mein Bruder, mein Bruder, mein Bruder! ... Weh mir, geliebtester Bruder, was soll ich sagen? Womit soll ich beginnen? Wohin soll ich mich wenden? Überall ist Schmerz, überall Angst! Du siehst in meiner Person vereint, was du über die große Stadt (Troja) bei Vergil gelesen hast: ‹Allenthalben herrscht gramvolle Trauer und Angst, überall zeigt sich der Tod›. O mein Bruder, wäre ich doch nie geboren worden oder früher verstorben».[18]

Der Dichter erkannte sehr wohl die Widersprüchlichkeit seines Verhaltens. Er, der den Mitmenschen die Ideale der *Vanitas* gepredigt hatte, ist selbst, im Moment der Bewährung, von Verzweiflung übermannt. Wir ahnen, wie schrecklich der Eindruck des Todes gewesen sein muß, der alle Grundsätze und Philosophien relativierte:

«Was werden die sagen, welche dies hören? ‹Ach, hast du nicht den Eindruck erweckt, bei dir selbst besondere Maßstäbe anzulegen, hast du uns nicht ans Unglück gewöhnt und eiserne Duldsamkeit und gänzliche Härte gegen alle Nachstellungen des Schicksals empfohlen? ... Wie empfindsam bist du nun bei jeder Art von Ungemach! Wo bleibt die Seelengröße, die deinem Beruf angemessen wäre? Wo sind jetzt deine großartigen Worte, die, sofern sie (nur) zum Ruhm eines Genies erschallen, aber keine Lebenshilfe darstellen, nur leeres Getöse sind?»[19]

Petrarca bekennt seine Schwäche und die Unlogik seiner Gedankenführung, verweist aber auch auf die Einmaligkeit des Elends, das alle Lebensweisheit überfordere:

«Vielleicht könnte ich mich, wenn es zur Anklage kommt, vor einem gütigen Richter entschuldigen, denn dieses Jahr war kein beliebiges, sondern das eintausenddreihundertachtundvierzigste des sechsten Zeitalters. Es erfüllte mich nicht nur deshalb mit Trauer, weil es uns die Freunde nahm, sondern weil es die ganze Welt entvölkerte. Und das folgende mähte den Rest hinweg und verfolgte alles, was den Sturm überstanden hatte, mit der Sense des Todes. Werden unsere Nachkommen glauben, daß es eine Zeit gab, da, ohne daß Himmel und Erde brannten, ohne Krieg und sichtbare Katastrophen, nicht nur dieser oder jener Teil der Erde, sondern fast der ganze Erdkreis ohne Bewohner blieb? Hatte man so etwas je gelesen oder gehört? Hatte man denn in den Geschichtsbüchern vernommen, daß Häuser leer, Städte verlassen, das Land verwüstet, die Felder durch Leichen beengt waren, ja daß auf der ganzen Welt eine schreckliche, grenzenlose Einsamkeit herrschte?».[20]

Die Ausnahmesituation – selbst die gebildetsten Menschen waren davon überzeugt, daß es niemals zuvor Katastrophen dieses Ausmaßes gegeben habe – beschäftigte und ängstigte viele Intellektuelle. So erklärt sich letztendlich auch der berühmte Ausruf Petrarcas an die Adresse kommender Generationen, die er beneidet: «O glückliches Volk der Nachgeborenen, das dieses Elend nicht mehr gekannt hat und unseren Bericht vielleicht den Märchen zuordnen wird ...».[21]

Der Brief scheint nicht für die Öffentlichkeit bestimmt gewesen zu sein, obgleich der Dichter ihn später mehrfach überarbeitete. Er offenbart nicht zuletzt seine Zweifel an Gottes Gerechtigkeit, die während des Schwarzen Todes von vielen in Frage gestellt wurde:

«Wir hätten ja noch schlimmeres verdient, doch ebenso unsere Vorfahren! Wäre es nur bei unseren Nachkommen anders! Weshalb hat sich nach deinem Urteil, o Gerechtester, die Wut deiner Rache ausgerechnet auf *unsere* Zeit gestürzt? Wie kommt es (andererseits), daß, wenn Schuld vorhanden ist, oft die zugehörige Strafe ausbleibt? ... Ich wage nämlich zu behaupten, daß die Katastrophen aller Jahrhunderte, angefangen mit der so berühmten Arche, die den Rest der Sterblichen, als das Meer aus den Fugen geriet, schützte, im Vergleich zu der gegenwärtigen nur Freude, Spiel und Ruhe bedeuteten ....[22]

Petrarca wirft Gott, wenn auch versteckt, Unlogik vor. Falls dieser nämlich angesichts der unbestreitbaren Verstrickung des Menschen in Sünde und Gleichgültigkeit die «Augen seines Mitleids» verschlossen habe, «müßten wir nicht nur für unsere eigenen Verfehlungen, sondern auch für die der Vorfahren büßen ... Oder sollte doch stimmen», mutmaßte er kühn, «daß Gott sich um die irdische Welt nicht kümmert, was einige der bedeutendsten Geister bereits vermuteten?».[23] Doch endet der Disput versöhnlich. Dem Menschen bleibe es letztlich verborgen, warum Gottes Strafgericht gerade zu dieser Zeit erfolge. «Sicher nicht mangels Gerechtigkeit, doch muß uns dies ein Geheimnis bleiben», raisoniert der Kanoniker, der immerhin die «niedrigen Weihen» empfangen hat[24] und fügt hinzu: «Die tieferen Gründe deiner (d.h. Gottes) Entschlüsse sind für den Verstand des Menschen unerforschlich und unzugänglich».[25]

Schon während der Pest äußerte Petrarca sein Mißtrauen gegenüber den oft großsprecherischen, im Grunde aber ratlosen Ärzten, das er später in der berühmten *Invectiva contra medicum* akzentuieren sollte.[26] Im Gegensatz zum Krieg, wo ein Mann wenigstens tapfer fallen kann, gibt es bei der Pest «keine Arznei und keinen Trost. Zu allem Unglück kommt hinzu, daß man Gründe und Ursprünge der Krankheit nicht kennt. Doch sind weder die Unwissenheit noch die Seuche selbst so hassenswert wie die Flausen und Fabeln der Leute, die, obgleich sie alles behaupten, nichts wissen, deren Mund, obgleich an Lügen gewöhnt, am Ende freilich ebenfalls schweigt. Ihre Dreistigkeit hatte ihn zunächst geöffnet, entsprechend ihrem Eigensinn, doch ihr eigenes Erstaunen ließ sie schließlich verstummen».[27]

Die Passage beweist, daß Petrarcas Aversion gegen die Ärzte ganz wesentlich auch durch seine Pesterfahrung geprägt war. Persönlich gelang es, wie angedeutet mehr durch Glück als Planung, dem Dichter immer wieder, der Seuche zu entfliehen. Als im Sommer 1361 die Pest in Venedig und Padua grassierte, lehnte er mutig eine Einladung Pandolfo Malatestas nach Pesaro ab und blieb in Arquà, seinem Alterssitz in den Euganeischen Hügeln.[28] Es muß noch einmal betont werden, daß der Schwarze Tod von 1348 eine Serie von Folgeepidemien nach sich zog, die permanente Todesangst und plötzliches Dahinsterben im 14. Jahrhundert zu einem schrecklichen Alltagsphänomen werden ließen. 1364 schreibt Petrarca rückblickend an Boccaccio:

«1348 war für uns ein Jahr des Jammers, und doch wissen wir heute, daß es nur der Beginn war. Denn diese außergewöhnlich heftige und, seit die Welt besteht, unerhörte Seuche ist seither nicht wieder von uns gewichen. Wie ein gräßlicher Kriegsknecht teilt sie nach rechts und links Schläge aus und tötet (die Menschen)».[29]

So erschien den Zeitgenossen das Jahr 1364, in dem der Brief geschrieben wurde, nur als das *sechzehnte* Jahr im Elend! Auch Petrarca zeigte sich darüber beunruhigt, daß viele Menschen unter dem Joch des Schwarzen Todes, statt Gott um Rettung anzuflehen, Luxus und Ausschweifungen vorzogen. Er tadelt die Zeitgenossen, «daß wir in gleichem Maße schlechter geworden sind, wie wir an Zahl abgenommen haben».[30] Aus seiner Feder sind im übrigen keine Pest*beschreibungen* enthalten, doch lobt der Dichter überschwenglich Boccaccios Darstellung im *Dekamerone,* dessen Abschrift er 1373 erhielt.[31]

Freilich ist für ihn, wie er in *De remediis utriusque fortunae* ausführt, auch der Pesttod nur eine Spielart des Sterbens, das nun einmal aller Menschen Schicksal ist. Im Moment des Unglücks, wie beim Tode Lauras, war der Dichter zwar betroffen und verzweifelt, rang sich aber in der Folgezeit wiederholt zu einer *philosophischen* Interpretation des Schwarzen Todes durch. Wie gegen die Ärzte sandte er im übrigen auch gegen die Astrologen seine Pfeile ab. In vielen Briefen warnte er vor dem modischen Einfluß der Sternkunde, der ja auch die meisten Mediziner begeistert anhingen.[32] Wütend schrieb er wiederum an Boccaccio:

«In all diesem Unglück ließen die Astrologen ihrer Phantasie freien Lauf und behaupteten, der ungünstige Einfluß der Sterne würde bis 1365 andauern. Danach müßten sich für diejenigen, welche betroffen wären, die bisher traurigen Ereignisse in überaus freundliche verwandeln. Weil alle Welt an die Wahrheit ihrer Voraussagen glaubt, üben sie ihr Handwerk unbehelligt aus».[33]

Seine Skepsis ist entschieden. Der Dichter war einer der berühmtesten und dezidiertesten Gegner der Astrologen in der Kulturgeschichte. Spöttisch kommentiert er deren Erklärungen über Ursache und künftige Ausbreitung der Seuche:

«Wir wissen nichts von dem, was sich am Himmel ereignen wird. Und diejenigen, die es von sich behaupten, sind von einem kühnen Wahn befallen oder unverschämt. Wie ist der Himmel doch nach ihren Gesetzen aus dem Lot geraten und, wie sie sagen, durch Bewegungen ins Wanken. Durch ihren Altersschwachsinn oder dadurch, daß die Himmelskörper im Aufruhr ihre Bahn verließen oder die Sterne aufs Geradewohl herumirren und unter Bruch jeder Gesetzmäßigkeit und der Freigabe aller Zügel wie Phaeton um den Zodiak herumrasen? ... Dieses und andere Torheiten sind diese Leute zu behaupten in der Lage, wo sie doch ihre Dummheit eingestehen müßten und ihre Blindheit, und wo ihr Wahn doch immer wieder, in Tausenden von Fällen, klar zum Vorschein kam! Nichts hat dies allen deutlicher vor Augen geführt als diese Pestseuche!».[34]

Petrarca begegnete der Pest als Gebildeter, als Intellektueller, als Vertreter jener privilegierten Minderheit, die in der Lage war, zu lesen und zu schreiben. Wir ahnen, wie die Stimmung unter dem Volk gewesen sein muß, wie Angst, Todeserlebnis und Aberglauben die Menschen veränderten. Im Unterschied zu den vielen großen und kleinen Katastrophen des Alltags, die freilich, wie z.B. Krieg, Erdbeben, Überschwemmungen, Mißernten und lokal begrenzte Seuchen, aus Erfahrung einzuschätzen waren, überstieg die Pest ebenso die Dimensionen des Verstands wie des Gefühls. Im Krieg gab es einen bestimmten Feind, dem sich der Haß zuwandte. Besiegte man ihn, war die Notzeit meist zu Ende. Völlig anders war die Situation bei der Pest. Hier gab es keinen konkreten Gegner, den man vernichten konnte. Da man über ihre Ursache nur Theorien, aber keine Beweise kannte, war nicht auszuschließen, ja wahrscheinlich, daß Gott die Menschheit strafen wollte. Dies schien den Ungebildeten wie dem kleinen Kreis der Intellektuellen am plausibelsten.

19. Die Geißler

Zwei besonders charakteristische, ebenso fatale wie folgenreiche Begleitphänomene des Schwarzen Todes wurden bisher nur kurz erwähnt: die Geißlerzüge und die Judenverfolgungen. Beide standen in einem, wenn auch mittelbaren, ursächlichen Zusammenhang, wobei die Geißlerzüge meist – wenn auch nicht in jedem Fall – den Pogromen vorausgingen. Beide stellten Symptome einer aufkeimenden Kollektivangst dar, die sich in irrationalem Verhalten zu entladen suchte.

Geißlerbewegungen gab es nördlich und südlich der Alpen bereits seit dem 13. Jahrhundert. Sie kamen also keinesfalls erst zur Zeit der Pest in Mode, wenn sie auch im 14. Jahrhundert ihren Höhepunkt erreichten. Häufig von Klerikern angeführt, zogen die Flagellanten seit 1260 mit Geißeln in der Hand und barfuß in die Kirchen, um zu beten, Bußgesänge anzustimmen und Gott um Erbarmen anzuflehen. Mittel- und Norditalien, besonders Venetien und Friaul, waren Zentren ihrer Bewegung, die schon nach wenigen Jahren abflaute, als sich die Geißlerverbände des 13. Jahrhunderts in Bußbruderschaften verwandelten.[1] Der Nachvollzug des Leidens Christi, die Buß- und Läuterungsübungen für die Sünden der Menschheit, wurden nunmehr *ritualisiert,* d.h. an bestimmten Festtagen, vor allem am Karfreitag, Teil der Liturgie. Die wichtigsten Vertreter der Bewegung waren *vor* der Pest Raniero Fasani und Venturino da Bergamo im 13. bzw. 14. Jahrhundert. Venturino vermochte bereits 1334, also 14 Jahre vor dem Schwarzen Tod, durch eine Predigt 10000 Menschen zu einem Geißlerzug zu bewegen. Vom Papst zunächst in das Bergland von Ricondana verbannt, starb der Dominikaner 1346 in Smyrna.[2] Bald hatte das Geißlertum auch außerhalb der Appeninhalbinsel einen bemerkenswerten Zulauf. Die Provence, Österreich und Teile Süddeutschlands waren schon 1261 Hochburgen geworden. Allerdings führten Häresieverdacht und zunehmende Kritik an der geistlichen und weltlichen Hierarchie noch im 13. Jahrhundert zu Restriktionen und Verfolgungen.[3]

Kein Wunder, daß der Einfluß der Geißler rapide zunahm, als der Schwarze Tod nahte. Viele meinten, das Ende der Welt stehe bevor. Die der Pest vorauseilende Fama hatte die Zeitgenossen in der Überzeugung bestärkt, daß sich nunmehr die Weissagungen der Apokalypse erfüllten.[4] Nur die Mutigsten wagten es, *nicht* an das Jüngste Gericht zu denken. Die Schilderungen des Pestalltags belegen zwar, daß nicht wenige versuchten, ihre Todesangst durch ein Leben in Luxus und Ausschweifung zu verdrängen, doch handelte es sich hier eher um Verzweiflungsreaktionen. Die allgemeine Unklarheit über die Ursache der Seuche und das Fehlen jeglicher effektiver Therapie verstärkte den Pessimismus, den der arabische Chronist As-Suluk bereits 1347 unter den Bewohnern Zyperns, unmittelbar nachdem dort die Pest ausgebrochen war, registrierte.[5] Entsprechend sah auch Johannes von Winterthur das vielerorts beschriebene Erdbeben vom 25. Januar 1348 sowie den schwarzen Tod selbst als Vorboten jener schrecklichen Plagen, die nach dem Zeugnis der Evangelisten (Matth. 24,1, Luk. 21,11) der Ankunft des Herrn vorausgehen.[6] Das in der Apokalypse angekündigte *Tausendjährige Reich* schien nahe. Allerdings enthalten die erhaltenen *Geißlerlieder* kaum chiliastische Aussagen, mit Ausnahme einer Breslauer Modifizierung, die wiederum nur in einer Abschrift des 15. Jahrhunderts erhalten ist. Dort wird auch prophezeit, daß sich siebzehn Jahre nach der Pest die Ordensgemeinschaften auflösen würden, um reformiert in neuem Glanz aufzuerstehen. Danach sei das Ende der Welt zu erwarten.[7]

Ein weiters Dokument der verbreiteten Endzeitstimmung bildete ein *Himmlischer Brief,* von dem die Straßburger Geißler berichteten.[8] Er war, so ein Gerücht, im Auftrag Gottes in Jerusalem von einem Engel deponiert worden und als letzte, einschüchternde Warnung an die Zeitgenossen zu verstehen. Der Brief schilderte Christi Entrüstung über die Verstocktheit der Menschen, warnte vor den drohenden Höllenstrafen und rief Jung und Alt zur Buße auf. Gleichzeitig stellte er jedoch Rettung in Aussicht, ja ein glückliches, gesegnetes Zeitalter, sofern sich die Menschen besserten und bekehrten.[9]

Von der Flagellantenbewegung des 13. und 14. Jahrhunderts einmal abgesehen, waren chiliastische Ideen, d. h. Vorstellungen von einem *Tausendjährigen Reich* vor der Ankunft des Herrn, im *hohen* Mittelalter recht häufig. Insofern bewegten sich die Geißler zur Zeit des Schwarzen Todes in alten Traditionen. Honorius von Autun, Otto von Freising, Hildegard von Bingen, Gerhoch von Reichersberg und viele andere hatten zudem die Ankunft des *Antichrist* in Aussicht gestellt.[10] Vor allem wurde Joachim von Fiore, ein kalabresischer Zisterzienserabt des frühen 13. Jahrhunderts, dessen Prophet. Der revolutionäre Theologe stützte sich auf Kapitel 20 der Apokalypse. Die Unglücksherrschaft des Antichrist gehe, so glaubte man, dem zu erwartenden goldenen Millenium unmittelbar voraus.[11] Entsprechend schrieb 1265 Hugo Ripelin in seinem *Compendium theologiae veritatis,* daß nach dem Tod des Antichrist das Jüngste Gericht und die Wiederkunft Christi nicht sofort folgen würden, sondern zunächst eine Zwischenzeit, in der sich die Juden bekehrten und die Lehre des Evangeliums sich endgültig allen Völkern der Welt offenbare.[12]

Die Ankuft des Antichrist sollte durch Plagen angekündigt werden, und es fiel zur Zeit des Schwarzen Todes nicht schwer, in der Pest eine solche zu sehen. Viele Theologen hatten über die letzten Jahre der Menschheit recht präzise Vorstellungen. Giovanni da Rupescissa schrieb 1349 in seinem *Liber secretorum eventuum,* daß der Antichrist vor dem Jahre 1370 dreieinhalb Jahre lang seine Macht ausüben werde, wobei seiner Herrschaft zahlreiche Katastrophen wie Pest, Hungersnot oder Erdbeben vorausgingen. In diesem Jahr breche dann das Tausendjährige Reich an, in dessen erster Phase (bis 1415) das römische Imperium unter vielen Opfern ins Heilige Land übertragen werde. Danach sei das friedliche und gerechte Walten des heiligen Geistes zu erwarten.[13]

Die Menschen zur Zeit des Schwarzen Todes lechzten nach Endzeitmythen und apokalyptischen Voraussagen, nach Heilslehrern und „Rettern" der Welt. Der schon erwähnte Franziskaner Johannes von Winterthur berichtete, daß sich in Deutschland das Volk von der Rückkehr Friedrichs II. von Hohenstaufen eine Bestrafung des hohen Klerus, eine Reform der Kirche sowie eine gerechtere Neuverteilung der Güter erhoffte.[14] Es verwundert kaum, daß solche Propheten, deren Aussagen auch politisches Gewicht hatten, oft hart verfolgt wurden. Das Leben Giovannis da Ruspescissa glich einem Martyrium. Weder die Pestinfektion noch Kerkerstrafen noch die Ächtung durch die Ordensoberen blieben ihm erspart. Doch kursierten seine Schriften in vielen Kopien und wurden bereits zu seinen Lebzeiten in die Volkssprachen übersetzt.[15]

Bereits 1344 kündigte Jean de Bassigny, der die apokalyptischen Texte der Schrift erforschte und vorgab, im Heiligen Land selbst dazu inspiriert worden zu sein, für die folgenden Jahre schreckliche Prüfungen und Plagen an, deren erste „eine allgemeine Zeit des Sterbens“ sein sollte. Es ist zwar nicht auszuschließen, daß der Autor diese Plagen erst 1361, unter Abfälschung des Datums, retrospektiv beschrieb, doch beweist der Erfolg seines Werks einmal mehr die zur Mitte des 14. Jahrhunderts vorherrschende Mentalität.[16]

Europas Bevölkerung war so schon lange *vor* der Pest mit dunklen Prophezeiungen, unheilvollen Vorzeichen, chiliastischen Andeutungen und Unglücksbotschaften konfrontiert. Jedermann hatte gegen die Angst anzukämpfen. Auch ältere Weissagungen rief man sich angesichts der Gefahr ins Gedächtnis zurück. Die Prophezeiung von den *Zedern des Libanon*, die in Europa seit 1240 durch viele Abschriften bekannt war, ging auf einen Zisterzienser zurück, der in Tripolis (im heutigen Libanon) die Vision einer Schrift hatte, die von unsichtbarer Hand auf eine Mauer geschrieben wurde.[17] In ihr wurden der Menschheit Elend und Not vorausgesagt, besonders nach dem Fall von Tripolis und Akko (der tatsächlich 1289 bzw. 1291 eintrat). Unter anderem werde ein Volk ohne Kopf erscheinen und das Schifflein Petri auf schreckliche Weise erschüttern. Nach Hungersnot, Krieg und Seuchen aller Art würden, so die Prophezeiung, schließlich zwei Herrscher aus Ost und West eine neue Friedenszeit einleiten. In einem erfolgreichen Kreuzzug werde Jerusalem erobert und das Grab Christi allen Pilgern zugänglich. Danach trete freilich der Antichrist seine Herrschaft an ....[18]

Solche Ideen fanden überall, in Stadt und Land, ein gläubiges Publikum. Dunkle Andeutungen und Mahnungen fielen auf fruchtbaren Boden. Von Ungarn und Österreich aus durchwanderten die Geißler weite Teile des Reichsgebiets, Polens, der Niederlande, der Schweiz und Frankreichs. Ihr erster verbürgter Auftritt war im September 1348 in der Steiermark. Noch recht vage berichteten die Melker Annalen, daß „die Mode dieser Geißelung vom Fest des heiligen Michael bis Ostern anhielt".[19] Entsprechend meldete die Klosterneuburger Chronik für dasselbe Jahr: „Hie in Österreich hueben sich die buessleut an und gaisleten sich bitterlich hin und her im landt", und für 1349 notierte man: „Es kamen aber vill buessleut herauf von haimburg".[20]

In der Steiermark waren die ersten Züge der Geißler von Unwettern begleitet, die die Wein- und Getreideernte vernichteten.[21] Bald sah man sie als Vorboten des Todes, als Warner vor dem Untergang. Die Furcht vor der anbrechenden Endzeit und, sofern man nicht dem chiliastischen Glauben an ein Tausendjähriges Reich anhing, vor Tod und Gericht führten ihnen besonders in den Städten Anhänger zu. Im typischen Fall bewegten sich die Flagellanten in noch pestfreien Orten, um gemeinsam mit der dortigen Bevölkerung Gott um Verschonung vor dem Tod, ja um Aufschub des Weltendes zu bitten. Zu Hunderten zogen sie durch Dörfer und Städte, in Lumpen gekleidet, mit monotonen, aber aufrüttelnden Gesängen auf den Lippen. Ekstase, Wahn, Demut, aber auch der durch die Geißeln verursachte Schmerz und blutige Striemen bestimmten ihr Aussehen. Heinrich von Herford beschrieb sie in seiner 1355 verfaßten Weltchronik:

„Jede Geißel war eine Art Stock, von welchem drei Stränge mit großen Knoten vorne herabhingen. Mitten durch die Knoten liefen von beiden Seiten sich kreuzende, eiserne, nadelscharfe Stacheln, die in der Länge eines Weizenkorns oder etwas mehr aus den Knoten ragten. Mit solchen Geißeln schlugen sie sich auf den entblößten Oberkörper, so daß dieser blau verfärbt und entstellt anschwoll und das Blut nach unten lief und die benachbarten Wände der Kirche, worin sie sich geißelten, bespritzte. Zuweilen trieben sie sich die eisernen Stacheln so tief ins Fleisch, daß man sie erst nach wiederholten Versuchen herausziehen konnte".[22]

Nicht nur Adlige, Bürger und Bauern, sondern auch viele Kleriker unterstützten anfangs die Ideen der Geißler. Besonders in den Niederlanden stand auch die *hohe* Geistlichkeit hinter der Bewegung. Dort soll es Bußfahrten mit 100000 Teilnehmern gegeben haben.

Die Dauer einer Fahrt war genau festgelegt. Entsprechend der Anzahl der Lebensjahre Christi betrug sie 33,5 Tage. Eine Teilnahme war an konkrete Bedingungen geknüpft. Strenge Regeln bestimmten Prozessionen und Gebete. Der Straßburger Chronist Fritsche Closener berichtet über die Aufnahmebedingungen:

„Es war vorgeschrieben, daß, wer in die Bruderschaft eintreten und büßen wollte, dreiunddreißigeinhalb Tage dort bleiben und über soviel

Geld verfügen mußte, daß er, solange er Büßer war, täglich vier Pfennige ausgeben konnte ...

Und wer erstmals in eine Stadt oder ein Dorf kam, durfte weder betteln, Forderungen stellen noch ein Haus betreten. Man lud die Geißler aber ein, ohne daß sie darum baten. So kam es vor, daß sie (dennoch) in Unterkünfte gingen, wenn sie in einer Stadt waren".[23]

Die Flagellanten kontrollierten sich gegenseitig. Es war ihnen verboten, mit Frauen zu reden, geschweige denn zu verkehren. Wer dieses Gebot brach, mußte sein Vergehen öffentlich bekennen und dem Meister des Zuges beichten. Andererseits war offensichtlich die Einwilligung der eigenen Ehefrau Vorbedingung einer Teilnahme.[24] Nach dem Zeugnis des Straßburger Domherrn Matthias von Neuenburg wurde auf die finanzielle Absicherung der Kandidaten streng geachtet. Sie durften zudem „nicht lügen und mußten versprechen, gebeichtet, bereut und alles Unrecht ihren Feinden vergeben zu haben".[25] Die Leitung des Zuges lag bei vier Meistern, denen absoluter Gehorsam zu leisten war. Im übrigen ging man barfuß in Zweierreihen, begleitet von Fahnen- und Kerzenträgern. Die *Limburger Chronik* berichtet über die dramatische Geißlerliturgie:

„Sie hatten Hüte auf, auf denen rote Kreuze befestigt waren und jeder trug Geißeln, die an ihm herunterhingen, und sie sangen ihr Lied: ‚Diese Bittfahrt ist so erhaben. Christus ging selbst nach Jerusalem und trug sein Kreuz in der Hand. Nun helfe uns der Heiland ...' Sie hatten zwei oder drei Vorsänger, denen sie antworteten. Und kamen sie in Kirchen, verschlossen sie diese, legten ihre Gewänder bis auf das Unterkleid ab, so daß sie von den Lenden bis zu den Knöcheln nur noch Leinen trugen. Während der Prozession umschritten sie in Zweierreihen Kirche und Kirchhof und sangen. Und jeder Teilnehmer schlug sich mit seinen Geißeln hoch bis zu den Achseln, so daß das Blut über die Knöchel floß. Und man trug Kreuze, Kerzen und Fahnen voraus, und sie sangen während der Prozession: ‚Trete her, wer büßen will. So entkommen wir der heißen Hölle. Lucifer ist ein böser Geselle. Wen er greifen kann, den stürzt er ins Elend'".[26]

Man bewegte sich im Rhythmus, streckte die Arme zum Himmel, kniete dann nieder und sang, ja schrie zu Gott. Bestimmte Sünden wurden durch festgelegte Riten offen bekannt. In Limburg wie in Straßburg legten sich Ehebrecher demonstrativ auf eine Körperseite. „Und wer einen Mord begangen hatte, heimlich oder offenbar, wandte sich um und wälzte sich auf dem Rücken".[27] Wer falsch geschworen hatte, zeigte dies durch eine bestimmte Fingerhaltung an. Während der

Geißelung wurden allerdings lebensgefährliche Verletzungen oder solche, die zu Infektionen führen konnten, vermieden. Andererseits peitschten sich auch Kinder.[28]

Entscheidend war, daß sich jedermann der Kontrolle des Kollektivs unterwarf. Höhepunkt eines Zuges war die *Geißlerpredigt,* die die Stimmung der Zeit traf und in Konkurrenz zu den Predigten der Mendikanten stand. Mit volkstümlicher Rhetorik wurden die Zuhörer zu Reue und Buße angehalten. Spontane Massenübertritte waren nicht selten. Wer den Sonntag nicht geheiligt oder seinem Nachbarn nicht geholfen, wer Meineide geschworen oder die Ehe gebrochen hatte, wer als Priester seiner Pflicht nicht nachkam oder sich unrechtmäßig bereicherte, vor allem aber, wer der Botschaft des Himmelsbriefes und den Warnungen der Geißler nicht glaubte, wurde verflucht und durfte der Höllenstrafe gewiß sein.[29] Der Weg zur Rettung war die Buße. Die *Nachfolge Christi,* d.h. das Durchleiden der Passion, stellte dabei die höchste Stufe persönlicher Opferbereitschaft dar. Daß die Meister öffentlich Beichten abnahmen und, obgleich Laien, die Absolution erteilten, mußte die Kirche, schon aus theologischen Gründen, mit Argwohn betrachten.[30]

Die Flagellanten veränderten das öffentliche Leben in den Städten radikal. Selbstverständlich wurden ihnen anfangs die Kirchen geöffnet, und niemand wagte es, sie von den Plätzen zu vertreiben. Kirchenglocken kündigten ihre Zeremonien an, die höchst dramatisch abliefen, doch meist in bemerkenswerter Disziplin. Der schon erwähnte Matthias von Neuenburg berichtet, daß sich, obgleich dies deren Regeln widersprach, die Bürger Straßburgs darum rissen, die Geißler „in ihre Häuser aufzunehmen, diese sich aber zunächst weigerten und jedenfalls, auch als sie mit behördlicher Genehmigung geladen wurden, es nicht wagten, hinzugehen".[31] Ihre spirituelle Kraft muß viele Zeitgenossen überzeugt haben. Als die Pest ausbrach, begruben die Geißler die Toten, auch wenn sonst niemand mehr den Mut aufbrachte, was den Ruf ihrer moralischen Überlegenheit natürlich förderte. Die Beschreibung ihrer Tänze und Prozessionen erinnert gelegentlich an Theaterinszenierungen, wofür das Volk – gerade zu Krisenzeiten – recht empfänglich war. Sicherlich reagierte der mittelalterliche Mensch auch emotionaler als der heutige Mitteleuropäer, was die Faszination der Geißlerszenen noch verstärkt haben dürfte. Hören wir noch einmal eine charakteristische Darstellung:

„Als sich die letzten zu Boden warfen, standen die ersten bereits wieder auf, um sich zu peitschen. Ihre Ruten besaßen Knoten mit vier Stacheln aus Eisen. So zogen sie umher und riefen in der Volkssprache Gott an, und zwar ohne Unterlaß. Dabei stellten sich drei in der Mitte eines Kreises auf, äußerten laut Prophezeiungen und geißelten sich währenddessen. Nach ihnen setzten andere den Gesang fort ... Danach stürzten alle auf ein bestimmtes Wort nieder und warfen sich kreuzförmig hin, mit dem Gesicht zum Boden, wobei sie schluchzten und beteten. Und die Meister kamen an den Kreisen vorbei und mahnten sie, Gott für sein Volk um Milde zu bitten, auch für alle, die ihnen Gutes oder Schlechtes angetan hatten, und für alle Sünder und die Seelen im Fegefeuer und andere mehr. Dann erhoben sie sich, reckten die Hände zum Himmel, stürzten wieder auf die Knie und sangen. Anschließend erhoben sie sich erneut und geißelten sich lange Zeit wie zuvor".[32]

Wie in Straßburg traten die Flagellanten auch an anderen Orten auf. In Tournai zogen 250 Geißler neun Tage lang um die Stadt, wobei sie Skorpione in der Hand hielten. Ein Augustiner-Eremit war ihr Anführer. Viele Bürger, Laienbrüder und Kanoniker schlossen sich an. Gilles Li Muisis, der örtliche Chronist, gestand, daß er „die Frömmigkeit des Volkes in jenen Tagen weder beschreiben noch erzählen" konnte.[33] Vor allem die moralische Integrität der Büßer faszinierte. Zeitgenössische Kritiken an der Sittenlosigkeit vieler Kleriker oder dem Luxus der Kurie in Avignon[34] sowie der reformbedürftige Zustand der Orden machen verständlich, daß man ihre – manchmal wohl auch demonstrativ zur Schau getragene – Moralität bewunderte und ihren zündenden Parolen glaubte. Kirche und Gesellschaft erschienen erneuerungsbedürftig. Wenn Christus selbst, so die Vision des heiligen Dominikus im 13. Jahrhundert, Pestpfeile auf die Menschheit lossandte, um sie für ihre Hauptlaster Hochmut, Geiz und Wollust zu bestrafen, war es nur logisch und schlüssig, diesen Lastern in allen Gesellschaftsschichten zu entsagen.[35]

Die Straßburger Geißler kamen aus Schwaben, und in kürzester Zeit waren tausend Einwohner bereit, „für die vorgesehene Zeit ihren Meistern Gehorsam zu leisten".[36] Im Elsaß spaltete sich der Flagellantenzug. Ein Teil zog nach Norden, der andere nach Süden, „und auch die Meister teilten sie untereinander auf".[37] Die umfassendste Schilderung ihrer Wanderung am Oberrhein verdanken wir der Closener-Chronik, die auch viele Lieder und Gebete der Geißler in *deutscher* Sprache enthält.[38]

Eine der wichtigsten Städte auf der Wanderroute der Flagellanten war Würzburg. Michael de Leone, Jurist und Kanoniker am dortigen Neumünster, sah die Bewegung recht kritisch. Seiner Chronik verdanken wir manches Detailwissen über die Büßer, die Würzburg – über Polen, Ungarn, Sachsen und Thüringen – am 2. Mai 1349 erreichten.[39] Eisenach war die letzte größere Stadt gewesen, die sie außerhalb Frankens passierten. Von Würzburg führte ihr Weg einerseits nach (Schwäbisch) Hall, Eßlingen und weiteren Städten im heutigen Baden-Württemberg, andererseits mainabwärts nach Frankfurt. Leone sprach von einer Chimäre, die das Land bedrohte. Tatsächlich schildern die Chroniken, vor allem, wenn sie von Theologen verfaßt wurden, die Flagellantenzüge bald negativ, ja tendenziös. Man beschuldigte die Geißler sogar, durch Aufhetzung des Volks Morde an den Juden verursacht oder selbst durchgeführt zu haben. Die Frankfurter Chronik des Caspar Camentz beschreibt ihre Ankunft in der Reichsstadt:

„Im Jahre 1349, als die Sekte der Flagellanten scharenweise unser Deutschland, seine Städte und Orte durchschwärmte, kam eine sehr große Zahl von ihnen auch nach Frankfurt. Als sie hier sahen, wie die Juden in den besten Vierteln wohnten, waren sie, ich wage nicht zu sagen, ob zurecht, so empört, daß sie die Schmach unseres Herrn rächen, die Waffen nehmen und kämpfen wollten. Es entwickelte sich ein Getümmel, wobei man die Juden niedermetzelte. Vergeblich setzten sich die Bürger für die Unversehrtheit und Sicherheit der Juden ein. Die Geißler stürzten in deren Häuser, griffen sie an, und die Juden, die zu den Waffen eilten, wurden niedergemacht. Die Sturmglocke läutete, und die Bürgerschaft verteidigte sie. Dank deren Stärke und Mutes wurde den Juden, nicht ohne erhebliches Blutvergießen – die meisten waren dem Schwert zum Opfer gefallen –, ihre Ruhe zurückgegeben. Doch als ob die Ausschreitungen gegen sie mit Wissen oder gar nach dem Willen der Stadtväter und Bürger geschehen wären, begannen diese, sich äußerst argwöhnisch zu verhalten und sannen nicht nur gegen einige, sondern gegen alle Bürger auf Rache".[40]

Plötzlich verband man mit dem Namen der Geißler Unfrieden und Unruhe, Mord und Totschlag. Manchen galten sie auch – wohl nicht zu Unrecht – als Verbreiter der Pest, die ihnen nicht selten auf dem Fuß folgte. Man hatte zudem bemerkt, daß die Seuche keineswegs umso sicherer abgewendet werden konnte, je mehr das Volk an den Bußübungen teilnahm. Weitere Gründe der zunehmenden Unbeliebtheit der Flagellanten waren eine zunehmende Kriminalisierung ihrer „Haufen", sexuelle Ausschreitungen sowie offene Ausfälle gegen den Klerus.

Immer öfters wurden sie auch als Häretiker gebrandmarkt. Ihre *Secta*[41] bestritt, ohne es dezidiert auszusprechen, wichtige Dogmen und Gesetze der Kirche und stellte Priesteramt, Priesterbeichte, Absolution, Sakramentspende, Ablaß und Seelenmesse in Frage. Wie bei allen Massenbewegungen entglitt ihren Anführern mit der Zeit die Kontrolle. Die zunächst beeindruckende Disziplin bröckelte ab. Man bettelte sich durch die Städte, raubte Häuser und Kirchen aus, störte Messen und mißbrauchte die Hilfsbereitschaft der Menschen. Deren ursprüngliche Gastfreundschaft verkehrte sich ins Gegenteil. Im Sommer 1349 verschloß man vielerorts die Stadttore, um des Zustroms Herr zu werden. Tausende hatten sich inzwischen der Bewegung aus purer Eigensucht angeschlossen. Zunehmend befanden sich auch Diebe im Gefolge, die bemerkt hatten, daß man als „Büßer" mühelos und ohne Kontrolle in die Städte gelangen konnte, die zur Zeit des Schwarzen Todes besonders streng kontrolliert wurden.[42]

Die Chronik von St. Peter in Erfurt berichtet, daß die Flagellanten 1349 in Scharen Thüringen heimsuchten. Viele Städte quollen von Fremden über, mit Ausnahme von Erfurt selbst, „weil die Stadtväter sie vorsorgend und weise nicht hereinließen. Die Geißler brachten nämlich den Geistlichen durch ihre Predigten und ihren Ungehorsam viel Verdruß ... Und hätte diesen nicht das Mitleid Gottes bewahrt, wäre der Klerus nach ihrem Willen gesteinigt oder gefoltert worden. Endlich wurde klar, welch ein Betrug das ganze war ...."[43]

Natürlich war dieser Bericht nicht unvoreingenommen, doch dürfte er der Realität recht nahegekommen sein. Als die Geißler Kranke zu heilen und Teufel auszutreiben begannen und schließlich in ihr eigenes Blut getauchte Lumpen als Reliquien betrachteten, wurde der Bann vollzogen. Auch sonst wurde die Bewegung unglaubwürdig. Einzelne Klöster hatten plötzlich für 2500 „Pilger" zu sorgen. Nach einer französischen Chronik war im Hennegau und in Brabant die Zahl der Flagellanten auf 800 000 angewachsen.[44]

Als hundert „Kreuzbrüder" von Basel aus Avignon erreichten, untersagte ihnen Clemens VI., unter Berufung auf ein Gutachten der Pariser Universität vom 5. Oktober, den Zutritt, ja verbot – trotz des Bedenkens einiger Kardinäle – ihre öffentlichen Bußübungen sowie die Fortsetzung der Geißlerfahrten. Karl IV. hatte ihn zu einer Entscheidung gedrängt. Seinerseits bat der Papst nun auch die Könige von England und Frankreich, dem Treiben der Flagellanten Einhalt zu gebieten. Die Bulle vom 20. Oktober 1349 ermöglichte es vor allem den Ortsbischöfen, gegen die „Büßer" einzuschreiten, so in Gnesen und Breslau, wo man einen Meister sogar zum Tode verurteilte.[45] Konkret verurteilte Clemens VI. die Mißachtung seiner Schlüsselgewalt, den Mord an Juden und Christen sowie die Bereicherung am Eigentum von

Klerus und Laien.[46] Bei dieser Gelegenheit setzte er auch die erwähnte Bittmesse zu Pestzeiten ein, die noch heute bei Epidemien gelesen wird,[47] und der Kult des heiligen Sebastian wurde mit Billigung des Papstes besonders in Italien und Frankreich gefördert.[48] Für die eifernde Geißlerschar hatte die Kurie nie Verständnis gezeigt.

Inzwischen hatte die Pest fast ganz Europa erobert. Bußprozessionen entstanden nun auch spontan oder wurden von der Amtskirche organisiert. Nur im Kölner Raum und in den Niederlanden hielt sich das Flagellantentum länger, während es in Westfalen, aber auch in der Mark Brandenburg streng verfolgt wurde.[49] Nicht böser Wille oder kriminelle Instinkte, sondern die nackte Angst vor der Pest erklärt, vor allem in der Anfangsphase, den Erfolg der „buessleut". Eine gewisse Tragik begleitete ihre Bewegung, die in modernen Analysen oft übersehen wird. Das alte Flagellantenlied, das in regionalen Variationen immer wieder rezitiert wurde, führt uns zweifellos eine tief religiöse Grundstimmung vor Augen. Im Mittelpunkt steht die Nachfolge Christi und die mystische Erfahrung seiner Passion:

„Jesus Christus ward gefangen und an ein Kreuz gehangen. Das Kreuz war vom Blute rot, wir beklagen sein Martyrium und seinen Tod. Sünder, womit willst du mir lohnen? Drei Nägel und eine dornige Krone, das heilige Kreuz, einen Speer, einen Stich. Sünder, das litt ich durch dich! Was willst du nun leiden durch mich? Deshalb rufen wir, Herr, mit lautem Ton: Unseren Dienst, Herr, nimm dir zum Lohn. Behüt' uns vor der Höllennot, darum bitten wir dich, durch deinen Tod. Für Gott vergießen wir unser Blut. Das ist für unsere Sünden gut ...".[50]

Als Mittlerin und Fürsprecherin erscheint Maria, derer in vielen Prozessionen gedacht wird:[51] „Maria, Mutter, Königin. Durch deines lieben Kindes Minne sei dir all unsere Not geklagt. Dabei hilf uns, Mutter, reine Magd. Die Erde bebt, es klaffen die Steine, liebes Herz, du sollst weinen ... Maria stand in großen Nöten, da sie ihr liebstes Kind sterben sah. Ein Schwert durch ihre Seele schnitt. Sünder, das laß' dir Leid sein! In kurzer Frist Gott zornig ist ... Christus rief im Himmelreich seinen Engeln zu: Die Christenheit will mir entweichen. Darum will ich sie untergehen lassen. Da bat Maria ihr Kind so sehr: Lieber Sohn, laß' sie doch büßen. Das will ich schaffen, daß sie sich bekehren. Darum bitt' ich dich".[52]

Es steht außer Zweifel, daß das Phänomen der Geißlerbewegung viele Fragen offen läßt. Wie erwähnt, griffen die Flagellanten chiliastische oder allgemein endzeitliche Ideen auf, wie sie schon für das europäische Mittelalter nachweisbar sind. Sicher ist, daß ein überregionaler institutioneller Zusammenhang fehlte. Es bleibt auch umstritten, ob die 1349 erkennbare Radikalisierung überall in gleicher Weise stattfand. Neuere Forschungen sprechen mehr für regionale Entwicklungen. Selbst ein ursächlicher Zusammenhang von Geißelfahrt und Pogromen ist, trotz zeitlicher Koinzidenz, von der zitierten Frankfurter Quelle einmal abgesehen, nicht beweisbar.[54] Weder die (erhaltenen) Lieder noch die Predigten enthalten antisemitische Äußerungen oder gar Aufrufe zu Judenmorden. Es ist auch nicht auszuschließen, daß die (meist kirchlichen) Autoren späterer Chroniken im Sinne der erwähnten päpstlichen Bulle von 1349 den Vorwurf des Antisemitismus bewußt hochspielten.

Die Aversion des höheren Klerus gegen die Flagellanten macht auch den Bericht des Jean d'Outremeuse verständlich, der behauptete, daß die Geißler „in ihrem Wahn und ihrer Anmaßung" die Kirche zerstören und Priester und Chorherren, ja alle Geistlichen ermorden wollten (!). Besonders fatal hätten sich ihre Prophezeiungen ausgewirkt: Als das Volk enttäuscht wahrnahm, daß sich die Pest durch Bußübungen nicht beeinflussen ließ, hätte es, um nicht an Gottes Gerechtigkeit zweifeln zu müssen, angenommen, daß Quellen und Brunnen vergiftet worden seien. „Deshalb wurde Groß und Klein von einem heftigen Zorn gegen die Juden erfüllt. Man ergriff sie, wo man ihrer habhaft werden konnte, und sie wurden überall dort hingerichtet und verbrannt, wo Flagellanten umherzogen".[55]

Nach dieser These töteten die Geißler weder die Juden noch riefen sie zu Progromen auf, sondern trugen indirekt, nämlich durch ihre hochgeschraubten, aber nicht erfüllten Erwartungen, zur Jagd auf „Schuldige", d.h. zur Verfolgung der Juden bei. Von entscheidender Bedeutung war natürlich, daß niemand die wirkliche Ursache der Pest kannte. Jedermann entwickelte seine eigene, mehr oder weniger subjektive Krankheitstheorie. Die Vorstellung der Ärzte unterschied sich naturgemäß von der der Volksmassen, aber auch der Geistlichen. Das Volk sah, schon um sein Kausalitätsbedürfnis zu befriedigen, nicht selten Seuchenüberträger und Mörder am Werk, die es zu bestrafen galt. Ebenfalls im Einklang mit vielen Zeitgenossen versicherte der Klerus, daß Gott wegen der Sündhaftigkeit der Menschen erzürnt sei und beschlossen habe, sie zu vernichten. Es schien deshalb ratsam, Buße zu tun und Gott, nicht zuletzt durch die Fürsprache Mariens, zu besänftigen.[56] Dieser Meinung waren auch die Geißler.

Obgleich verschiedenen Denkebenen entstammend, überlagerten sich diese Theorien, wie Delumeau betonte, in der Vorstellung der

Zeitgenossen,[57] die mit ihrer Urteilskraft überfordert waren. Der Irrationalismus feierte Triumphe. Am einfachsten schien es, den Feind zu kennen oder – sich ihn zu schaffen, d. h. Unschuldige zu beschuldigen. So kam es zu den großen Pogromen.

20. Die Judenverfolgungen

Die Beschuldigung, Verfolgung und Ermordung von Juden war das fürchterlichste Begleitphänomen des Pestalltags im Spätmittelalter. Bis zum Holocaust des 20. Jahrhunderts blieben die Pogrome zwischen 1348 und 1350 „die größte singuläre Mordaktion gegen die jüdische Bevölkerung in Europa".[1] Eine genaue Zahl der Opfer ist zwar nicht bekannt (ebensowenig wie die Mortalitätsrate der Pest), doch bedeuteten die Jahre 1348 bis 1351 für viele jüdische Gemeinden Zentraleuropas das Ende. Wie die beschriebenen chiliastischen Traditionen lassen sich auch antijüdische Tendenzen, ja Pogrome bereits im Hochmittelalter nachweisen. Nicht nur der *konfessionelle* Unterschied, sondern auch *rechtliche* Sonderstellungen, die faktisch Beschränkungen ihrer Bürgerrechte darstellten, hatten die Juden in den Augen der Mitmenschen gesellschaftlich und psychologisch isoliert.[2] Seit dem 4. Laterankonzil (1215) waren sie zudem als Außenstehende gebrandmarkt, da man sie zwang, den spitzen Judenhut zu tragen, ja vielerorts einen runden Flecken aus gelbem Filz, der, wie die Volksmeinung kolportierte, ein Geldstück darstellte.[3]

Diese Kennzeichnung war vom siebten Lebensjahr an beiden Geschlechtern vorgeschrieben, in Ausnahmefällen erst ab dem 15. Lebensjahr.[4] Es war so leicht, das „typisch" Jüdische zu erkennen, obgleich es äußerlich aufgezwungen worden war. Wie in den Leprösen, die immer wieder krimineller Machenschaften beschuldigt wurden,[5] hatte man auch in den Juden einen erkennbaren Feind, der sich angesichts des verständlichen Wunsches nach Erklärung vieler Katastrophen anbot. Aus dem Bericht des Guy de Chauliac[6] erfahren wir, daß der Verdacht der Brunnenvergiftung in Avignon keinesfalls nur die Juden betraf, sondern auch Aussätzige und Arme, in anderen Fällen sogar die Reichen und Adligen.[7]

Auch wirtschaftliche Aspekte trugen, obwohl dieser Gesichtspunkt oft überschätzt wurde, zur Ausgrenzung der Juden bei. Auf Grund diverser Berufsverbote wurden sie im 13. Jahrhundert gezwungen, bestimmte Tätigkeiten auszuüben, um ihren Lebensunterhalt zu sichern. Handwerkerzünfte blieben ihnen vielerorts verschlossen, ebenso die meisten öffentlichen Ämter. Praktisch unmöglich erschien – Ausnahmen bestätigen die Regel[8] – der Aufstieg ins Patriziat. Der Beruf des Geldverleihers, den der mittelalterliche Mensch, besonders, wenn er der städtischen Unterschicht angehörte, nur in Notsituationen konsultierte, wurde so vielerorts eine jüdische Domäne, zumal er den Christen, zumindest auf dem Papier, verboten war (was die Gründung einflußreicher Banken zu Beginn des 14. Jahrhunderts, etwa der Bardi oder Peruzzi in Florenz, nicht verhinderte).[9] Er galt freilich als unehrenhaft, so daß seine Vertreter mit gutem Gewissen bekämpft werden konnten, wenn sie – Juden waren.

Nach Zinn wäre es freilich „abwegig anzunehmen, daß die relativ großen mittelalterlichen Judengemeinden in Deutschland auch nur überwiegend ihren Lebensunterhalt aus dem Kreditgeschäft zogen".[10] Tatsächlich arbeiteten Juden nicht selten auch als Ärzte, Kaufleute, Schneider, Schuhmacher oder Hausierer und traten in vielen „bürgerlichen" Berufen in Konkurrenz zu Christen. Es läßt sich leicht nachvollziehen, daß ein tüchtiger Konkurrent – und Tüchtigkeit war für Minderheiten stets eine Überlebensbedingung! – mit Mißtrauen und Neid betrachtet wurde. Nicht auf Grund einer „protestantischen" Ethik und religiös motivierter Selbstsicherheit im Sinne Max Webers, sondern aus den sozialen Zwängen einer diskriminierten Minderheit war der wirtschaftliche Erfolg vieler Juden nicht nur erklärbar, sondern lebensnotwendig.[11] Zweifellos wurde die Ausgrenzung mit jedem Pogrom, das mit der Flucht der Überlebenden endete, verstärkt. Die Flüchtlinge waren in fremden Städten als Zuwanderer von vorneherein Außenseiter, die nicht selten einen verräterischen, fremden Dialekt sprachen und die Sitten der neuen Heimat nicht kannten.

Vor allem trennte die Juden von der Mehrheit ihrer Mitmenschen natürlich die Konfession. Hiermit stellt sich die Frage, inwieweit Kirche und Klerus für die Eskalierung des Antisemitismus im 14. Jahrhundert Mitverantwortung trugen. Moderne Beurteilungen führen oft zu Pauschalanklagen, da man unbewußt den heutigen Aufklärungsstand ins Mittelalter projiziert. Fest steht, daß antijüdische Schriften Ende des 9. Jahrhunderts in Europa Einfluß gewannen.[12] Zweifellos waren die Autoren von einigen Kirchenvätern beeinflußt, die die Juden verdammten, da sie sich weigerten, Christus als Messias anzuerkennen, das Neue Testament ablehnten und an ihren alten Gesetzen festhielten. Johannes

Chrysostomus hatte sie als Christusmörder bezeichnet, Augustinus als Verfemte, weil sie Gottes Erlösungswerk nicht anerkannten.[13] Ihre sichtbare „Zerstreuung" in alle Welt, die im Evangelium vorausgesagt worden war,[14] schien den Beweis für Gottes Absicht darzustellen, die Juden zu bestrafen. Deren „Schlechtigkeit" war auch der Grund, warum das Konzil von Nizäa (312) auf der Trennung des christlichen Ostertermins vom jüdischen Passahfest bestand. Eusebius schrieb in der *Vita Constantini:* „Zunächst schien es unwürdig zu sein, jenes hochheilige Fest nach der Sitte der Juden zu feiern, die ihre Hände durch ihr gottloses Verbrechen befleckten und darum zu Recht als Menschen, auf denen Blutschuld lastet, mit der Blindheit des Geistes geschlagen sind ... Nichts soll uns deshalb gemein sein mit diesem verhaßten Volk ...".[15]

Nach dem Codex des Kaisers Theodosius II. (438) wurden Juden deshalb aus allen öffentlichen Staatsämtern ausgeschlossen.[16] Ähnliche Verordnungen erließ Justinian im frühen 6. Jahrhundert.[17] Mitte des 9. Jahrhunderts polemisierte Bischof Abogard von Lyon in einem Streit mit Ludwig dem Frommen gegen sie. Seine Kampfschrift *De Iudaicorum superstitionibus* erreichte ein breites Publikum.[18] Petrus Venerabilis, Abt von Cluny, verfaßte zur Mitte des 12. Jahrhunderts einen antijüdischen Traktat, in dem er, vom apokalyptischen Begriff der *Synagoge des Satans* ausgehend, den Juden jeglichen Verstand und deshalb auch die Menschenwürde absprach.[19] Zweifellos gab es im Mittelalter viele Theologen, die diesen Standpunkt teilten. Der Kampfruf der Kreuzritter *Hep! Hep!* (Hierosolyma est perdita) wurde zum Mordruf nicht nur gegenüber den Muslimen, sondern auch gegenüber den Juden, auf deren Sündhaftigkeit der Verlust des heiligen Grabes zurückgeführt wurde.[20] Innozenz III. konstatierte 1215, daß die Juden für ihren Mord an Christus ewig zur Sklaverei verdammt wären. Das IV. Laterankonzil verbot im übrigen Christen das Zinsgeschäft, den Wucher, so daß fortan Darlehensgeschäfte den Juden und Heiden überlassen blieben.[21] Diese Monopolstellung, obgleich häufig von christlichen Geldleihern und Bankiers unterlaufen, war zweifellos von finanziellem Vorteil, aber sozial diskriminierend. Da die Juden, wie gesagt, von vielen Handwerksberufen ausgeschlossen blieben, waren sie nicht selten auf das Zinsgeschäft angewiesen. Bezeichnenderweise verbot das Konzil auch den Geschlechtsverkehr mit ihnen (nicht aber mit den Muslimen), kein Wunder, wenn man bedenkt, daß namhafte Theologen, von Hippolytus im 3. bis zu Abt Adso von Montier-en-Der im 10. Jahrhundert, selbst den Antichrist jüdischer Abstammung bezichtigten.[22] Er galt als Abkömmling des Stammes Dan und als zu erwartender Messias der Juden. In vielen antisemitisch gefärbten Volksschauspielen des Mittelalters wurden ihm „jüdische“ Züge verliehen.[23] Gregor IX. veröffentlichte 1239 eine Bulle gegen den Talmud, und Thomas von Aquin, der große Dominikaner des 13. Jahrhunderts, erkannte, daß „die Kirche über jüdisches Eigentum verfügen könne, da die Juden ihre Sklaven sind“.[24]

Doch scheint ein einseitiges Urteil verfrüht. Trotz der genannten Beispiele eines kirchlich, genauer *theologisch* gesteuerten Antisemitismus sprach sich keine Instanz und keine gesellschaftliche Gruppierung so oft gegen Judenverfolgungen aus wie – die Kirche, wobei natürlich zu fragen wäre, weshalb die Christenheit, angesichts des christlichen Urgebots der Nächstenliebe, nicht in einem Aufschrei der Empörung den jahrhundertelang hier und dort aufflackernden antisemitischen Ausschreitungen ein Ende setzte. Immerhin hatte Theodosius der Große, der Ende des 4. Jahrhunderts das Christentum zur Staatsreligion erhoben hatte, Toleranz gegenüber Nichtchristen verlangt,[25] und Papst Gregor der Große lehnte Zwangstaufen- und bekehrungen – im Mittelalter freilich nicht selten die letzte Rettung der Juden – entschieden ab.[26] Selbst der wegen seiner Kreuzzugsideologie oft geschmähte Bernhard von Clairvaux hatte gegen die zu Beginn des ersten Kreuzzugs um sich greifenden Pogrome Stellung bezogen, ebenso Peter von Amiens, der den Judenhaß der frühen Kreuzfahrer unter Gottfried von Bouillon zu zügeln suchte.[27] Obwohl Innozenz IV. einerseits auf die Vernichtung des Talmuds drängte, nahm er in einer Bulle vom 12. Juli 1247 die Juden entschieden gegen *Blutbeschuldigungen* in Schutz, die im frühen 13. Jahrhundert populär geworden waren. Man klagte sie an, bei Kulthandlungen Kinderblut zu trinken, wobei vielleicht die Beschneidungszeremonie, der biblische Bericht der Schlachtung des Osterlamms sowie der Bestreichung der Türpfosten mit dem Blut der Lämmer die Phantasie der Menge erregte.[28] Die Geschichte Werners von Bacharach, der 1287 einem Mordanschlag zum Opfer fiel, den man, wie die *Gesta Treverorum* berichten, den Juden anlastete,[29] war nur das Vorspiel zu vielen ähnlichen Berichten und Legenden. Der Papst verlangte, daß die Verleumder der Juden, darunter „Prälaten, Adlige und Machthaber“, durch Kirchenstrafen gezügelt wurden, und fügte sechs Jahre später – wohl aus akutem Anlaß – hinzu: „Ferner verfügen wir ..., daß ihnen niemand vorwerfe, daß sie bei ihren Riten Menschenblut gebrauchten, weil ihnen ja durch das Alte Testament vorgeschrieben ist, sich jeglichen Blutes zu enthalten, von Kinderblut ganz zu schweigen“.[30]

Natürlich gab es genug Kleriker, die auf die antisemitische Karte setzten, doch bleibt beeindruckend, wie sich viele mittelalterliche Päpste zu Fürsprechern der Juden machten, nicht zuletzt mit theologischen Argumenten. Innozenz gab zu bedenken, daß „gewissermaßen aus ihrem Archiv die Zeugnisse des christlichen Glaubens hervorgegangen sind",[31] und klagte darüber, daß sie „ohne Anklage, ohne Geständnis, ohne Überführung und entgegen den ihnen vom apostolischen Stuhl gnädig gewährten Privilegien" beraubt und unterdrückt wurden.[32] Ebenso verwandte sich Gregor X. für die Juden. 1372 berichtet er von christlichen Vätern, die ihre Kinder selbst versteckten und dann behaupteten, „daß die Juden heimlich und verstohlen die Kinder geraubt und getötet hätten und deren Herz und Blut opferten".[33]

Entsprechend setzte sich auch Johannes XXII. 1321 gegen den antisemitisch motivierten Kreuzzug der *Pastoureaux* ein, die in Nordfrankreich und Aquitanien Juden ausplünderten, folterten und grausam niedermetzelten. Gerade in Frankreich waren in der ersten Hälfte des 14. Jahrhunderts Greueltaten an Juden an der Tagesordnung. Eine Chronik berichtet über die von einem jungen Schäfer aufgestachelten Massen, die die Opfer zu verzweifelten Reaktionen trieben: „In Verdun-sur-Garonne verteidigten sich die Juden gegen ihre Belagerer auf eine heldenhafte und zugleich grausame Weise, indem sie von einem Turm herab zahlreiche Steine und Balken, ja sogar ihre eigenen Kinder warfen. Ihr Widerstand nutzte freilich nichts. Als die Juden nun erkannten, daß sie ihren Feinden nicht lebend entrinnen konnten, zogen sie es vor, sich selbst zu töten als von den Unbeschnittenen ermordet zu werden. Sie wählten deshalb einen aus ihren Reihen aus, der ihnen als der Tapferste erschien, damit er sie erwürge. Dieser Mann tötete fast fünfhundert Menschen mit deren Zustimmung".[34]

Der Papst ließ von allen Kanzeln gegen die Banden predigen, die schließlich auch Geistliche angriffen. Von Paris aus setzte Philipp V. sogar Truppen in Marsch, die die Pastoureaux in kurzer Zeit zerschlugen. Doch war der Antisemitismus im 14. Jahrhundert zu populär geworden, um über Nacht von der Bühne zu verschwinden. Im Gegenteil, geringe Anlässe genügten, um den Juden neues Leid zu bringen. Als man 1338 in Pulkau in Österreich eine blutende Hostie fand, wurden sie einmal mehr Opfer der Lynchjustiz. Wiederum war es der Papst, der sie verteidigte und von Herzog Albrecht von Österreich eine strenge Untersuchung verlangte.[35] Neid und Haß unterstellte er wohl nicht zu Unrecht den Hintermännern, die sich eines fast traditionellen

Vorwurfs bedienten. In einer Zeit, als der Glaube an die Transsubstantiation bei der Wandlung in der Messe und die Realpräsenz Christi in Wein und Hostie nicht mehr selbstverständlich erschienen,[36] sollten Geschichten von Freveln an Hostien (die seit dem 13. Jahrhundert auffallend oft bluteten) und der wunderbaren Überwindung des Frevlers zur Bestätigung und Bestärkung des Glaubens dienen.[37] Benedikt XII. wies so auf den Betrug eines Geistlichen in Klosterneuburg hin, der 1298 eine „Bluthostie" zur Verehrung ausstellte, die er selbst bemalt hatte. Um seine Fälschung glaubhaft zu machen, hatte er die Juden beschuldigt, die Hostie geschändet zu haben. Ein bischöfliches Ehrengericht hatte den Täter schließlich entlarvt.[38] Auch im 14. Jahrhundert geschahen viele „Wunder" dieser Art, so in Wilsnack in Brandenburg, wo 1383 einige Hostien „bluteten". 1451 erklärte kein geringerer als Nikolaus von Kues, daß es sich hierbei um Betrug gehandelt hatte.[39] Im übrigen weiß man heute, daß auch Bakterien Blutwunder vortäuschen konnten, so Kolonien von *Serratia marcescens,* wie 1819 erstmals nachgewiesen wurde.[40]

Auch im niederen Klerus gab es skeptische Stimmen. So berichtet der bereits erwähnte Franziskaner Johannes von Winterthur in seiner zwischen 1340 und 1348 verfaßten Chronik, eine Christin habe 1330 im schwäbischen Ehingen Hostien gestohlen. Als der Diebstahl bemerkt wurde, kam sogleich der Verdacht auf, Juden hätte ihre Hand im Spiel gehabt. Achtzehn seien deshalb unverzüglich und unschuldig hingerichtet worden.[41]

Zur Zeit des Schwarzen Todes war es unter den weltlichen und geistlichen Herrschern Europas wiederum vor allem der Papst, der gegen die zunehmenden Judenverfolgungen protestierte. Clemens VI. verbot in einer Bulle vom 26. September 1348, Juden auszuplündern, gewaltsam zu bekehren oder ohne Gerichtsverfahren zu töten, und wies darauf hin, daß nicht nur Christen, sondern auch die angeblichen Brunnenvergifter der Pest erlagen. Während die Wortes des Papstes in Deutschland und Nordfrankreich weitgehend ignoriert wurden, zeigten sie in Avignon selbst und im Kirchenstaat durchaus Wirkung.

Auch anderswo versuchten städtische Behörden und Obrigkeiten nicht selten, die Verfolgten zu schützen, doch beugte man sich letztendlich fast immer dem „Volkswillen". Die Pest und der ihr vorauseilende Schrecken riefen eine Massenhysterie hervor, gegenüber der sachliche Argumente wirkungslos blieben. Zweifellos gab es auch vom Klerus initiierte Ausschreitungen, doch wäre im Einzelfall zu prüfen, ob Geistliche nicht auch, von mangelnden Bibelkenntnissen und verzerrten Vorstellungen vom Judentum einmal abgesehen, antisemitische Tendenzen in der Bevölkerung gelegentlich populistisch auszunutzen suchten (was nichts entschuldigen kann, aber einen *rein religiös* motivierten Grund für die Pogrome zur Zeit der Pest ausschließen würde).[42]

Ambivalent und umstritten blieb auch die Rolle der weltlichen Herrscher. Zweifellos erscheinen die Regenten des Abendlandes im 13. und 14. Jahrhundert, was die Unterdrückung der Juden angeht, in einem fragwürdigen Licht. So unterschiedliche Charaktere Friedrich II. von Hohenstaufen und Ludwig der Heilige von Frankreich auch waren, Juden waren für sie Menschen zweiter Klasse. Zwar sprach sie der Kaiser 1236 vom Vorwurf des Ritualmords frei und stellte ihnen einen für das ganze Reich gültigen Schutzbrief aus, doch bezeichnete er sie bei dieser Gelegenheit als *servi camerae imperialis,* Knechte der kaiserlichen Kammer. Dieser Ausdruck wurde nur für Juden verwendet und entsprach der Vorstellung der *servitus Iudaeorum,* die Innozenz III. bereits 1215 beim IV. Laterankonzil präzisiert hatte und Gregor IX. in seine Dekretalsammlung aufnahm.[43] Kaiser und Papst stritten sich sogar darum, ob Staat oder Kirche das Recht hätten, die Juden als Knechte zu halten. 1273 erklärte Rudolf von Habsburg, daß diese „mit Person und Eigentum" der kaiserlichen Kammer gehörten.[44] Ludwig der Bayer verlangte von ihnen „Schutzgelder" und belohnte Freunde und kaisertreue Städte, indem er ihnen widerrechtlich ihre Schulden bei den Juden erließ.[45] Das *Judenregal,* die „Judensteuer" (eine Abgabe von einem Gulden, die jeder über zwölf Jahre alte Jude jährlich an die kaiserliche Finanzverwaltung abführen mußte) wurde zu einer Haupteinnahmequelle des Herrschers. Als *Kopfsteuer* bedeutete sie nach mittelalterlicher Rechtsauffassung faktisch den Verlust der Bürgerrechte. Entsprechend belehrte der Kaiser 1343 die Nürnberger Juden: „Ihr gehört uns mit Leib und Vermögen, und wir können dieses gebrauchen und damit machen, was wir wollen und wie es uns gefällt".[46] Die von chronischer Geldnot geplagten Kaiser traten ihre Schulden gegenüber den Juden, wenn diese nicht selbst, auch gerne an Städte oder Regionalherren ab. Solche Transaktionen wurden mit der „Schutzpflicht" der Obrigkeit begründet, für die die Juden zu zahlen hatten. Sie mußten sich ihrerseits die notwendigen Gelder aus Handels- und Zinsgeschäften besorgen, was ihre Beliebtheit beim Volk natürlich nicht förderte. Je mehr Schutzgelder von ihnen erpreßt wurden, desto höhere Zinsen kamen auf die einfache Bevölkerung zu. Es wäre kaum übertrieben zu sagen, daß die Wirtschaft des Reiches seit dem 13. Jahrhundert zu einem nicht unerheblichen Teil auf der Ausbeutung der Juden durch die Herrscher beruhte.[47]

So ist deren „Protektion" durch die mittelalterlichen Kaiser und Könige mit Skepsis zu betrachten. Es war ein ureigenes, höchst egoistisches Interesse der Herrscher, daß diese Steuerquelle nicht versiegte. Auch Karl IV. sprach sich so 1348 gegen Judenverfolgungen aus. Doch als die Frankfurter Bürgerschaft erkannte, daß, wie es schien als Folge der Geißlerzüge, antijüdische Exzesse nicht zu verhindern waren, sicherte ihr der König, obgleich Schutzherr der Juden, von vorneherein Straffreiheit zu.[48] Deren Lage wurde auch deshalb prekär, weil kleinere Fürsten zuweilen versuchten, ihre Zinsschulden durch diskret eingefädelte Pogrome zu tilgen. War der Geldgeber tot, erlosch seine Forderung. Wahrscheinlich gingen Ausschreitungen in Deggendorf 1337 auf die Verschuldung Herzog Heinrichs bei jüdischen Gläubigern zurück.[49]

Auch Ludwig der Heilige, der Erbauer der Sainte-Chapelle, tat sich als Eiferer gegen die Juden hervor. 1242 fand nicht nur, nach einem recht dubiosen Prozeß, in Paris eine große Talmudverbrennung statt (24 Wagenladungen an Büchern mit häretischem und blasphemischem Inhalt wurden verbrannt), der König schränkte auch drastisch das Zinsgeschäft ein, ebenso wie Eduard I. von England *im Statutum de Iudaismo* den Geldverleih auf Zinsen verbot.[50] Solche Anordnungen brachten die Juden in weitere Nöte, da sie gerade in Frankreich von fast allen bürgerlichen Berufen ausgeschlossen waren.[51] Andererseits verzichtete Ludwig auf eine persönliche oder staatliche Bereicherung durch die Judensteuer, indem er sie wohltätigen Zwecken zur Verfügung stellte. Doch verbot der König in einer Satire (die man freilich auch mit anderen Herrschern in Verbindung brachte), unter Anspielung auf das jüdische Sabbat-Gebot, die Rettung eines Juden, der in eine öffentliche Latrine gefallen war, am christlichen *Sonntag*, worauf dieser tags darauf tot aufgefunden wurde.[52] Legenden, Balladen, Verserzählungen, Lieder, vor allem aber die bildende Kunst verbreiteten seit dem 13. Jahrhundert in vielen Ländern Europas eine antisemitische Grundstimmung. Zum Judenhaß trug besonders auch das religiös verbrämte Volksschauspiel bei, das sich früh der Kontrolle der Kirche entzogen hatte und in platter Derbheit die „Volksmeinung" widerspiegelte.[53]

Es ist so nicht verwunderlich, daß angesichts der tödlichen Pestbedrohung die Juden wieder einmal als Schuldige erkannt wurden. Indem man den Sündenbock gefunden hatte, erleichterte man sich paradoxerweise das Gewissen und rettete sein eigenes Weltbild. Der Haß ging soweit, daß man in Ländern, wo es wenige oder keine Juden gab (wie z. B. im Herrschaftsgebiet des Deutschen Ordens) Christen umbrachte, bei denen man eine jüdische Abstammung vermutete.[54] Populär wurde der schon erwähnte Vorwurf der *Brunnenvergiftung*, der sich sogar mit den Pesttheorien der Ärzte in Einklang bringen ließ: Stehendes Wasser, Tümpel, Brunnen und Weiher verdarben die Luft, die Fäulnis verbreitete und durch Einatmung den menschlichen Organismus infizierte.[55] Entscheidend war demnach die *Qualität* des Wassers,[56] die leicht manipulierbar schien. Der Vorwurf war zunächst (1321) in Aquitanien aufgetaucht: Man beschuldigte dort Aussätzige, im Auftrag der Juden die Brunnen und Wasserquellen der Christen vergiftet zu haben, um diese zu töten. Durch das „Geständnis" eines Leprösen war man sogar über die Zusammensetzung des Gifts informiert. Menschenblut, Urin, das Pulver entweihter Hostien und geheime Zauberkräuter waren die „wirksamen" Bestandteile. Der Arme gab zu Protokoll, daß ihm ein reicher Jude das Gift übergeben und zehn Pfund für sein Verbrechen gezahlt hatte. Höhere Summen waren für den Fall versprochen, daß weitere Aussätzige für die Mordanschläge gewonnen werden konnten.[57] Nach anderen Quellen hatte der König von Tunis das Giftkomplott angezettelt, ja, so die Meinung vieler, der Teufel selbst.[58]

Natürlich gab es kritische Stimmen. So warnten Kölner Ratsmitglieder den Straßburger Meister Konrad von Winterthur zum Engel sowie ihre dortigen Ratskollegen, nur auf Gerüchte hin gegen die Beschuldigten vorzugehen.[59] Auch die Geständnisse unter der Folter stießen auf Zweifel. Bei einer Versammlung der elsässischen Stände in Benfeld im Januar 1349 erklärte – so der Bericht des Matthias von Neuenburg – der Rat von Straßburg, daß man über die Juden nichts Nachteiliges wüßte und Beweise für deren Vergehen nicht vorlägen.[60] Konrad von Megenberg, seit 1348 Domherr in Regensburg, machte, in ähnlicher Weise wie der Papst selbst, auf den entscheidenden Widerspruch aufmerksam: „Man fand in einigen Brunnen mit Gift gefüllte Säckchen. Deshalb wurde eine unbestimmte Zahl von Juden im Rheinland, in Franken und allen deutschen Ländern ermordet. Dabei ist unklar, ob dies überhaupt Juden getan haben. Wäre es so gewesen, hätte es das Unheil gewiß verschlimmert. Doch weiß ich andererseits, daß keine andere Stadt mehr Juden zählte als Wien. Unter diesen waren aber die Pestopfer so zahlreich, daß sie ihren Friedhof in großem Umfang erweitern und hierfür zwei Grundstücke erwerben mußten. Sie wären freilich recht dumm gewesen, sich selbst zu vergiften".[61]

Immerhin blieben die jüdischen Gemeinden in Wien und Regensburg von Verfolgungen verschont. Andererseits wurde ihre Unterdrückung und Ausrottung in fast allen Ländern so systematisch durchgeführt, daß die Juden für eine gewisse Zeit *nach* der Pest eine seltene und, so zynisch es klingen mag, durchaus begehrte Erscheinung wurden. So lud sie z.B. die Stadt Speyer 1352, unter Zusicherung eines umfassenden Schutzes, zur Rückkehr ein, und das in dieser Zeit entstandene *Meißener Rechtsbuch* sah für Synagogen und jüdische Friedhöfe besondere Schutzparagraphen vor. Auch in Frankreich gewährte Johann der Gute den Juden 1361 wesentlich günstigere Lebensbedingungen als *vor* der Pest.[62] Freilich waren die Rückkehrer oder Neueinwanderer Außenseiter, aus Erfahrung ohne Vertrauen in die christlichen Mitbürger und nach den Massakern während des Schwarzen Todes sicherlich auch psychisch traumatisiert.

1348 kam der Vorwurf der Brunnenvergiftung wiederum in Frankreich auf, wo ein jüdischer Arzt unter der Folter „gestand", daß ein Jude aus Toledo heimlich in Chambéry Giftbeutel an Glaubensbrüder verteilt, ja zusammen mit dem dortigen Rabbiner und einem Komplizen solche an Glaubensbrüder in aller Welt verschickt habe, um Brunnen zu vergiften. Nachdem der Herzog von Savoyen die Juden von Thonon, Chillon und Le Châtelard hatte verhaften und foltern lassen, gestand ein weiterer, er habe die Pest auch in Venetien, Kalabrien und Apulien sowie im Gebiet von Toulouse verbreitet.[63] Die Folge waren Verhaftungen und Verhöre von Juden in Zürich, Bern und Städten am Bodensee. Überall erzählte man sich die Greueltaten des Toledaner Juden und seiner französischen Helfer. Im Arelat, aber auch der Schweiz und Süddeutschland brachen wahre Massenpsychosen aus. Überzeugt von der Schuld der Juden berichtete der Konstanzer Domherr Heinrich von Diessenhofen:

„In diesem Jahr verbrannte und tötete man die Juden vom Johannesfest bis Allerheiligen im ganzen Arelat, mit Ausnahme der Stadt Avignon, die der Papst erworben hatte (Clemens VI. schützte alle dort lebenden Juden), bis hin nach Solothurn, wo man sie ebenfalls umbrachte, weil man ihnen die tödliche Seuche, die in diesem und im folgenden Jahr wütete, in die Schuhe schob. Man erzählte sich und hörte, ja sie gestanden es selbst, daß sie, wie auch den Aufzeichnungen des folgenden Jahres zu entnehmen ist, die Brunnen vergiftet hätten. Da ließen sie die Konstanzer Bürger nur noch aus den Brunnen und Zisternen der Christen trinken und ihre eigenen durch Mist und Steine unbrauchbar machen, während die Christen aus dem See und nicht mehr aus Brunnen ihr Wasser nahmen".[64]

In Konstanz war die Pogromstimmung gut vorbereitet. Schon 1312 hatte man die Juden der Hostienschändung beschuldigt. 1314 war eine Feuersbrunst ausgebrochen, weil Juden sich angeblich weigerten, am Sabbat zu löschen. 140 „Firste" sollen zerstört worden sein.[65] 1326 erzählte man sich von einem weiteren Hostienfrevel. Zwölf Mitglieder der Gemeinde wurden verbrannt, sechs wie Schwerverbrecher im Rhein ertränkt und neun erschlagen. 1346 ließ der Patrizier Johannes Schwarz in einen Kaufvertrag die Klausel einfließen, daß eine Weiterveräußerung an Juden oder „böse Leut" ausgeschlossen sei.[66] Am 4. Januar 1349 setzten die Konstanzer die Juden in zwei Häusern gefangen, am 3. März wurden diese in einem Holzhaus bei Sonnenuntergang „bis zur Asche" verbrannt. Dem Haß der Täter stand die heldenhafte Haltung der Opfer gegenüber, die „zum Teil fröhlich tanzend, zum Teil Psalmen singend, zum Teil weinend" in den Tod schritten.[67] Doch war das Martyrium der jüdischen Bewohner der Stadt damit nicht zu Ende. Ein Gemeindemitglied hatte sich, um dem Flammentod zu entgehen, taufen lassen. Aus Reue schloß er sich mit seinen Kindern in sein Haus ein und zündete es an, wobei er sterbend durch ein Fenster seinen Mitbürgern zurief, daß er als Jude und nicht als Christ in den Tod gehe (der Flammentod galt bereits als „jüdischer" Tod!). Die Folge war, daß auch die getauften Juden geächtet wurden. Schließlich wurden all diejenigen, die in Konstanz überlebt hatten, im September desselben Jahres verbrannt. Der Kaiser sprach die Stadt im übrigen von aller Schuld frei …, „von der juden wegen".[68]

Der Konstanzer Chronist erwähnt die Pest eher beiläufig, um sich mit Interesse wieder der Judenverfolgung zuzuwenden. Dies gilt auch für andere zeitgenössische Autoren: Wir finden ausschweifende Berichte über Pogrome und Hinrichtungen, während die primären Folgen der Seuche nur in knappen Worten geschildert werden.[69] Hier mag die alltägliche Erfahrung der Pest eine Rolle gespielt haben, die keiner Beschreibung mehr bedurfte, doch auch der Haß auf die vermeintlich Schuldigen, deren Verbrennung Volksschauspielen glich.

Auch in Solothurn wurden Juden verbrannt, nachdem sie die Brunnenvergiftung „gestanden" hatten. „Als man sie räderte, gaben sie zu, Gift verstreut und das Wasser verseucht zu haben", bemerkt ein Konstanzer Kanoniker lakonisch und fügt hinzu, daß deshalb „zwischen Köln und Österreich alle Hebräer, junge Männer und Frauen, Greise und sehr alte Menschen", getötet wurden.[70] Ungeachtet mittelalterlicher Zahlenübertreibungen müssen wir von einer immensen Zahl an Opfern ausgehen. Viele jüdische Gemeinden wurden 1348 und 1349 ausgelöscht. Immer wieder erhob man den Vorwurf der „Blutschuld", so in dem Bericht über ein Züricher Pogrom von 1349 in der Schweizer Chronik des Ägidius Tschudi:

„Im Jahre des Herrn 1349, abends an St. Matthäi, verbrannte man in Zürich die Juden, weil sie die Brunnen vergiftet hatten, was zu einem großen Blutbad führte. Sie hatten dies unter der Folter gestanden, ferner, daß sie einem Schuhmacher, der zu der Weiden hieß, ein Knäblein gestohlen und dieses so lange mit Messern traktiert hatten, bis es starb. Nachdem sie sein Blut gesammelt hatten, versenkten sie es im Bach von Neumarkt. Dieses Kind hatte man einige Zeit zuvor aufgefunden. Ein Knabe namens Walther von Wil war auf Stelzen durch das Bächlein gegangen, wie es Kinder zu tun pflegen, wobei er einen Schuh und ein Bein des Kindes erblickte. Als man die Juden folterte, gestanden sie, daß sie den Mord ausgeführt hatten. Das Kind wurde im Münster begraben, und über seinem Grab errichtete man einen Altar".[71]

Auch in Basel, dessen Stadtväter von den Bernern vor der „Tücke" der Juden gewarnt worden waren, gerieten diese in Verdacht: „Es kam das schlimme Gerücht auf, daß die Juden die Christenheit mit Gift auslöschen wollten, das sie heimlich übers Meer hierhergebracht hatten. Sie hätten lange darüber nachgedacht, wie sie die Christen beseitigen könnten, nämlich durch Verminderung ihrer Zahl, so daß sie zu besiegen wären. Man fand im Wasser und in den Brunnen tatsächlich viele Säcklein, die Gift enthielten".[72]

Die Reaktion konnte nicht ausbleiben, und wir lesen in einer etwas späteren Aufzeichnung: „Der Pöbel war über die Juden so ergrimmt, daß er den Rat zwang, sie zu verbrennen und zweihundert Jahre lang keinem von ihnen mehr Wohnrecht einzuräumen. So wurden sie nach dem Weihnachtsfest 1348 in einem kleinen Holzhaus auf einer Rheinau zusammengetrieben und jämmerlich in Rauch aufgelöst ...".[73]

Der Bericht wird von Matthias von Neuenburg bestätigt. „Konsuln und Volk schworen, daß dort zweihundert Jahre lang keine Juden mehr wohnen durften".[74] Die Basler Ereignisse waren direkte Folge von Pogromen und Verfolgungen im Elsaß, wo der Bischof von Straßburg mit Patriziern, Grundherren und Vertretern der Städte die Situation beriet. Nachdem auch hier der Vorwurf der Brunnenvergiftung laut geworden war, fragten einige Vertreter der Reichsstädte, „warum die Juden die Schöpfgefäße von ihren Brunnen genommen hätten".[75] Hiermit war das Urteil, trotz der Bedenken einer Minderheit, vorweggenommen. Hinter den Worten des Chronisten verbirgt sich deutliche Kritik am Blutrausch seiner Mitbürger:

„Das ganze Volk schimpfte auf sie, und der Bischof, die elsässischen Herren und die Reichsstädte stimmten darin überein, daß man keine Juden dulden wollte. So wurden diese bald hier, bald dort verbrannt. An anderen Orten wurden sie auch vertrieben. Als der Pöbel sie fassen konnte, übergab man sie den Flammen, brachte sie (sonst) um oder erstickte sie in Sümpfen. Bis zu diesem Zeitpunkt versuchten sie der oberste Ratsherr (von Straßburg) Petrus Swarber und einige andere Bürger mit dem Argument zu verteidigen: Wenn sie der Bischof und die wohlhabenden Bürger in ihre Schranken verwiesen hätten, würden sie nicht zögern, sie auch sonst unter Kontrolle zu halten. Doch erhob sich unter dem Volk erneut Geschrei. Man verbrannte so, ohne Urteil und nur auf Grund der Volksmeinung, alle Juden Basels auf einer Rheininsel im Jahre des Herrn 1349, am sechsten Tag nach St. Hilarius, und in Freiburg sechs Tage später“.[76]

Besonders dramatisch verlief die Entwicklung in Straßburg selbst, wo die Metzger und Kürschner bewaffnet zum Münster eilten, um die Stadtväter unter Druck zu setzen. Anlaß war der Besuch des Bischofs und einiger Ratsherren bei einem Juden. Man zwang den Vorsitzenden des Rats, den Magister Swarber, der die Juden verteidigt hatte, „seinem Amtseid zu entsagen, sein Amt aufzugeben sowie Stadtschlüssel, Glocken, Siegel und Gegenstände dieser Art zu übergeben“.[77] Die Aufrührer wählten vier neue Räte, dazu einen Fleischer zum Ratsvorsitzenden, deren Amtszeit auf ein Jahr befristet war, ferner neue Konsuln, „wobei viele und umfassende Beschuldigungen gegen Petrus (Swarber) vorgebracht wurden“.[78] Die neuen Machthaber schleppten die Juden in ein Haus, das angezündet wurde. „Als sie durch den Pöbel geschleift wurden, nahm man ihnen die Kleider weg und entblößte sie, wobei man viel Geld bei ihnen fand. Einige verteidigten sich mit dem Wunsch nach der Taufe, und mehrere schöne Frauen wurden, offensichtlich gegen ihren Willen, ebenso wie viele Kinder, die man ihnen entriß, getauft“.[79]

So kamen etwa 2000 Juden um. Auch die Getauften wurden später hingerichtet, da sie unter der Folter „gestanden“, weiterhin Gift verbreitet zu haben. Die Straßburger Juden waren Opfer sozialer Umwälzungen, blutiger Unruhen, bei denen sich in vielen Städten Deutschlands, Italiens, Flanderns und Frankreichs die aufsteigenden Handwerkerzünfte und die durch die Macht verbrauchten Patrizier feindlich gegenüberstanden. Die innerstädtischen Spannungen trugen, wie auch die genannte Bewegung der *Pastoureaux* in Frankreich sowie Bauernaufstände in England und den Niederlanden, zu Haß und Verdächtigungen im Alltag bei, wobei die Juden aller nur denkbaren Verbrechen bezichtigt wurden.[80] Vielerorts setzte man auch die Fürsten und Stadtherren unter Druck, Juden in ihrem Herrschaftsbereich zu liquidieren. Weniger offener Antisemitismus als die Angst vor Aufruhr und Bürgerkrieg scheint die Obrigkeit zuweilen veranlaßt zu haben, den Forderungen des Volkes nachzugeben.

Dennoch scheint es problematisch, allein die städtischen Massen für die Pogrome verantwortlich zu machen. Jüngste Forschungen zeigten, daß auch die Stadtregierungen von den Judenverfolgungen profitierten. Ein interessantes Beispiel bietet hierfür Freiburg. Auch hier hatte man von den Juden das Geständnis erpreßt, Brunnen vergiftet zu haben. Sie wurden deshalb am 30. Januar 1349 vor der Stadt verbrannt. Verschont blieben zunächst die Getauften sowie die zwölf Reichsten, die der Rat nur deshalb am Leben ließ, um die an sie fälligen Schulden eintreiben zu können (ihr formeller Erbe im Falle ihrer Ermordung wäre Karl IV. gewesen!). Massenunruhen gab es erst, als bekannt wurde, daß nur fünf Prozent aller „Judenschulden" erlassen werden sollten![81] Als Kurfürst Ruprecht von der Pfalz und Graf Engelhard von Hirschhorn Flüchtlinge aus Worms und Speyer in ihre Residenzstädte Heidelberg und Sinsheim aufnahmen, unterstellten ihnen bereits die Zeitgenossen, hierfür „viel Geld" zu kassieren.[82]

In Speyer, das schon im 11. Jahrhundert durch Pogrome verwüstet worden war, verbrannten sich die Juden in ihren eigenen Häusern, um der Zwangstaufe zu entgehen. Ihre Leichen steckte man in leere Weinfässer und rollte sie in den Rhein, damit sie nicht die Luft „verpesteten". Immerhin wurde das Volk daran gehindert, die ausgebrannten Wohnungen der Toten zu plündern, was freilich umso eifriger der Rat selbst bewerkstelligte.[83] Auch in Speyer überließ der König den Besitz der Juden der Stadt, während der Bischof seine Schulden großzügig erlassen bekam. Bezeichnenderweise erhielt der genannte Engelhard von Hirschhorn Synagoge und sämtliche Judenhäuser als Pfand zugesprochen.[84]

Ende Januar 1349 ging das Wormser Judenviertel in Flammen auf. Vierhundert Bewohner wurden getötet. Karl IV., als König deren „Schutzherr" (!), überließ der Kommune auch hier „der Juden Häuser, Hofstattung, Boden ... und alles, was derselben Jüdischheit zu Worms gemeinlich oder sonderlich zugehört ..., in der Stadt und in der Vorstadt zu Worms gelegen".[85] Nach der Auslöschung der einheimischen Gemeinde wurde 1353 den Juden wieder Wohnrecht erteilt. Die zugewanderten Juden begingen den Pogromtag von 1349 künftig als Feiertag.[86]

In Mainz fiel die Volksmenge am 23. August 1349 über die Juden her. Um der Lynchjustiz zu entgehen, verbrannten sie sich auch hier in ihren Häusern. Inwieweit eine Nachricht aus Schlettstadt, die Juden hätten dort die Brunnen vergiftet, die Vorgänge in Mainz beeinflußte, bleibt offen. Einige Mainzer Juden konnten nach Frankfurt und Bacharach fliehen.[87]

Nach dem Bericht Heinrichs von Diessenhofen zog die jüdische Gemeinde Eßlingens in die Synagoge, um gemeinsam den Flammentod zu erleiden. Allerdings scheinen einige ihrer Mitglieder überlebt zu haben, da in einem Vertrag zwischen Landvogt und Stadt vom April 1349 ausdrücklich von *lebenden* und *toten* Juden gesprochen wird. Auch hier „lohnte" sich deren Niedermetzelung, denn das gesamte jüdische Vermögen fiel an die Kommune.[88]

In der Reichsstadt Heilbronn gab es 1348/49 zwei große Pogrome, deren erstes zur Einäscherung des Judenviertels und der Synagoge führte. Bedeutungsvoll war hier wie in vielen anderen Städten der folgenschwere Ausschluß der Juden aus den Handwerkerzünften, ebenso das Verbot des Grunderwerbs. Entgegen seiner Verpflichtung als Protektor der Juden überließ der König auch hier widerrechtlich wohlhabenden Christen das Erbe ermordeter Gemeindemitglieder, so das Haus des „reichen Juden" Nathan der Gräfin Elisabeth von Hirschhorn.[89]

Ulm ließ sich im November 1348 von den Juden ein beträchtliches „Schutzgeld" bezahlen, das freilich vor allem für den Ausbau der Stadtbefestigung verwendet wurde (der durchaus auch der Judenschaft zugutekommen konnte). Bezeichnenderweise „bewiesen" die Ulmer Alter und Würde ihrer Stadt zur Zeit des Schwarzen Todes mit einem antisemitischen Pamphlet: In einem angeblich um das Jahr 33 verfaßten Brief brüsteten sich Juden in Jerusalem gegenüber ihren Ulmer Glaubensgenossen mit der Kreuzigung Christi![90]

Heinrich von Diessenhofen beschrieb in seiner Chronik minutiös die Ausbreitung der Pogrome in Deutschland. Stuttgart, Landsberg, Augsburg, Memmingen, Burgau, Lindau, Haigerloch, Reutlingen und Horb waren die ersten Stationen des Terrors. Hier versuchten einige kräftige Greise, die „halblebend" das Feuer überstanden hatten, „aus den Flammen zu kriechen ... und verzögerten so ihren Abstieg zur

Hölle", bemerkt der Autor mit erstaunlicher Kälte.[91] Ungeachtet der Tatsache, daß der mittelalterliche Mensch an zahlreiche Grausamkeiten des Alltags gewöhnt war, überrascht doch die Herzlosigkeit der Zeitzeugen. Vielerorts hatten die Juden mit der Protektion des Herrschers gerechnet, so in Ravensburg, wo sie ins Schloß geflüchtet waren, „um dort von König Karl beschützt zu werden".[92] Doch nahmen die Bürger ihrerseits Verwandte des Herrschers in Sippenhaft, um ihn als Schutzherrn der Judenschaft erpreßbar zu machen.

Meßkirch, Feldkirch und Speyer waren weitere Etappen der Ausschreitungen, deren blutige Spur sich über Wangen, Saulgau, Schaffhausen, Thurgau und St. Gallen verfolgen ließ. Konstanz, Radolfzell, Baden, Köln, Kyburg, Winterthur und Diessenhofen, die Heimatstadt des Chronisten, folgten. Einige elsässische Städte mußten, um die Juden zu töten, zähneknirschend die Genehmigung des österreichischen Stadthalters einholen, „der seine Gemeinden in den Grafschaften Pfirt, Elsaß und Kyburg verteidigte".[93] Sie setzten ihn mit dem Argument unter Druck, er solle „seine Juden verbrennen lassen, da sie sonst selbst deren Hinrichtung besorgen würden. Da befahl der Herzog seinen Richtern, sie den Flammen zu übergeben".[94] Schrie das Volk nach Pogromen, so muß leider gesagt werden, daß die Obrigkeit – mit Ausnahme des Papstes – fast überall nachgab. Das materielle Erbe der Ermordeten reduzierte die Steuerlast der Masse und mehrte das öffentliche Vermögen, da die Vertreter des Königs fast immer auf dessen Erbansprüche verzichteten. Der Konstanzer Domherr schließt sein Kapitel „Über die Verbrennung der Juden an verschiedenen Orten" mit der Einsicht:

„So verbrannten, wie oben gesagt, bis zum Ende des Jahres (1349) alle Juden, bereit, von Gott verflucht zu werden. Ich würde ja glauben, das Ende der Hebräer sei gekommen, indem die Prophezeiung von Elias und Henoch eintraf. Doch ist dies unmöglich, da es notwendig ist, daß einige am Leben bleiben, damit sich die Schrift erfülle, daß die Reihe der Söhne sich zu den Vätern und die Väter sich zu den Söhnen bekehren. Wo sie aber verschont wurden, ist mir nicht bekannt. Ich vermute, daß Volk und Samen Abrahams eher jenseits des Meeres als hierzulande weiterleben. Und deshalb schließe ich das Kapitel über die Juden".[95]

Die Passage aus der Chronik Diessenhofens stellt einen moralischen Tiefpunkt deutscher Geschichtsschreibung dar. Mord war zum Topos geworden, und die Chronisten rechtfertigten ihn. Vielerorts herrschte die Überzeugung vor, daß Juden keine Menschen und, auf eigenen

Wunsch hin, von Gott verflucht waren. Die Limburger Chronik vermeldet:

„Und im gleichen Jubeljahr, als das Sterben aufhörte, wurden die Juden überall in den deutschen Landen ermordet und verbrannt. Das taten die Fürsten, Grafen, Herren und Städte, mit Ausnahme des Herzogs von Österreich, der seine Juden beschützte. Und man beschuldigte sie, den Christen Gift gegeben zu haben, wodurch diese in großer Zahl gestorben seien. Da bewahrheitete sich ihr Fluch, den sie selbst am heiligen Karfreitag geleistet hatten, wie man in der Passionsgeschichte liest: ‚Sanguis eius super nos et super filios nostros'. Das bedeutet also: ‚Sein Blut komme über uns und unsere Kinder'.[96]

Viele weitere Chroniken und Quellen beweisen die Hysterie, die Deutschland erfaßte. Die Kölner Weltchronik sprach von einem „Volksaufstand, der im ganzen deutschen Reich wütete und sich in allen Städten zum Aufruhr entwickelte".[97] Man habe „ohne Mitleid" Juden jeden Geschlechts und Alters, selbst Neugeborene an ihrem ersten Lebenstag, niedergemetzelt, ihre Häuser angezündet und Wohnungen und Habseligkeiten geplündert.[98] Die Chronik des Stiftes St. Peter in Erfurt versichert, daß im Februar 1349 in allen thüringischen Städten und Gemeinden das Blut von Juden floß, da diese, „was damals glaubhaft versichert wurde", die Brunnen verseucht hätten. Auch hier tat sich das Volk bei den Ausschreitungen eifrig hervor:

„Im gleichen Jahr wurden in Erfurt am Tag des hl. Benedikt – damals der Samstag vor dem Sonntag Laetare – von den Bürgern, gegen den Willen der Stadtherren, mehr als hundert Juden getötet. Andere dagegen, mehr als 3000, verbrannten sich in einer Art heiligem Rausch selbst, als sie sahen, daß sie den Händen der Christen nicht entrinnen konnten. Nach drei Tagen lud man sie auf Karren und fuhr sie zu ihrem Friedhof von St. Maurizius. Sie sollen in der Hölle ruhen (Requiescant in Inferno) ...!"[99]

Erschreckend erscheint der Zynismus des geistlichen Autors, dessen nachfolgende Bemerkung ebenso symptomatisch wie blasphemisch erscheint: „Dank sei Gott, daß er die Stadt Erfurt und das Christenvolk angesichts so vieler Brände und Mordhandlungen durch sein großes Mitleid auf fromme Weise bewahrte ...".[100]

Weniger häufig als im westlichen Reichsgebiet waren Pogrome dagegen in Österreich, obgleich man auch in Krems die jüdischen Einwohner umbrachte. Die Klosterneuburger Chronik erwähnt die dem Leser inzwischen wohlbekannten „säcklein oder pälglein" mit „pulver und gift", die die Juden in Brunnen geworfen hätten.[101] Nur wenige konnten sich in die Burg retten, wo sie der königliche Vogt beschützte. Die Szenen der Hinrichtung waren furchtbar. Mütter sollen ihre Kinder vor sich in die Flammen geworfen haben, um sie vor der Taufe zu bewahren. Andere verbrannten sich nach der rettenden Taufe aus Scham, als sie den Heldenmut ihrer alten Glaubensgenossen gesehen hatten. Immerhin ließ Herzog Albrecht den Plünderern ihre Beute wieder abnehmen, ja zur Strafe die Dörfer der Umgebung besetzen. Mautern mußte 600 Pfund, Krems und Stein je 400 Pfund Pfand hinterlegen. Die Rädelsführer des Blutbades wurden ins Gefängnis geworfen oder gehenkt. Albrecht von Österreich war zur Zeit des Schwarzen Todes der einzige weltliche Herrscher Europas, welcher die Juden wirklich beschützte. Kein Wunder, daß man ihn spöttisch den *Judenherrn* nannte.[102] So blieb auch die Residenzstadt Wien ohne Pogrome. Sie wurde zum Zufluchtsort unzähliger Vertriebener.

In Böhmen kam es zu den ersten Judenverfolgungen in Eger. Wiederum steigerten sich die Unzufriedenheit der Masse und die Ambitionen der Zünfte zum Judenhaß. Eine antisemitische Predigt führte schließlich 1350 zur Ausweisung der Judengemeinde. Ob Morde oder Verbrennungen vorkamen, ist nicht bekannt.[103] Aus Prag dagegen sind keine antijüdischen Ausschreitungen überliefert. Daß die Pest die Stadt in diesen Jahren verschonte, wäre hierfür keine Erklärung, da der unmittelbare Seuchenalltag interessanterweise so gut wie nie Pogrome hervorrief.[104]

Ohne Zweifel war sich der König eher in seinen böhmischen Erblanden als in den übrigen Reichsteilen seiner Verpflichtung als Schutzherr der Juden bewußt. Im Westen verpfändete er nicht selten den *Güldenen Osterpfennig*, den Ludwig der Bayer (natürlich wiederum zur Begleichung *eigener* Schulden) den Juden auferlegt hatte, an Reichsstädte und Territorialfürsten, so daß die jüdischen Gemeinden direkt durch kommunale oder lokale Behörden ausgepreßt werden konnten. „Wie ein Kaufmann Waren, die voraussichtlich bald verderben würden, möglichst vorteilhaft loszuschlagen sucht", überließ er z.B. seine ‚Kammerknechte' „mit Hab und Gut und allen Nutzen und Rechten, die die Könige bisher von ihnen gehabt hatten",[105] den Wormsern, als Geißler und Pest im Anzug waren. Nachdem ein entsprechender Vertrag im Januar 1348 zustandegekommen war, wurden die „Vertragsobjekte", d.h. die Juden im März 1349 verbrannt.[106]

Zu Karls erbittertsten Gegnern hatte lange Zeit die Reichsstadt Frankfurt gehört. Nicht nur durch Privilegien und die Protektion ihrer Handelsmessen, sondern auch durch die Abtretung der Juden an die

Stadt versuchte der Herrscher die Sympathien des Rats zu gewinnen. Unberührt blieben natürlich an den Bischof von Mainz und die Herrschaft Eppstein bereits abgetretene Rechte sowie die Verpflichtung der Juden, während der Besuche des Königs „Pergament für dessen Kanzlei, Betten für seinen Hof und Kessel für die Küche" bereitzustellen.[107] Im Grunde handelte es sich um eine Pfändung: Die Frankfurter liehen dem Herrscher 15 200 Pfund zur Deckung der Kosten, die ihm durch die Schlichtung politischer Wirren im Reich nach dem Tode seines Gegners Günther von Schwarzburg entstanden waren, und erhielten dafür – die Juden. Nach Rückzahlung sollten diese „Kammerknechte" mit Hab und Gut, Schule, Synagoge und Friedhof in den Besitz Karls übergehen.[108] Für die Frankfurter ergaben sich hieraus keine besondere Verantwortung oder Verpflichtung, sondern nur Vorteile. In der berühmt-berüchtigten *Salvationsklausel* versicherte der König nämlich, daß Rat und Bürger keinesfalls zur Rechenschaft gezogen würden, falls den Juden inzwischen etwas zustoßen sollte. Für einen solchen Fall erhielten die Reichsstädter paradoxerweise sogar das Recht, deren Eigentum zu verkaufen! Der denkwürdige Vertrag wurde am 25. Juni 1349 unterzeichnet.[109] Allerdings war die Salvationsklausel mit Schutzverpflichtungen verbunden: Die Bürger hatten die Juden zu schützen, und Rechtsbrecher waren streng zu bestrafen.[110] Da die Kommune *als solche* aber keine Sanktionen zu befürchten hatte, war diese Verpflichtung eher theoretischer Art. In Wirklichkeit waren die Juden fortan ohne königlichen Schutz.

Salvationsklauseln waren keinesfalls selten. Als der König z. B. dem erwählten Bischof von Würzburg, Albrecht von Hohenlohe, die Juden von Rothenburg ob der Tauber versetzte, wurde auch der Würzburger von vorneherein jeder Verantwortung entbunden, falls der ihm anvertrauten Judenschaft etwas zustoßen sollte. Ähnliche Zusagen erhielten der Burggraf von Nürnberg und der Bischof von Bamberg.[111]

Bedenkt man, daß bereits im März des Jahres in der Vorstadt Bergen zwei Juden ermordet worden waren (sie hatten vor einem Gericht „gestanden", Brunnen vergiftet zu haben), mußte sich die Frankfurter Judenschaft zu diesem Zeitpunkt völlig im Stich gelassen vorkommen. Die erwähnten, von Caspar Camentz zusammengefaßten Ereignisse lassen sich nur vor diesem Hintergrund verstehen.[112] Der Chronist des 16. Jahrhunderts berichtet auch, daß ein Jude aus Rache für das Blutbad der Geißler und die Mitwisserschaft der Bürger das Rathaus und Teile der Stadtkirche St. Bartholomäus angezündet habe. Daraufhin sei zwischen Juden und Christen ein Gemetzel ausgebrochen, das als so einschneidend empfunden wurde, daß man Frankfurter Urkunden eine gewisse Zeit mit „In der Judenschlacht“ oder „Post caedem Iudaicam“ datierte.[113] Das Viertel um St. Bartholomäus, vor allem der Judenbezirk wurde eingeäschert, und die Bürger erkannten nicht ohne Zynismus, „daß die meisten von Königen und Kaisern unserer Stadt verliehenen Rechte den Flammen zum Opfer gefallen waren“.[114] Die sehr späte Chronik von Camentz läßt sich für das 14. Jahrhundert freilich nur unter Vorbehalt heranziehen, und bereits die von Johannes Latomus (1424–1498) verfaßte (ältere) Chronik relativiert zahlreiche Behauptungen.[115] So gilt es heute keinesfalls als sicher, daß die Geißler die Frankfurter Pogrome verursachten. Daß das 1355 gebundene Handwerkerbuch I im Einband ein Pergamentfragment einer *Genesis rabba* enthält und im Archiv der Domgemeinde (!) in der Folgezeit jüdische Schriften auftauchen, dürfte eine nicht uninteressante Folge der Auseinandersetzungen von 1349 gewesen sein.[116] Der König scheint den Frankfurtern auch gewisse Vorwürfe gemacht zu haben, doch ist bezeichnend, daß er bereits im August 1349 der Gräfin Irmgard von Nassau Haus und Hof des Juden Salman Phiselin schenkt.[117]

Es sei noch einmal betont, daß fast überall in Deutschland, wo Quellenmaterial erhalten ist, die Judenmorde der Pest *voraus*gingen. In Augsburg fiel man im November über die Juden her und erschlug alle, die nicht hatten flüchten können. Die Stadt ahndete die Judenverfolgung immerhin als *Friedensbruch.* Zwei Knechten wurde die Hand abgeschlagen, worauf sie der Stadt verwiesen wurden. Im März 1349 fanden erneut Plünderungen statt. Bereits Anfang Dezember ließ Karl IV. den Besitz ermordeter Juden veräußern (!). Den Bürgern wurde der Judenmord verziehen.[118]

Die Schutzpflicht der Fürsten und Landesherren wurde auch an anderen Orten pervertiert. Als die jüdische Gemeinde von Friedberg im Juni desselben Jahres ausgelöscht worden war, verkaufte deren „Schutzherr“ Ulrich von Hanau, Landvogt der Wetterau, der Stadt bzw. einzelnen Bürgern Synagoge, Bad, Wohnhäuser und Hofstätten der Ermordeten, ja selbst deren bewegliche Habe. Die Summe, die er dabei einstrich, war gleichsam „Sühnegeld“ für die Verbrennung „seiner“ Juden!.[119]

Je rechtloser diese wurden, desto mehr profitierten die Christen von den „Schutzgesetzen“, deren ursprünglicher Zweck ins Gegenteil verkehrt wurde. In Colmar „gestand“ so im Dezember 1348 ein Jude unter der Folter, zusammen mit seiner Tante einen Brunnen vergiftet zu haben. Folge war die Verbrennung aller Colmarer Glaubensgenossen.

Karl IV. bevollmächtigte im April 1349 seinen Landvogt im Niederelsaß, die Urheber des Pogroms von allen Strafen zu befreien, wenn die Stadt ihm, dem König, das Vermögen der Ermordeten überlasse. Drei Gläubiger des Königs, denen unvorsichtigerweise bereits die Judensteuer verpfändet worden war, mußten allerdings nach langwierigen Verhandlungen von der Stadt entschädigt werden ...[120]

In Köln, wo schon 1327 das Gerücht der Brunnenvergiftung umgegangen war und im Sommer 1348 Reisende aus Straßburg von angeblichen Schandtaten der Juden berichteten, war der Rat zunächst von deren Unschuld überzeugt. Doch stürmte das Volk im August 1349 das Judenviertel, erschlug die Bewohner und plünderte die Häuser. Vier Rabbiner gehörten zu den Opfern. Weil man dort Schätze vermutete, wurde auch der Boden der Synagoge aufgegraben. Auch hier verbrannten sich einige Juden in ihren Häusern, um nicht zwangsgetauft zu werden.[121]

Wirtschaftliche Überlegungen und politische Motive spielten zur Zeit der *Pestilentia Magna* eine erstaunliche Rolle. Angesichts des drohenden Massensterbens entluden sich Angst, Unzufriedenheit, Machtgier, Habsucht und Hoffnungslosigkeit im Haß auf die Juden. Das mehrfach geschilderte Nachgeben von Patriziern und Ratsherren bei Pogromen erklärt sich zunächst durch die brisante soziale Lage der städtischen Unterschicht, die den Ratsherren und Obrigkeiten wohl bewußt war. Während man lange annahm, daß Besitzbürgertum, Stadtadel, Episkopat, Feudalherren und vor allem der König mäßigend auf das niedere Volk einwirkten, der aufstrebende Handwerkerstand und das „Proletariat" dagegen den aggressiven Antisemitismus verkörperten,[122] läßt sich eine solche Polarisierung heute nicht mehr aufrecht erhalten. Schon das mehrfach erwähnte opportunistische Verhalten Karls, aber auch die Taktik der Freiburger oder Nürnberger Stadtväter lassen hier Zweifel aufkommen. Zu oft wurden Schutzrechte als Ausbeutungsprivilegien aufgefaßt und zwischen Herrscher, Städten und Patriziat hin- und hergeschoben, nicht selten die Ermordung von Juden durch die Zuteilung ihres Erbes an Rat oder Patriziat besiegelt.[123] Während die Zünfte von Steuernachlässen träumten oder auf die Beseitigung unliebsamer Konkurrenz spekulierten, erfreuten sich Landesfürsten, Land- und Stadtadlige, vor allem aber die Städte selbst nicht selten nach Pogromen eines realen Vermögenszuwachses.

Die Salvationsklausel entließ die Räte aus der Verantwortung für die ihnen anvertrauten Juden und machte aus diesen eine risikofreie Vermögensmasse, die Schutzgelder abwarf und „schlimmstenfalls" Pogromen zum Opfer fallen konnte. Doch dann war zu erwarten, daß der König das jüdische Sachvermögen der Stadt oder einzelnen Patriziern überließ. Tatsächlich bediente sich Karl IV. in den westlichen Reichsgebieten seiner Stellung als Beschützer der Juden nach rein politischem Kalkül. Er trug so zweifellos dazu bei, daß die Judenverfolgungen ein Massenphänomen werden konnten. Daß die Pest dabei nur eine sekundäre Rolle spielte, liegt auf der Hand.

Auch andere Faktoren sprechen gegen eine Haupt- oder Alleinschuld der „Massen". Es war z. B. merkwürdig, daß habsburgische, d. h. unter einer juden*freundlichen* Verwaltung stehende Orte wie Winterthur, Diessenhofen, Pfirt oder Kyburg erst zehn Monate nach ihrer Nachbarstadt Solothurn Judenpogrome sahen oder urplötzlich im Februar 1349 mit Arnstadt, Gotha, Meißen und Dresden eine neue „Verbreitungsinsel" auftauchte, die im März durch Mühlhausen und Erfurt, im Mai durch Nordhausen erweitert wurde.[124] Ungeachtet der kurmainzischen Herrschaft in Erfurt scheint hier eindeutig die „projüdische" Haltung des Herzogs von Österreich und die dezidiert antisemitische des Markgrafen von Meißen und Landgrafen von Thüringen Pogrome an Juden aufgehalten bzw. gefördert zu haben.[125] Nicht nur innerstädtische Kämpfe, sondern auch die Haltung des Landesherrn beeinflußte deren Schicksal.

Alfred Haverkamp hat in einer umfassenden Untersuchung weitere Argumente gegen die *Klassenthese* gesammelt.[126] So scheint auch der kirchliche Festtagskalender für Judenverfolgungen von Bedeutung gewesen zu sein. In Fulda soll ein als Christ verkleideter Jude „mit seinen barren Messer, als er in wolt leiblos machen", einen Abt überfallen haben. Natürlich wurde er auf der Stelle erschlagen. Vorausgegangen waren angeblich Störungen des christlichen Gottesdienstes durch Juden. Es handelte sich dabei interessanterweise um den Sonntag *Laetare,* dessen Epistel von der Knechtschaft Israels handelt.[127] Dem Pogrom in Eger am Gründonnerstag ging die Predigt eines Franziskaners über die Leidensgeschichte Christi voraus.[128] In Meiningen wurden Juden am Karfreitag getötet.[129] Gefährlich wurden Festtage auch, weil sich das Volk an solchen Tagen in größerer Zahl traf und nach der Messe gefeiert, gegessen und getrunken wurde, wobei die Juden natürlich von diesen – mit dem Kirchgang verbundenen – Freuden des Lebens ausgeschlossen blieben. Daß „spontane" Übergriffe, gewissermaßen als Demonstration der Volkswut, nicht überall stattfanden, beweist auch der Umstand, daß die Juden vor ihrer Hinrichtung vielerorts, z. B. in Ravensburg, Meiningen, Freiburg, Basel oder Straßburg einige Tage in

Gewahrsam der Obrigkeit blieben.[130] Im übrigen finden sich *sichere* Hinweise auf Lynchaktionen des Pöbels erstaunlich selten.

Aus der erhaltenen Liste der Erfurter *iudensleger* ergibt sich, daß von den 43 Bürgern zwar die Mehrheit den Zünften angehörte, doch immerhin neun dem Patriziat, die zugleich auch als Wortführer galten. Im übrigen begünstigte der Rat selbst die Ausschreitungen.[131] Oft verlegten Behörden den Hinrichtungstermin auf einen Freitagabend oder Samstag, um auf diese Weise die Sabbatruhe zu stören. Andernorts fanden gerade an diesem Tag Überfälle auf die Judenviertel statt, da man die Bewohner am Sabbat zu Hause wähnte. In St. Gallen scheinen Pogrome auch durch Fastnachtsbräuche initiiert worden zu sein.[132] Eine besondere Gefahr für die Juden stellte die Fastenzeit dar, die sich in der Karwoche noch steigerte. Mittelalterliche Fastenpredigten hatten fast immer eine antijüdische Tendenz.[133]

Die Gründe der antisemitischen Ausschreitungen zur Zeit des Schwarzen Todes erscheinen so äußerst komplex. Selbst in Straßburg, wo Peter Swarber wegen seiner Weigerung, die Juden zu töten, zum Rücktritt gezwungen wurde,[134] wurden die Handwerker „von rittern, knechten und burgern der erbersten" unterstützt.[135] Claus Lappe und Groshan Markes gehörten dem Ritterstand an, traten aber als Sprecher der Handwerker gegenüber dem Stadtrat in Erscheinung! Auch der neue, „revolutionäre" Stadtrat wies Patrizier auf. Offensichtlich hing die Haltung gegenüber den Juden weniger vom Stand als von der Persönlichkeit ab, ja spaltete die gesellschaftlichen Gruppen untereinander.[136] Auch in Nürnberg unterstützte der bis September 1349 tagende „Aufruhrrat" die Judengemeinde sehr wohl. Pogrome fanden tatsächlich erst unter dem „patrizischen" Rat statt, der unter dem Druck des Königs am 1. Oktober eingesetzt wurde. Verkompliziert wird die Angelegenheit dadurch, daß auch im „Aufruhrrat" Stadtadlige vertreten waren.[137]

In der Hansestadt Lübeck war es ebenfalls der aristokratische Rat, der, aufgeschreckt durch „Warnungen" aus anderen Städten, den Herzog von Lüneburg aufforderte, die Judengemeinden auf seinem Territorium zu vernichten. Hier spielten wohl auch politische Gründe eine Rolle, die mangels spezifischer Quellen unbekannt sind.[138] Natürlich plagte viele Stadtväter die Sorge, durch Duldung von Pogromen und Plünderungen jüdischer Häuser auch anderen *concursus populares* Vorschub zu leisten, wodurch, wie man sich in Köln ausdrückte, „die ärgerlichsten und schwierigsten Unruhen entstehen können, ja sich das gemeine Volk daran gewöhnen kann, sich zusammenzurotten, wodurch einigen Städten und Gemeinden, wo solche Massenaufläufe stattfanden, manche Unannehmlichkeit und schwierige Situation widerfahren ist"[139]

Nicht immer war es also Menschenliebe, sondern oft genug nüchternes Kalkül, das die Ratsherren Zünfte und Volk – oder wer sonst die Abschlachtung der Juden forderte – in die Schranken verweisen ließ. Andererseits mußte sich natürlich ein Handwerker durch Schulden beim jüdischen Geldverleiher mehr belastet fühlen als ein wohlhabender Ratsherr. Sein Antisemitismus war dann gewissermaßen ebenso „sekundär" begründet wie der „Philosemitismus" des Stadtadels. Viele Räte schätzten auch die „Schutzsteuer", die man den Juden abpressen konnte. So übte der Kölner Magistrat, der sich scheinbar nobel gegen deren Verfolgung ausgesprochen hatte, faktisch das Schutzrecht über die jüdischen Bewohner aus, das ihm diese mit einer horrenden Steuer „honorierten".[140] Natürlich lag es im Interesse der Stadt, diese Finanzquelle zu erhalten. In ähnlicher Weise schützte auch der Straßburger Rat unter Peter Swarber die Juden in seinem Herrschaftsgebiet. Dieses Privileg (!) war noch 1347 durch Karl IV. bestätigt worden und stellte eine Gegenleistung für den *Trostbrief* dar, den die Stadt einigen Judenfamilien nach der Armleder-Verfolgung im September 1338 ausgestellt hatte.[141] Daß sich der Rat bei dem erwähnten Treffen mit Vertretern der elsässischen Kommunen und der Stände in Benfeld[142] gegen Pogrome aussprach, hing so wohl auch mit handfesten finanziellen Interessen zusammen und nicht nur mit der Moral!

In Nürnberg erschien es dagegen dem Rat besonders opportun, die Juden aus dem Weg zu räumen, da ihre Rechtstitel, Schutzgelder usw. vor allem an fremde, mit den Interessen der Stadt konkurrierende Herrschaftsträger vergeben waren. Dem Markgrafen von Brandenburg, ursprünglich Parteigänger des ihm feindlich gesinnten „Aufruhrrats", schenkte Karl IV. drei attraktive Judenhäuser für den Moment, „wann die Juden da selbes nu nehst werden geslagen".[143] Vom Zynismus dieser Äußerung einmal abgesehen, die Karls Rolle als Schutzherr der Juden endgültig relativiert, hatte der Stadtrat kein Interesse an den Juden, da sie von *anderen* ausgebeutet wurden. Ihre „Schatzung", die der Ratsherr Ulrich Stromeyr vom König mit Erfolg erbat,[144] war makabrerweise durch Straffreiheit für den Fall abgesichert, daß den Juden etwas zustoßen sollte, womit Karl offensichtlich rechnete. Er betont nämlich in derselben Urkunde, daß „die Bürger in der Stadt ihres Lebens und ihrer Habe nicht sicher sein können, solange Juden in der Stadt weilen" (!).[145] Neben Stromeyr erhielten auch andere Patrizier Judenhäuser. Die Moral hing zur Zeit der großen Pest – obgleich diese fern von Nürnberg grassierte und keinen Bürger der Stadt direkt bedrohte – vor allem vom Gewinn, von der Vorteilsnahme und Machtverteilung ab. So waren ja auch die Frankfurter vom König von aller Verantwortung für mögliche Pogrome freigesprochen worden.[146]

Wirtschaftliche und politische Motive waren es auch, die Landgraf Friedrich von Thüringen veranlaßten, in Mühlhausen und Nordhausen antijüdische Umtriebe zu unterstützen. Beide Städte waren im *Landgrafenkrieg* seine Bundesgenossen. Nachdem Günther von Schwarzburg im Februar 1349 die Juden von Nordhausen mit allen Steuern und Einkünften dem Grafen Johann von Henneberg „überlassen" hatte, einem Gegner des Landesherrn, wurden deren Herrschaftsrechte natürlich zum Zankapfel zwischen dem Landgrafen und dem Günstling des Gegenkönigs. Damit der Gegner nicht von „seinen" Juden profitieren konnte, betrieb Friedrich der „Ernsthafte" deren Vernichtung![147]

Gefahr drohte den Juden auch, wenn der König Nutzungsrechte an Gegner einer Kommune oder an mehrere Personen zugleich übertrug. So stritten sich Johann von Nassau und die Grafen von Solms um die Wetzlarer Judenschaft, wobei sie sich auf sich widersprechende Übereignungen Karls IV. bzw. Ludwigs des Bayern beriefen. Als die Familie Solms der Stadt „um der juden willen" den Krieg erklärte, beschlossen die Ratsherren in Absprache mit dem Nassauer kurzerhand die Verbrennung der Judengemeinde, um Wetzlar von Unannehmlichkeiten zu bewahren![148]

Die Gleichgültigkeit gegenüber dem geradezu institutionalisierten Martyrium der Juden im 14. Jahrhundert erstaunt immer wieder. Worte wirklichen Mitleids oder echten Bedauerns aus zeitgenössischem Mund sind nicht überliefert. Erstmals in der Geschichte Europas drohte ein Volk über große Flächen ausgelöscht zu werden. Auch in Frankreich gab es Pogrome, doch waren sie an Zahl und Grausamkeit mit den Verfolgungen in Deutschland nicht vergleichbar. Im Herbst 1348 tötete man Juden in Manosque, Apt, Forcalquier und Arles. In Narbonne und Carcassone wies man sie aus der Stadt. Judenmorde gab es auch in Valence und der Dauphiné. Von Savoyen aus hatten die Pogrome, wie erwähnt, ja auf die Schweiz und Deutschland übergegriffen.[149] Auch aus Spanien meldete man Ausschreitungen. In Villafranca, Gerona, Cervera, Tarragona und Lérida mußte der König den Schutz der Verfolgten garantieren.[150]

Viele europäische Judengemeinden waren um 1350 ausgelöscht (in England freilich schon zu Beginn des Jahrhunderts, weshalb hier 1348/49 Pogrome kaum ins Gewicht fielen).[151] Nur aus Italien, wo fast alle bedeutenden Städte Judengemeinden aufwiesen, sind aus der Zeit des Schwarzen Todes keine größeren Ausschreitungen bekannt, ein Phänomen, das in der Literatur wenig berücksichtigt wurde.[152] Vielleicht trug das offene Klima italienischer Handels- und Hafenstädte, das Informationen aus „erster Hand" garantierte, dazu bei, daß die Legende der Brunnenvergiftung kein Publikum fand. Zudem scheint das päpstliche Schutzgebot, obgleich die Kurie in Avignon residierte, in Rom und dem Kirchenstaat eine größere Resonanz gefunden zu haben als nördlich der Alpen.[153] Ob hierfür das zweifellos vorhandene Kulturgefälle zwischen der Appeninhalbinsel und den nordischen Ländern ausschlaggebend war, ist allerdings zu bezweifeln, denn auch in Deutschland hing die antisemitische Einstellung weniger von Bildung und „Kultur" als von wirtschaftlichen und politischen Gegebenheiten ab.[154] Vor allem beweist die Unversehrtheit der italienischen Juden erneut, daß die Pest nicht der *entscheidende* Anlaß für die Pogrome gewesen sein kann. Nirgends schlug der Schwarze Tod schrecklicher zu als in Italien! Interessant ist freilich, daß das Land *nach* 1349 ein bevorzugtes Einwanderungsland für Juden aus dem Norden wurde und 1353 prompt gegen die eine fremde Sprache sprechenden und ausländische Gebräuche pflegenden Neubürger Ausschreitungen gemeldet werden.[155]

An einigen Orten Deutschlands lud man die Überlebenden zur Rückkehr ein. Oft war freilich kein Gemeindemitglied mehr übrig. Charakteristisch wurden *befristete* Aufenthaltsgenehmigungen. Wurden die Juden nach ihrem Ablauf ausgewiesen, war dies legal und unanfechtbar. „Es handelte sich um einen normalen und rechtmäßigen Vorgang, und daß die Juden zu ewig Umherirrenden wurden, war damit in einer gewissen Weise rechtlich abgedeckt".[156] Freilich unterbrachen Ausweisungen nicht selten auch zugestandene Aufenthaltszeiten. Oft war die Rechtslage so verworren, daß man sich streiten konnte, ob die geltende Ordnung verletzt wurde. Die seelischen Traumata der Überlebenden müssen unvorstellbar gewesen sein. Nach wie vor waren bürgerliche Berufe sowie die Wahl in öffentliche Ämter für Juden im allgemeinen unmöglich. Ihre Zukunft war stets von Unsicherheit und Angst begleitet. Kamen alte Vorwürfe wie der des Zinswuchers auf (so in Freiburg 1424), mußte – in Erinnerung an 1348/49 – mit dem Schlimmsten gerechnet werden.[157]

In Frankreich wurden die Juden seit 1361 wieder toleriert, freilich ohne Rechtsschutz und vom zuständigen Landesherrn gerade geduldet. Man führte eine Kopfsteuer ein und genehmigte den absurden Zinssatz von 87 Prozent. Wer immer bei einem Juden Geld lieh, mußte den Verleiher hassen. Alles war darauf ausgerichtet, über die Juden Geld aus dem Volk zu pumpen und deren Unbeliebtheit so weiter zu fördern. Viele konvertierten und stimmten danach in das antijüdische Konzert mit ein. Einer Verordnung von 1378 läßt sich entnehmen, welcher Teufelskreis damit in Gang gesetzt wurde: „Mehrere Anhänger ihrer Lehre, die vor kurzem Christen wurden, sind nun voller Neid und Haß, weil sie keine Gewinne mehr machen können. Sie haben sich deshalb darum bemüht und bemühen sich noch Tag für Tag darum, die Juden anzuklagen und ihnen Verleumdungen verschiedener Art anzuhängen ... Auf Grund dieser Beschuldigungen und Verleumdungen wurden Juden mehrfach verhaftet, belästigt, gefoltert und geschädigt".[158]

In vielen Städten verschwanden die jüdischen Viertel, da die Christen sie überbauten und die Bewohner, waren sie nicht ermordet worden, an der Rückkehr gehindert wurden. Der soziale Abstieg vieler Juden war unaufhaltsam. Durch Plünderungen von Synagogen und Schulen waren die meisten Gemeinden zudem auch ihrer Bildungstraditionen beraubt. Die auf der Lektüre von Thora und hebräischem Schrifttum aufbauende *Identität* der Minderheit war bedroht. Überall galten Juden als Fremde, was sie *faktisch* nunmehr auch waren. Leider lassen sich keine präzisen Angaben über die Verlustzahlen jüdischer Gemeinden zur Zeit der großen Pest machen, da die erhaltenen Quellen nur vage Informationen enthalten. Steuerbücher, Aufzeichnungen des „Güldenen Pfennigs" und anderer Kopfsteuern, die direkte Hinweise auf die Mitgliederzahlen vor 1348 geben könnten, wurden bis auf wenige Ausnahmen zerstört.[159]

Erst das Genozid Hitlers im 20. Jahrhundert hat den Alptraum der jüdischen Gemeinden von 1348/49 übertroffen.

21. Das Beispiel einer deutschen Stadt: Würzburg

Bis zu den Pogromen des berüchtigten *Rindfleisch*-Aufstandes von 1298[1] gehörte die Würzburger Judengemeinde zu den größten und wohlhabendsten Deutschlands.[2] Doch auch nach dieser Katastrophe, der etwa 900 Menschen zum Opfer fielen, darunter zahlreiche Flüchtlinge aus anderen Orten, blieben die Juden eine wichtige Bevölkerungsgruppe. Aus mindestens 13 anderen Städten wanderten zur Zeit der erwähnten *Armleder*-Verfolgung[3] Glaubensbrüder in die Stadt ein. Wahrscheinlich verhinderte 1336 das (wohl zutreffende) Gerücht von der Plünderung des Judenviertels durch die Bürgerschaft ein Massaker durch aus Kitzingen heranziehende Haufen.[4] Das Judenquartier umfaßte zwei Straßenzüge in der Nähe des Rathauses (ein abgeschlossenes Viertel hatte sich bis 1348 noch nicht ausgebildet), grenzte an einen Tümpel (den Rigol-See) und lief in den Vierteln der Christen aus. Stuart Jenks schätzt den jüdischen Bevölkerungsanteil unmittelbar nach den Ausschreitungen von 1349 auf zwanzig bis fünfundzwanzig Prozent der Gesamtbevölkerung, die um 1400 etwa 4000 Menschen umfaßte.[5] Daß die jüdische Gemeinde somit etwa 800 bis 1000 Mitglieder zählte, erklärt sich vor allem durch die traditionelle Rolle der Stadt als Zufluchtsort für anderwärts vertriebene Juden. Natürlich blieben sie auch in Würzburg „Kammerknechte" des Kaisers, d. h. unter dessen besonderem Schutz, freilich hierfür auch – besonders seit dem frühen 14. Jahrhundert – zu einschneidenden Abgaben verpflichtet.[6]

Wichtigste Erwerbsquelle der Würzburger Juden waren um diese Zeit sicher Darlehensgeschäfte, doch leuchtet ein, daß nicht jeder vierte Würzburger vom Zinsgeschäft leben konnte. Viele Juden waren Kleinhändler, Hausierer, Schneider oder sonstige kleine Handwerker.[7] Aus den von Jenks untersuchten Akten des Würzburger Landesgerichts aus der ersten Hälfte des 14. Jahrhunderts, die Zahlungsverweigerungen oder die Zahlungsunfähigkeit christlicher Schuldner bei jüdischen Gläubigern betrafen, geht im übrigen hervor, daß das Kreditgeschäft keineswegs auf Juden beschränkt war. Im Gegenteil, die jüdischen Geldverleiher standen in harter Konkurrenz mit christlichen Kreditgebern. Man pokerte und feilschte mit Zinsangeboten, die sich zwischen neun und zwölf Prozent bewegten, d. h. im Normalfall erheblich unter den in der kaiserlichen Höchstzinsverordnung vorgeschriebenen 43 Prozent lagen.[8]

Die Schuldner kamen in Würzburg aus den bessergestellten Schichten. Zumindest ist eine immer wieder kolportierte Ausbeutung des „Proletariats" durch jüdische Geldverleiher hier nicht nachweisbar. Die meisten von Juden verklagten Christen gehörten „zum Landadel oder zur Bürokratie", der „typische" Judenschuldner war sogar Edelknecht oder Ritter.[9] Auch Lehensträger, Ministeriale, Verwaltungsbeamte, Patrizier, Ratsmitglieder, Bürger, Handwerker und Landwirte mit Grundbesitz borgten bei den Juden. Man kann davon ausgehen, daß „in der Regel" auch nicht aus Not geliehen wurde, sondern um eine gewisse luxuriöse Lebenshaltung zu ermöglichen.[10] Ob diese soziale Zusammensetzung der Geldnehmer auch für andere Städte repräsentativ war, muß offenbleiben. Allerdings weisen erhaltene Schuldurkunden in Frankfurt aus dem 14. Jahrhundert in dieselbe Richtung.[11]

Soziale Ungerechtigkeiten bzw. eine „Ausbeutung" der städtischen Massen durch jüdische Geldleiher kommen so kaum als Ursache für die Pogrome zur Zeit der großen Pest in Frage. Die Juden mußten zwar versuchen, die an den Kaiser und die städtische Obrigkeit fällige Kopf- bzw. „Schutzsteuer" bei ihrer Kundschaft einzuholen. Dies dürfte in Würzburg aber eher den Zorn gehobener Schichten hervorgerufen haben, die, wie im vorigen Kapitel gezeigt wurde, erheblich judenfeindlicher eingestellt waren, als man lange Zeit annahm.[12] Andererseits ergibt sich kein direkter Zusammenhang zwischen der Anzahl eingeklagter Schuldforderungen und antijüdischen Ausschreitungen. Keinesfalls rotteten sich Schuldner, die von jüdischen Geldleihern vor Gericht gebracht worden waren, zusammen, um spontan Rache zu nehmen. Allerdings kamen die Geldnehmer meist aus dem Umland, während die Pogrome der Pestzeit nach Zinn[13] „im krassen Unterschied zu vorhergehenden Verfolgungen" fast ausnahmslos Folgen innerstädtischer Spannungen darstellten.[14] Ein von Ortsfremden angezetteltes Blutbad hätte diesbezüglich nicht nur eine Ausnahme dargestellt, sondern wäre von den Behörden, die unübersehbare und unkontrollierbare Ausschreitungen fürchteten, auch kaum toleriert worden.

Andererseits konnten die „Trägerschichten" des Antisemitismus von Fall zu Fall durchaus wechseln. In Würzburg scheint eine zweifellos vorhandene Unzufriedenheit der städtischen Massen von einflußreichen Persönlichkeiten im geeigneten Moment instrumentalisiert worden zu sein. Es war angesichts der mittelalterlichen Verteufelungen und Erniedrigungen nicht schwer, die Juden erneut als Sündenböcke anzuprangern. In einigen Quellen erwähnte Plünderungen lassen dabei auch auf *soziale* Spannungen schließen. Es ist aller-

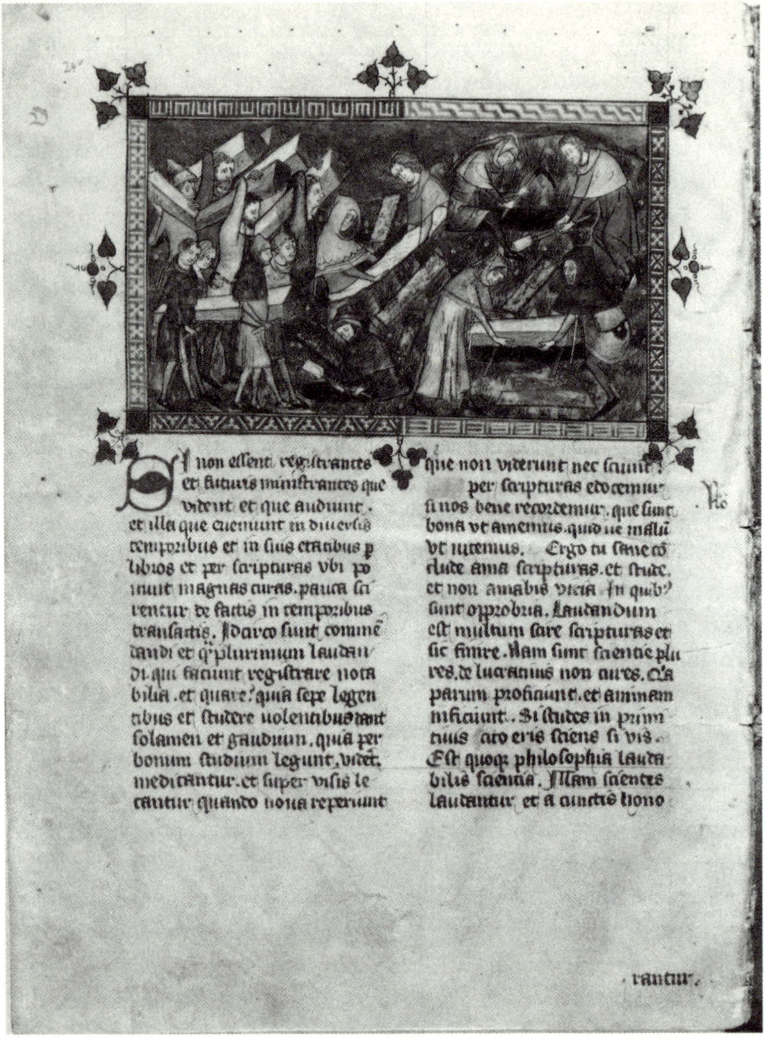
Si non essent registrantes
et futuris ministrantes que
viderit et que audiunt.
et illa que eveniunt in diversis
temporibus et in suis etatibus p
libros et per scripturas ubi po
nunt magnas curas. pauca sci
rentur de factis in temporibus
transactis. Ideo sunt commen
dandi et q̄plurimum laudan
di qui faciunt registrare nota
bilia. et quare? quia sepe legen
tibus et studere volentibus dant
solamen et gaudium. quia per
bonum studium legunt, vident,
meditantur. et super visis le
tantur quando nova reperiunt
que non viderunt nec sciunt.
per scripturas edocemur
si nos bene recordemur. que sunt
bona ut amemus. quid ne malu
ut vitemus. Ergo tu sane co
clude ama scripturas. et stude.
et non amabis vicia in quib
sunt opprobria. Laudandum
est multum scire scripturas et
sic finire. Nam sunt sciencie plu
res. de lucratiuis non cures. q̄a
parum proficiunt. et animam
inficiunt. Si studes in primi
tivis arcium eris sciens si vis.
Est quoque philosophia lauda
bilis sciencia. Illam scientes
laudantur et a cunctis hono
rantur.

Beerdigung von Pestopfern. Aus: Gilles Li Muisis, Antiquitates Flandriae ab anno 1298 ad annum 1352 (um 1352).

dings unwahrscheinlich, daß sie von der Obrigkeit bzw. den Judenschuldnern gewünscht oder forciert wurden. Der erwähnte Brief des Kölner Erzbischofs spricht jedenfalls eine andere Sprache.[15]

Daß die Fama der Pest bei den Würzburger Pogromen eine gewisse Rolle spielte, (obgleich die Stadt als eine der wenigen in Deutschland bis 1351 von ihr verschont blieb), beweist der auch hier kursierende Vorwurf der Brunnenvergiftung. Michael de Leone, der erwähnte Kanoniker vom Neumünster, war von der Schuld der Juden überzeugt. Es spricht für den Rat der Stadt, daß er einschlägigen Gerüchten zunächst keinen Glauben schenkte, ja umgehend den Judenschutzbrief erneuerte. Zusätzlich wandte man sich an andere Kommunen mit der Frage, wie dort verfahren wurde.[16] Die Auskünfte waren widersprüchlich. Als sich die Geißler der Stadt näherten,[17] mußten die Juden das Schlimmste fürchten. Michael de Leone berichtet: „Als die Bewohner Würzburgs schließlich die dortigen Juden, weil sie auf verbrecherische Weise die Christen vergiftet hatten (die Ruchlosen hatten dies hin und wieder wirklich getan!), nicht mehr ertragen konnten, zündeten die Juden mit eigener Hand ihre Häuser an und verbrannten sich selbst mitsamt ihrer Habe, nachdem sie durch ein Sondergericht wegen ihrer Verbrechen zum Tode verurteilt worden waren".[18]

Dieses Gerichtsurteil (iudicium saeculare) verdüstert Würzburgs mittelalterliche Geschichte. Die Pogrome wurden offiziell legalisiert, die Opfer, waren sie nicht schon umgekommen, in den Selbstmord getrieben. Michael de Leone zeigte kein Mitleid. In seiner Chronik lesen wir: „Im Jahre 1349 töteten die Juden züngelnde Flammen. Sie kamen so am Tag des heiligen Viktor, bei Tagesanbruch um ... Alle, die im Feuer zusammengedrängt wurden, riefen *Adonay.* Ihre Ruchlosigkeit hatten sie durch die Vergiftung der Brunnen bewiesen. Deshalb war ihr Leben verwirkt, und der (heutige) Marktplatz von Würzburg war Schauplatz ihrer Qualen".[19]

Der Chronist beginnt zu moralisieren. Der Leser sollte von der Legitimität des Schuldspruchs überzeugt werden. Nachdem der Papst bereits am 26. September 1348 unter Androhung der Exkommunisierung die Verfolgung der Juden verboten hatte,[20] ist die Verteidigung ihrer Hinrichtung durch den Würzburger Geistlichen erstaunlich. Mit Stuart Jenks[21] wäre auch zu überlegen, ob die häufigen Berichte über einen kollektiven Selbstmord jüdischer Gemeinden in Europa nicht gelegentlich deren Ermordung verschleiern sollten. In einem Gedicht faßte Michael de Leone seine Meinung über die Juden zusammen: „Beachte, o Leser, daß die Grausamkeit, die die Juden den Christen zugedacht hatten, sie in ihrem eigenen Feuer verschlang. In ihrer Schuld sollen sie die Brunnen vergiftet haben, praktisch in jeder Straße eigenhändig mit einem abscheulichen Mittel. Deshalb verdienten sie es, zusammen gemartert zu werden. Diese fürchterliche Rasse wurde im Gebiet von Würzburg ausgelöscht".[22]

Schwierig erscheint die Datierung der Würzburger Judenverbrennung. Auf Grund der Analyse einiger Briefe befreundeter Städte an den Rat der Stadt schlug Hofmann den 20. oder 21. April 1349 vor.[23] Berücksichtigt man, daß das Gerücht der Brunnenvergiftung bereits im Januar durchs Land eilte, ist die lange Frist bis zu den Pogromen im Frühjahr bemerkenswert. Daß die Juden in Würzburg nicht bereits im Januar oder Februar umkamen, war vielleicht das Verdienst einer Schutztruppe, die der Rat zu diesem Zweck ins Leben rief.[24] Bemerkenswert bleibt aber, daß die Ankunft der Geißler, die aus Thüringen kamen, am 2. Mai erfolgte, also *nach* den Judenmorden. Die Flagellanten hatten somit mit der Verbrennung der Würzburger Judengemeinde nichts zu tun![25]

Zieht man einen zeitlichen Vergleich der Judenverfolgungen in deutschen Städten, so erfolgten die Würzburger Pogrome spät. Nach einer Auflistung von Haverkamp bzw. den Angaben der *Monumenta Iudaica* waren zuvor an 56 Orten im Reich Juden verfolgt, verbrannt oder auf sonstige Weise umgebracht worden.[26] Auch in den anderen Städten waren die Geißler so gut wie nie an antijüdischen Ausschreitungen beteiligt, sondern schürten bestenfalls durch ihre Kritik an den Herrschaftsverhältnissen bzw. dem Klerus sowie durch ihre Endzeiterwartungen die allgemeine Verunsicherung (die freilich der Suche nach Sündenböcken Vorschub leisten konnte!). Angesichts der explosiven Stimmung und latenten Pestangst scheinen es letztlich eher „äußere" Umstände gewesen zu sein, wie etwa die Vernichtung der Weinreben am 19. April durch Frost, von der Leone ebenfalls berichtet, die die antisemitische Stimmung aufheizten.[27] Schnell war man in solchen Fällen mit Vergiftungs- und Verschwörungstheorien zur Hand.

Während sich der Würzburger Rat zumindest anfänglich von den Ausschreitungen distanzierte, hatte sich der Bischof – in ähnlicher Weise wie der Nürnberger Burgvogt[28] – bereits im voraus um den Nachlaß der Juden bemüht, falls diesen etwas zustoßen sollte.[29] Natürlich gab es auch in Würzburg ein Konkurrenzdenken gegenüber jüdischen Mitbürgern, und materielle Gründe dürften nicht nur die Judenschuldner zur Gewalt motiviert haben (obgleich diese, wie gesagt, im typischen Fall nicht in der Stadt selbst ansässig waren).[30] Schließlich sollte die psychische Ausnahmesituation angesichts der drohenden Ankunft der Geißler und der allgegenwärtigen Pestgefahr nicht unterschätzt werden. Kleinste Funken konnten, im wahrsten Sinn des Wortes, das Feuer jederzeit entfachen.

Unter den jüdischen Opfern von 1349 waren in Würzburg auch einflußreiche Rabbiner und Lehrer. Mit ihrem Tod war die hohe Zeit der Würzburger Talmudschule zu Ende. Im übrigen entsprach das Schicksal der Gemeinde derjenigen in vielen anderen Städten. Die wenigen Überlebenden fanden in Nürnberg, Mainz, Frankfurt, Erfurt und Bacharach Aufnahme, wo sie natürlich wieder als Fremde erschienen.[31] Auch Würzburg selbst nahm bald wieder Juden auf, freilich „auf Zeit", so daß eine echte Verwurzelung, geschweige denn der Genuß normaler Bürgerrechte unmöglich wurde. Am 30. September 1349 überließ Karl IV., obgleich ihr Schutzherr, den gesamten Besitz der alten Judengemeinde Stadt und Stift. Die Grabsteine des Friedhofs verwendete man zum Bau des Klosters St. Marx und einiger Bürgerhäuser sowie zur Errichtung der nördlichen Vorstadtmauer.[32] Somit waren auch die Vertriebenen oder Emigrierten ihres Besitzes verlustig. In den folgenden Jahren entstanden auf dem Gelände des alten Judenviertels der heutige Marktplatz sowie die Marienkapelle. Wie in Nürnberg und Bamberg glaubten die Erbauer bzw. Stifter solcher Kapellen die Weigerung der Juden, sich taufen zu lassen, sühnen zu müssen.[33] In Wirklichkeit erinnern diese Kirchen an den kollektiven Wahnsinn der Pogrome von 1348/50, die zu den dunkelsten Kapiteln der Geschichte unserer Städte zählen.

22. Die Mentalitätskrise der vierziger Jahre

Es ist schwierig, die vielfältigen Reaktionen der europäischen Bevölkerung auf die Pest zu beschreiben, geschweige denn zu werten. Eine einheitliche Psychopathologie des Schwarzen Todes läßt sich nicht erkennen. Von den Pogromen einmal abgesehen, fällt eine deutliche Verrohung und Kriminalisierung des Alltags auf. Moralisierende Zeitkritiker wie der erwähnte Magister Konrad von Megenberg[1] sahen den Beginn des geistigen Niedergangs Europas bereits lange *vor* 1348. Nicht nur in der Kirche, wo Begünstigung und Ämterkauf in Mode kamen (Petrarcas *Sine nomine* sprach vielen Zeitgenossen aus der Seele),[2] sondern in der Gesellschaft allgemein herrschten seiner Meinung nach *Hybris* und *Cupiditas* vor.[3] Heinrich von Herford klagte im *Liber de rebus et temporibus memorabilioribus* über die zunehmende Disziplinlosigkeit sowie den Autoritätsverlust traditioneller Institutionen: „So gibt es Streit, etwa zwischen Jung und Alt, Bürgern und Adligen sowie in Städten, Klöstern und Orden, wo in diesen Zeiten, in allgemeinen und speziellen Fragen, nur noch opponiert wird ...".[4]

Bezeichnenderweise bat Clemens VI. 1348 Gott, die Pest zu beenden, aber auch „Eintracht zu schaffen und Frieden zu gewähren".[5] In den Augen Megenbergs waren vor allem die Studenten ohne Wertvorstellungen und Zukunftsvisionen. Junge Magister verspotteten ihre älteren Kollegen, Baccalare störten durch Tumulte Disputationen, Scholaren sprengten Vorlesungen.[6] Konrad von Megenberg, Peter von Zittau und andere kritisierten auch die aufreizende Mode der jungen Leute. Männer trugen „lange Bärte nach Art der Barbaren und schnitten sie nicht ab".[7] Reiche Jünglinge waren darauf aus, ihr Vermögen zu verprassen. Man kaufte Gläser und tönernes Geschirr, nur um sie zu zerschlagen. Nicht selten entzogen sich Schuldner, nachdem sie ihr Vermögen oder Erbe verschleudert hatten, dadurch der Verantwortung, daß sie sich in der Lombardei oder in Frankreich als Söldner anwerben ließen.[8]

Gerade das im 14. Jahrhundert expandierende Söldnerwesen trug nicht unerheblich zur Verwilderung der Sitten bei. Nach Friedensschlüssen strömte eine verwilderte Soldateska in ihre Heimat zurück, wo rohe Gewalt, Raub und Mord deutlich zunahmen. Konrad von Megenberg sah in der Sittenverderbnis der Zeit auch die Ursache der Pest. Er zweifelte nicht daran, daß Gottes Strafgericht angebrochen sei. „Man muß diejenigen über die Ankunft des Antichrist nicht erst befragen, die Antichristen nähren wollen ...", lesen wir in seiner 1348 verfaßten *Monastik*.

Neben Petrarca, der freilich nicht die Reform alter Institutionen bzw. eine Restauration seines Zeitalters beabsichtigt, sondern aus seiner Kritik an der „Verkommenheit" des Jahrhunderts den Plan eines *neuen* Zeitalters entwirft, klagt auch der spanische Franziskaner Alvarus Pelagius über „Laster und Fehler aller Stände". Vor allem der *Skeptizismus* wird als Geißel der Zeit gebrandmarkt. Petrarca, Alvarus und Megenberg verwerfen zudem, wenn auch aus unterschiedlichen Motiven, die Vormachtstellung des Aristoteles und seiner Kommentatoren[10] an den Universitäten und klagen, „daß dort nicht die Propheten, nicht das heilige Gesetz Moses, nicht Christus noch die Weisheit des Vaters noch dessen heiliges Evangelium noch die heiligen Väter der Kirche gehört werden".[11]

Das 14. Jahrhundert erschien als Krisenepoche par excellence. Petrarca glaubte, eine „Vergreisung" der gesamten zeitgenössischen Kultur wahrzunehmen. Kirche, Universitäten, Literatur, Kunst und Familienstrukturen schienen gleichermaßen in Gefahr. „Ich wünschte, in jedem anderen Zeitalter geboren zu sein, und um die Gegenwart zu vergessen, suchte ich mich im Geist in andere Epochen zu versetzen", notierte er in seiner Autobiographie.[12] Der Dichter spielte auf die Antike an, der er mit drastischen Worten die Wirren des eigenen Jahrhunderts gegenüberstellte. Die Mehrzahl seiner prominenten, der aristotelischen Spätscholastik verfallenen Zeitgenossen erschienen ihm, „obwohl sie noch zu leben schienen und – zumindest bisher – auch atmeten, als abstoßende und schreckenerregende Leichname".[13] In der Ablehnung des Mittelalters und Glorifizierung des Altertums zeigte sich bereits der Geist der Renaissance.

Die Kritik an der Zeit reflektierte die allgemeine Verunsicherung, von der auch die Geißler profitierten. Ihr Erfolg erklärte sich nicht zuletzt durch die verbreitete Unzufriedenheit mit Kirche und Staat. Geistliche und weltliche Obrigkeiten hatten allen Grund, Massenbewegungen zu fürchten und zu bekämpfen.[14]

Die Mentalitätskrise wurde freilich nicht nur durch die Schrecken des Schwarzen Todes gefördert. Auch die Erfindung der Feuerwaffe und die damit verbundene Vermassung und Verrohung des Kriegsalltags dürfte viele Zeitgenossen verunsichert haben. Ebenso trug die unerbittliche Mahnung der neu installierten Turmuhren[15] und das *Memento Mori*, das viele mit ihr verbanden, je nach Charakter und Umständen, zu Pessimismus oder Sorglosigkeit bei. Es lohnte sich nicht mehr, in die Zukunft zu planen. Die Orientierungslosigkeit der Gesellschaft förderte die Zukunftsangst, aus der zweifellos auch Flagellanten und Chiliasten Nutzen zogen.[16]

Mitten in der Krisenstimmung – die technischen Neuerungen der ersten Jahrhunderthälfte hatten diese also eher verschärft[15] – führte die konkrete Bedrohung durch die Pest zu einer Eskalierung von Angst und Unsicherheit. Die fragile Gesellschaft war der existentiellen Herausforderung nicht gewachsen. Krankheit und Todesgefahr, Mord und Terror kennzeichneten den Seuchenalltag. Eine ängstliche Grundstimmung ließ jeden zum Verdächtigen werden. In der Literatur wurde die Frage aufgeworfen (in Umkehrung der These von Norbert Elias, daß nämlich der Zivilisationsprozeß eine zunehmende Zähmung der ursprünglichen Lust des Menschen an Grausamkeiten durch Regeln, Verbote und Zwänge darstellt),[18] ob die Kultivierung der Gesellschaft nicht hin und wieder zwangsläufig Aus- und Durchbrüche ursprünglicher Aggressionslust und niedriger Instinkte impliziert.[19] Verdrängte Aggressivität und neurotische Reaktionen könnten so der Preis der Zivilisierung sein. Stören Angst und äußere Gefahr die oberflächliche Harmonie, kommt es zu chaotischen Reaktionen. Pogrome, Geißlerbewegung, Ketzer- und Hexenverfolgungen (die nach dem Schwarzen Tod zunahmen), steigende Kriminalität und die Häufung bzw. Prolongierung von Kriegen wären so recht plausibel zu erklären[20] wobei dieses Interpretationsmuster natürlich keinesfalls Alleingültigkeit beansprucht.

Daß der Schrecken des Pestalltags eine besondere Grausamkeit und Rücksichtslosigkeit, ja das Ende der menschlichen Solidargemeinschaft bewirkte, beweisen viele Augenzeugenberichte. Boccaccio erzählt, daß die Bürger von Florenz sich äußerst egoistisch verhielten. Nach Michele da Piazza „verrohte das Verhältnis unter den Menschen".[21] Kriegsknechte räuberten das Land aus und plünderten die Häuser der Seuchenopfer, während viele nur deshalb Kranke pflegten, um sie finanziell auszubeuten. Boccaccio berichtet von zwielichtigen Pflegern, die überhöhte Preise forderten, „weil sich nicht viele für diese Arbeit hergaben. Und diejenigen, welche es taten, waren Männer und Frauen von grobem Sinn und meist in solchen Dingen unerfahren".[22]

Die Frauen vergaßen ihr „weibliches Mitleid" und benahmen sich rücksichtslos. Man kümmerte sich, so Boccaccio, um die Kranken nicht mehr als normalerweise um – Ziegen.[23] Ausführlich beschreiben die Chronisten das Schwinden von Moral und sozialer Verantwortung. Viele konsumierten nur noch „die köstlichsten Speisen und besten Weine". Bedenkenlos ließen sich „schöne und bisher ehrbare Frauen" von fremden Männern pflegen und zögerten nicht, „wenn es die Notlage der Krankheit erforderte, ohne Scham jeden Teil des Körpers zu entblößen", was bei vielen – wiederum nach Boccaccio – „in der folgenden Zeit Anlaß einer geringeren Ehrbarkeit war".[24] In Stadt und Land wankten die Konventionen. Anstatt sich um die Zukunft zu kümmern, bemühten sich die Menschen, „als ob sie jeden Tag, den sie erblickten, den Tod erwarteten, mit allen Sinnen das zu verzehren, was sie vorfanden", erfahren wir aus dem Decamerone.[25] Nach Matteo Villani benahmen sich viele „schamlos und führten ein zügelloses Leben, wie sie es vor Ausbruch der Seuche nie getan hatten. Sie gaben sich dem Nichtstun hin und frönten hemmungslos dem Essen und Trinken, liebten

Gelage und Spelunken, schätzten das Angenehme sowie köstliche Speisen und Spiele. Ohne Zögern verschrieb man sich dem Luxus, kleidete sich in auffallende Gewänder und huldigte außergewöhnlichen Moden. Man benahm sich unzüchtig und richtete sich (auch) neu ein ...".[26]

Es sei nur am Rande vermerkt, daß die beschriebene Tendenz zu Luxus und Lebensfreude, so sehr diese zur Zeit der Pest an Bedeutung gewannen, zumindest ansatzweise ebenfalls bereits *vor* deren Ausbruch nachweisbar ist. Nicht zufällig finden sich in den Nürnberger Stadtbüchern zwischen 1346 und 1348 Hinweise auf eine zunehmende Anzahl von Sittlichkeitsvergehen, in die auch „ehrbare" Frauen verwickelt waren.[27] In Wismar versuchte man, durch strenge Luxusgesetze unmittelbar vor dem dortigen Pestausbruch (1350), die Bewohner angesichts der Gefahr zu Demut, Sittenstrenge und Frömmigkeit anzuhalten.[28] Bezeichnenderweise sank der Saum der Dekolletés der Damen auf sienesischen Gemälden bis zum Ausbruch der Pest kontinuierlich ...[29]

Der Florentiner Chronist Marchionne die Coppo Stefani sah staunend, wie sich die Erben der Verstorbenen begeistert in die neue Besitzerrolle fügten. Als die Pest abgeflaut war, wunderte man sich über den neuen Wohlstand, aber auch über den Protz der Neureichen. „Wer nichts besessen hatte, war jetzt plötzlich wohlhabend. Es war allerdings augenfällig, daß ihm (im Grunde) der Besitz nicht gehörte, und ihm selbst erschien dies peinlich. Dennoch begannen die Frauen und Männer mit Kleidern und Pferden zu prunken".[30]

Die Menschen, die dem Tod entronnen waren, lechzten nach Vergnügung, Luxus und Reichtum. Die Gefahr schien gebannt, und mit ihr schwand die Angst. Manche Verhaltensweisen erscheinen aus heutiger Sicht paradox. Daß die Bürger Berns nach dem Abklingen der Pest, „ze stund nach dem großen Tode" fröhlich in ein Gefecht zogen, wurde bereits vermerkt.[31] Nach der Erfahrung der *Pestilentia Magna* konnte der Tod kaum noch Schrecken hervorrufen. Die meisten verdrängten ihn und wandten sich den schönen Seiten des Lebens zu. Nach der Limburger Chronik „hub die Welt wieder an zu leben und lustig zu sein". Dies zeigte sich auch in der Mode. Die Kleider „waren so enge, daß ein Mann nit darinnen schreiten konnte". Die Schuhe hatten lange Schnäbel, „und die Frauen trugen weite Ausschnitte, also daß man ihre Brust beinahe halbe sah".[32]

Auch in Pavia klagte der Ratsherr Pietro Azario über die sittliche Verkommenheit, die sich nach 1348 ausbreitete. Nicht nur junge Leute und Studenten, die ganze Gesellschaft schien von Unmoral bedroht.[33] Der Chronist Li Muisis berichtete, daß sich die Frauen in Tournai spärlich kleideten und so hautenge Gewänder trugen, daß die Umrisse des nackten Körpers (forma nudititatis) durchschienen.[34] Entsprechendes meldete 1367 eine Chronik aus Mainz. Viele Jünglinge der Domstadt trugen so kurze Röcke, daß „ihr Geschlecht und ihr Gesäß" kaum mehr verhüllt waren. Frauen imponierten dort durch auffällige und großzügige Ausschnitte, „so daß sie mit entblößten Brüsten umhergingen. Und wegen ihrer enggeschnittenen Kleidung konnte man mitten darin die weibliche Geschlechtsregion betrachten".[35] Ähnliches teilte, freilich erst dreißig Jahre nach 1348, der Chronist Giovanni de Mussis aus Piacenza mit, nach dem die Kleider der Damen so weit ausgeschnitten waren, daß sie die Brüste enthüllten und man den Eindruck gewann, diese „wollten aus dem Ausschnitt heraustreten".[36] Entsprechende Kleiderverordnungen zum Schutz der Moral wurden 1392 an der Kölner Universität notwendig.[37]

Auch die Literatur um 1350 bestätigte die Lockerung der Sitten und den Autoritätsverfall alter Institutionen. Boccaccios *Dekamerone* zeigt die großen und kleinen Freiheiten, die sich Laien, aber auch Kleriker und Ordensfrauen zuweilen erlaubten. Nicht der christliche Glaube, wohl aber seine kirchlichen Vertreter wurden karikiert. Die demütige Hinnahme des Unglücks, wie sie etwa bei den Paduaner Chronisten Cortusio geschildert wird,[38] weicht einer – wenn auch mit Sympathie und Einfühlungsvermögen vorgetragenen – Gesellschaftskritik. Schlauheit, List, Betrug und „Verdummung" des Nächsten stellen für viele Helden Boccaccios den Weg zum Erfolg dar. Ob in den Novellen tatsächlich Vorformen einer „protestantischen" Wirtschaftsethik bzw. eines religiös motivierten sozialen Determinismus propagiert werden, wie Gottfried meint,[39] scheint allerdings zweifelhaft. Doch ist eine Tendenz zur *vita activa*, zur individuellen Entscheidung, zu Durchsetzungsvermögen und Lebenstüchtigkeit nicht von der Hand zu weisen.

Chaucers *Canterbury Tales*, nach 1387 verfaßt, verraten ebenfalls ein neues Denken. Kritisch werden die Stände, vor allem auch die Orden vorgestellt. Es ist kein Zufall, daß der Engländer auch Boccaccios Werke übersetzte.[40] In Frankreich verkörperte François Villon die Emanzipation des Individuums, die prallen Lebensgenuß zur Folge hatte, doch die Hierarchien im Grunde nicht in Frage stellte. Die Institution des Papsttums wird so weder bei Boccaccio noch bei Chaucer oder Villon bestritten.[41] Villon ist freilich bereits ein Sohn des 15. Jahrhunderts, das die Geißel der Pest notgedrungen als immer wiederkehrenden Schicksalsschlag akzeptieren mußte.

Die Sucht nach Vergnügung und Zerstreuung, der Wunsch nach schönen Kunstwerken oder amourösen Abenteuern, scheint in den ersten Jahrzehnten nach dem Schwarzen Tod am heftigsten gewesen zu sein, um in der Folgezeit, je nach Land und kulturellem Standard, bestimmte Entwicklungen in Wirtschaft und Gesellschaft zu begünstigen. Die neue Sensibilität für die Flüchtigkeit der *Zeit,* die durch die Pest wie die mechanische Uhr in gleicher Weise gefördert wurde, beeinflußte nicht nur Dichter und Intellektuelle.[42] Besonders die Kaufleute, die künftige Unternehmungen planen mußten, zogen hieraus Konsequenzen. Sie gehörten zu den ersten, die nach dem Schock der Pest von Pessimismus bzw. hedonistischer, planloser Lebensführung Abschied nahmen. Es schien ratsam, die Zukunft aktiv zu beeinflussen, um konkurrenzfähig zu bleiben. Andererseits verurteilten zeitgenössische Kleriker den Zinswucher auch deshalb, weil hier Menschen mit der Zukunft spekulierten, was ihnen als Anmaßung gegenüber Gott erschien.[43]

Auch der Wert der *Arbeitszeit* wurde in den Jahren nach dem Schwarzen Tod erkannt. Erst hierdurch gewann die Gewichtsräderuhr ihre überragende Bedeutung. Für einzelne Bereiche der Frühindustrie, vor allem in der Textilproduktion, war es notwendig, Arbeitszeiten genau zu messen und den Lohn entsprechend festzusetzen. Im Mittelalter hatte man die Tageszeit gewöhnlich in zwölf gleiche „Stunden" eingeteilt, die somit im Winter weitaus kürzer als im Sommer waren. Nunmehr galt der Produktionsvorgang, unabhängig von der produzierten Ware, als meßbar. Er wurde zur Richtschnur des „Fleißes". Auch die *Nachtarbeit* war eine Folge des neuen Zeitempfindens.[44]

Ob solche Strukturierungen der Arbeit bzw. die zeitliche Gliederung aller Lebensbereiche dazu beitrugen, die latent vorhandene (und angesichts der stets drohenden Pestepidemien berechtigte) Todesangst zu kompensieren bzw. zu subliminieren und die zu Pestzeiten häufigen Massenhysterien zu zügeln, bleibt umstritten.[45] Eher dürften sie die Vergänglichkeit alles Irdischen noch eindringlicher ins Gedächtnis zurückgerufen haben. Es sei noch einmal betont, daß die geschilderten Mentalitätsveränderungen größtenteils auf Entwicklungen zurückzuführen waren, die sich bereits *vor* dem Schwarzen Tod anbahnten. Der Pestalltag stellte mit all seinen Schrecken in der Regel nur das Ferment dar, das den Zusammenbruch bereits vorher ins Schwanken geratener

Weltbilder beschleunigte und eine Situation schuf, die nach neuen Lebensphilosophien verlangte.

Es wäre freilich ungerecht zu verschweigen, daß viele Zeitgenossen auf die Pest in Demut, d.h. mit einem vertieften traditionellen Glaubensverständnis reagierten. Wenn sich auch viele Menschen ihrer Verantwortung durch Flucht entzogen (wofür sie übrigens kein Ethiker oder Philosoph unserer Zeit tadeln würde!), gab es andere, die aus christlicher Nächstenliebe Kranke pflegten, Angehörige trösteten und die Pesttoten unter großer Gefahr für das eigene Leben beisetzten. So zögerten, wie erwähnt, die Mitglieder der venezianischen *Caritas*-Bruderschaft nicht, Pestopfern aus christlicher Verantwortung ein würdiges Begräbnis zu bereiten. 300 Mitglieder starben.[46]

Etwa ein Viertel aller in England unmittelbar nach dem Schwarzen Tod verfaßten Testamente bedachte kirchliche Institutionen, die sich um Kranke und Arme kümmerten. Dies ist umso beeindruckender, als Erbschaften in einer Zeit ohne „Versicherungen" für Kinder und Erben nicht selten von existentieller Bedeutung waren. Auch *während* der Pest wurde die Kirche mit unzähligen Stiftungen bedacht, die karitative Einrichtungen unterstützten.[47]

Siebzig solcher wohltätiger Institutionen entstanden in England allein zwischen 1350 und 1390. Sie beweisen, daß viele Erblasser angesichts der Pest an die „letzten Dinge" und ihr Seelenheil dachten. Familienkapellen in großen Kirchen, die meist den Bettelorden gehörten[48] sowie Stiftungen für die Seelen verstorbener Angehöriger waren zwar schon um 1300 verbreitet, freuten sich aber gerade nach der Pest besonderer Beliebtheit. Dies war nicht verwunderlich, sah man mangels plausibler „rationaler" Erklärungen[49] die Seuche doch vielerorts als Strafe Gottes, den es zu besänftigen galt. Mildtätige Gaben brauchte die Kirche auch, um die vielerorts verwaisten und zerfallenen Klöster, Hospize und Kirchengebäude zu restaurieren. In London sahen vor 1348 etwa fünf Prozent der Erblasser Stiftungen zugunsten von Hospitälern vor, zwischen 1350 und 1360 dagegen vierzig Prozent! Gerade Investitionen für Hospize erschienen sowohl aus weltlicher wie christlicher Überlegung sinnvoll. Sie unterstützten den Kampf gegen die Pest und stellten für den Stifter Aktiva im Kampf um das eigene Seelenheil dar.[50]

Weitere Konsequenzen der Pestepidemien, die ebenfalls im Widerspruch zu den „hedonistischen" Reaktionen vieler Zeitgenossen standen, waren Wallfahrten und Pilgerreisen. Heutigen Betrachtern mag es – und so sah es bereits die Pestliteratur des 19. Jahrhunderts[51] – tollkühn und unsinnig, ja schlicht verantwortungslos erscheinen, wenn Tausende aus ganz Europa sich 1350 anläßlich des Heiligen Jahres nach Rom aufmachten und dabei nicht nur häufig der Pest zum Opfer fielen, sondern zu deren Ausbreitung direkt beitrugen. Clemens VI., der das Jubeljahr „außerplanmäßig" (es war ursprünglich erst wieder für 1400 geplant) ansetzte, scheint so dem Schwarzen Tod Vorschub geleistet zu haben. Der Papst hatte das Jubeljahr freilich bereits 1343 propagiert, als kein Abendländer von der Pest wissen konnte. Und was konnte aus der Sicht der Gläubigen sinnvoller sein, als Gott demütig während einer Pilgerreise um Milde und Rettung zu bitten! Es ist aus der „aufgeklärten" Sicht des 20. Jahrhunderts schwierig, solche Phänomene zu bewerten. Vorurteile sind schnell zur Hand. Ein Zeitgenosse hätte wohl kaum an einer Wallfahrt zu Pestzeiten Kritik geübt. Vergessen wir nicht, daß effektive Heilmittel unbekannt waren![52]

Jedenfalls überfluteten die Pilger Rom in riesigen Scharen.[53] Die Pilgerfahrt war mit Gefahren für Leib und Seele verbunden, und mancher kehrte nie in die Heimat zurück. Nach dem Bericht des Augenzeugen Heinrich von Rebdorf „erstickten ... in der Peterskirche wegen des starken Gedränges viele Menschen, als man dort zum ersten Mal das Schweißtuch Christi bzw. das Abbild zeigte, das er Veronika überlassen hatte".[54] Die ursprünglich vorgeschriebene Aufenthaltsdauer der Pilger von zwei Wochen mußte aus Sicherheitsgründen und weil die Lebensmittel ausgingen, verkürzt werden. Da die Einheimischen hierdurch aber Geschäftseinbußen befürchteten, folgte ein Aufstand der Römer, so daß über die Stadt schließlich das Interdikt verhängt wurde.[55]

Zwischen 1350 und 1360 erschienen in Europa mehrere Pilger- und Reiseführer zu den heiligen Stätten, deren bekanntester Sir John Mandevilles *Travels* wurden.[56] Selbst heute sind noch über 300 Abschriften des Buchs aus der Zeit zwischen 1357 und 1500 erhalten! Bereits Ende des 15. Jahrhunderts kursierte es, abgesehen von der französischen Originalausgabe, in neun weiteren Sprachen, darunter einer gälischen für irische Romfahrer.[57] Die Pilger repräsentierten ohne Zweifel die Mentalitäten um 1350 in den schillerndsten Variationen: von frommen, auf ihr Seelenheil bedachten Reisenden bis zu skrupellosen Kriminellen, die die Gastfreundschaft der Hospize mißbrauchten, von Kranken bis zu den lebenslustigen, alle sittlichen Schranken mißachtenden Zeitgenossen, die Chaucer in der *Frau von Bath* beschrieb.[58]

Unter den Heiligen, die man um Errettung vor der Pest anflehte und um Fürsprache bei Gott bat, war Sebastian der wichtigste. Seit der Pest des Justinian war er – allerdings nur im Westen – als Nothelfer zu Seuchenzeiten bekannt. Die Pfeile seiner Folterung (entgegen einer weitverbreiteten Legende wurde der römische Offizier durch sie keinesfalls getötet!) wurden schon im siebten Jahrhundert als *Pest*pfeile interpretiert und spielten in der mittelalterlichen Hagiographie eine wichtige Rolle.[59] Seine Grabstätte, San Sebastiano ad Catacumbas an der Via Appia, zählte zu den sieben Hauptkirchen Roms, welche die Pilger seit alters besuchten. Es versteht sich, daß gerade dieser Heilige im Jubeljahr 1350 für Menschen, die die Seuche überlebt hatten, eine besondere Rolle spielte.

Im Gegensatz zu Sebastian war der Kult des heiligen Rochus 1348/49 noch ohne Bedeutung,[60] obgleich seine Vita eng mit dem Schwarzen Tod verbunden war. Nach der Überlieferung[61] wurde der Heilige auf dem Weg nach Rom, wo er eine Pilgerreise ins Heilige Land antreten wollte, in Acquapendente vom Ausbruch der Pest überrascht. Selbstlos half er bei der Pflege der Kranken und Sterbenden und bewirkte spektakuläre Wunderheilungen. In Rom hielt er sich drei Jahre auf, wobei er einen Kardinal heilte und den Papst getroffen haben soll (weshalb einige Hagiographen die Vita des Heiligen in die Sechzigerjahre des 14. Jahrhunderts verlegten, als Urban V. Rom besuchte).[62] Über Rimini und Cesena trat Rochus die Heimreise nach Montpellier an, erkrankte aber in Piacenza selbst an der Pest. Nach seiner Genesung lebte er als Einsiedler in einem Wald, um schließlich – nach jahrelangem Aufenthalt in Italien – in seine Heimatstadt zurückzukehren, wo er – unschuldig eines Verbrechens bezichtigt – nach fünfjähriger Kerkerhaft starb.[63] Sein Ruhm als Helfer bei Pest und Krankheit verbreitete sich rasch, doch erst 1485, als die Venezianer seine Reliquien in ihre Stadt brachten und der dortigen Rochus-Bruderschaft überließen, erreichte er als Pestpatron eine geradezu triumphale Bedeutung, die sich auch in der abendländischen Kunst manifestierte. Berühmtestes Beispiel wurde die Scuola di San Rocco in Venedig, die heute Tintorettos Bilderzyklus schmückt.[64]

Viele Menschen reagierten auf die Pest auch depressiv und tief pessimistisch. In der zeitgenössischen Literatur gibt es hierfür genügend Beispiele, so bei Petrarca, dem alten Boccaccio oder Eustace Deschamps, dem Hofdichter Philipps V. von Orleans, der in der Zeugung und Erziehung einer neuen Generation keinen Sinn mehr sah: „Glücklich ist, wer keine Kinder hat. Denn kleine Kinder bedeuten nichts als Geschrei und Gestank. Sie verursachen nur Kummer und Sorgen. Immer nur wollen sie gekleidet sein, essen und trinken. Stets laufen sie Gefahr, zu stürzen und sich zu verletzen. Sie können auch erkranken und sterben. Sind sie groß, mißraten sie leicht oder wandern ins Gefängnis. Nichts als Kümmernisse und Sorgen! Kein Glück belohnt uns für unsere Fürsorgen, für Mühe und Kosten ihrer Erziehung. Freilich, einem Dichter glaubt man nicht ...".[65]

Deschamps war freilich von persönlichem Unglück verfolgt, litt an schlechter Gesundheit und hatte die Krisenstimmung seiner Zeit auf vielen Reisen kennengelernt. Auch seine *Ballades de mortalité* verraten eine pessimistische und resignative Grundhaltung.[66] Es verwundert kaum, daß auch die Friedhofskultur der Neuzeit nach dem Schwarzen Tod ihren Anfang nahm. Individuelle Grabsteine für jedermann fanden sich vor 1348 in Westeuropa extrem selten. Man beerdigte normalerweise in Gemeinschaftsgräbern (schockierend während der Pest erschienen im Grunde nur deren Größe sowie die *Massen*bestattungen!). Nur vornehme Leute, Adlige oder hochgestellte Kleriker wurden in Kirchen beigesetzt.[67]

Im aufsteigenden Bürgertum wurde auch die *Ars moriendi* populär, die im Hochmittelalter vornehmlich in monastischen und adligen Kreisen verbreitet war.[68] Vor allem die Bettelorden nahmen sich des Themas an und mahnten zur Buße. Auch hier überrascht freilich nicht, daß die „neue" Zuwendung zu den „letzten Dingen" wie viele andere Krisenmerkmale bereits in den Jahren *vor* der Pest nachweisbar ist. Jedenfalls war die *Sapientia moriendi* (nach Heinrich Seuses *Horologium sapientiae* von 1334)[69] in Frankreich und Italien ein geläufiges Thema. Zudem konnten die Franziskaner und Dominikaner auf einschlägige Schriften ihrer Ordensgelehrten verweisen, neben den Zeitgenossen Seuse und Tauler auf Bonaventura, Johannes von Dambach, Meister Eckart und andere Autoren des 13. Jahrhunderts.[70] Auch der *Triumph des Todes* tauchte als Motiv in Literatur und bildener Kunst bereits vor 1348 auf.[71]

Schrille Lebensfreude und Depression sind sich bekanntlich nicht so fremd, wie man lange Zeit vermutet hat. Bei aller Vorsicht vor einer psychologisierenden Geschichtsinterpretation steht außer Zweifel, daß unterschiedliche psychische Konstitutionstypen bei äußerer Bedrohung verschieden reagieren. Übersteigerte Reaktionen gibt es in beiden Richtungen, und angesichts des Massenphänomens erhalten selbst abnorme Verhaltensweisen ihre „zirkuläre Bestätigung". Schon aus diesem Grund sollte man mit „rationalen" Erklärungsversuchen von Judenhaß, Geißlerbewegung, Hedonismus, Bigotterie, Brutalisierung im Alltag usw. vorsichtig sein. Oft liegt die Ursache beim Individuum selbst, das bei einer entsprechenden Persönlichkeitsstruktur in

Gefahr und Todesangst extreme Verhaltensweisen an den Tag legt, ohne daß Dritte in jedem Fall eine Schuld trifft.[72] Die üble Rolle der Einpeitscher und Eiferer kann hierdurch freilich nicht exkulpiert werden.

Delumeau hat diese Folgen der Kollektivangst zu Seuchenzeiten ausführlich beschrieben.[73] Das Jahr 1348 stellte demnach nur den Anfang einer Kette schrecklicher Reaktionen dar, denen unzählige unschuldige Menschen zum Opfer fielen. Das „Feindbild" wurde nach Belieben manipuliert. Die höchste Eskalationsstufe der Massenpsychose war immer dann erreicht, wenn der „Schuldige" nicht mehr außerhalb stand, sondern Mitglied der vom Unglück heimgesuchten Gemeinschaft war. Im Grunde war dies schon bei den Judenpogromen 1348/51 der Fall. Ihre logische Fortsetzung bildeten später die Hexenverfolgungen, die jedermann auf die Anklagebank bringen konnten. Neben religiösen Beweggründen – in postreformatorischer Zeit kamen Hexenprozesse und Hinrichtungen von Personen, die der Seuchenverbreitung beschuldigt wurden, übrigens in Ländern verschiedenster Konfession vor[74] – spielten auch hier Massenpsychosen, Verfolgungswahn und neurotische Persönlichkeitsstruktur der Ankläger eine wichtige Rolle.

23. Das Verhalten des Klerus

Das Leben eines Durchschnittsmenschen war im 14. Jahrhundert von der Geburt bis zum Tode durch die Religion, durch christliche Gebräuche und Feste geprägt. Wie im vorangehenden Kapitel gezeigt wurde, veränderte die Pest auch hier die Gewohnheiten. Viele akzeptierten die Katastrophe demütig als kollektive Strafe Gottes, während andere, von der Erfahrung des Pestalltags geprägt, an dessen Gerechtigkeit zu zweifeln begannen. Die geschilderten Stiftungen, Bittprozessionen oder Wallfahrten lassen sich nur aus dem Glauben der Menschen begreifen, wenn auch „unchristliche" Begleitumstände im allgemeinen Chaos häufig, ja die Regel waren. Da die antisemitischen Ausschreitungen *auch* (wenn auch nicht ausschließlich) religiöse Wurzeln hatten, hat man der Kirche nicht zu Unrecht Schuld und Versagen vorgeworfen.[1] Man vergißt dabei freilich, daß angesichts der Gefahr im Grunde alle gesellschaftlichen Gruppierungen schuldig wurden. Zweifellos hatten in Einzelfällen Prediger oder Eiferer[2] Pogrome initiiert, doch scheint dies, wenn wir die Quellen richtig interpretieren, eher selten der Fall gewesen zu sein. Keinesfalls war die Situation im 14. Jahrhundert mit der düsteren Inquisitionsstimmung mancher europäischer Länder im 17. Jahrhundert vergleichbar!

Viele Priester kamen gewissenhaft ihren Verpflichtungen nach und spendeten den Pestkranken furchtlos die Sterbesakramente, worauf sie selbst, so lehrte es die Erfahrung, nach mehr oder weniger kurzer Zeit den Tod zu erwarten hatten. Simon de Couvin beschrieb den Mut der Weltkleriker in Avignon: „Es kam vor, daß die Seuche in ihrer Wut die heiligen Seelenärzte, die Priester, gerade in dem Moment ereilte, als sie den Kranken die Gnadengaben reichten. Und unversehens starben sie, bisweilen schneller als diese, allein durch den Körperkontakt und wegen des Pesthauchs".[3]

Viele Klöster wurden dezimiert, weil die Mönche *nicht* die Flucht ergriffen hatten. Die Kleriker lebten in einem besonderen Zwiespalt. Ihr Amt gebot ihnen, furchtlos ihren Pflichten nachzukommen und den Tod gering zu achten, der für die Gerechten ja nur den Übergang in eine bessere Welt bedeutete. Ihre menschliche Natur versetzte sie dagegen, wie ihre Gemeindemitglieder, Mitbürger und Verwandten – wer konnte es ihnen verübeln! – in Todesangst. Zweifellos schadete das Verhalten mancher Geistlicher dem Ansehen des Klerus. Nicht wenige zitterten, litten und starben wie die Laienbevölkerung. Viele Priester flohen, fehlten bei wichtigen Amtshandlungen und erschienen erst wieder, als die Pest vorüber war. Nach Ziegler[4] schwand der Nimbus des Gesalbten, der sakramentale Gewalt über die Menschen besaß, indem seine seelische und körperliche Verletzlichkeit offenkundig wurde. Klagen von Bischöfen und Chronisten über verwaiste Gemeinden, wo die Kleriker geflohen waren oder nur gegen „horrende Bezahlung" oder Bestechung ihren Dienst versahen, bestätigten, daß viele Geistliche allzu menschlich dachten.[5] Ralph von Shrewsbury, der Bischof von Bath, mußte priesterliche Amtsgewalten sogar auf Laien übertragen, was auch aus anderen Diözesen berichtet wurde.[6] Sein Amtsbruder in Rochester untersagte, daß sich Geistliche seines Sprengels, um höhere Pfründen zu bekommen, in anderen Gemeinden niederließen oder wegen Arbeitsüberlastung höhere Gehälter bekamen.[7] Der Bischof von Winchester klagte über ähnliche Mißstände: „Priester, die die Nöte der gebrochenen Seelen nicht wichtig nahmen, begaben sich an Orte, wo sie höhere Einkünfte erzielen konnten als aus ihren alten Pfründen. So blieben viele Pfarreien ohne

Geistliche, da diese trotz der Androhungen ihrer Vorgesetzen nicht zum Bleiben bewegt werden konnten".[8]

Dennoch starben unzählige Kleriker, wie erwähnt, in Ausübung ihrer Pflichten. Zaddach hat den beachtlichen demographischen Einbruch, den der Schwarze Tod unter der europäischen Geistlichkeit hervorrief, analysiert.[9] Demnach waren unter den Weltgeistlichen besonders die niedrigen Kleriker von der Pest betroffen, da die Vikare und Kapläne vielfach anstelle der von der Residenzpflicht befreiten Pfründner die Gemeinden betreuen mußten. Sie lebten in großer Armut und ständigem Kontakt mit dem Volk. Dagegen konnte sich die höhere Geistlichkeit vom nichtresidierenden Pfarrherrn aufwärts im Moment der Gefahr von anderen Menschen fernhalten und lebte so sicherer nicht nur als ihre Vertreter, sondern als die übrige Bevölkerung überhaupt. Viele Bischöfe verzichteten zu Pestzeiten auf den Kontakt mit den Gemeinden, ja mit dem eigenen Domkapitel. So hielt sich der Oberhirte der Diözese Norwich während der Hochphase der Pest im damals seuchenfreien London auf.[10] Ralph von Shrewsbury, der Bischof von Bath und Wells, verbrachte die gefährliche Zeit auf seinem sicheren Landsitz Wiveliscombe. Sein Kollege in Exeter zog sich, bezeichnenderweise vier Monate länger als im Vorjahr, in eine abgelegene Sommerresidenz zurück, und auch der Bischof von Lichfield mied die verseuchten Orte seines Sprengels.[11] Der Oberhirte von York lebte ebenfalls zurückgezogen auf verschiedenen Landgütern und überließ selbst die Weihe neuer Geistlicher seinem Suffragan.[12] Visitationen, Weihen, Beurkundungen und andere bischöfliche Amtshandlungen ruhten, bis die Pest abgeklungen war.

Andererseits riefen die Flucht bzw. das moralische Versagen einzelner Bischöfe oder höherer Kleriker stets mehr Aufmerksamkeit hervor als die selbstlose Arbeit vieler Geistlicher, die am Ende ihren Mut mit dem Leben bezahlten. Das Kalendarium von Zwetl berichtet, daß z. B. in Wien alle Einwohner, die der Pest erlagen, auch die letzte Ölung erhielten.[13] Im holsteinischen Krempe ehrte man im September 1350 den Vikar Johannes Luttekense, dessen Mut die Gemeinde tief beeindruckte. Eine zeitgenössische Chronik berichtet:

„Der Vizerektor Johannes von Luttekense hat seit vielen Jahren ein ehrenhaftes Leben geführt und während der Epidemie die Kranken nicht vernachlässigt, so daß seine Anständigkeit und sein Pflichtbewußtsein eine Belohnung und Bezahlung verdienen. So haben die Männer und Frauen unserer Stadt, von denen einige überlebten (die meisten war ja umgekommen), beschlossen, eine Spende zu geben sowie zusätzlich einen Betrag von achtzehn Gulden, damit an seiner Kirche ein ständiges Vikariat eingerichtet und Johannes von Luttekense übergeben werden kann".[14]

Auch aus Tournai berichtete Gilles Li Muisis, daß es dort Kapläne gab, „die die Beichte hörten und Sakramente spendeten sowie Pfarrgeistliche, die die Kranken besuchten". Viele von ihnen seien der Pest zum Opfer gefallen.[15]

Über die Anzahl der Opfer unter den Klerikern informieren am besten Chroniken und Nekrologien großer Stiftskirchen oder Kathedralen. In Perpignan überlebten von vierzig namentlich bekannten Priestern nur siebzehn, wobei offenbleibt, ob einige nur geflohen waren und so *nach* der Pest nicht mehr registriert wurden.[16] Die Analyse von Bewerbungslisten um Pfründen in Sachsen ergibt einen rapiden Anstieg „offener Stellen" während der Seuche. Ähnliche Resultate liegen für das Rheinland vor.[17] In Devonshire wurden im November und Dezember 1348, d. h. unmittelbar *vor* der Katastrophe, zehn neue Geistliche in Pfründen eingesetzt, 1349, zur Pestzeit, dagegen im Durchschnitt achtunddreißig pro Monat! Während in Oxfordshire und Worcestershire bis 1348 jährlich etwa sieben Pfründen zu vergeben waren, waren es 1349 sechsunddreißig in einem einzigen Monat. In Norfolk wurden in diesem Jahr von 799 Pfründen 527 vakant! Eine Untersuchung von Urkunden, welche die vom König vorgenommenen Ernennungen auflisten, ergab, daß die Sterblichkeit des englischen Klerus, soweit er Pfründen besaß, im Pestjahr 1348/49 mindestens elfmal so hoch war wie in den vorangegangenen Jahren.[18] Dabei waren Verkehrslage und Bevölkerungsdichte von entscheidender Bedeutung. Nur hierdurch läßt sich verstehen, warum z. B. im Bistum Lincoln im Dekanat Hitchin 15 Prozent, im Dekanat Candleshoe aber 59 Prozent der Kanoniker dem Schwarzen Tod erlagen. Auf ganz England hochgerechnet, war deren Mortalität doppelt so hoch wie die der übrigen Bevölkerung![19] Berücksichtigt man, daß nur zwanzig Prozent der Weltgeistlichen Pfründen besaßen, so ist anzunehmen, daß unter den übrigen, in weitaus ärmlicheren Verhältnissen lebenden und deshalb besonders gefährdeten Priestern die Verluste weitaus gravierender waren.

Um das Versagen einiger Geistlicher gerecht zu beurteilen, ist daran zu erinnern, daß nicht alle ihren Beruf *freiwillig* ausübten. Man konnte nachweisen, daß im 14. Jahrhundert sogar ehemalige Söldner, um nicht zu verhungern, das geistliche Amt wählten und *nach* der Pest auch viele unausgebildete Witwer Priester wurden.[20] Um die Gemeinden zu versorgen ließ der Bischof von Norwich selbst 21jährige zu den Weihen zu. Notordinationen wurden die Regel, Form und Bedingungen der Sakramentenspendung variierten. Die reduzierte Ausbildung führte zu theologischer Inkompetenz. Ansehen und Würde des Klerus bröckelten ab. Vergeblich versuchten die Orden, durch Reformen die Ausbildung junger Geistlicher zu verbessern, so 1353 das Dominikanerkapitel: „Nach ihrer Aufnahme ist ein älterer und reifer Bruder als Lehrmeister zu bestimmen, der es übernimmt, sie in Demut, Lauterkeit sowie, gemäß unseren Ordensbestimmungen, in den Grundlagen der Theologie zu unterweisen und zu erziehen. Anderen hierfür begabten jungen Leuten soll man Lehrer der Grammatik, Logik und Naturlehre zuweisen und diese hierzu verpflichten".[21]

Wie der Bischof von Bath übertrug auch der Erzbischof von Catania auf dem Höhepunkt der Pest allen Geistlichen, „auch den jüngsten", jedwede seelsorgerische Amtsgewalt, ja sogar bischöfliche Vollmachten. Offensichtlich spürte er, daß er selbst der Seuche bald zum Opfer fallen sollte.[22] Man ahnt, daß solche Maßnahmen Würde und Ansehen des Klerus wenig förderlich waren, obgleich sie die Gewissensnot und Verzweiflung vieler Sterbender lindern halfen. Viele Zeitgenossen kritisierten, ja karikierten die Geistlichkeit, die ihren schwierigen Aufgaben nicht gewachsen schien. Aus Florenz hörte man, daß Weltgeistliche wie Bettelbrüder „in Unmassen" zu den Reichen gingen und sich ihre Dienste so hoch bezahlen ließen, „daß sie wohlhabend wurden".[23] Man begrüßte es, daß der Papst in dieser Situation einen allgemeinen Ablaß von Sündenstrafen erließ, und zwar „für alle, welche bereuten und in der Beichte ihre Beichtväter darum baten, sofern sie daraufhin starben".[24] Voraussetzung war freilich, daß die Sterbenden Priester zu sehen bekamen, was keinesfalls mehr gewährleistet war. Die Chronik von Parma berichtet: „Die armen Pestkranken wurden von ihren Ärzten, Dienern, Notaren sowie den Geistlichen und Bettelbrüdern im Stich gelassen, so daß sie weder bedient noch gepflegt wurden noch ihr Testament machen noch reumütig die Absolution erhalten konnten".[25]

In Erfurt gewährte man Verstorbenen *nachträglich* Ablässe, um die verunsicherte Bevölkerung zu beruhigen. In Trient wurden die Sakramente Tag und Nacht auf Altären ausgesetzt, damit sich die Gläubigen bedienen konnten. Fast alle Priester waren umgekommen. Von den Überlebenden wollte kaum einer den Sterbenden beistehen, „außer denen, die auf eine Belohnung aus waren".[26] Es war im Grunde nur allzu menschlich, daß „die frommen Kleriker und Geistlichen", wie der Venezianer Lorenzo de Monacis erkannte, dasselbe Entsetzen befiel wie die übrigen Zeitgenossen und die Angst ihre Aktivitäten lähmte.[27] Besonders hoch war die Sterblichkeit unter dem geistlichen Pflegepersonal der Hospitäler und in Klöstern. In Paris kamen so innerhalb von fünf Monaten 62 von insgesamt 102 Nonnen eines Hospizes um.[28] Im Kloster Marienberg im Vintschgau starben alle Mönche bis auf zwei Priester, einen Laienbruder sowie einen Novizen, der uns dies berichtet.[29] In den Abteien und Konventen lebte man im allgemeinen auf engstem Raum zusammen, so daß, war die Pest einmal ausgebrochen, Masseninfektionen fast unvermeidlich waren. In Isny, Leutkirch, Lucka, Messina, Grenoble, Avignon, Marseille, Norwich und anderen Klöstern erlagen sämtliche Mönche bzw. Nonnen der Pest! In Disentis und Magdeburg starben von elf Franziskanern jeweils acht, in Maguelonne von 160 Mönchen 153, unter den Dominikanern von Montpellier 133 von insgesamt 140, in Perpignan von 20 Augustiner-Eremiten 15, in Mariengarten bei Göttingen von 70 Bewohnern 52![30]

Natürlich muß man sich vor Verallgemeinerungen hüten. Wie die Chronisten gerne sittliche Verfehlungen hoher Kleriker in den Vordergrund stellten, betonten sie auch die Verlustziffern bestimmter Abteien. Chroniken waren im 14. Jahrhundert nicht selten rhetorische Meisterwerke und durch anekdotisches Beiwerk charakterisiert, d. h. der „Normalfall" erschien kaum erwähnenswert. Es gibt so keinen Hinweis, daß irgendwo alle Klosterinsassen überlebt hätten, obgleich dies sicher nicht selten vorkam. Zur Zeit des Schwarzen Todes gab es in Europa etwa 5000 Klöster, darunter etwa 1500 der Benediktiner, 740 der Zisterzienser, 450 der Prämonstratenser, 1450 der Franziskaner, 700 der Dominikaner, 80 der Augustiner-Eremiten und, allein in Deutschland, 35 der Karmeliter.[31] Von nur 97, d. h. etwa zwei Prozent, liegen sichere Beweise vor, daß sie von der Pest heimgesucht wurden. Diese Zahl reicht natürlich nicht aus, um Schlüsse über das Schicksal des europäischen Ordensklerus zu ziehen. Immerhin starben unter den 771 Bewohnern von siebzehn untersuchten Klöstern in England 363, d. h. 47 Prozent! Doch sind auch hier keine sicheren Schlußfolgerungen möglich. Sehr stark hatten offensichtlich Bettelorden, Zisterzienser und Nonnen zu leiden, wohl weil sie durch Seelsorge und Krankenpflege besonders gefährdet waren. Allerdings wurden die hohen Verluste unter den Ordensleuten von den Einbrüchen im Weltklerus noch übertroffen, der – vor allem in der Stadt – an der vordersten Pestfront wirkte und die erwähnten Bischöfe beschämte, die sich ihren seelsorglichen Pflichten durch Flucht entzogen. In Südosteuropa erschien dabei das Risiko einer Infektion höher als in Nordeuropa, was wohl mit der allgemeinen Pesterfahrung zusammenhing: Als die Seuche Skandinavien erreichte, wußte man längst, daß nur Rückzug und Flucht bzw. die Isolierung der Kranken eine sichere Prophylaxe darstellten und die übrigen Empfehlungen der Ärzte mehr oder weniger nutzlos waren.[32]

Doch war die Krise des europäischen Klerus mit dem Abklingen der Pest nicht beendet. Wie erwähnt, war die neue, stark verjüngte Priestergeneration, bedingt durch verkürzte Ausbildung, Notordination und eine zeittypische innere Verunsicherung, theologisch weniger beschlagen als ihre Vorgänger. Viele Geistliche schienen auch mangelhaft motiviert und diskreditierten sich zudem moralisch durch ihren Lebenswandel. Die durch den Schwarzen Tod akzentuierte Mentalitätskrise hinterließ ihre Spuren. Obgleich nicht selten auch Bischöfe versagt hatten,[33] versuchten einige Oberhirten durch rigorose Reformen die Situation zu retten. Am 5. März 1351 geißelte der Kölner Erzbischof streng die Mißstände im Klerus seiner Diözese. Wir erfahren, daß viele Ordensgeistliche weder Tracht noch Tonsur trugen, die Lebensweisen von Laien annahmen und ihre Pflichten vernachlässigten. Dekane und Äbte wurden angehalten, die priesterliche Disziplin zu überwachen.[34] 1357 klagte der Abt von Gladbach darüber, daß seine Mönche außerhalb des Klosters Mahlzeiten, ja Gelage abhielten, dem Würfelspiel frönten, sich Konkubinen hielten und Geldgeschäfte betrieben.[35] In Erfurt verhaftete man 1377 „wegen des Hochmuts und der großen Zahl von Konkubinen alle Mägde und Gefährtinnen von Kanonikern, Vikaren und anderen Klerikern", um sie daraufhin aus der Stadt zu weisen.[36] Ähnliche Versuche, die priesterliche Disziplin zu zügeln, gab es in Olmütz, wo die Geistlichen ebenfalls ihre täglichen Gebete vergaßen und weltlichen Freuden huldigten. Johannes von Jenstein, der Erzbischof von Prag, kritisierte 1392, daß die ihm unterstellten Priester „weder die Sakramente der Taufe, der Eucharistie, der Beichte, der letzten Ölung noch Segnungen von Brautpaaren noch Exequien noch die Beerdigung der Verstorbenen noch andere geistliche Handlungen vollziehen wollen, wenn sie hierfür oder für (andere) priesterliche Tätigkeiten nicht bezahlt werden oder ihnen keine Belohnung in Aussicht gestellt wird, und zwar durch (vorherige) Abmachung, was die Verwerflichkeit dieses Verhaltens entschuldigen soll".[37]

Auch der Reichtum vieler kirchlicher Institutionen und Stifte, der durch Spenden und Hinterlassenschaften nach der Pest sprunghaft anstieg, mag die Lebensführung der Kleriker negativ beeinflußt haben. Klöster waren oft Nutznießer von Testamenten und erlebten so nach

1350 eine wirtschaftliche Blütezeit. Der Rat von Ragusa beschloß 1349, daß den Bettelorden keine Erbschaften mehr zufallen dürften. Bei Zuwiderhandlungen sollte die Erbmasse der Stadt übertragen oder an die Armen verteilt werden.[38]

Unwürdige und geldgierige Vertreter der Geistlichkeit ramponierten den Ruf des Klerus in vielen Ländern. Süffisant bemerkte der Engländer William Langland: „Pastoren und Gemeindepfarrer klagten dem Bischof gegenüber, daß ihre Pfarreien zu arm waren, seitdem die Pest das Land überzogen hatte. Sie baten um ihre Entlassung und die Erlaubnis, in London zu wohnen, um dort Requiemgesänge gegen Bezahlung abzuhalten. Denn Geld ist süß!"[39]

Andere Geistliche verließen ihre Gemeinden *ohne* Erlaubnis. In der englischen Diözese Lichfield legten in den letzten zwölf Monaten *vor* der Pest nur vier Geistliche ihr Amt nieder, in den ersten sechs Pestmonaten dagegen 35! Im Bistum Lincoln verzichteten in den letzten sechs Monaten vor der Katastrophe 76 Geistliche auf ihre Ämter, in sechs folgenden Monaten immmerhin 97! Viele Kleriker vergaßen auch hier ihre Gelübde, lebten mit Frauen zusammen und vernachlässigten ihre Pflichten. Nach dem Schockerlebnis der *pestilentia magna* zweifelten nicht wenige an Gottes Gerechtigkeit, und ihre Unsicherheit übertrug sich auf den Glauben des Volkes.[40]

Auch den Bettelorden, die im 13. Jahrhundert durch Frömmigkeit, Gelehrsamkeit und kritischen Geist hervorragten und zu Beginn des 14. Jahrhunderts durch Reformeifer imponierten, drohte eine Zeit des Verfalls. Reiche Erbschaften hatten Dominikaner und Franziskaner nicht selten gezwungen, unternehmerische Fähigkeiten zu entwickeln. Das Armutsideal war gefährdet, der Nachwuchs nicht selten moralisch überfordert. Bereits zwischen 1343 und 1347 hatten einige Konvente um Dispens vom Fastengebot nachgesucht und der Askese abgeschworen.[41] Ebenso verloren die Klöster ihre mittelalterliche Bedeutung als Ausbildungsstätten endgültig an die Universitäten, wo freilich zur Zeit des Schwarzen Todes Dominikaner und Franziskaner immer noch eine herausragende Rolle spielten.[42] Während der Pest verbreiteten andererseits viele Mendikanten sozialreformerische Ideen und argumentierten gegen das weltliche und kirchliche Establishment, wobei sie – zumindest anfangs – der Geißlerbewegung durchaus gewogen schienen.[43]

Viele Bettelbrüder blieben aber auch künftig den alten Idealen verbunden und beeindruckten die Zeitgenossen durch freiwilligen Verzicht auf Luxus, Privatbesitz und die Privilegien der höheren Geistlichkeit. Ihre nach 1350 zunehmende Tätigkeit als Pfarrgeistliche (die anfangs den pestbedingten Priestermangel auszugleichen half), aber auch ihr zunehmender politischer Einfluß mußten beim übrigen Klerus Befremden hervorrufen. Dessen Ansehen war freilich in der Bevölkerung so gering, daß ein von eifersüchtigen Priestern vorgebrachter Antrag auf ein Verbot der Bettelorden 1351 von Clemens VI. abgelehnt wurde. Im Gegenteil, der Papst warf den Weltgeistlichen ihrerseits Ignoranz und Versagen vor: „Und wenn wir ihre Predigten verbieten, worüber könnt *ihr* denn predigen? Was den Vorwurf mangelnder Bescheidenheit angeht, so seid ihr doch selbst auf der Welt am stolzesten, eingebildet und von Pomp umgeben! Was die Armut betrifft, so greift ihr doch selbst gierig nach allem! Und was die Keuschheit angeht, so laßt uns lieber schweigen, denn Gott weiß selbst, was jedermann tut und wieviele von euch ihre Lust befriedigen ...“[44]

Hier traf der Papst die Stimmung der Zeit. Das Volk gestand den Bettelpredigern einen moralischen Bonus zu, weil sie sich gegen die in Mißkredit geratene Amtskirche wandten, obgleich ihre eigene Bewegung vielerorts durch soziale Eiferer, aber auch Tendenzen zu Reichtum und Laxheit selbst in Verruf gekommen war. Die kritischen Predigten der Franziskaner und Dominikaner kamen einem verbreiteten Bedürfnis nach religiösen Reformen entgegen, das etwa seit 1350 bemerkbar wurde und die Weltgeistlichen moralisch überforderte.

Ein Zeitalter der Erneuerung begann, das sich nicht zuletzt im Kirchenbau manifestierte. Er wurde besonders für die großen Städte charakteristisch.[45] Allein in Italien wurden in wenigen Jahren etwa 50 religiöse Gedenk- und Feiertage eingeführt.[46] Eiferer, Asketen, Reformer und Heilige traten auf und redeten der Gesellschaft ins Gewissen. Tommasino da Foligno, ein Franziskanertertiar, kündigte für die Zeit nach der Pest weitere Katastrophen an, da die Menschheit aus dem Strafgericht Gottes keine Konsequenzen gezogen hätte.[47] Pseudo-Jacopone da Todi sagte für 1361 neue Übel voraus, der Franziskaner Daniele dagegen für 1368.[48] Solche Prophezeiungen fielen auf fruchtbaren Boden. Die *Fraticelli,* geistige Erben der Franziskaner-Spiritualen, die in der ersten Jahrhunderthälfte Kirche und Papsttum erschütterten, sammelten sich im dritten Viertel des Trecento in Florenz.[49] Mit ihren revolutionären Ideen – Besitz galt ihnen als Sünde, der Papst als Häretiker – ermutigten sie die unterdrückten Wollweber und das Proletariat der Stadt, für soziale Gerechtigkeit und politische Rechte zu kämpfen. Einer ihrer Wortführer, Michele da Calci, starb 1389 auf dem Scheiterhaufen.[50] Jacopo Passavanti, Prior des Dominikanerklosters von Santa

Maria Novella, rief in seiner Schrift *Speculum verae penitentiae* das Volk zur Umkehr auf. Bei Autoren wie Jacopo stand weniger die Ankunft des Antichrist[51] als die Furcht vor Tod und Jüngstem Gericht im Mittelpunkt der Warnungen. Nur ein ständiges *Memento mori,* die tiefe Zerknirschtheit über eigene Verfehlungen, die Vergegenwärtigung des künftigen Zerfalls des eigenen Leibes, ja des eigenen Verwesungsgeruchs (!) konnten nach Meinung des Mönchs Läuterung und Rettung bringen.[52] Der Dominikaner führte seine Leser und Zuhörer im Geiste in die Hölle, wo sie die Qualen der Sünder sehen und ihre Verzweiflungsschreie hören konnten.

Auch Ordensgründungen reflektierten die neue Frömmigkeit unter Laien und Geistlichen, die die hedonistischen, teilweise atheistisch gefärbten Reaktionen auf Pest und Tod bald verdrängten, ja als Antwort auf diese gelten konnten. Giovanni delle Celle, seit 1351 Abt von Santa Trinita in Florenz, zieht sich in eine Einsiedelei in der Nähe von Vallombrosa zurück. Seine Briefe erreichen Reiche und Arme, Freunde und Feinde, aber auch Volksheilige wie Katharina von Siena, die er leidenschaftlich verteidigte.[53] Kleriker wie Giovanni delle Celle, Jacopo Passavanti, der Engländer William Fleet, der in Lecceto predigte,[54] oder der selige Giovanni Colombini – ein Sieneser Kaufmann, der 1355 sein Geld den Armen schenkte, mit seinen Gefährten niedrigste Arbeiten verrichtete, als gefährlicher Aufrührer der Stadt verwiesen, doch 1363, nach Ausbruch einer neuen Pestwelle, wieder zurückgerufen wurde und schließlich den Orden der Gesuati begründete – repräsentieren die Zeit nach 1350 ebenso wie die große Zahl sittlich verkommener Geistlicher, über die so viele Zeitgenossen klagten.[55]

Verweltlichten Klerikern standen also ernsthafte Reformer gegenüber, geldheischenden Bettelmönchen selbstlose Ordensleute, nachlässigen Kaplänen tieffromme Amtsbrüder. Weltgeistliche und Ordensleute, niederer und hoher Klerus, Bischöfe und Papst verhielten sich während der Pest recht unterschiedlich, ja oft genug widersprüchlich. Das moralische Versagen mancher Geistlicher scheint jedoch viele Zeitgenossen eher zu konstruktiver Kritik veranlaßt als der Kirche entfremdet zu haben.

24. Die ärztliche Ethik

Wie der Klerus (und mit kaum geringerem moralischem Anspruch) sah sich auch die Ärzteschaft zur Zeit der Pest extremer Gefahr ausgesetzt. Die auf ihr ruhenden Hoffnungen konnten nicht erfüllt werden, da, wie erläutert, die Ursache der Seuche im 14. Jahrhundert unbekannt war.[1] Wiederum muß man den Eindruck gewinnen, daß ein Arzt, der in Ausübung seines Berufes der Pest erlag, weit weniger das Interesse der Chronisten erregte als diejenigen seiner Kollegen, die sich durch Flucht ihrer Verantwortung entzogen. Gentile da Foligno, einer der bedeutendsten Ärzte der Zeit, dessen Krankheitstheorie in dem genannten Pariser Pestgutachten rezipiert wurde, starb nach dem Bericht seines Sohnes Francesco mitten im Arbeitsalltag: „Im Monat Juni stellte der ehrwürdige Magister Rezepte für Pillen zusammen, die man dreimal in der Woche nehmen soll. Daraufhin erkrankte Gentile selbst, weil er sich zu sehr um die Pestkranken gekümmert hatte. Dies geschah am 12. Juni. Er lebte noch sechs Tage und starb dann. Seine Seele ruhe in Frieden. Dies ereignete sich 1348. Und ich, Francesco aus Foligno, war zugegen, als er krank war und verließ ihn nicht mehr, bis er starb und in Foligno bei der Eremitenkirche beerdigt wurde".[2]

Auf diese Weise kamen wahrscheinlich viele Ärzte zur Pestzeit ums Leben. Der unbekannte Verfasser des *Breviarium Italicae Historiae* von 1354 erzählt, wie er selbst als Patient einen Arzt infizierte: „Ich kann dies bezeugen: Mich ließ ein Mann zur Ader. Das Blut, das herauslief, spritzte ihm ins Gesicht. Und am gleichen Tag wurde er krank und starb am darauffolgenden. Ich kam freilich durch Gottes Gnade davon".[3]

Man ahnt die Grausamkeit und Willkürlichkeit der Pest. Ethische Fragen kamen auf die Ärzte zu. War es angesichts ihrer zunehmenden Dezimierung lobenswert oder tadelnswert, wenn, wie der Florentiner Marchionne di Coppo berichtet, viele den Puls „nur mit abgewandtem Gesicht" fühlten und den Urin „nur von weitem" beurteilten?[4] War es zu vertreten, für *einen* das Leben zu riskieren, so daß Hunderte auf ärztliche Betreuung überhaupt verzichten mußten? Wir wissen zwar heute, daß eine Behandlung im 14. Jahrhundert wenig effektiv war (und so, objektiv betrachtet, eine Dezimierung der Ärzte auf die Pest kaum Auswirkungen hatte), doch stellte die Frage einer ausreichenden ärztlichen Versorgung, gerade zu Krisenzeiten, auch ein *psychologisches* Problem dar. Welch eine Verzweiflung muß Kranke erfüllt haben, wenn Ärzte oder Priester ausblieben! Eine *moralische* Beurteilung ist wiederum schwierig, ja überheblich. Es gab im 20. Jahrhundert keine flächendeckende Masseninfektion mit tödlichem Verlauf und vergleichbar aggressiver Kontagiosität, die Vergleichsstudien erlauben würde! Bewundernd nimmt man zur Kenntnis, wie manche Ärzte während des Schwarzen Todes lebensgefährliche Forschungen anstellten, etwa Sektionen von Pesttoten, um hinter das Geheimnis der Seuche zu kommen. „Sie fanden heraus, daß nahe am Herzen ein Blutschwamm voller Gifte war. Das Blut ließen sie über eine Vene am Herzen abfließen" …[5]

Kein Wunder, daß in Trient (und wohl auch anderswo), wie Johannes von Parma berichtet, unzählige Ärzte, „und gerade die besseren" umkamen.[6] Ihre Rolle war tragisch. Obgleich sie viele Pesttraktate verfaßten und Rezepte kompilierten, mußten sie im Grunde wissen, was Lorenzo de Monacis in Venedig offen verkündete: „Keine Kunst vermochte etwas, kein Kraut nützte, keine Arznei richtete etwas aus. Die Natur versagte".[7] Mancher Mediziner „staunte" nur, wie Petrarca ironisch kommentierte.[8] Ohne Zweifel überlebten vielerorts eher die moralisch „schlechten" Ärzte, da sie die Flucht ergriffen. Hatte nicht selbst Galen, eine der großen Autoritäten der Heilkunde, Rom den Rücken gekehrt und seine Patienten im Stich gelassen, als die Pest nahte?[9] Auch Guy de Chauliac, der päpstliche Leibarzt und prominente französische Medizinprofessor, Autor eines Standardwerks über die zeitgenössische Chirurgie, gab offen zu, daß er aus Avignon geflohen wäre, wenn er sich nicht vor der Blamage gefürchtet hätte.[10] Die Ärzte stützten ihre Pesttheorien, wie beschrieben, auf astrologische Gegebenheiten, Luftverdorbenheit und „Fäulnisprozesse" im Inneren des Körpers.[11] Koryphäen wie Giovanni Dondi und Tommaso del Garbo standen hiermit fest auf dem Boden galenischer Tradition. Aus ihrer Sicht wäre es Scharlatanerie gewesen, als Arzt andere Argumente ins Spiel zu bringen.

Zumindest unter objektiv-naturwissenschaftlichen Gesichtspunkten, d. h. angesichts der Wirkungslosigkeit ärztlicher Therapie war die Flucht vor der vermeintlich verdorbenen Luft letztendlich nicht verwerflicher als der faktische Selbstmord eines übereifrigen Idealisten, der in kürzester Zeit der Seuche erlag. Ob allerdings die zynisch klingende Meinung des Chalin de Vinario allgemein Beifall fand, muß bezweifelt werden. Unverblümt erklärte der Leibarzt des Papstes und Kollege von Guy de Chauliac, nachdem in Avignon die Pest ausgebrochen war: „Wir (Ärzte) sind uns selbst die Nächsten. Keiner von uns ist von solchem Wahnsinn geblendet, daß er sich mehr um die Rettung der anderen als um die eigene kümmert, zumal bei einer so raschen und ansteckenden Krankheit".[12]

Ein solches Verhalten widersprach der ärztlichen Ethik, die im Abendland durch die hippokratische Tradition geprägt war,[13] aber auch dem Gebot der christlichen Nächstenliebe. Doch behandelte derselbe Arzt, dem das übliche Moralisieren und Schwadronieren offensichtlich fern lag, im Pestalltag mutig Kranke, ganz im Gegensatz zu dem von Petrarca beschriebenen Medizinertypus, der viel redete, aber in der Praxis versagte, ja entgegen allen Phrasen die Flucht ergriff.[14] Angeber und Besserwisser gab es genug unter den Ärzten, und gerade die therapeutische Hilflosigkeit mag eine kompensierende Rhetorik beflügelt haben. Ein gewisser Dionysus Secondus Colle, der Duftstoffe aller Art als Reinigungsmittel der Luft (und somit als Pestprophylaktikum) empfahl, pries sich gleichsam als Retter der Menschheit: „Ich habe meinen Mitbürgern, die von allen verlassen waren, durch meine verschiedenen Ratschläge Hilfe geleistet. Und dank des Mitleids des höchsten Gottes habe ich viele am Leben erhalten und vor der Pest bewahren können".[15]

Solch starke Worte waren unter den zeitgenössischen Ärzten nicht selten. Viele Menschen argwöhnten zu Recht, daß es mit dem Fachwissen dieser Großsprecher nicht weit her war. Die frühen Humanisten favorisierten den *schweigenden* Arzt, und die Medizin was für sie, wie es bereits Vergil formuliert hatte, eine *stumme Kunst*.[16] Natürlich litt das Ansehen des Heilberufs in Seuchen- und Krisenzeiten auch dadurch, daß selbsternannte „Ärzte" und Scharlatane ihre Kunst anpriesen, wie Boccaccio aus dem Florentiner Alltag berichtet.[17] Keck verkauften sie Scheinerfolge als sensationelle Wunderheilungen und strichen nicht selten horrende Summen ein. Dies galt übrigens auch für die Apotheker bzw. Pillenverkäufer, deren Läden in vielen Städten – abgesehen von den Kirchen – die einzigen geöffneten Gebäude blieben.[18] Der geprellte Patient lief am Ende Gefahr, jeden zu hassen, der ihn behandelte oder beriet.

Andererseits war es im 14. Jahrhundert vielen Menschen unmöglich, Ärzte zu bestellen und zu bezahlen. Da nach zahlreichen Chronistenberichten vornehmlich die Reichen flohen, traf die Flucht mancher Mediziner ihre Klientel weniger hart, als man vermuten könnte. Nicht wenige „Prominentenärzte" begleiteten bzw. trafen ihre wohlhabenden Patienten in deren Refugien, während die Massen in der Stadt zurückblieben, wo sich – wie schon vor der Pest – kaum ein studierter

Arzt um sie kümmerte. Allerdings gab es – besonders in italienischen Kommunen – schon seit dem 13. Jahrhundert amtlich bestellte „Stadtärzte“, die von den Regierungen zur Behandlung von Pestkranken verpflichtet und für ihre Tätigkeit *pauschal* bezahlt wurden. Auch sie flohen allerdings nicht selten und riskierten dabei hohe Strafen. Noch 1666 sah freilich der berühmte englische Arzt Thomas Sydenham in der Flucht vor der Pest keinen Widerspruch zum ärztlichen Ethos.[19] Was die Ärzte seit 1348 jedem nicht infizierten Mitbürger dringend ans Herz legten, galt auch noch im 17. Jahrhundert als einzig sichere Prophylaxe!

Bemerkenswert ist, daß sich bis ins 13. Jahrhundert hinein kein mittelalterlicher europäischer Arzt durch Eid einem Ethik-Codex verpflichten mußte. Man bot seine Dienste nach Abschluß der Ausbildung bzw. des Studiums an, ohne sich gegenüber der Obrigkeit oder der Kollegenschaft auf *konkrete* sittliche Grundsätze festzulegen. In freiem Wettbewerb wurde behandelt, wer um ärztliche Hilfe bat und bezahlen konnte.[20] Nicht nur der handwerkliche Wundarzt, sondern auch der promovierte *Physicus* arbeitete, war er nicht gerade fürstlicher Leibarzt oder von der Kommune bestallter Stadtarzt, erstaunlich frei und weitgehend unabhängig. Daß einige Mediziner in ihrem Beruf vor allem eine lukrative Geldquelle erkannten, beweisen mehrere kritische, ja das ärztliche Verhalten karikierende Abhandlungen des Hochmittelalters.[21]

Im Alltag des Schwarzen Todes, angesichts der tödlichen Gefahr, der sich jeder Pestarzt aussetzte, gewannen ethische und moralische Fragen urplötzlich eine ungeahnte Bedeutung. Kommunen und Landesherren forderten von den Ärzten eine an ethischen Normen orientierte Loyalität. Zwar hatte die ärztliche Deontologie bereits bei medizinischen Autoren des Früh- und Hochmittelalters eine gewisse Rolle gespielt (es handelte sich in der Regel um Empfehlungen an Kollegen), doch gewann sie seit 1348 eine eminent politische Bedeutung. Den Stadtregierungen ging es dabei weniger um moralische Fragen als um das Gemeinwohl. Wenn Richtern, Notaren oder städtischen Beamten im Falle der Flucht das Bürgerrecht entzogen wurde,[22] konnte auch von Ärzten erwartet werden, daß sie trotz der Gefahr ihre Pflichten erfüllten. Die Verhinderung der Seuchenausbreitung unter den Armen, die die Mehrheit der Einwohner stellten, war für jede Stadt von existentieller Bedeutung.[23]

Eine wichtige Rolle spielten in diesem Zusammenhang die medizinischen *Collegia.* Seit dem späten 13. bzw. frühen 14. Jahrhundert kontrollierten sie nicht nur – wie die Zünfte – Ausbildung, Leistungsstand und Zulassung ihrer Mitglieder, sondern forderten als Aufnahmebedingung ein beachtliches Berufsethos. Neue Mitglieder wurden auf die Satzung eingeschworen.[24] Während Barbiere und Chirurgen handwerklichen Gilden angehörten, unterstanden die für akademisch gebildete Ärzte zuständigen Collegia der Kontrolle der Universitäten.[25] Ein neues Standesdenken, aber auch die Reflexion über Pflicht und Moral war für diese Korporation charakteristisch. Um die Anerkennung des ärztlichen Standes zu sichern, rang man, gerade unter dem Eindruck der Pesterfahrung, um *ethische* Richtlinien. Natürlich wurde hierbei auch versucht, den Interessen von Kommune und Obrigkeit Rechnung zu tragen. Ein zunehmendes Elitebewußtsein war bald unverkennbar. Vorsteher der Collegia waren im allgemeinen Universitätsprofessoren oder Leibärzte von Fürsten und Bischöfen. An deren Tafeln diskutierten die ärztlichen Standesvertreter mit den Vertretern der Behörden die Notlage. Es leuchtet ein, daß hier die Flucht von Ärzten verdammt und ein Engagement auf Leben und Tod gefordert wurde, um die Stadt, vor allem aber die Regierung vor einer Existenzkrise zu bewahren.[26] Moral und Politik schienen eng miteinander verflochten.

Um 1370 forderte so, ebenso zeittypisch wie exemplarisch, der deutsche Arzt Johannes Jakobi seine Kollegen auf, Pestkranken jederzeit zu helfen, dabei aber alle denkbaren Vorsichtsmaßnahmen zu beachten. Selbstlose Hilfe bei maximalen Selbstschutz war die neue Idealforderung.[27] Gerne übersieht man heute, daß ein übertriebener, sinnloser Einsatz des Arztes den Menschen lange Zeit verdächtig erschien. Nach den Untersuchungen von Welborn existierte seit der Antike eine deontologische Tradition, solche Kranke nicht zu behandeln, denen nicht geholfen werden *kann.* Hoffnungslose Fälle zu „kurieren" galt im Mittelalter als Scharlatanerie, hinter der man Geldgier, Eigennutz oder Angeberei vermutete![28]

So mag auch die Visite von Pestkranken – obgleich deren Leiden nach der Theorie der Schulmedizin keinesfalls als inkurabel galt! – anfangs umstritten gewesen sein. Jacme d'Agremont, ein Arzt aus Lerida, empfahl 1348, zu Pestzeiten niemals an Lohn oder Gewinn zu denken, da die Lebensgefahr zu groß sei. Viele Kollegen hätten letztendlich alle Schätze der Welt nicht vor Ansteckung und jämmerlichen Tod bewahrt.[29] Das Problem lag auf der Hand: Verweigerten die Ärzte die Behandlung oder ergriffen sie die Flucht, galten sie als feige. Halfen sie unter Lebensgefahr oder in aussichtslosen Fällen, bezichtigte man sie der Geldgier.[30] Die Vorwürfe wurden umso lauter, je mehr das Vertrauen in die ärztliche Therapie verlorenging.

Ein „Minimalethos" kristallisierte sich heraus. Der Arzt sollte in jedem Fall Neuerkrankte aufsuchen, die seinen Besuch wünschten, da der Patient aus moralischen Gründen ein Recht auf Diagnosestellung hatte. Handelte es sich wirklich um die Pest, stand es dem Mediziner frei, weiter zu behandeln.[31] Verweigerte er die Therapie, galt dies in den Augen der Zeitgenossen nicht unbedingt als ethisches Versagen, sofern der hoffnungslose Zustand des Patienten offenkundig war.[32] Ärztliche Pflicht war es in diesem Fall aber, den Kranken zur Beichte aufzufordern, damit er mit Gott Frieden schließe. Der Ruf nach dem Priester war – so der Tenor zeitgenössischer medizinischer Traktate[33] – in den Augen vieler wichtiger als die Inspektion des Urins oder das Tasten des Pulses. Daß die Pesttherapie des 14. Jahrhunderts, wie dargelegt, wenig effektiv war, verkompliziert die Frage nach Sinn und Notwendigkeit einer Behandlung zur Zeit des Schwarzen Todes nur aus heutiger Sicht. Ein Mediziner *mußte* 1348, selbst wenn ihm gelegentlich Zweifel kamen, auf Grund des Prestiges der galenischen Lehre annehmen, daß die an den Universitäten gelehrte Seuchentheorie die richtige war.[34] Im übrigen konnten bedeutende Ärzte auch legal, d. h. ohne kommunale oder Standesvorschriften zu verletzen, eine Stadt verlassen, wenn nämlich Universitäten ihren Lehrbetrieb in seuchenfreie, „sichere" Gebiete verlegten.[35]

Kurz nach der großen Pest kam eine charakteristische Arbeitskleidung für Ärzte in Mode, die ihren Schutz verstärken und ihre Furcht mindern sollte. Sie bestand aus einem enganliegenden Ledergewand, einem mantelartigen Überwurf mit Handschuhen und einer Maske mit schnabelartigem Fortsatz vor Mund und Nase. In ihm befanden sich, entsprechend den in den Pestregimina zusammengefaßten Empfehlungen,[36] geruchsstarke Kräuter oder Essigschwämme, die die Einatmungsluft filtrierten. Die Augen waren durch Glasbrillen geschützt. Sinn dieser Schutzkleidung war es, den Arzt vor jedwedem Luftkontakt zu bewahren (In Wirklichkeit dürften die Mäntel und Überwürfe Flöhen optimale Aufenthaltsbedingungen geboten haben!).[37]

Das Verhalten der Ärzte in Pestzeiten wurde in den folgenden Jahrhunderten immer mehr reglementiert, ohne daß es freilich, wie hätte es auch sein können, zu einem *therapeutischen* Durchbruch gekommen wäre. Interessanterweise finden sich Untersuchungen über das Verhalten von Ärzten zur Zeit des Schwarzen Todes weitaus seltener als z. B. entsprechende Analysen über die Geistlichkeit. Man kann davon ausgehen, daß die meisten in Städten tätigen Mediziner – ähnlich wie die Vertreter des niederen Klerus – der Seuche zum Opfer fielen. Ungeachtet einer verbreiteten zeitgenössischen Kritik an ihrem Verhalten im Pestalltag – die zitierten Berichte aus Italien und Frankreich liefern zahlreiche Beispiele[38] – vermutete Rath, daß bei sorgfältigster Abwägung von Pflichttreue und -vergessenheit, Nächstenliebe und Egoismus, Mut und Ängstlichkeit „sich die Schale tief zugunsten echter selbstloser ärztlicher Haltung" neigte.[39] Das Ethos tausender Ärzte, die starben, erschien – hier zeigt sich wie schon erwähnt, die Parallele zur Geistlichkeit – weniger erinnerungswürdig als das spektakuläre Versagen anderer, das die Öffentlichkeit freilich noch bitterer empfand. Erinnert sei auch an die klaglose Arbeit unzähliger Ordensbrüder und -schwestern, die in Hospitälern Kranke pflegten – und starben.

Das erwähnte Pariser Pestgutachten behandelte auch die Frage, wie sich der einzelne Arzt gegen die Ansteckung wappnen könne. Die überragende Rolle, die die Gelehrten in diesem Zusammenhang der Astrologie zuwiesen,[40] förderte bei vielen Medizinern eine eher fatalistische Grundeinstellung. Waren Infektion, Prognose und Verlauf der Krankheit vorherbestimmt, ließ sich zwar ein prophylaktisches und therapeutisches Schema entwickeln, doch schien der Erfolgsspielraum letztendlich determiniert. Ob man selbst erkrankte und starb, war ebensowenig zu beeinflussen wie das Schicksal der Patienten. Dazu erschien die Pest, wie ausgeführt, vielen Zeitgenossen, so z. B. Konrad von Megenberg,[41] als Strafe Gottes. Wie sollte ein Arzt aber gegen „höhere Gewalt" angehen können? Solche Fragen behielten, nicht zuletzt angesichts des andauernden ärztlichen Mißerfolgs, eine bleibende Aktualität. Viele Ärzte dürfte so eine resignative Grundhaltung verunsichert haben, die Fluchtgedanken nahelegte und den Sinn ihrer Arbeit in Frage stellte.

25. Die Universitäten zur Zeit der Pest

Ärzte, Juristen sowie ein Teil der Geistlichkeit[1] wurden im 14. Jahrhundert an Universitäten ausgebildet. In Oberitalien, vor allem in Padua, waren die Medizinprofessoren besonders einflußreich, da sie auch die Artistenfakultät beherrschten, d. h. die Studienanfänger *aller* Fakultäten in den *Artes liberales,* den freien Künsten unterrichteten.[2]

Fünf europäische Universitäten, Grenoble, Vercelli, Reggio d'Emilia, Neapel und Verona mußten nach der Pest ihren Lehrbetrieb einstellen. Auch die Universität von Rom ließ sich zunächst nicht wiederbeleben. Pisa stand ebenfalls vor dem Zusammenbruch, Siena öffnete seine Alma Mater erst wieder 1357. Die zwischen 1348 und 1370 gegründeten Universitäten in Prag, Florenz, Krakau, Piacenza, Genf, Wien und Fünfkirchen hatten, von Prag einmal abgesehen, Mühe, ihre Arbeit im vorgesehenen Rahmen aufzunehmen.[3] Erst nach dieser Zeit läßt sich eine deutliche Zunahme von Professoren und Lizenziaten nachweisen. Montpellier hatte vor 1348 etwa 1000 Studenten, nach der Pest nur noch 200. In Oxford soll ihre Zahl nach dem Bericht des Kanonikers Fitzralph (1357) von 30000 auf 6000 geschrumpft sein. Daß solche Zahlen übertrieben waren, wurde bereits dargelegt.[4] Die Stadt lag zwar an der wichtigen Handelsstraße von London nach Bristol, was zweifellos eine besondere Gefährdung bedeutete,[5] doch dürfte die Zahl der Studenten in Oxford vor dem Schwarzen Tod nicht mehr als 1500 betragen haben.[6] Allerdings sind konkrete Zahlen schwer zu eruieren, da an mittelalterlichen Universitäten eine starke Fluktuation bestand. Offensichtlich ereichte die Pest, die aus Bristol eingeschleppt wurde, die Universitätsstadt im Winter, was die Aggressivität der Ansteckung wohl erheblich reduzierte.[7] Immerhin waren von 87 vor der Pest in Oxford ansässigen Theologen 1350 noch 61 nachweisbar. Berücksichtig man, daß im 14. Jahrhundert die Zehn-Jahres-Mortalität der Altersgruppe zwischen zwanzig und dreißig etwa zehn Prozent betrug und zahlreiche angehende Kleriker vor der Seuche einfach die Flucht ergriffen hatten, ergibt sich eine Steigerung der Todesrate während der Pest von etwa fünf bis zehn Prozent! Die übrigen Fakultäten scheinen dabei noch besser weggekommen zu sein.[8] Somit litt die Universität weit weniger unter der Seuche, als lange Zeit angenommen wurde, in jedem Fall auch weniger als die englische Gesamtbevölkerung. Positiv wirkte sich auch die lange Dauer der Sommerferien aus. Zu der Zeit, als die Pest Bristol dezimierte (um von dort auf Oxford überzugreifen), waren die Studenten der benachbarten Universitätsstadt noch nicht an ihren Studienort zurückgekehrt.[9]

Von Interesse ist natürlich die Frage, inwieweit Lehrqualität bzw. Prüfungsanforderungen nach der Pest abnahmen. Gab es eine Art Notstudium? Tatsächlich gibt es in England Hinweise auf eine Niveausenkung nach 1350, während in Paris zur selben Zeit offensichtlich ein höheres Wissen verlangt wurde. Diese Entwicklung war weniger durch den Pesttod als durch den Weggang berühmter Professoren mitbedingt. Ockham, Wodeham, Bradwardine erlagen zwar ebenfalls der Seuche, aber erst *nach* ihrer Oxforder Zeit![10] An den theologischen Fakultäten herrschten freilich auch neue Lehrpläne. Die Studenten, welche von den Bettelorden an die Universität geschickt wurden, scheinen eine geringere Vorbildung mitgebracht zu haben, da die notwendigen Propädeutikkurse, die traditionell in Konventen größerer Städte abgehalten wurden, durch die Pest erheblich behindert wurden. Natürlich lag es im Interesse der Kirche, die nach dem Schwarzen Tod vakanten Pfarrstellen möglichst rasch zu besetzen.[11] So versuchten auch die Orden, ihren Nachwuchs heranzuziehen, wobei angesichts der allgemeinen Notlage zunächst praktische Aspekte der Seelsorge und Predigt im Mittelpunkt der Ausbildung standen. In Oxford mochte zudem auch die Abwesenheit der führenden Geister der Zeit, etwa Heinrich von Langenstein, Pierre d'Ailly oder Marsilius von Inghen, die sich nunmehr in Paris aufhielten, Forschungsintensität und Kreativität der englischen Theologen gedrosselt haben.[12]

In besonderer Weise ließ natürlich der Ausbildungsstand der Weltpriester zu wünschen übrig. Überall klafften Lücken, und es war die Pflicht der Bischöfe, diese möglichst bald zu schließen. Kompromisse waren unumgänglich, was freilich, wie bereits ausführlich erläutert,[13] einen intellektuellen und moralischen Niedergang des Klerus implizierte. Nachdem sogar die Augustiner-Chorherren Kandidaten zur Priesterweihe zuließen, die kein Latein beherrschten (es galt erst wieder 1381 als Vorbedingung) und die Augustiner-Eremiten selbst Elfjährige als Novizen aufnahmen, sah man in der Förderung der theologischen Fakultäten das einzige Mittel, das Ansehen des Klerus zu retten.[14] Der schon genannte Chronist Knighton von Leicestershire berichtet, daß unter den neuinvestierten Geistlichen viele reine Laien waren, „abgesehen davon, daß sie irgendwie lesen konnten, wenn auch das Gelesene nicht verstanden".[15] William Wykenham, der Bischof von Winchester, mußte einem neu ordinierten Theologen 1358 die Auflage erteilen, innerhalb von zwölf Monaten die Glaubensartikel und die wichtigsten Teile der Liturgie zu erlernen.[16] In Marienberg geriet die alte Liturgie durch den Tod fast aller Mönche in Vergessenheit, da sie nicht vollständig fixiert war und die wenigen Überlebenden sie offensichtlich nicht beherrschten. „Man fand nur wenige, die ihrer Ausbildung nach in der Lage waren, in den Häusern, Dörfern und Städten die Knaben in den Grundlagen der Grammatik zu unterrichten", klagte der Autor der Chronik des Guillaume de Nangis über die neue Generation geistlicher Erzieher.[17]

Die Krise des Klerus widerspiegelte die Krise der Universitätsbildung. Die Konsequenz war, daß man in der zweiten Hälfte des 14. Jahrhunderts in Europa achtzehn neue Hochschulen gründete.[18] Der pestbedingte Bildungsnotstand des akademischen Nachwuchses rief so langfristig – nicht nur in der Theologie – einen wahren Bildungsboom hervor, der durchaus als Vorbote des humanistischen Zeitalters gesehen werden kann. Zwar standen die Hochschulen nach wie vor unter dem prägenden Einfluß des spätscholastischen Aristotelismus, den Petrarca, Salutati und Bruni so heftig geißelten,[19] doch etablierte sich bald auch die philologische Forschung, die die Humanisten favorisierten.

Die medizinischen Fakultäten partezipierten ebenfalls am allgemeinen Aufschwung der Universitäten, der gegen 1400 einen ersten Höhepunkt erreichte.[20] Der neue Professorentypus lehrte nicht nur die Thesen der antiken Autoritäten und die aristotelische Naturphilosophie, sondern war auf Grund seiner Sprachkenntnisse in der Lage, die durch die Araber tradierten Schriften eines Hippokrates, Galen oder Aristoteles kritisch zu revidieren. Blasius von Parma wurde zunächst in Padua, dann in Florenz ein typischer Vertreter der neuen Medizinergeneration, die auch von den frühen Humanisten geachtet wurde.[21] Von einem erfolgreichen Arzt wurde nicht nur ein breites differentialdiagnostisches Wissen, nicht nur eine effektive Therapie erwartet, sondern – vor allem, wenn er an der Universität Anerkennung finden wollte – eine entsprechende literarische Leistung, etwa die Neuedition eines „klassischen“ medizinischen Werkes im lateinischen bzw. griechischen Urtext.[22] Allerdings waren sowohl Allgemeinbildung wie praktisches Wissen und Erfahrung unter der jungen Medizinergeneration unmittelbar *nach* der Pest dürftig. Dies war weniger durch den Mangel an Universitätsprofessoren bedingt, der offensichtlich kaum zu Buche schlug, sondern durch die Tatsache, daß die Obrigkeiten die Zulassung zu den Ärztekollegien in einer gewissen Übergangszeit äußerst großzügig handhabten. Wie die Bischöfe gezwungen waren, Pfarrstellen an mangelhaft vorbereitete Kandidaten zu verteilen,[23] gebot es der Ärztemangel, auch unzureichend ausgebildete oder völlig unerfahrene Mediziner zuzulassen. Da die Universitätsprofessoren, ob sie nun „konservative“ Nachbeter von Aristoteles, Galen, Celsus und den Arabern waren oder „progressive“, humanistisch beschlagene Fachvertreter, der Pest hilflos gegenüberstanden (ihr einzig sinnvoller Rat war, wie gesagt die Flucht!),[24] beeinflußte aber weder die (im übrigen eher geringe) Dezimierung der Koryphäen noch die lückenhafte Ausbildung des Nachwuchses entscheidend den Verlauf der Seuche.

Die Reduzierung der Professoren erschwerte bestenfalls am Anfang eine ausreichende Rekrutierung junger Ärzte, hatte aber kaum Einfluß auf Letalität und Mortalität der Bevölkerung.[25] Für die Gesellschaft war so der Mangel an Theologen bzw. die fachliche Inkompetenz junger Juristen um 1350 weitaus problematischer als der Ärztemangel. Allerdings bleibt dahingestellt, wie dieser *subjektiv* von der Bevölkerung empfunden wurde. Einige Quellen sprechen dafür, daß das Gefühl der Verlassenheit zunahm.[26]

Natürlich fehlten an einigen Orten auch Professoren für den Unterricht der *Artes liberales,* die an den Hochschulen den Lehrstoff des ersten Studienjahres darstellten (und in Padua und Bologna von Medizinprofessoren gelehrt wurden).[27] Die Allgemeinbildung der Studenten dürfte so deutlich eingeschränkt worden sein. Entscheidend bleibt aber, daß der Tod unzähliger Ärzte (der Kommunen wie Venedig veranlaßte, Mediziner aus anderen Städten abzuwerben)[28] die Pestwellen in der zweiten Hälfte des 14. Jahrhunderts nur unwesentlich beeinflußte.

So scheint die Krise der Universitäten je nach Fakultät unterschiedliche Konsequenzen und Probleme verursacht zu haben. Auch *regionale* Unterschiede gewannen Bedeutung. Das erwähnte Pariser *Pestgutachten,*[29] das die medizinische Fakultät 1348 im Auftrag des Königs erstellte, bewies die Wertschätzung und das Vertrauen, das die Obrigkeit in die Universitäten setzte. Es war das Privileg der Könige und Herrscher, in der Folgezeit Neugründungen zu bestätigen. Fast immer wurde in den Gründungsurkunden der Einschnitt betont, den der Schwarze Tod für das akademische Leben bedeutete, wobei besonders das *psychologische* Moment berücksichtigt worden zu sein scheint. Allerdings vertrat Campbell die These eines universellen Notstandes der europäischen Universitäten, der durch Stiftungen von neuen Hochschulen bzw. Kollegien zwischen 1350 und 1380 langsam beseitigt worden sei.[30] Die Gründung von Trinity Hall bzw. Gonville Hall in Cambridge 1350 bzw. 1352 seien hierfür ebenso prominente Beispiele wie das 1361 gestiftete Canterbury Hall College in Oxford.[31] Auch Laien konnten Kollegien stiften, so Elizabeth de Burgh, Gräfin von Clare, die 1355 das University Hall College in Cambridge mit der ausführlichen Begründung errichten ließ, daß so viele Gebildete der Pest erlegen seien.[32] Daß es auch religiös motivierte Beweggründe gab, beweist die Gründung des Corpus Christi College in Cambridge. Es wurde von zwei Bruderschaften gestiftet, denen die durch den Priestermangel gestiegenen Gebühren für die Seelenmessen zu hoch erschienen und die als Gegenleistung für ihre Stiftung die unentgeltliche Abhaltung von Gottesdiensten verlangten.[33]

Auch Päpste gründeten Kollegien. Innozenz VI. stiftete 1359 das Collegium Saint-Martial in Toulouse, Urban V. 1369 das Collegium Douze-Médecins in Montpellier.[34] In Paris hatte Clemens VI. bereits 1351 vier neue Professoren eingesetzt, um den Unterricht in der theologischen Fakultät auf breiter Basis zu garantieren. Freilich läßt sich Campbells These einer allgemeinen und internationalen Krise der europäischen Hochschulen, wie gerade das Beispiel von Oxford zeigte, kaum aufrechterhalten. Bei näherer Betrachtung kann kein Zweifel bestehen, daß die meisten Universitäten von personellen Einbrüchen weitgehend verschont blieben. Nicht die (eher geringe) Deziminierung der Professoren und Studenten war problematisch, sondern die Notwendigkeit, möglichst kurzfristig in wichtigen akademischen Berufen für qualifizierten Nachwuchs zu sorgen. Juristen, Ärzte und Geistliche waren in Massen der Pest erlegen und hatten schmerzliche Lücken hinterlassen. Wollte man sie kurzfristig ersetzen, konnte der gewohnte Ausbildungsstand nicht immer garantiert werden.

26. Die Reaktion der Behörden: das Beispiel Pistoia

Die Pest, die seit 1347 Europa bedrohte, brachte nicht nur individuelle Not und Angst, Judenverfolgung und religiöse Umwälzungen mit sich. Den Gemeinwesen selbst, Dörfern wie Stadtrepubliken, drohte kurze Zeit der Zusammenbruch. Die staatlichen Gewalten waren außer Funktion und Kontrolle, das für Abstimmungen notwendige Quorum der Räte wurde nicht mehr erreicht. Nicht nur in Florenz oder Venedig herrschten anarchische Zustände.[1] «Angesichts der so schrecklichen und elenden Situation in unserer Stadt war der ehrwürdige Ruf der göttlichen und menschlichen Gesetze fast völlig zerstört und vernichtet, weil ihre Vertreter und Vollstrecker wie die übrige Bevölkerung tot oder krank waren und es ihnen an Gehilfen mangelte, eine Amtshandlung vorzunehmen», schrieb Boccaccio.[2] Legislative, Exekutive und Jurisdiktion, im 14. Jahrhundert freilich noch nicht in «klassischer» Weise getrennt, waren gelähmt, die Lebensmittelversorgung in Gefahr. Diebe wurden nicht mehr belangt, die Kriminalität schien immer bedrohlicher, die bereits vor der Pest vielerorts nachweisbare Hungersnot eskalierte.[3] Nicht nur in Venedig[4] kampierten Tausende im Freien, in der Hoffnung, durch Betteln bzw. Zuteilungen der Behörden vom Hungertod verschont zu bleiben. Angst und Furcht ließen ein Chaos entstehen. Tote blieben unbegraben, weil die Totengräber, Testamente unwirksam, weil die Notare fehlten. Familien verzweifelten, weil ihre Angehörigen ohne geistlichen Beistand starben. So war die Pest von Beginn an ein Politikum, zumal fast überall Eiferer das Wort ergriffen und die Stimmung aufpeitschten. Der Schwarz Tod rief eine Krise von Verwaltung, städtischer Hierarchie, Kirche, Bruderschaften und Zünften hervor. Verschiedene Schutzmaßnahmen wurden notwendig, um einen Kollaps des öffentlichen Lebens zu verhindern. N. Bulst hat einen entsprechenden Maßnahmenkatalog für Seuchenzeiten aufgelistet, der, ungeachtet gewisser Variationen – angesichts der tragischen Ahnungslosigkeit, was die Ursache der Pest betraf – jahrhundertelang Gültigkeit besaß.[5]

Im Zweifelsfall hielt man die Pest für harmlos, eben *nicht* für die Pest. Tatsächlich kannte man im Spätmittelalter fiebrige Infektionskrankheiten, die im Anfangsstadium in vielem der Beulenpest ähnelten. Sie verursachten freilich keine flächendeckenden Massenerkrankungen und verschwanden nach einer gewissen Resistenzbildung in der Bevölkerung wieder.[6] Aus Furcht vor Panik, Massenhysterie, Massenflucht und unkontrollierbarem Verhalten der Erkrankten unterstellte die Obrigkeit nicht selten kühl die harmlosere Diagnose und hatte zuweilen Glück, meist aber Pech. Interessanterweise wurden staatliche Maßnahmen fast immer mit einer gewissen Verzögerung eingeleitet. Man hoffte verständlicherweise auf eine plötzliche Wende, wollte aber auch Angst und Panik vermeiden. Im Falle eines Irrtums war dann allerdings ein Massensterben unvermeidlich, nicht nur 1348, als man der Pest vielerorts recht naiv gegenübertrat, sondern auch 1576 in Venedig, 1630 in Mailand und noch 1656 in Neapel.[7] Jedesmal wurde zunächst eine harmlose Diagnose gestellt, die letztendlich den Pestalltag umso grausamer erscheinen ließ. Natürlich waren die Kommunalregierungen in einer mißlichen Lage. Die prophylaktische Isolierung von Reisenden und Kaufleuten, vor allem aber die Bestätigung auch nur eines Pestfalls in der eigenen Stadt bedeuteten einen Einbruch des Handels, ja eine Intensivierung aller sozialen, ökonomischen und politischen Probleme.[8] Hinter der «Verantwortungslosigkeit» stand eine durchaus verständliche Risikoabwägung.

Die ersten Schritte der Regierungen stellten Kontrollmaßnahmen dar, z.B. Einlaßverbote und die Meldepflicht Verdächtiger, ferner die Vertreibung von Bettlern und Vagabunden. Der Übergang zu Fremdenhaß und der Verdächtigung unliebsamer Mitbürger, die schließlich in Judenpogromen kulminieren sollten, war fließend, wenn auch nicht zwangsläufig.[9] Wichtig war die Aktivität der *Gesundheitsbehörden,* die 1348 in Florenz bereits bestanden, in Venedig dagegen während der Pest eingesetzt wurden.[10] Sie reglementierten und überwachten die Arbeit von Ärzten, Aufsehern, Totengräbern und Polizisten und kontrollierten das Hospital- und Beerdigungswesen. Auch die öffentliche Hygiene unterstand diesen Beamten, die in der Regel *keine* Ärzte waren.[11] Die Sequestrierung von Kranken wurde 1348 sehr früh durchgeführt, während die berühmte *Quarantäne,* d.h. die Internierung von Reisenden aus Seuchengebieten für eine bestimmte Zeit, 1348/49 noch keine Rolle spielte. Sie wurde systematisch erstmals 1377 in Ragusa (Dubrovnik) erprobt.[12]

Auch die Vernichtung des persönlichen Besitzes Verstorbener gehörte zu den standardisierten Maßnahmen. Der staatlichen Reglementierung unterlagen auch Bittprozessionen, die einmal vorgeschrieben, eimal untersagt wurden, nicht selten aber auch spontan erfolgten.[13] Ebenso flehte man «offiziell» die Schutzheiligen an. Märkte und Versammlungen wurden auf das Notwendigste eingeschränkt, doch mußte die Möglichkeit des Einkaufs weiter bestehen. Spelunken, Freudenhäuser und Absteigen wurden geschlossen, Fremde möglichst ausgewiesen. Auch nach Sicherung der Diagnose «Pest» versuchten die Behörden abzuwiegeln und die Emotionen zu mäßigen. Im Regelfall verbot man Trauerzüge und die Veröffentlichung der Totenlisten.[14] Trauerkleider durften nur engste Angehörige tragen.[15] Auch die Straßenprostitution unterlag strengen Kontrollen. Sehr sorgfältig wurde vor allem in Italien, wo die städtische Kultur zweifellos fortgeschrittener war als im Norden, die Müll- und Kadaverbeseitigung überwacht. Ausnahmeregelungen waren auf das Notwendigste beschränkt. Aus dem Staatshaushalt stellte man Sondergelder zur Pestüberwachung bereit. Ziel aller Maßnahmen war es, die Funktion von Kommune und Staat zum Nutzen aller zu erhalten. Andererseits steht fest, daß die Pest durchaus instrumentalisiert werden konnte, um politische Forderungen durchzusetzen. Die Fama der nahenden Seuche und die zunehmende Angst konnten soziale Unruhen intensivieren, Minderheiten gefährden und zur Manipulation von Macht und Ämtern beitragen.[16]

Die lähmende Angst, die die Pest begleitete, wurde bereits erwähnt.[17] Droht Gefahr, versucht der Mensch freilich gerne, sich selbst zu betrügen. Dies galt selbst für die Ärzte, und noch mehr für die Behörden. «Indem sie die Bevölkerung in Sicherheit wiegten, beruhigten sie sich selbst», erkannte Delumeau.[18] Es gibt Beispiele, wo Stadtregierungen, wenn ein Mediziner eine pessimistische, aber zutreffende Diagnose bzw. Prognose gestellt hatte, solange weitere Kollegen hinzuzogen, bis alle Bedenken zerstreut waren.[19] In einer solchen Stimmung, unter dem Erwartungsdruck der Auftraggeber, versuchte andererseits der Arzt, diesen entgegenzukommen und die Pest zu leugnen. Freilich beweisen einige der genannten Routinemaßnahmen, daß sich praktische Überlegung und Erfahrung durchaus durchsetzten, auch wenn sie nach der von den Medizinern vertretenen galenischen Luftverseuchungstheorie eigentlich sinnlos erschienen.[20] Man müßte sich sogar fragen, weshalb Räte und Regierungen angesichts der ärztlichen Hilflosigkeit immer wieder medizinische «Fachleute» zu Rate zogen. Hierfür gibt es wohl mehrere Gründe. Einmal können wir heute das Renommee antiker Autoritäten wie Hippokrates oder Galen in der Früh- und Hochrenaissance kaum noch verstehen.[21] Ein Werk aus dem Altertum besaß in den Augen der Gebildeten, besonders der aufstrebenden *Humanisten,* schlicht einen höheren Wahrheitsgrad. Was die antiken Ärzte, Naturwissenschaftler und Naturphilosophen betraf, so herrschte diese Begeisterung bereits im späten Mittelalter vor, als die Hochschätzung des Aristoteles und seiner Kommentatoren vom Islam auf das Abendland übergriff.[22] Eine Aussage Galens kam einem Axiom gleich. Die erste Emanzipationsstufe der Renaissance-Medizin bestand nicht etwa in einer Widerlegung des Arztes aus Pergamon, sondern in verbesserten Editionen seiner Werke! Noch Vesal, der Galen in vielem korrigierte, arbeitete an einer Neuausgabe von dessen Schriften mit.[23] Auch in den Augen gebildeter *Laien* konnte man auf die Meinung der «Autoritäten» nicht verzichten.

Außerdem war der Ärztestand in Italien und Frankreich spätestens im 13. Jahrhundert zu einer einflußreichen und auch politisch bedeutsamen Institution geworden. Nach ihrer gesellschaftlichen Emanzipation – von Petrarca erfahren wir, wieviel sich manche Mediziner hierauf einbildeten[24] – fühlten sich die Bologneser oder Paduaner Universitätsabsolventen durch die Krise des Staates mit herausgefordert. Persönlich, beruflich und gesellschaftlich eng mit der Oberschicht verbunden,[25] versuchten sie offenbar nicht selten, deren Sorgen und Sichtweise im Moment der Gefahr zu teilen. Man verabscheute Unruhe und Panik ebenso wie die Auftraggeber, diskutierte mit diesen unter

Ausschluß einer breiten Öffentlichkeit und erwog, was für und gegen die Pest sprach. Hierbei neigte man nicht selten dazu, im Moment der Gefahr die Bedenken der Regierung zu teilen und die drohende Staatskrise, zumindest unbewußt, durch harmlosere, verschleiernde Diagnosen zu verhindern. Noch im 15. Jahrhundert gibt es hierfür viele Beispiele.[26]

Zweifellos waren viele Kommunen im 14. Jahrhundert auch auf ihre Universitäten stolz. Man erkannte sehr wohl, daß eine Hochschule vor Ort hohes Ansehen brachte und kultivierte deren Ruhm. Die besten Medizinprofessoren Paduas, Ferraras oder Pavias saßen an der Tafel der Fürsten oder Amtsträger und waren, zumindest dem Titel nach, deren Leibärzte.[27] Man bezahlte und hofierte sie. Die Stadt stellte die für den Universitätsbetrieb notwendige Infrastruktur bereit. So gebot es die öffentliche Meinung wie das Interesse der Oberschicht, daß die Universität stets Rat wußte, auch wenn sie damit überfordert war. In den Augen der breiten Öffentlichkeit und der Chronisten war das ärztliche Ansehen zweifellos weitaus geringer![28]

Oft ergänzten die städtischen Gesundheitsbehörden auch ärztliche Anordnungen. Beamtete Laien ergriffen bereits 1348, in den ersten Wochen nach Seuchenausbruch, energisch Isolierungs- und Hygienemaßnahmen, die noch heute unsere Bewunderung verdienen. Weniger die medizinische Schultheorie, sondern praktische Erfahrung und ein gutes Stück Menschenverstand bestimmten ihr Vorgehen. In Florenz hatte man glücklicherweise bereits 1321 die *Statuti sanitari* festgelegt, die für den Seuchenfall (von der *Pest* konnte man damals noch nichts ahnen) wie für sonstige Katastrophen die Kontrolle der Lebensmittelzuteilung, der Trinkwasserversorgung, des Beerdigungswesens sowie die Organisation von Hilfsämtern regelten, also eine Art *Notstandsgesetzgebung* – nicht nur für den Gesundheitssektor – darstellten.[29]

Auch in Venedig wurde, wie erwähnt, 1348 eine Gesundheitsbehörde eingerichtet. Drei Beamte aus der Nobilität übernahmen ehrenamtlich ihre Leitung. Der Große Rat stattete sie mit allen möglichen Vollmachten aus. Schon nach drei Tagen wurden ihre Anordnungen ausgeführt. Die Pesttoten wurden unverzüglich in abgelegenen Massengräbern beigesetzt, Patrouillen der Gesundheitspolizei kontrollierten Passanten auf Pestsymptome. Sterbende, die keinen festen Wohnsitz aufwiesen, wurden zusammen mit bereits Verstorbenen abtransportiert.[30] Der Zugang zur Stadt wurde von der Land- und Meerseite streng bewacht, Zuwiderhandlungen wurden mit der Galeerenstrafe geahndet.[31] Im übrigen unterstützte auch die Kirche solche

Schutzmaßnahmen. So wurden in Venedig 1348 Gottesdienste und Massenveranstaltungen einfach abgesagt. Spontane Bußprozessionen, über die die Chronisten immer wieder berichten, waren eher Folge der allgemeinen Verzweiflung als kirchlicher Planung.[32]

Auch in Pistoia versuchten die Behörden, durch zahlreiche Sicherheitsmaßnahmen die Katastrophe abzuwehren bzw. nach Ausbruch der Pest ihre Auswirkung zu begrenzen. Die *Ordinamenta sanitatis* stellen eines der wichtigsten Dokumente dar, die uns über die Seuche von 1348 erhalten blieben.[33] Sie wurden von dem Notar Simon Bonaccursi aufgelistet. *Vor* Ausbruch des Schwarzen Todes war es streng verboten, sich in die bereits infizierten Regionen von Pisa und Lucca zu begeben. Fünfzig Pfund Geldstrafe wurden bei Zuwiderhandlungen eingezogen. Ebenso rigoros war es Privatleuten untersagt, Personen aus diesen Städten bei sich aufzunehmen. Die Torwächter hatten darauf zu achten, daß sich niemand heimlich einschlich. Ihnen selbst (und nicht nur dem Delinquenten) drohte in diesem Fall eine hohe Geldstrafe. Allerdings konnten Bewohner der Stadt – und dies sollte sich als fatal erweisen – mit einer Sondergenehmigung des Rats in die Territorien der verpesteten Städte reisen und von dort zurückkehren. In sehr typischer Weise befahlen die *Weisen* (Savi) des Gesundheitswesens, «daß es niemand, weder ein Bürger noch ein Bewohner des Umlands bzw. Herrschaftsgebiet (von Pistoia), geschweige denn ein Fremder wage oder sich erdreiste, auf irgendeine Weise alte Tücher aus Leinen oder Wolle ein- oder auszuführen bzw. ein- oder ausführen zu lassen, die den Menschen, so Frauen für Kleider oder als Bettwäsche, nützlich sein könnten, und zwar bei einer Strafe von 200 Pfund im Falle einer Zuwiderhandlung».[34]

Ausnahmen gab es freilich wiederum für Bürger, die von auswärts zurückkehrten und Leinen oder Wolldecken als Leib- oder Bettwäsche mitführten. Die Lücken der Pistoieser Schutzgesetze zeigen sich besonders in den milden Strafen für Einheimische, die bei Zuwiderhandlungen zwar festgehalten wurden, doch nach drei Tagen mit der geschmuggelten Ware die Stadt verlassen konnten.[35] Natürlich waren die Flöhe inzwischen längst auf andere Textilien übergesiedelt.

So waren die Abwehrmaßnahmen der Stadt vergeblich. Die Ratslisten zeigen für das Frühjahr 1348 zunehmende Verluste von Mitgliedern. Das für Beschlußfassungen notwendige Quorum wurde nicht mehr erreicht. Auch die übrige Beamtenschaft fiel der Pest zum Opfer, so daß am 18. Juni folgende Bekanntmachung erging:

«Da es durch die tödliche Pestkrankheit schwierig, um nicht zu sagen unmöglich geworden ist, in Pistoia die notwendigen Ratsversammlungen mit einer ausreichenden Zahl von Teilnehmern abzuhalten, gefiel es dieser Versammlung eine Statutenänderung zu beschließen, daß es künftig für die gesamte Zeit, wo nunmehr Versammlungen anstehen, d.h. von jetzt an bis zum kommenden 8. August, ausreicht, wenn statt der genannten Anzahl von 24 Ratsherren, die den Finanzausschuß von Pistoia stellen, mindestens zwölf und statt der besagten zwölf für die Überwachung von Burgen und Festungsanlagen zuständigen Ratsherren mindestens sechs besprechen und beschließen, was in diesen Gremien zu diskutieren und zu entscheiden ist. Sie sollen in dieser Zeit in verminderter Zahl Beschlüsse treffen und Maßnahmen vornehmen, als ob sie in der gewohnten und (normalerweise) vorgeschriebenen Zahl zusammenträfen».[36]

Am 27. Juni war hier auch die Volksversammlung beschlußunfähig. Entsprechend erging die Anordnung, daß bis zum folgenden Oktober bereits 60 statt 100 Bürger für Resolutionen ausreichten.[37] Doch wurde die Situation immer ernster. Die Finanzbehörde scheint von Ende Juni bis Mitte Oktober keinen einzigen Beschluß gefaßt zu haben, oder aber man fand keinen Schreiber, der die Sitzungen im *Libro delle Riforme e provisioni* protokolliert hätte.[38] Ebenso fehlt jeder Hinweis auf Aktivitäten der städtischen Verwaltung und des Notariats. Auch in Pistoia versuchten die Behörden, die Auswirkung der Katastrophe zu begrenzen. Die Toten mußten in luftdichten Särgen transportiert werden, da man ihre Ausdünstung fürchtete. Bei Zuwiderhandlungen wurden von den Erben 50 Pfund Strafe verlangt.[39] Bis zur Zahlung blieben die Besitztümer des Verstorbenen in städtischer Verwahrung.

Jedermann, der «krank» aussah, war den Behörden sofort zu melden. Die Pestgräber mußten mindestens zweieinhalb Ellen tief sein, «um den gefährlichen Gestank zu vermeiden, der von den Leichnamen ausgeht». Auch hier drohten empfindliche Geldstrafen.[40] Streng war es natürlich auch verboten, Leichen nach Pistoia hineinzuschaffen, «sei es in einem Sarg oder ohne». Wiederum drohten den Torwächtern harte Sanktionen. Wer zu einer Beerdigung ging, sollte weder den Leichnam noch die Angehörigen (!) berühren noch das Haus des Verstorbenen betreten. Trauerkleidung durfte längere Zeit nur die Witwe tragen. Nicht nur für Pistoia charakteristisch war das Verbot des Glockenläutens zu Beginn des Trauerzugs, «damit der Glockenton nicht zu den Kranken dringe und in ihnen Furcht hochkam».[41] Hörte man dennoch Glockentöne, mußten sowohl die Person, welche die Glocke in Bewegung gesetzt hatte wie der Turmwächter Strafe zahlen. Falls die Täter Angehörige von Verstorbenen waren, konnte die Strafe auch aus deren

Erbe eingefordert werden. Das Verbot galt allerdings nur für den Dom der Stadt. In den Pfarr- und Bettelordenskirchen war das Läuten einer Glocke erlaubt, freilich «solange sie nur einmal und dezent erklang».[42] Charakteristisch war, daß zu Zeiten der Gefahr nicht nur die Delinquenten selbst, sondern auch die zuständigen Kontrollorgane bestraft wurden, was die gegenseitige Überwachung, freilich auch Mißtrauen und Denunzierung förderte.

Auch die Metzger der Stadt wurden angehalten, ihr Fleisch sorgfältig zuzubereiten. Vor allem durften, was offensichtlich üblich war, geschlachtete Tiere nicht mit Luft gefüllt werden. Man fürchtete, sie könnte als giftiges Pestgas entweichen und die Umgebung infizieren.[43] Im Haus des Schlachters durfte nichts Fauliges oder Verwesendes gefunden werden. Ebenso war es verboten, das Fleisch verschiedener Tiere, etwa von Kalb, Rind und Schwein gleichzeitig auf dem Verkaufstisch anzubieten. Die Vorsteher der Metzgergilde wurden angehalten, auf die Durchführung dieser Vorschriften streng zu achten.[44] Von März bis Dezember durften keine Schweine geschlachtet werden. In jedem Fall war die Schlachterlaubnis bei den Behörden einzuholen.

Die Seuchengesetzgebung von Pistoia wurde noch im selben Jahr modifiziert. Die Erfahrung ließ einige Änderungen angeraten erscheinen. Wie erwähnt, nutzten die vorbeugenden Maßnahmen wenig, und die behördlichen Anordnungen, die nach Ausbruch der Pest ihre Auswirkungen lindern sollten, waren der Aggressivität der Seuche nicht gewachsen. Ungeachtet mancher bewundernswerter Maßnahmen und der Opferbereitschaft vieler Gesundheitsbeamter und Ärzte krankte die Seuchenorganisation von 1348 daran, daß ihr die von den Schulmedizinern favorisierte Theorie der *Aria corrotta* zugrundelag.[45] Nur eine absolute, totale Absperrung bzw. Isolierung, mit dem Risiko von Hungersnot, Wirtschaftszusammenbruch sowie der drastischen Einschränkung bürgerlicher Freiheiten, hätte Erfolg bringen können, wobei allein schon eine lückenlose Bewachung der Grenzen des Territoriums unmöglich war. Wenn Soldaten Pestverdächtige abwiesen, konnten sie bereits durch Tröpfcheninfektion infiziert werden und den Schwarzen Tod in ihre Dörfer und Städte tragen. Dies wurde den Zeitgenossen erst durch schmerzhafte Lernprozesse klar, besonders in Italien, wo man der Seuche ohne Erfahrung gegenübertrat.[46] Daß der Herzog von Mailand seine Stadt vor der Pest bewahren konnte, mußte geradezu als Wunder verstanden werden. Umso furchtbarer wurde seine Stadt freilich 1363, während der nächsten großen Pestwelle, von der Seuche heimgesucht.[47]

27. Wirtschaftliche und soziale Folgen der Pest

Der Schwarze Tod erschütterte nicht nur Kultur, Moral und religiöses Bewußtsein der Europäer.[1] Die Pest hatte auch erhebliche Auswirkungen auf die Wirtschaftsgeschichte des Kontinents, die lange unterschätzt wurden. Das Jahr 1348 signalisierte den Beginn einer ökonomischen Krise, die weit ins 15. Jahrhundert andauerte.[2] Entscheidend war der demographische Einbruch, den die Seuche bewirkte. Gewiß waren manche Zeitgenossen anfangs nicht unglücklich über die Entwicklung. Die durchschnittliche Kapitalausstattung pro Kopf und Arbeitsplatz schnellte in die Höhe. Die materielle Hinterlassenschaft der Pesttoten vermehrte den Reichtum der Überlebenden. Matteo Villani, der Florentiner Chronist,[3] beschrieb die Situation in seiner Vaterstadt: «Da die Leute nur noch wenige waren und deshalb im Überfluß Grund und Boden erbten, vergaßen sie die Vergangenheit, als ob sie nie vorhanden gewesen wäre ... Das niedrige Volk wollte nicht mehr in den alten Berufen arbeiten, da Männer und Frauen vom Überfluß überwältigt wurden, den man in allen Bereichen vorfand. Man verlangte auch nach teuren und köstlichen Speisen. Wenn geheiratet wurde, kleideten sich die Kinder und Frauen niedrigen Standes in all die schönen und teuren Gewänder der Vornehmen, die umgekommen waren ...».[4]

Wahrscheinlich reflektierte dieses Verhalten die «größte interpersonelle Vermögensumbildung in so kurzer Zeit»,[5] die Europa je sah. In die «Verteilungsmasse» fiel nicht nur das Vermögen toter Christen, sondern auch Hab und Gut ermordeter, vertriebener oder der Pest zum Opfer gefallener Juden, das primär meist von der Kommune bzw. vom König selbst eingezogen wurde.[6] Eine solche Umschichtung des Vermögens bewirkte einen umfassenden sozialen Wandel. Der Aufstieg des *Mittelstandes,* besonders der Zünfte begann, während das alte Patriziat, das als – wenn auch privilegierte – Minderheit *relativ* stärker von der Pest dezimiert wurde (obgleich ihr – *absolut* gesehen – viel mehr Angehörige der Unterschicht zum Opfer fielen![7]), seine Vormachtstellung fast gänzlich verlor. Auch die Juden büßten nach der Pest weitgehend ihren verbrieften Status ein. Sie konnten in den Städten weder das Bürgerrecht noch Grundstücke erwerben und verloren zudem den Schutz des Monarchen. Ihre Aufenthaltsgenehmigungen waren künftig begrenzt und von Abgaben abhängig.[8] Der von den Zünften beherrschte Mittelstand, der nunmehr die Ratsversammlungen kontrollierte, verhielt sich – nicht zuletzt aus Konkurrenzangst –

gegenüber Minderheiten und Fremden weitaus intoleranter als die weltoffenere alte Kaufmannsschicht, die freilich an den Pogromen, die die Pest begleiteten, keinesfalls unschuldig war.[9] Dank der überragenden Bedeutung der Zünfte, die auch politische Rechte reklamierten, wurden die Handwerker die gesellschaftlich mächtigste Gruppierung. Sie rekrutierten sich nicht nur aus Söhnen und Verwandten eingesessener Fleischer-, Schuhmacher-, Bäcker-, Schmied- oder Steinmetzfamilien, sondern auch aus Zuwanderern, die in vielen Städten die pestbedingten Bevölkerungsverluste ausglichen. Niemals hat sich in Europa eine entsprechende gesellschaftliche Umstrukturierung wiederholt. Unzählige Immobilien und Ländereien wechselten von Polen bis England, von Norwegen bis Sizilien ihre Besitzer. Allenfalls ließen sich die im 20. Jahrhundert im kommunistischen Herrschaftsbereich durchgesetzten Veränderungen zum Vergleich heranziehen. Sie führten zu wohl noch tiefgreifenderen Umschichtungen, waren aber – im Gegensatz zu 1348/51 – auf bestimmte Länder begrenzt.[10]

Die Analyse von Pfarrbüchern, Steuerlisten, Taufbüchern, Testamenten, Zunftverzeichnissen und Sterbelisten ergibt, daß von 75 Millionen Europäern zur Zeit des Schwarzen Todes etwa ein Drittel umkam.[11] Der endgültige Bevölkerungstiefstand war, als Folge weiterer Epidemien, übrigens erst um 1400 erreicht. Kein Wunder, wenn man bedenkt, daß so wichtige Städte wie Mailand erst 1361 von der Seuche dezimiert wurden! Weitere Pestwellen erfolgten besonders 1370–76 und 1380–83. Ungeklärt bleibt bis heute, weshalb die Pest in verschiedenen Ländern unterschiedliche Wirkung zeigte, d. h. in England stärker wütete als in Böhmen, in Mecklenburg mehr als in Schlesien.[12] Auf keinen Fall läßt sich die von Bean wiederholte These bestätigen, daß ein seuchenbedingter Bevölkerungseinbruch in kurzer Zeit «automatisch» ausgeglichen wurde, da die Überlebenden einen höheren Lebensstandard genießen konnten, Mangelernährungssymptome verschwanden, Heiraten in jüngerem Alter möglich und üblich wurden und alle Umstände eine höhere Geburtenrate begünstigen.[13] Kaum hatte sich nämlich eine Kommune von der Pest erholt, wurde sie, meist bevor das Bevölkerungsdefizit ausgeglichen war, von der *nächsten* Seuchenwelle überrollt.

Grundsätzlich waren die Pestfolgen in Stadt und Land verschieden. Vor allem die *absoluten* Todeszahlen dürften auf dem Land erheblich höher gewesen sein, wobei freilich zu berücksichtigen ist, daß 85 Prozent der Europäer außerhalb der (meist sehr kleinen) Städte wohnten. So müßten bei einem (wahrscheinlichen) Verlust von 23,5 Millionen

Begegnung der drei Lebenden und Toten (Ausschnitt aus der Abbildung auf Seite 22/23).

Menschen zwischen 1340 und 1350 die ländlichen Regionen sogar 17,4 Millionen, die Städte dagegen «nur» 6,1 Millionen Bewohner verloren haben, setzt man für die Zeit unmittelbar vor Ausbruch der Pest eine Einwohnerzahl von 62,5 Millionen voraus.[14] Zeitgenössische Schilderungen wie von Villani oder Boccaccio beziehen sich leider fast ausschließlich auf Städte, so daß unsere Informationen über die Entwicklung auf dem Land, von allgemeinen Erhebungen und knapp formulierten Verlustlisten – etwa aus englischen Diözesen – einmal abgesehen, sehr lückenhaft sind.[15]

Spätere Pestwellen waren vielerorts durchaus dem Schwarzen Tod von 1348/50 vergleichbar, verheerten aber nie mehr den *ganzen* Kontinent. Weshalb Europa gerade im 14. Jahrhundert auf so schreckliche Weise heimgesucht wurde, läßt sich nur teilweise beantworten. Zunächst entspricht es einer alten medizinischen Erfahrung, daß «neue» Seuchen in einer Bevölkerung, die noch keine Resistenzen gebildet hat, hemmungsloser grassieren. Personen, die die Katastrophe von 1348/50 überlebt hatten (und Beispiele hierfür gab es durchaus[16]), besaßen alle Chancen, auch eine künftige Infektion ohne stärkere Krankheitssymptome zu überstehen. Für Europäer harmlose Erkrankungen wie Schnupfen oder Masern sollten später unter der Urbevölkerung Amerikas bekanntlich tödlich wirken![17] Die Krankheitsdisposition könnte 1348 auch durch klimatische Gegebenheiten verstärkt worden sein. Kälteeinbrüche, Hagelstürme und Unwetter hatten zahlreiche Mißernten verursacht, die nicht ohne Folgen blieben. Nüchtern teilte ein Florentiner Chronist mit: «Im Jahre 1344 ergab sich in Florenz eine starke Verteuerung der Lebensmittel, so daß in der Stadt und auf dem Land viele Menschen verhungerten.»[18]

Auch England erlebte in der ersten Jahrhunderthälfte zahlreiche Hungerepidemien, so bereits 1315 und 1317. Da fast in ganz Europa Ernten durch Unwetter vernichtet wurden, stieg der Getreidepreis kontinuierlich an. Kälteeinbrüche verhinderten zudem die Salzgewinnung, die damals weitgehend durch Meerwasserverdampfung erfolgte.[19] Folge war nicht nur ein Mangel an Speisesalz, sondern auch eine Behinderung der Fleischkonservierung. Eiweißmangel durch einseitige Ernährung mit entsprechender Schwächung des Immunsystems dürfte vielerorts Infektionen gefördert haben. In England war der Hunger so verbreitet, daß man Haustiere verspeiste, ja von Kannibalismus berichtete.[20] Die schon vor der Pest nachweisbare Ernährungskrise, die von einem wirtschaftlichen Niedergang begleitet war, erschwert zweifellos die Analyse der Pest*folgen*, die äußerst komplex waren und, volkswirtschaftlich gesehen, oft nur die Manifestation bzw. Beschleunigung bereits zuvor bestehender Mißstände und Krisen darstellten. So verringerte sich in England die landwirtschaftliche Produktion schon zwei bis drei Jahrzehnte vor dem Schwarzen Tod, ebenso die genutzte Agrarfläche, und es spricht einiges dafür, daß auch die Einwohnerzahl bereits *vor* 1348 im Sinken war.[21] Zudem hatte sich auf der Insel eine schleichende Arbeitslosigkeit breitgemacht. Sie bedrohte überraschenderweise nicht nur Landarbeiter oder Handwerksgesellen, sondern auch die Geistlichkeit! Unmittelbar vor der Pest betreuten etwa 15 000 Priester rund 4,2 Millionen Einwohner bzw. 8 670 Pfarrstellen. Auf einen Geistlichen kamen somit etwa 280 zu betreuende Pfarrkinder, d.h. im Durchschnitt nur 67 Familien![22]

Soziale und wirtschaftliche Krisen[23] verdüsterten also bereits vor 1348 den Alltag der Europäer. Besonders das Sozialgefüge der Städte erfuhr im Vergleich zum 13. Jahrhundert tiefgreifende Veränderungen, die die ökonomische Sicherheit vieler bedrohten. Aufstände, Eigentumsdelikte, ja soziale Verelendung nahmen zu, wobei bezeichnenderweise auch Strafen und Exekutionen seit 1300 immer grausamer wurden.[24]

Der Schwarze Tod war also keinesfalls alleinige Ursache des wirtschaftlichen und sozialen Umbruchs, der die zweite Jahrhunderthälfte auszeichnete. Die Pest scheint eher latente Krisen intensiviert und so der Verelendung der Bauern Vorschub geleistet zu haben. Daß andererseits selbst die europäische Agrarkrise des 15. Jahrhunderts noch eine konkrete Folge des Schwarzen Todes war (der sogar für die charakteristische Diskrepanz zwischen zunehmendem wirtschaftlichen Niedergang und Massenverelendung einerseits und kulturellem Aufschwung andererseits zur Zeit Lorenzos des Prächtigen verantwortlich gemacht wurde), wurde vor allem von Lütge vertreten, der den immensen demographischen Einbruch der Seuche zum Ausgangspunkt seiner Überlegungen machte.[25] Lütge erklärte die Krise der Städte und den in der zweiten Hälfte des 14. Jahrhunderts zu beobachtenden Preisverfall von Fleisch und Getreide dadurch, daß einerseits – unmittelbar nach der großen Pest – Bauern und Landarbeiter in die Städte einwanderten (was dort, sobald die durch die Pest bedingten Verlustzahlen ausgeglichen waren, soziale Konflikte hervorrief), andererseits die Agrarproduktion – man denke an die Riesenmasse von Bauern – weiterhin *relativ* die Nachfrage überstieg. Logische Folge war demnach ein Zusammenbruch der Agrarpreise, der die Landflucht weiter förderte. Man hätte nun erwarten können, daß sich die Getreidepreise durch

Produktions*verminderung* langsam stabilisierten, doch trat diese Selbstkorrektur nicht ein. Hierfür finden sich in der Literatur verschiedene Erklärungen.

Zunächst trieb jede neue Pestwelle für kurze Zeit die Nahrungspreise in die Höhe, was die Landwirtschaft wieder attraktiv erscheinen ließ und die relative Überproduktion verstärkte. Sie förderte aber auch die Landflucht, da es im Interesse der städtischen Behörden lag, die Pestopfer an ihren Arbeitsplätzen zu ersetzen.[26] Die zurückgebliebenen Bauern und Landpächter bebauten, um Arbeitsplätze und Geld zu sparen, bald nur noch den ertragreicheren, besseren Boden, so daß pro Flächeneinheit weniger Landarbeiter eingesetzt werden mußten. Der Ertrag pro Arbeitskraft nahm damit zu, die Preise konnten weiter gesenkt werden. Die Grundherren hatten immer weniger Unkosten, aber die Arbeitslosigkeit unter den Landarbeitern eskalierte dramatisch. Gleichzeitig begrenzten die in den Städten an die Macht gelangten Zünfte energisch die Zuwanderung, wodurch das soziale Elend des bäuerlichen Proletariats verstärkt wurde. War die Pest abgeklungen, wurde nicht nur den Juden, sondern allen Fremden, die man als Konkurrenten betrachtete, der Zutritt in die Stadt verwehrt. So stellte sich das paradoxe Phänomen ein, daß der Wirtschaftssektor, der unmittelbar nach dem Schwarzen Tod hohe Produktivitätsgewinne verzeichnete (denen freilich Unmengen an unverkauften Nahrungsprodukten gegenüberstanden), verarmte.[27]

Die Agrarkrise war seit 1350 ein Dauerproblem Europas. Die einzige Überlebenshoffnung der Arbeitslosen bestand in der (relativ) gesicherten Nahrungsversorgung der Landbevölkerung selbst,[28] wobei jede neue Pestwelle natürlich Gefahr für Leib und Leben bedeutete. Wegen des objektiven Rückgangs der Bevölkerungszahlen in den Städten bewirkte der sinkende Agrarpreis freilich auf Dauer *keine* nennenswerte Zunahme der verkauften Menge. Auch die gesundheitspolizeilichen Handelsrestriktionen und Isoliermaßnahmen der Stadtregierungen, so sinnvoll sie aus seuchenhygienischen Gründen waren, erschwerten den Warenaustausch, sobald er über das allernötigste Maß hinausging.

Die beschriebene Entwicklung steht, so überraschend sie erscheinen mag, keinesfalls im Gegensatz zu den gewohnten Berichten zeitgenössischer Chronisten, die die Vernachlässigung der Landwirtschaft, die Einstellung der Produktion, ja die Faulheit der Bauern in den Vordergrund stellten.[29] Die von William von Dene, dem schon erwähnten Mönch der Abtei von Rochester skizzierte Lage galt zweifellos nur für die Zeit während oder unmittelbar nach der Pest: «Es herrschte ein so einschneidender Mangel an Arbeitern und Hilfskräften jeder Berufsrichtung, daß im ganzen Königreich mehr als ein Drittel des Grunds und Bodens brachlag. Alle Knechte, ob gelernt oder ungelernt, wurden mit einem Schlag hinweggerafft, so daß kein König, Gesetz oder Rechtsanspruch sie halten konnten».[30]

Das allgemeine Chaos unmittelbar nach der Katastrophe ließ die Masse der Bauern die Flucht ergreifen. Tatsächlich bestätigen Quellen von 1348, daß die Pflüge verlassen im Feld standen, die Saat ungesät und das Getreide ungeerntet blieb. Selbst in kleinsten Dörfern hatte die Pest Opfer gefunden.[31] Auch Boccaccio berichtet, daß nicht nur die Stadt, sondern ebenso das Umland von Florenz heimgesucht worden war: «So starben auch in abgelegenen Weilern und auf dem Land, auf Wegen, Feldern und in ihren Häusern, Tag und Nacht und ohne Unterschied, die Bauern mit ihren Familien jämmerlich dahin ...».[32]

Ähnliche Berichte sind aus Sizilien erhalten.[33] Sie scheinen der These einer landwirtschaftlichen Überproduktion und eines entsprechenden Preisverfalls zunächst völlig zu widersprechen. Im Gegenteil, die überlebende Landbevölkerung schien sich – wirtschaftlich gesehen – nach Abklingen der Pest paradiesischer Zustände zu erfreuen. Einer Minimalproduktion von Getreide und Obst stand die Riesennachfrage aller Überlebender des Schwarzen Todes gegenüber. Man könnte erwarten, daß die Bauern ihre Produkte teuer an die Stadtbewohner verkaufen konnten. Von reichen Ernten oder gar Überproduktionen konnte zunächst aber schon deshalb nicht die Rede sein, da man es wegen der allgemeinen Unsicherheit lange Zeit nicht wagte, die Felder zu bestellen. Die Lebensmittel wurden so knapp, daß vielerorts – sogar unter der Landbevölkerung selbst – Hungersnöte ausbrachen. In Dalmatien, besonders in der Gegend von Spalato, starben zahlreiche Familien aus.[34] In Istrien mußte die venezianische Regierung sogar zur Neubesiedlung des Landes aufrufen. Wer sich mit seiner Familie dort innerhalb eines Jahres niederließ, war für fünf Jahre von allen Abgaben, Steuern und Diensten befreit.[35] Es leuchtet ein, daß viele Landarbeiter, wie Marchionne di Coppo berichtet, die günstige Marktsituation ausnützen wollten, indem sie von den Grundherren forderten, «daß sozusagen alles, was sie ernteten, ihnen auch gehörte ...».[36]

Doch änderte sich die Lage rasch. Der Hinweis von De Mussis, daß «Städte, Weiler, Felder, Haine, Wege und alle Gewässer» von Räubern bedroht waren und sich überall Kriminalität ausbreitete, signalisierte die Verschlechterung der Situation ebenso wie die Tatsache, daß die erwähnte Hungersnot viele Bauern selbst heimsuchte.[37] Die rettende Flucht in die Stadt wurde immer stärker restringiert, ja von den Kommunen nicht selten mit Waffengewalt verhindert. Folge war, wie beschrieben, eine zunehmende landwirtschaftliche Produktion, die die städtische Nachfrage bald überstieg und einen kontinuierlichen Lohnverfall auf dem Land zur Folge hatte. Diese Entwicklung mußte Pächter wie Lohnarbeiter auf lange Sicht ins Elend stürzen. Der Absatz von Getreide, Fleisch und Wein stockte. Landarbeiter, die vor kurzem noch Forderungen gestellt hatten, waren plötzlich arbeitslos, d.h. vom Hungertod bedroht.[38] Aber auch Bauern, die nicht entlassen wurden, erwartete auf Grund von *Höchstlohntaxen* ein Leben am Rande des Existenzminimums. So wurden im Gebiet von Mantua alle Agrarlöhne einfach eingefroren.[39] Florenz drohte bei Arbeitsverweigerung oder Nichtzahlung von Pachtzinsen mit schweren Strafen. Jeder Landpächter blieb per Gesetz an die Scholle gebunden. Hundert Gulden Strafe drohten demjenigen, der floh, fünfzig Gulden dem Podestà oder Capitano del popolo, der das Gesetz nicht anwandte. Man versuchte, die landwirtschaftliche Krise auf dem Rücken der Pächter beizulegen, die nach einer 1352 erlassenen Vorschrift fünfzig Prozent ihrer Jahreserträge – ungeachtet ihrer katastrophalen Einkommenslage – an die Landeigentümer bzw. den Staat abliefern mußten. Die Kontrolle oblag den Aufsehern von *Orsanmichele,* wo man einen Getreidespeicher unterhielt.[40]

Natürlich hatte die Pesterfahrung auch viele Städte, allen voran Venedig veranlaßt, Getreide aus anderen Ländern zu importieren, so daß das städtische Hinterland nicht einmal mehr vom jeweiligen Primärboom, d.h. der unmittelbar durch eine Pestwelle bedingten Notlage in der Stadt profitieren konnte.[41] Die zwangsläufig fallenden Landarbeiterlöhne bildeten aber für die landwirtschaftlichen Unternehmer wiederholt Anreize zur Produktionsvermehrung, was den Getreideüberschuß förderte, die Preise weiter senkte und die Krise unterhielt.

Ein Auf und Ab der Preise bei allgemeiner Tendenz zur Überproduktion – neue Pestepidemien konnten den Preisverfall nur kurzfristig verlangsamen – wurde bis ins 15. Jahrhundert charakteristisch. Logische Folge der Getreideimporte war die Einrichtung städtischer Getreidespeicher. Die Kommunen schützten sich so nicht nur gegen Mißernten, sondern auch gegen die Spekulation landwirtschaftlicher Unternehmer. Da man die Speicher zu Überflußzeiten durch Billigstangebote füllte, gerieten die Großbauern immer stärker in Konkurrenzdruck. Die Städte konnten das gelagerte Getreide sogar wieder verkaufen, und zwar in der Regel unter dem Marktpreis. Selbst stärkere Preisanstiege ließen sich so mühelos korrigieren. Für die durch die Pest verunsicherten Bürger bedeuteten gefüllte Getreidespeicher natürlich einen effektiven Schutz gegen Hungersnot und wirtschaftliche Erpressung. Immerhin trugen sie, da sie zu Zeiten eines reichen Angebots (d. h. von Billigpreisen) gefüllt wurden, zwar zum Konkurrenzdruck, aber auch zur Verhinderung totaler Preisabstürze bei.[42] In Italien sind sie vielerorts bereits im 14., in den deutschen Handelsstädten meist im 15. Jahrhundert nachweisbar.[43]

Es sei noch einmal betont, daß nicht ein Mangel an Arbeitskräften auf dem Land, sondern das niedrige Lohnniveau und das «Überangebot» an Menschen die Krise der Landwirtschaft verursachte. Bezeichnenderweise verbot die Tiroler Landesordnung von 1352 Abwanderungen von Bauern, die langfristig natürlich die Lohnpolitik der Grundherren beschränkt hätten.[44] Andererseits schützte der König die Landpächter. Karl IV. verbot 1355 in Görlitz und Bautzen die Erhöhung ihrer Steuern und gab seinen Landvögten Anweisung, den Adel mit Gewalt daran zu hindern.[45]

Der soziale Gegensatz zwischen Stadt und Land artikulierte sich nach 1350 auch in der zunehmenden Diskrepanz zwischen Handwerker- und Landarbeiterlöhnen. Um 1400 unterschieden sie sich in Deutschland bereits um das zwei- bis dreifache.[46] Untersuchungen von Kelter ergaben, daß der Landarbeiterlohn das – wahrhaft kärgliche – Existenzminimum einer *Einzel*person gerade deckte, aber z. B. nicht zu einer Familiengründung ausreichte. Es versteht sich von selbst, daß dieser Lohn ein reiner *Stunden*lohn war. Im Winter, außerhalb der Saison, bekam der Arbeiter ebensowenig Geld wie an Sonn- und Feiertagen.[47]

Eine weitere Folge der allgemeinen Notlage war, daß die Landarbeiter in andere Berufe auszuweichen versuchten. Diese waren, da die Zuwanderung in die Städte gedrosselt wurde, nicht die klassischen Handwerksberufe, sondern Tätigkeiten, die auf dem Land, fern von Märkten und Zünften, ausgeübt werden konnten. In erster Linie kamen Schafzucht und Spinnerei in Frage. Überall waren die Löhne karg, doch lag der Ertrag immerhin über dem Lohn eines abhängigen Bauern. Soweit es möglich war, nutzte man natürlich die nach Pestepidemien kurzfristig eingeräumten Zuzugsmöglichkeiten in die Städte, um als Weber, Spinner, Gerber, Bäcker- oder Metzgergehilfe, wenn nicht als Totengräber oder Straßenreiniger, ein verachtetes Dasein zu führen. Solche Zuwanderer stellten das eigentliche städtische Proletariat dar, «Habenichtse der Steuerlisten», deren Zuzug die Gilden mit Argwohn betrachteten.[48] Natürlich blieb ihnen die Aufnahme in die Zunfthierarchie verwehrt. Ihre einzige Legitimation bestand in den Augen der Alteingesessenen darin, daß sie die Arbeitskraft der Pestopfer ersetzten.

Weitere Alternativen zur Landwirtschaft bildeten der Bergbau, z. B. im Harz oder in Tirol, Gelegenheitsgeschäfte im Viehhandel, etwa als Treiber, Tätigkeiten als Köhler oder Flößer, ein Leben von der Hand in den Mund sowie Raub und Mord aus Not. Aus dem ländlichen Proletariat rekrutierten sich im 14. und 15. Jahrhundert auch die Landsknechte, die das kaiserliche Heer verstärkten und 1527 durch die Plünderung Roms bekannt wurden.[49] Auch in Frankreich verschlechterte sich die materielle Situation der Landarbeiter drastisch. Die Krise der Landwirtschaft war überregional, ja international, obgleich z. B. die Situation der englischen Freibauern, wie jüngste Forschungen ergaben, keinesfalls so katastrophal war, wie man lange Zeit vermutete.[50]

Der Drang in die Stadt und die dort etablierten Handwerksberufe, obgleich durch Restriktionen und Zuzugsverbote erschwert, nötigte die Zünfte zu Änderungen der Aufnahmebedingungen. Die Ausdehnung der Lehr- und Gesellenjahre, die Einführung einer Wanderzeit, aber auch die Auswanderung vieler Handwerker in östliche und südliche Länder sind nur hierdurch zu verstehen. In Venedig bestand nicht zufällig seit dem 14. Jahrhundert ein deutsches Hospiz für Schuhmacher, wo Gesellen auf der Wanderung unterkommen konnten. In Rom wurde ein solches Anfang des 15. Jahrhunderts gegründet.[51]

Es sei an dieser Stelle nochmals wiederholt, daß der Schwarze Tod keinesfalls alleinige Ursache der europäischen Agrarkrise und damit der Entstehung eines ländlichen Proletariats im 14. Jahrhundert war. Auch was England betraf, sah Ziegler in der Pest nur *eine* Ursache der um sich greifenden Bauernunruhen. Grund des Aufstands von 1380/81 unter Wat Tyler war eher die unerträgliche Aufhäufung feudaler Bürden auf den Schultern der Landbevölkerung, aber auch die königliche Steuerlast, die Edward III. nur vorübergehend erließ.[52] Erdbeben, Mißernten, Klimakatastrophen und Hungersnöte hatten längst vor 1348 den Niedergang der Landwirtschaft eingeleitet.[53] Die konservative Haltung der verunsicherten Grundbesitzer, die ihre Pächter bereits *vor* der Pest schröpften, und der Neid gegenüber dem relativen Wohlstand der städtischen Handwerker dürften ebenfalls zur Radikalisierung der Landarbeiter beigetragen haben.[54] Die Jahrhundertkatastrophe von 1348/50 war weder Ursache noch Anlaß der beschriebenen Vorgänge, bildete aber deren Katalysator, ja Multiplikator.

Natürlich war auch in den Städten die Situation nicht einfach. Jederzeit mußte mit einem neuen Pestschub gerechnet werden. *Nach* der Seuche war es zwar wichtig, die Wirtschaftsproduktion durch Neueinwanderungen von Arbeitskräften zu erhalten, doch stellten die Berufe der Neubürger ein entscheidendes Zulassungskriterium dar. Keinesfalls durfte in einem Handwerkszweig über die Absatzmöglichkeiten hinaus produziert werden. Gewerbe, die prosperierten, sollten auch nicht durch zusätzliche innerstädtische Konkurrenz in Bedrängnis geraten, was nur durch eine gewisse Planung möglich schien.[55] Im Grunde versuchte man fast überall, den *Status quo ante* wiederherzustellen, d. h. die Verstorbenen möglichst an ihren alten Plätzen und im gleichen Beruf zu ersetzen. Die Zünfte verlangten hierbei ein Aufnahmegeld, das gegen Ende des Jahrhunderts recht beachtlich war.[56] Man hatte Angst, ein Proletariat heranzuziehen, das das Monopol der zunftgebundenen Handwerker bestritt, gegen billige Bezahlung Aufträge durchführte, ohne Steuern zu bezahlen, oder sich bettelnd auf Kosten der Allgemeinheit am Leben erhielt. Für ungelernte Landarbeiter bzw. Tagelöhner empfand man geringe Sympathien, es sei denn, sie ersetzten ungelernte Stadtbauern,[57] Gärtner und Arbeiter oder waren bereit, verachtete Tätigkeiten wie die der Totengräber zu verrichten.[58] Zudem wurde es üblich, das Bürgerrecht von Zuwanderern zeitlich zu begrenzen. Insofern waren die erwähnten Aufenthaltsbeschränkungen für Juden[59] weniger antisemitisch als sie – isoliert betrachtet – erscheinen, sondern Ausdruck einer extremen Vorsicht gegenüber allem Fremden. Auch der Nachweis eines Minimalvermögens war vielerorts üblich. In Ulm mußten sich städtische Leibeigene, die auf der Stadt gehörenden Ländereien arbeiteten, erst freikaufen, bevor sie das Bürgerrecht erwerben konnten.[60] Die Flucht vieler Landarbeiter in Nebenberufe, vor allem in die Weberei, bewirkte, daß auch hier die Produktion bald die Nachfrage überstieg. In Konkurrenz mit den städtischen Webern kämpfte man um die Abnehmer.[61]

Die städtische Restriktionspolitik förderte die relative Zunahme der Landbevölkerung, deren Not eskalieren mußte. Andererseits war die Vorsicht der Zünfte verständlich. Zwar wurden sie, wenn sich die Einwohnerzahl zu Pestzeiten vermindert hatte, fast automatisch höher besteuert und hatten so durchaus Interesse an einem kontrollierten Zuwachs, doch schien auf Dauer die Konkurrenzfrage bedrohlicher. Handwerkerunruhen wie in Straßburg[62] lassen sich so leicht erklären. Ständig hatten sich die Meister gegen nachrückende Kollegen zu wehren. Besonders gefährlich erschien der *eingeschränkte* Zunftzwang, wie er z. B. in Köln praktiziert wurde. Er schrieb nur demjenigen, der

Meister werden wollte, den Zutritt zur Gilde vor, d. h. jeder, der sich auf den Status des Lohnarbeiters oder Gesellen beschränkte, konnte ohne besondere Zunftgenehmigung in Konkurrenz zu den etablierten Handwerkern treten. In manchen Berufen war die Zunftbildung völlig untersagt, so den Kölner Schuhmachern oder Gerbern,[63] da man den nebenberuflich tätigen Handwerkern und Tagelöhnern ihre Einnahmen nicht nehmen wollte. Die Nervosität bzw. das Unabhängigkeitsstreben der Gilden läßt sich auch dadurch erklären, daß ihre Satzungen keinesfalls autonom verabschiedet wurden, sondern von den Stadtvätern gebilligt werden mußten.[64] Eine Ausnahme bildeten die Handwerkerzünfte Venedigs und einiger kleiner Städte, die als *Scuolae* einen privilegierten und weitgehend unabhängigen Status besaßen, der freilich mit dem freiwilligen Verzicht auf politischen Einfluß erkauft wurde.[65]

Es erscheint verständlich, daß die Kölner Zunftordnung fast ausschließlich in Pestjahren erneuert oder modifiziert wurde, da es sich gleichzeitig um Zuwanderungsjahre handelte, wo selbst Details der Gildesatzungen große Bedeutung gewannen.[66] Die bisher von den Zünften ausgeschlossenen Handwerker wollten die Gelegenheit nutzen, in deren Schutz zu gelangen. Liberale Anordnungen des Rats dürften bei den Meistern wenig Begeisterung ausgelöst haben. Man war mißtrauisch und fühlte sich finanziell ausgebeutet. Meinungsverschiedenheiten, Streit, Erregung, ja Panik waren nicht selten. Angst und Fremdenhaß entluden sich in gewaltsamen Auseinandersetzungen. Vielerorts mußten die Juden als Sündenböcke herhalten, auf die man die kollektive Wut umlenkte. Zu Zeiten, wo auch in den Räten Leute ohne politische Erfahrung saßen, wo Endzeitstimmung gepredigt wurde und die allgemeine Moral sank, wuchs die Bereitschaft zur Gewalt.[67] Jeder Zeitgenosse hatte dem Tod oft genug ins Auge geblickt!

In Nürnberg rissen die Zünfte 1348 die Macht an sich, wurden aber bereits 1349 wieder gestürzt. Köln sah in der zweiten Jahrhunderthälfte gleich mehrere Weberaufstände, Straßburg bereits 1349, Frankfurt 1355/56. Fast immer ging eine Pest-, d. h. auch eine Einwanderungswelle den Unruhen voraus. Basel erlebte im Pestjahr 1382, Lübeck im Pestjahr 1383, Augsburg im Pestjahr 1368 entsprechende Revolten.[68] Daß Weber oft eine führende Rolle spielten, hing ohne Zweifel mit deren «natürlichem» Konkurrenzdruck durch die Landarbeiter zusammen, die in Heimarbeit die Spinnerei und Webkunst gelernt hatten. Große Handelshäuser beschäftigten übrigens schon damals solche Billigarbeiter. Nur am Rande sei erwähnt, daß Hans Fugger, der Stammvater der berühmten Kaufmannsfamilie, nach einer Pest 1367 das Zuzugsrecht nach Augsburg wahrnahm, um sich hier als Weber niederzulassen.[69]

Die sozialen und wirtschaftlichen Folgen der Pest von 1348/50 lassen sich weit ins 15. Jahrhundert hinein verfolgen. Natürlich beeinflußte auch der unmittelbar nach der Pest beschriebene Trend zur Genußsucht und zum Luxus[70] das Wirtschaftsleben in den Städten. Er hielt Jahrzehnte an. Vielen Zeitgenossen erschien anfangs unternehmerische Planung, die Erziehung der Kinder, kurz die Vorsorge für die Zukunft sinnlos. Man investierte lieber in vorzügliche Handwerksarbeit und *Produktnovitäten,*[71] die das Prestigebedürfnis neureicher Familien bzw. der «Erbengeneration» befriedigten. Das Vermögen, das den Erben zufiel, wanderte damit nicht in die Produktion, sondern diente privaten Freuden. Das von der Pest hinterlassene Wachstumskapital wurde, volkswirtschaftlich gesehen, größtenteils verschleudert. Man schuf keine neuen Arbeitsplätze, sondern ersetzte nur von Zeit zu Zeit die freigewordenen. Ängstlich achteten die gesellschaftlichen Gruppierungen auf ihren Besitzstand. Frauen blieben selbstverständlich von den Zunftberufen ausgeschlossen.[72] Die beschriebene Mentalitätskrise förderte gleichzeitig eine wirtschaftliche Passivität. Man produzierte zwar neue Waffen, die weitreichende psychologische Folgen hatten, entwickelte aber keine Ideen, um die Wirtschaftskrise zu überwinden. Der Übergang vom «produktivitätswirksamen, agrartechnischen Fortschritt», d. h. von der *Prozeßinnovation,* die das Früh- und Hochmittelalter auszeichnete, zur städtischen Technik neuer Luxusgüter und moderner Waffen *(Produktinnovation)* war recht fatal. «So anspruchsvoll und raffiniert die Konstruktion der ersten Taschenuhr unter technologischem Gesichtspunkt auch sein mag, ihr gesellschaftlicher Wohlstandseffekt war marginal, im Vergleich etwa zur mittelalterlichen Innovation der Dreifelderwirtschaft oder der Wassermühle» (Zinn).[73]

Die Agrarkrise des 14. Jahrhunderts hatte ein städtisches Macht- und Kulturmonopol zur Folge. Der Glanz der Renaissancekunst und die Hochschätzung dieser Epoche im 19. und 20. Jahrhundert verbarg lange Zeit die *Nachtseiten* dieser Kulturperiode, der Europa maßgeblich verdankt, was es heute geistig darstellt. Bäuerliche Arbeit wurde verachtet. Sein Bild vom Landleben prägte sich der gebildete Städter durch die bukolische Literatur. Die Verherrlichung der *Vita rustica* entsprach der Sichtweise des Stadtmenschen, der Erholung und Kontemplation sucht.[74] Bezeichnenderweise erscheinen so die Bauern im Dekamerone recht einfältig. Während im Mittelalter Benediktiner und Zisterzienser großartige Leistungen auf dem Gebiet der Agrartechnik vollbrachten, fehlte in der frühen Neuzeit eine vergleichbare Gesellschaftsschicht, die innovativ tätig war. Weder die Orden, geschweige denn die Städte oder Universitäten waren hierzu in der Lage.

Einen Sonderfall bildete in diesem Zusammenhang England. Der englische *yeoman,* der zwar selbst körperlich arbeitete, aber keinem Feudalherrn untertan (und so kein Leibeigener) war, war *Freibauer.* Er gehörte keinesfalls zum Proletariat und wurde von der städtischen Bevölkerung auch nicht diskriminiert.[75] Dies zeigte sich deutlich beim Aufruhr von 1380/81, als der König bereitwillig die Forderungen der Aufständischen anerkannte. Von nicht zu unterschätzendem Einfluß war in diesem Zusammenhang die antihierarchische Lehre John Wycliffs, dessen *Lollarden* im Land überall zum Widerstand gegen die Amtskirche aufriefen.[76] Die Freibauern griffen auf solche Thesen zurück, um Steuerforderungen zurückzuweisen, freien Zutritt zu Wäldern sowie freies Jagdrecht und die Aufhebung letzter Reste von Leibeigenschaft (bei einzelnen Lohnarbeitern) einzufordern. Obgleich Richard II. diese Forderungen akzeptiert hatte, folgten nach ihrer Niederlage Strafprozesse und Rache. Die Hauptleute und Rädelsführer wurden zum Tode verurteilt. Letztlich wandte sich der Adel auch in England gegen die Bauern, doch blieb deren Status weitaus privilegierter als der des Landarbeiters auf dem Festland. Der ideologische Abstand zwischen Aufständischen und Herrschenden, zwischen Bauern und städtischen Machthabern, erschien geringer als in Deutschland oder Frankreich. Auch der die Zünfte bevorzugende Protektionismus deutscher Städte kam in England wenig zu Geltung, obgleich auch hier nach jeder Pestwelle Zuwanderer in die Kommunen drängten. Der Freibauer konnte, da genügend Häuser, Höfe und Agrarland zur Verfügung standen, zum Pächter, ja letztendlich zum Grundherrn aufsteigen. Eine moderne Aufstiegshierarchie sicherte eine gesellschaftliche Mobilität, die die materielle und geistige Verelendung der Landbevölkerung verhinderte.[77]

Die soziale Integration von Landarbeitern und städtischen Tagelöhnern wurde vielerorts auch durch eine zunehmende *Geldentwertung* erschwert. Sie benachteiligte weniger die reichen Kaufleute, etablierten Handwerksmeister oder «Pesterben» als das besitzlose Proletariat, das sich in der Stadt durch Zuwanderer langsam vermehrte. Da sein Einkommen – wie das der Landarbeiter – vielerorts künstlich niedriggehalten und von jedem «Inflationsausgleich» ausgeschlossen wurde,[78] kam es immer wieder zu Forderungen nach höherer Entlohnung. Gilles Li Muisis berichtet aus Tournai, daß dort «alle Lohnarbeiter mit ihren Familien» eine übermäßig hohe Bezahlung verlangten, «weil im ganzen Königreich Frankreich die Währung schwach war und täglich an Wert verlor».[79] Folge der Inflation war ein kontinuierlicher Preisanstieg. Eine Wiener Chronik bestätigt, daß Diener und Mägde so teuer wurden, «daß man ir hart bekam».[80] Nach den aus Ragusa erhaltenen Einkommenslisten der Ärzte stiegen deren Honorare ins Uferlose, so das Grundeinkommen eines Stadtarztes zwischen 1345 und 1349 um hundert Prozent, wobei das vom Patienten zu zahlende *Visitengeld* allerdings eingeschlossen war.[81] Ein Wundarzt erhielt 1356 das achtfache Gehalt wie 1345, und selbst ein Grammatiklehrer strich 1356 den doppelten Lohn von 1346 ein (daß das Einkommen eines Chirurgen zu Pest- und Notzeiten schneller anstieg als die Vergütung eines Grammatiklehrers, dürfte kaum überraschen[82]). Um die Lohnforderungen der Arbeiter im Keim zu ersticken, beschloß der Rat der Stadt Festlöhne, die 1349 und 1351 gering erhöht wurden.[83] Wurden sie überschritten, mußten sowohl der Arbeiter wie der Grundherr mit harten Strafen rechnen!

Herzog Albrecht von Österreich legte 1352 die Löhne für Schneider, Hauer und «Gruber» fest. In Tirol, wo die Landarbeiter durch eine landesherrliche Anordnung gezwungen waren, in ihren Diensten zu bleiben, sah ein Beschluß vor, daß Knechte, Mägde, Lohnarbeiter und alle Handwerker sich mit dem Lohnniveau von 1347 begnügen mußten. Übertretungen wurden mit fünf Pfund Buße geahndet, wobei eine Hälfte dem Landesherrn, die andere dem Richter (!) zufiel. Verließ ein Bauer seinen Wohnsitz, drohte ihm zudem die Pfändung seiner Habe.[84] Tatsächlich versuchten die Landarbeiter immer häufiger, in den Städten Wohnrecht zu erwerben, um der Verelendung zu entfliehen.[85] Die Inflation hatte auch eine Münzverschlechterung zur Folge. Aus derselben Silbermenge wurden, so in Straßburg und Ragusa,[86] immer mehr Münzen hergestellt. Kein Wunder, daß das Kölner Domkapitel 1351 als Ursache seiner Einkommensverminderung neben Krieg und Pest auch eine *Debilitas monetae* anführt.[87]

Aus Würzburg und anderen Städten[88] wissen wir, daß am Ort des alten Ghettos häufig neue Marktplätze oder Repräsentationsbauten entstanden. Tatsächlich bildete in vielen Kommunen der nach dem Tod der Pestopfer und der Liquidierung der Juden zur Verfügung stehende Grund und Boden einen Anreiz zu baulichen Aktivitäten. Das plötzlich vorhandene innerstädtische Bauland widerspiegelte die einschneidenden Bevölkerungsverluste, deren volle Kompensation durch weitere Pestwellen und die restriktive Zuwanderungspolitik von Rat und Zünften verhindert wurde.[89] Viele Häuser standen leer und verwahrlosten. Zwar gab es Fälle von *Okkupationen*, wo etwa ein zugezogener Bäcker einfach Haus und Haushalt eines verstorbenen Kollegen übernahm (solche «stillen» Besetzungen wurden in Ulm 1386 nachträglich sanktioniert[90]), doch fielen leerstehende Häuser bei ungeklärter Erblage direkt an die Stadt. Im Tauschverfahren konnten so größere Grundstücke zusammengelegt und Plätze für Rathäuser, Kirchen, Markthallen oder Getreidespeicher geschaffen werden. Reiche Kaufleute nutzten die Gelegenheit, ihre Privathäuser zu erweitern oder durch prächtige Paläste zu ersetzen. Insgesamt dürfte aber die Fläche privat genutzter Wohnungen zugunsten repräsentativer öffentlicher Bauten abgenommen haben.[91]

Ein vermehrter Kirchen- und Kapellenbau war auch Folge der Tatsache, daß viele Orden und kirchliche Institutionen während und nach der Pest durch testamentarische Zuwendungen reich wurden. Die erwähnten chiliastischen Strömungen und religiösen Reformen unterstützten diesen Trend.[92] Ebenso förderten der Stolz der neuen Führungsschicht und das Geltungsbedürfnis der Städte diesen Bauboom, der nicht selten einen durch die Bevölkerungsverminderung bedingten Bedeutungsrückgang der betreffenden Kommune sowie soziale Konflikte verschleierte. Allein in Eßlingen, einer der führenden süddeutschen Handelsstädte vor 1348, verringerte sich so die Zahl der Steuerhaushalte zwischen 1362 und 1458 von 2380 auf 1454.[93]

Unter den wichtigen Kirchenbauten der zweiten Hälfte des 14. Jahrhunderts seien der Erfurter Dom (Grundsteinlegung 1349), die Eßlinger Frauenkirche (1350), der Chor des Heilig-Kreuz-Münsters in Schwäbisch Gmünd (1351), die Antwerpener Kathedrale (1352), die Jakobikirche in Hamburg (1354) sowie die Nürnberger Frauenkirche (1355) genannt. In Freiburg begann man 1354 mit dem Umbau des Münsterchors, in Straßburg 1381 bzw. 1383 mit der Errichtung der Nikolaus- und Peterskirche. Der Plan des Ulmer Münsters wurde 1368 gefaßt.[94] Seit 1377 war es Ulmer Bürgern verboten, Spenden an *andere* Kirchen der Stadt zu tätigen (was letztendlich nicht verhindern konnte, daß das Münster, der «Frauenbau», lange Zeit unvollendet blieb[95]).

Zweifellos linderten solche Kirchenbauten auch die städtische Armut, da viele Tagelöhner und Hilfsarbeiter eine Anstellung fanden. Dies war wirtschaftlich von großer Bedeutung, weil die «Pesteinwanderer» nicht selten von den Zünften an die Wand gedrückt wurden oder, im Falle des eingeschränkten Zunftzwangs[96] – in harter Konkurrenz zu anderen, nicht an die Gilden gebundenen Leidensgenossen – unter das Existenzminimum fielen.

Doch waren auch viele zunftgebundene Handwerker alles andere als wohlhabend. Mehr als zwei Drittel der Kölner Handwerker schworen 1373, die Kopfsteuer in Höhe eines Goldguldens nicht bezahlen zu können. So profitierte dieser Kreis ebenfalls von den öffentlichen Aufträgen. Die Neubauten trugen dazu bei, die soziale Verelendung der Städte aufzuhalten, wo das Heer der Bettler immer mehr anschwoll. Wenn sich zum Reichstag 1397 in Frankfurt 600 Gaukler und 800 Prostituierte einfanden, sprach dies weniger für deren sittliche Verkommenheit als für die soziale Bedrängnis vieler Familien.[97]

Die Pest hat, so der heutige Stand der Forschung, die genannten Entwicklungen nicht allein verursacht, aber entscheidend begünstigt.

28. Pest und Bildende Kunst

Es wäre geradezu merkwürdig, wenn sich die Mentalitätskrise des 14. Jahrhunderts, die durch die Pest beschleunigt wurde, nicht in der zeitgenössischen bildenden Kunst widergespiegelt hätte. Die im vorhergehenden Kapitel erwähnte Begeisterung für den Kirchen- und Kathedralenbau nimmt die Antwort nur teilweise vorweg. Zu prüfen bleibt, inwieweit sich in der Ikonographie der zweiten Jahrhunderthälfte das intensivierte religiöse Bewußtsein, aber auch die hedonistische Gegenreaktion mancher Zeitgenossen und die soziale Verelendung der Massen niederschlugen. Vor allem müßte Künstler und Auftraggeber das Thema des Todes fasziniert haben, der der Generation von 1348 mit bis dahin unbekannter Aggressivität und Schrecklichkeit begegnet war.

Zunächst stellte die Pest schon deshalb in der europäischen (bzw. der damals führenden toskanischen) Malerei eine Zäsur dar, weil ihr hochbedeutende Maler wie Bernardo Daddi in Florenz oder Ambrogio und Pietro Lorenzetti in Siena zum Opfer fielen.[1] Die glorreiche Periode abendländischer Kunst, die kurz vor 1300 durch Giotto eingeleitet worden war, schien sich dem Ende zuzuneigen. Die toskanischen Städte, in denen sich – von Rom, Neapel und Padua einmal abgesehen – der neue Stil am deutlichsten entwickelt hatte,[2] wurden seit Beginn des

Jahrhunderts durch soziale Krisen geschüttelt. Berühmte Florentiner Banken wie die der Peruzzi (1343), Acciaiuoli und Bardi (1345) waren in Konkurs gegangen, so daß man ihre Namen heute eher mit den von ihren Besitzern gestifteten, von berühmten Malern ausgeschmückten Kapellen verbindet als mit Geldgeschäften.[3] Viele Kaufleute, so der später ebenfalls der Pest erlegene Chronist Giovanni Villani, verzeichneten harte Rückschläge. Auch in Florenz verschob sich das komplizierte System der Zünfte bereits *vor* der Pest zugunsten der niedrigen Handwerker und Einwanderer, die die *mezza gente,* eine Art unteren Mittelstand bildeten.[4] Hungersnöte waren ebenso an der Tagesordnung wie soziale Unruhen. Die Pest beschleunigte diese Entwicklung.

Lange Zeit war es unbestritten, daß das berühmte Fresko mit dem *Triumph des Todes* im (im Zweiten Weltkrieg stark zerstörten) Camposanto in Pisa eine erste, unmittelbare Reaktion der bildenden Kunst auf den Schwarzen Tod darstellte, zumal die Szene noch mit einem Jüngsten Gericht und einer *Thebais*[5] verbunden war. Es handelte sich ohne Zweifel um ein eindrucksvolles Memento mori. In der Person einer alten Frau schreitet der Tod auf eine Gruppe junger Leute zu, die sich in einem lieblichen Hain Spiel und Gesang hingeben. Unversehens und direkt werden sie so mit der Vergänglichkeit des Lebens konfrontiert. Über einem Felsen kämpfen Engel und Teufel um die Seelen einiger Verstorbener, deren Leichname unter ihnen liegen. Der linke Teil des Freskos zeigt das unerwartete Aufeinandertreffen einer fröhlichen Jagdgesellschaft und drei in Särgen aufgebahrten Toten, an denen Schlangen züngeln,[6] ein später häufiges Vanitas-Thema.[7] Die Thebais führt dagegen die Bußfertigkeit ägyptischer Einsiedler vor Augen, die sich ihr Leben lang durch Askese und Frömmigkeit auf das Sterben vorbereiteten. Flankiert werden die Szenen vom Jüngsten Gericht und einer Höllendarstellung. Die heute Buffalmacco zugeschriebenen Fresken, die sich nicht mehr an der ursprünglichen Stelle befinden, säumten einst den Weg der Trauerprozessionen vom Dom zur Friedhofskapelle.[8] Sie stellten zweifellos eine eindrucksvolle, geradezu einschüchternde Mahnung dar, die jedem Bürger der Stadt geläufig war. Da sie zur Mitte des 14. Jahrhunderts entstanden, lag es nahe, sie mit der Pest in Verbindung zu bringen.

Es mußte freilich auffallen, daß an keiner Stelle auf den Seuchen*alltag* Bezug genommen wird. Die Kontrastierung von Tod und Jagdgesellschaft wies zudem eher in die höfische Welt des Mittelalters zurück. Auch die zahlreichen auf den Fresken verteilten Inschriften und Mahnungen (die man z. T. nur aus späteren Kopien kennt) spielen nirgends auf den Schwarzen Tod an. Dennoch datierte Meiss in seinem wichtigen Buch über «Die Malerei in Florenz und Siena nach dem Schwarzen Tod» die Pisaner Fresken, angeregt durch Orcagnas Darstellung in Santa Maria Novella in Florenz, unmittelbar nach der Pest von 1348.[9] Er räumte zwar gewisse stilistische Unterschiede zwischen Orcagna und dem Pisaner Meister ein (den er irrtümlich, wie viele Kunsthistoriker unseres Jahrhunderts, mit Francesco Traini gleichsetzte[10]), empfand beide Zyklen aber exemplarisch für neue, an Tod und Jenseits orientierte, durch die Pest festgelegte Bildinhalte. Meiss entwickelte die These, daß die erste Jahrhunderthälfte – bis zum Ausbruch des Schwarzen Todes – von Giottos narrativem, «weltlichen» Stil beherrscht wurde, während die Zeit *nach* der Pest unter dem Einfluß Sieneser Meister wie Orcagna und Nardo di Cione von einer ernsteren, ritualisierten Stilrichtung geprägt war. Tod, Gericht sowie die *Vanitas* alles Irdischen seien nun bevorzugte Themen geworden. In Orcagnas Altar in der Strozzi-Kapelle von Santa Maria Novella (1354–57) sah er einen ersten Höhepunkt der neuen Richtung.[11] Die Strenge des dort dargestellten Christus wurde mit den «lieblicheren», aber auch weltlicheren Darstellungen Giottos und seiner Schule verglichen.[12]

Obgleich eine gewisse Themenverlagerung nach der Pest nicht bestritten werden kann und zahlreiche Kunstwerke nach 1350 in frappanter Weise die neue Religiosität widerzuspiegeln scheinen – genannt sei nur die Ausschmückung der Spanischen Kapelle der Florentiner Dominikanerkirche durch Andrea da Firenze (1366–68) unter dem Einfluß des Priors und Bußpredigers Jacopo Passavanti[13] –, weiß man heute, daß die bildende Kunst im 14. Jahrhundert (wie wohl zu allen Zeiten) keinen *unmittelbaren* Seismographen politischer oder sonstiger Katastrophen darstellte. Man konnte so inzwischen sicher nachweisen, daß der Pisaner Freskenzyklus bereits Jahre *vor* der Pest entstanden ist (wie übrigens auch die Darstellung desselben Themas in der Bozener Dominikanerkirche).[14] Rufen wir uns freilich die geschilderten Hungersnöte, Wirtschaftskrisen, Teuerungen und Kriege ins Gedächtnis zurück, die die ersten Jahrzehnte des Trecento begleiten, überrascht es kaum, daß die toskanische Kunstikonographie bereits *vor* der Jahrhundertkatastrophe von 1348 von starker Religiosität geprägt war und die *Ars moriendi* schon früh eine prominente Stellung einnahm. Insofern stellte die Pest keinen wirklichen Einschnitt dar, ja das Thema war nach 1348 künstlerisch kaum noch zu intensivieren! Ikonographisch bestehen zu Buffalmacco (1338) und Orcagnas Triumph des Todes in Santa Croce (um 1345) kaum Unterschiede.[15]

Begegnungen der drei Lebenden und Toten. Aus: Jean Pucelle (Werkstatt), Psalter der Bonne de Luxembourg (vor 1348).

Si com la matiere no conte
Il furent si cō duc ou conte
Trois noble homme de grant arroy
Et de gentil com fil a roy.

Verwirren mag dennoch, daß die in der Literatur beschriebenen Szenen des Pestalltags keinen Eingang in die bildende Kunst fanden. Der intensiven Beschäftigung mit dem Tod bereits vor 1348 steht das Phänomen gegenüber, daß die Pest in der Malerei der zweiten Jahrhunderthälfte, trotz immer wiederkehrender Seuchen, keine *spezifischen* Reflexe hinterließ.[16] Möglicherweise war die Todeserfahrung zu alltäglich, um in der (fast ausschließlich kirchlichen) Ikonographie neue Akzente zu setzen. Längst vor dem Schwarzen Tod konnte eine einzige Hungerkatastrophe, wie sie z.B. für Florenz 1315 oder 1344 bezeugt ist,[17] Tausende das Leben kosten! Der Tod war so, in immer neuen Varianten, ständiger Begleiter jedes Menschen. Angesichts vieler Hungersnöte, Naturkatastrophen, Aufstände und Unfälle stellte die Pest nur einen weiteren Höhepunkt dar, freilich mit den beschriebenen psychologischen und sozialen Folgen![18] Die Verdrängung des Todes, wie sie für die heutige westliche Zivilisation typisch geworden ist, war schon aus praktischen Gründen undenkbar. Fast täglich sah man Sterbende, Leichname und Leichenzüge. Man war sich bewußt, daß jeder Mensch, auch im blühendsten Alter und bei bester Gesundheit, in kürzester Zeit das Zeitliche segnen konnte. Für die große Mehrheit bedeutete der Tod zwar Gericht und Angst vor der Hölle, aber ebenso Hoffnung auf Gerechtigkeit und Rettung. Hieran mußte man nicht erst durch eine neue Pestikonographie erinnert werden![19]

Daß der Pestalltag als Motiv der bildenden Kunst keine Rolle spielte, liegt auch daran, daß profane Themen in der mittelalterlichen Malerei kaum Anklang fanden. Abbildungen höfischer Themen wie des Iwein-Epos, dessen Illustration in einer Südtiroler Burg (um 1210) den ältesten erhaltenen «profanen» Freskenzyklus im deutschen Sprachgebiet darstellt,[20] oder die berühmten Hausszenen von Lippo Memmi im Palazzo del Popolo in San Gimignano (um 1330) hatten Seltenheitswert. Auch durfte man in privaten Gemächern und Burgen keine Pestszenen erwarten, zumal ein Memento mori schon ausreichend durch Sebastiansdarstellungen, durch den Triumph des Todes und allegorische Bilder mitgeteilt wurde, d.h. in überkommenen ikonographischen Formen. Ein seltenes Beispiel aus dem Alltag, nämlich ein Massenbegräbnis, zeigt eine Illustration der mehrfach zitierten Annalen des Gilles Li Muisis, die zwischen 1349 und 1352, also unmittelbar unter dem Eindruck des Schwarzen Todes, verfaßt wurden.[21] Selbst in der Kunst des 15. Jahrhunderts blieben Pestszenen fast ausschließlich auf die Buchmalerei beschränkt. Erst der Barock nahm sich des Themas mit

Vorliebe an. Die venezianische und neapolitanische Tafelmalerei sollte hier eine Vorreiterrolle übernehmen.[22]

Dagegen finden sich Darstellungen des Jüngsten Gerichts gegen Ende des 14. Jahrhunderts recht häufig, wobei ikonographisch im Vergleich zu Giottos Darstellung in der Arena-Kapelle in Padua (1305) nur unwesentliche Unterschiede bestehen.[23] Form und Inhalt der neuen Vanitas-Philosophie waren also weitgehend vorgegeben. Nur die *quantitative* Zunahme des Themas ist auffallend.

Auch die Allegorie der Pestpfeile (ein Thema, das bereits in der antiken Mythologie erscheint[24]) entwickelte sich bereits *vor* dem Schwarzen Tod. Francesco da Barberino, ein toskanischer Dichter, der selbst 1348 der Pest erlag, beschrieb den Tod viergesichtig, in alle Himmelsrichtungen tödliche Pfeile abschießend.[25] Eine entsprechende Darstellung findet sich in Florenz auf dem Grabmal des Bischofs Orso von Tino da Camaino (gest. 1321), das Francesco kannte.[26] Um 1400 erscheint, als Illustration des Berichts über die Seuche von 1348, ein Massensterben in der Chronik des Apothekers Giovanni Sercambi aus Lucca. Die sterbend zusammenbrechenden Menschen (der «Menschenberg» erinnert an den Triumph des Todes in Pisa!) werden von Pfeilen getroffen, die zwei geflügelte Dämonen abschießen. Die Krankheit erscheint zwar als Strafe, symbolisiert aber gleichzeitig das Böse überhaupt. Ein weiterer Geist schüttet aus zwei Gefäßen eine schwarze Flüssigkeit auf die Menschen, um die Luft zu «verpesten»,[27] was an die für die Juden so fatale Vorstellung der «Vergiftung» erinnert. Während man in Wirklichkeit völlig im unklaren darüber war, woher die Pest kam, war es verführerisch, hinter ihr Dämonen, Schuldige und Verursacher zu erkennen. Das Motiv erscheint auch in späteren Pestillustrationen. Wahrscheinlich liegt ihm Apokalypse 16 zugrunde, wo Engel sieben Schalen ausgießen, die den Zorn Gottes symbolisieren.[28]

Eine weitere Szene des Pestalltags findet sich, freilich bereits im 15. Jahrhundert, in den *Très Belles Heures* der Brüder Limburg. Während der Bittprozession Papst Gregors des Großen, der im 6. Jahrhundert Rom von der Pest befreit haben soll (die Künstler versetzen die Szene gleichsam in die Gegenwart), brechen zwei Kleriker sterbend zusammen, wie es so oft in der zeitgenössischen Literatur beschrieben wird.[29] Freilich lag zwischen dem Schwarzen Tod von 1348 und den Brüdern Limburg bereits mehr als ein halbes Jahrhundert.[30]

Obgleich die Wurzeln des Sebastianskults uralt waren,[31] wurde die Darstellung des Heiligen erst im 15. Jahrhundert populär. In einem nach der Pest von 1464 von Benozzo Gozzoli geschaffenen Fresko in Sant'Agostino in San Gimignano wehren Sebastian und die Madonna gemeinsam die auf die Menschheit gerichteten Pestpfeile ab.[32] In der zweiten Jahrhunderthälfte kommt auch das berühmte Motiv des an einen Baum oder eine Säule gefesselten Heiligen auf. Zusammen mit Rochusdarstellungen stellte es bald das häufigste Pestthema der bildenden Kunst überhaupt dar.[33]

Daß Vanitas- bzw. Memento Mori-Motive bereits vor der Pest in der abendländischen Kunstgeschichte Bedeutung erlangt hatten, beweist auch die Darstellung der *Begegnung der drei Lebenden und Toten* im Psalter der schon erwähnten Bonne von Luxemburg, der zwischen deren Heirat mit Johann II. von Frankreich 1332 und dem Schwarzen Tod 1348 entstanden ist.[34] Das Thema stellt gleichsam einen Ausschnitt des Piskaner Freskos dar. Drei jugendliche Reiter auf der Jagd begegnen hier allerdings nicht Toten in Särgen, sondern aufrecht in einer Landschaft stehenden Skeletten. Da es sich um einen Reflex von Pisa handelt, müssen die dortigen Fresken also *vor* 1348 entstanden sein.[35] Das Motiv selbst läßt sich bereits in der französischen Literatur des 13. Jahrhunderts nachweisen.

Eine weitere Variante des Memento Mori scheint tatsächlich erst unter dem (mittelbaren) Eindruck des Schwarzen Todes entstanden zu sein: der Totentanz. Daß der Tod jäh und unerwartet Vertreter aller Gesellschaftsschichten aus dem Leben reißen kann, war eine uralte Lebenserfahrung. Gerade mittelalterliche Bußprediger hatten sich des Themas angenommen. Das Totentanzmotiv unterstrich Macht und Omnipotenz des Todes, wie sie, wie niemals zuvor, während der Pest deutlich geworden war. Die Idee der *Danse macabre* scheint auf ein Gedicht von Jean de Lèvre zurückzugehen, das 1376 entstand *(Je fis de macabré la danse ...).*[36] Der Autor verfaßte das Werk, nachdem er 1374 in Paris von der Pest genesen war.[37] Wie Petrarca und Boccaccio gehörte er zu der Generation, deren Erfahrung durch das Erlebnis des Massentods geprägt war. Ursprung der Vorstellung, daß der Tod tanzend, ja im Reigen Papst, Kaiser, König, Arzt, Gelehrte, Juristen, Kleriker, Mönch und Nonne zu sich holt, war vielleicht der Volksglaube, daß Tote um Mitternacht auf Friedhöfen tanzen und Lebende dabei in ihre Reihen zu ziehen versuchen. Auch arme Seelen, so dachte man, konnten aus dem Fegefeuer zu den Lebenden zurückkehren und über Gräbern mit ihnen Kontakt aufnehmen.[38] Möglicherweise sollte auch die Tanzwut des Mittelalters angeprangert werden. Immerhin hatte bereits 1231 (!) das Konzil von Rouen bei Strafe der Exkommunikation untersagt, auf Friedhöfen zu tanzen. Das Verbot mußte zweihundert Jahre später wiederholt werden![39]

Erste *literarische* Spuren des Themas finden sich bereits um 1350 in Würzburg, wo sich die Bettelorden mit dem Sujet auseinandersetzten. Es handelte sich um bildhafte Darstellungen des Todes von Vertretern verschiedener Stände, die mit einer lateinischen Bußpredigt eingeleitet und geschlossen wurden.[40] 1360 ist der Text auf Deutsch nachweisbar, wobei der klagende Monolog der Sterbenden durch Gegenreden halbverwester Toter zum *Dialog* erweitert wurde.[41] Die volkssprachliche Version entsprach den Intentionen der Volksprediger, die das Thema in flammender Rede dem reuigen Volk nahebrachten. Sie konnten auf die bekannte Begegnung der drei Lebenden und Toten zurückgreifen, ebenso auf die *Vado-Mori*-Literatur, die bereits im 13. Jahrhundert aufgekommen war.[42] Auch die Mysterienspiele – erinnert sei nur an die Figur des *Jedermann* – nahmen das Totentanzmotiv vorweg, das seinerseits häufig durch *Wanderschauspieler* präsentiert wurde. Die große Zeit der Totentänze war freilich erst das 15. Jahrhundert, wo die Todesreigen auf den Mauern von Friedhöfen und Kirchen sowie in Handschriften, Bilderbögen und Blockbüchern gemalt erscheinen, erläutert durch Spruchbänder oder Bildunterschriften. Oft spielt ein Toten*orchester* zum Tanz auf! Die ältesten bekannten Totentanz-Zyklen stellten direkte Reaktionen auf Pestwellen dar, stammen aber ausnahmslos aus dem 15. Jahrhundert. Frühestes Beispiel war der Friedhof des Pariser Franziskanerklosters SS. Innocents (1424), dessen Fresken leider bereits 1529 zerstört wurden.[43] Die ältesten erhaltenen Zyklen befinden sich in La Chaise-Dieu in der Auvergne sowie in einigen Dorfkirchen in der Bretagne.[44] Natürlich standen diese Malereien nicht mehr in *direktem* Zusammenhang mit 1348. Die Pariser Fresken beeinflußten übrigens über eine niederländische Fassung Darstellungen im Ostseeraum, so den berühmten Lübecker Totentanz von 1464.[45] Dennoch kam später das Gerücht auf, der Totentanz Bernd Notkes in der Marienkirche stamme von – 1350![46]

Literatur und malerische Umsetzung des Themas entsprachen natürlich auch den erwähnten Buß- und Reformbewegungen der Zeit. Die Menschen fürchteten nichts mehr als unvorbereitet, d.h. ohne den Empfang der Sterbesakramente und die Absolution eines Geistlichen zu sterben. Diese schreckliche Aussicht wurde aber in den Totentänzen vor Augen gestellt. Hinter dem plötzlichen, unerwarteten Ende lauerte die ewige Verdammnis oder langandauernde Fegefeuerqual. Nicht umsonst hatte man während der Pest vielerorts Laien sakramentale Gewalten übertragen und normalen Priestern Befugnisse von Bischöfen.[47] In vielen Darstellungen des Jüngsten Gerichts wurde die Höllenpein drastisch vor Augen geführt. Das gleichzeitige Nebeneinander von Wort und Bild intensivierte den Eindruck der Totentanzdarstellungen, wobei der Mehrheit der Bevölkerung natürlich die Texte von Geistlichen vorgelesen werden mußten.

Ob in der demonstrativen Gleichheit aller Opfer vor dem Tod eine sozialkritische Komponente mitschwingt, wie sie in den erwähnten Aufständen der französischen Bauern (1358), der Florentiner Wollweber (Ciompi) 1378 oder der englische Lollarden 1381 akzentuiert wurde,[48] bleibt offen, erscheint aber nicht unwahrscheinlich. Rief der Tod dem Herrscher zu «Ihr mächtiger König, groß und reich, werdet nun den Armen gleich», war dies eine Bemerkung, die dem normalen Sterblichen niemals zugestanden hätte.[49] Bekannte ein Kardinal «Ich hab' mich gierig überfressen, mit Gütern dieser Welt, gleich einem Straßenräuber», oder räumte ein Bischof ein, «daß ich mit Gewalt die Armen unterdrückt'», schien sich nicht nur Schadenfreude bemerkbar zu machen, sondern eine allgemeine Kritik an weltlicher und kirchlicher Obrigkeit durchzubrechen.[50]

Es sei aber nochmals betont, daß die Wurzeln des Totentanz-Gedankens sehr alt waren. Vor allem die *Vado-mori*-Literatur war bereits im 13. Jahrhundert in vielen Variationen bekannt.[51] Volkstümlich wurde sie freilich erst nach 1348, als ihr düsterer Inhalt viele Menschen faszinierte. Ihr fehlte noch der Dialogcharakter des eigentlichen Totentanzes, doch sind die Akteure dieselben. Ein Beispiel aus dem 14. Jahrhundert sei vorgestellt:

«Papst: Ich galt als heilig. Zu Lebzeiten fürchtete ich niemanden. Schändlich gehe ich in den Tod. Umsonst sträube ich mich.

Kaiser: Die Stellung des Reiches stärkte ich durch Siege. Durch den Tod werde ich nun selbst besiegt und bin weder Kaiser noch Mensch.

Kaiserin: Als Frau des Kaisers lebte ich in Freuden. Durch den Tod vernichtet, kann ich künftig keine Wonnen mehr genießen.

König: Als König beherrschte ich nicht nur die Stadt, sondern das ganze Land. Jetzt werden mir elend in Todesqualen Zügel angelegt.

Kardinal: Der Kirche war ich angenehm, da mich der Papst ernannte. Jetzt muß ich mich dem frechen Haufen der Toten anschließen.

Patriarch: Unter dem Zeichen des Doppelkreuzes wurde ich Patriarch. Jetzt muß ich mich zu meinen Gefährten im schrecklichen Tod begeben.

Erzbischof: Den Gelehrten, die doch Toren waren, trug ich diesen Titel voran. Als Metropolit bin ich nun als Tor mit anderen Toren zusammen.

Herzog: Ich führte den Adel an, als dessen Führer ich herausragte. Nun aber bin ich gezwungen, dem Todesreigen beizutreten.

Bischof: Ich wurde hier lange als hoher Geistlicher geehrt. Nun wagt man es dagegen, mich dem Tod zu übergeben.

Graf: Als vornehmer Reichsgraf genoß ich Ehre auf der Welt. Nun verfiel ich dem Tod und mache beim Reigen mit.

Abt: Wie ein Vater wies ich die Mönche in ihre Schranken und hütete sie auf das beste. Jetzt werde ich durch das Gesetz des Todes eingeengt.

Soldat: Waffentüchtig habe ich oft die Freuden des Fleisches genossen. Gegen mein Recht werde ich nun in jenem Reigen mitgeführt.

Kanoniker: Im Chor sang ich Lieder, die ich liebte. Welch ein Unterschied zwischen jenem Ton und der Pfeife des Todes!

Arzt: Ich heilte viele in jungem, mittleren und hohem Alter. Wer hilft jetzt mir? Der Tod schwört mir das Gegenteil.

Adliger: Ich wollte jubeln, sähe ich die Heiterkeiten des Lebens. Doch der Ruf des Todes bringt mich zu Fall, der so schrecklich klingt.

Kaufmann: Ich hoffte zu leben und sammelte Schätze. Der Tod läßt sich nicht bestechen. Er trennt uns von unseren Freunden.

Nonne: Verschleiert diente ich dankbar Christus im Kloster. Was hilft da beten? Der Tod läßt nun auftanzen!

Bettler: Der arme Bettler ist dem Lebenden ein unangenehmer Freund. Dem Tod ist auch er lieb. Er sucht ihn genauso wie die Reichen.

Koch: Welch köstliche Speisen habe ich im Leben bereitet. Aus dem Dasein gerissen, habe ich damit den Tod keineswegs überwunden.

Bauer: Hier lebte ich in Schweiß und großer Mühe. Doch

	nicht weniger fliehe ich den Tod, das widerwärtige Geschick.
Kind in der Wiege:	O liebe Mutter, ein schwarzer Mann zieht mich von dir fort. Ich muß tanzen, wo ich noch nicht einmal zu gehen gelernt habe!»[52]

Der *Schwarze Mann* des Totentanzes ist schon gegenwärtig. Vorbild waren Gedichte des 13. Jahrhunderts, die inhaltlich ähnliche Sequenzen aufweisen, doch formal durch düstere Vado-mori-Wiederholungen strenger wirken.[53] Für Petrarca, der 1357 die *Trionfi* beginnt, handelt es sich, wie für viele Fromme der Zeit, beim Tod nur um ein *relatives* Unglück, das zwar die Liebe und ein keusches Leben beendet, dafür aber selbst von Ruhm, Zeit und natürlich von Gott überwunden wird.[54] Der Dichter befreit sich so aus der düsteren Vorstellungswelt der zeitgleichen Vado-mori-Monologe und Totentänze: «Für edle Seelen ist der Tod die Befreiung aus einem dunklen Gefängnis. Nur solchen, die all ihr Tun mit irdischem Schlamm bedecken, muß er Angst bereiten».[55]

Die Pest von 1348 bedeutete für die bildende Kunst keinen wirklichen Umbruch, da sich Kunstmotive und selbst der Stil vor und nach dem Schwarzen Tod nur unwesentlich unterscheiden. Hierfür gibt es viele Belege.[56] Nur der Totentanz, der kurze Zeit später auch ein Motiv der Malerei wird, tritt in den siebziger Jahren des 14. Jahrhunderts als literarische Neuerung in Erscheinung, wobei seine Ursprünge unmittelbar auf die Zeit nach der großen Pest zurückzuführen sind.[57] Unbestreitbar ist auch eine quantitative Zunahme von Darstellungen des Jüngsten Gerichts, die mit den Mahnungen der Bußprediger und einer Intensivierung des allgemeinen religiösen Bewußtseins parallel ging. Darstellungen des Pestalltags finden sich extrem selten, ebenso wie zunächst auch Bilder des Schutzheiligen Sebastian.[58] Auch Rochusbilder lassen sich, bis auf wenige Ausnahmen, erst im 15. Jahrhundert in größerer Zahl nachweisen.[59]

29. Pest und Literatur

Der zitierte Vado-mori-Text des 14. Jahrhunderts stellt gleichzeitig ein *literarisches* Beispiel der neuen Vanitas-Philosophie dar, die nach 1348 an Einfluß gewann. Doch stehen solchen Gedichten ebenso Texte mit sinnenfrohen, lebensbejahenden Themen gegenüber, wie etwa Boccaccios – bereits mehrfach zitierter – Dekamerone oder die Novellensammlung Sacchettis.[1] Der Dekamerone enthält viele Beispiele für die neue Lebenslust und moralische Freizügigkeit, die nach der Pest verbreitet waren, ja offensichtlich ein wichtiges Verhaltensventil darstellten. Boccaccio entwickelte geradezu ein literarisches Gegenmodell zur Vorstellung des *Trionfo della morte,* die zwar von Petrarca stammte, aber vor allem von den Bußpredigern propagiert und nicht nur in Pisa Thema der *bildenden* Kunst wurde.[2] Gleichzeitig liefert Boccaccio eine der wenigen, ja im Grunde die einzige literarische Beschreibung von Rang des Pestalltags von 1348. Kein anderer zitierter Chronist, von Petrarca einmal abgesehen, übertraf ihn an psychologischer Beobachtungsgabe, Dramatik und natürlich an Stil. Durch die Rahmenhandlung ist das Werk direkt in das Alltagsgeschehen eingeflochten, obgleich die Novellen selbst, da sie sämtlich vor dem Schwarzen Tod spielen, das Thema nicht berühren. Der Dekamerone stellt das berühmteste Werk über den Schwarzen Tod überhaupt dar und diente vielen späteren Autoren als Quelle und literarische Vorlage.[3]

Doch nahmen sich auch weniger bedeutende Dichter des Themas an, so Antonio Pucci, der 1388 als Achtundsiebzigjähriger in Florenz starb. In einem bewegenden moralischen Appell wendet er sich an seine Mitbürger:

> Heute verläßt einer seinen leiblichen Bruder,
> der Vater sein Kind, wenn er es in Gefahr sieht,
> damit ihn selbst nicht die Krankheit ereile.
> Viele sterben so dahin, von Hilfe und Rat verlassen,
> auch Sarazenen, Juden und Abtrünnige.
> Sie dürften niemals im Stich gelassen werden!
> Oh ihr Ärzte, um Gottes Willen, und ihr Priester
> und Bettelbrüder, besucht doch aus Nächstenliebe
> die, welche nach euch verlangen,
> Zeigt an ihnen eure Güte,
> denkt an eure eigenen Seelen

und schaut jetzt nicht auf den Gewinn!
Und ihr, Verwandte, Nachbarn und Freunde,
wenn ihr seht, daß einer zu euch flieht,
bei Gott, zögert nicht!
Seid hochherzig und tröstet ihn![4]

Wiederum ahnt man die Hölle des Pestalltags, dem sich viele Zeitgenossen moralisch nicht gewachsen zeigten. Erziehung und christliche Nächstenliebe, Mitleid und soziales Gewissen erwiesen sich als brüchig, Egoismus herrschte vor. Die Stimme des Dichters beweist, daß sich auch die Zeitzeugen schämten. Die Kritik an Kirche und Klerus akzentuiert Pucci in einem weiteren Werk: *Madonna Lionessa* durchreist, als König Salomon verkleidet, Italien und Frankreich, um den Klerus zu Sittlichkeit und moralischem Leben zu aufzurufen. In Rom mahnt sie die Priester: «Bei Gott und den heiligen Handlungen, seid keusch und tuet Buße. Laßt den Luxus und liegt nicht nur auf dem Bauch herum. Ich bitte Gott, euch zu verzeihen».[5] Der Geist des Werks erinnert an Petrarcas *Sine nomine,* wo ebenfalls der Klerus, vor allem aber die Kurie in Avignon gegeißelt wird.[6]

Ein typisches Vanitas-Gedicht verfaßte Bartolomeo di Castel di Pieve im letzten Drittel des 14. Jahrhunderts: «Vom ersten Tag meines Lebens hielt und hält der Tod den Schlüssel meines Herzens in der Hand. Mit bitteren Gedanken harre ich der Stunde, wo er es in schrecklichem Sturm auflöst ... Ich sehe, daß die Zeit voranschreitet und mein Leben Stück für Stück verschlingt, so daß sie wenig lieblich erscheint. Wehe, ich bin schon dem letzten Lebenstag nahe, der mich erwartet und aus dem Buch des Lebens löscht. So lebt meine Seele in der Hoffnung, daß sie mit Freude und Jauchzen mein Zuhause in einem anderen, erwählten Leben findet. Oh der Glückliche, dessen Lage sich verbessert, wenn der Tod ihm sein Urteil vorliest».[7]

Die Hoffnungslosigkeit, die sich in den ersten Wochen der Pest ausbreitete, beschreibt Petrarca in dem bereits erwähnten Gedicht *Ad se ipsum,* nachdem er in seiner Verzweiflung keinen Gesprächspartner mehr findet. Ein grenzenloser Pessimismus erfaßt den gefeierten Dichter:[8]

Ach, verstorben sind die lieben Freunde, vorbei die angenehmen Gespräche,
plötzlich verblichen die lieben Gesichter.
Schon wird die geweihte Erde knapp für Gräber.
So klagt die Bevölkerung in Italien, nicht mehr gewachsen sovielen Toten.

So weint auch Gallien, erschöpft und entvölkert,
so trauern auch andere Völker, wo immer sie leben unter der Sonne.
War dies der Zorn Gottes? Unsere Taten hätten es nicht verdient, wie ich glaube. Oder nur verdorbene Luft, weil die Natur sich änderte?
Pestbringend kam das Jahr über die Menschen, drohte einen tränenreichen Untergang an,
und Dünstung der Luft begünstigte das Sterben ...
Ohne Gnade versuchen die Parzen, die Lebensfäden schnell zu zerreißen,
alle zugleich, wär's ihnen möglich.
Ich fürchte, der Himmel gibt ihnen vielleicht doch, was sie wünschen.
Unzählige seh' ich erbleichen, so viele hineilen zum finsteren Tartarus.
Ich muß daran denken, ich gesteh's, ja ich gerate selbst in Verwirrung und ahne den Zugriff des nahen Todes. Wo könnte ich nur das Haupt verstecken?
Weder das Meer noch das Land noch mit schattiger Höhle der Fels bieten dem Flüchtling Sicherheit. Denn alles besiegt der Tod.[9]

Der Subjektivismus Petrarcas läßt die Pest in neuem Licht erscheinen. Durch die Beschreibung geheimster Gedanken und Ängste wird einem Individualismus Vorschub geleistet, der zukunftsweisend ist. Der berühmte rhetorische Brief an den «Bruder» weist in dieselbe Richtung.[10] Allerdings ist der neue Stil schon vor dem Schwarzen Tod nachweisbar, wie der Dichter auch längst *vor* 1348 von der Krise seiner Zeit spricht.[11]

Völlig anders strukturiert, ohne stilistische Brillanz, doch durchaus repräsentativ für eine bestimmte Literaturgattung ist das von Haage dem Ulmer Arzt Hans André zugeschriebene Pestgedicht. Es beschäftigt sich vor allem mit medizinischen und diätetischen Fragen, verrät aber interessante Aspekte des Pest*alltags.*[12] Die Sprache ist derb wie der Inhalt, eine moralisierende Tendenz unverkennbar. Das zwischen 1348 und 1400 entstandene Werk ist nur fragmentarisch erhalten. Typisch ist folgender Ratschlag: «Willst du dir selbst nicht schaden, so hüte dich vor unkeuschem Leben. Du sollst auch Badestuben meiden, dagegen in einem Zuber schwitzen und Fluch, Trauer, Zorn und Unrat fliehen ...».[13]

Praktische Hinweise und Mahnungen dieser Art wurden in der Folgezeit häufig verfaßt. Meist waren sie in Pestregimina[14] eingefügt, die sich bis ins 16. Jahrhundert hinein großer Beliebtheit erfreuten. Sie gehörten nicht der gehobenen Literatur an, sondern der medizinischen oder diätetischen Fachprosa bzw. Fachlyrik.

Viele Briefe, Gedichte und Gebete hatten die Pest zum Inhalt, doch die wenigsten können in einen direkten Bezug zu den Ereignissen von 1348/50 gebracht werden. Noch größer war die Zahl der Vanitas-Gedichte, die in der zweiten Hälfte des 14. und im 15. Jahrhundert entstanden sind und die Menschen zur *Meditatio mortis* aufforderten.

30. Nachwort

Die Pest, der zwischen 1347 und 1351 rund ein Drittel der Einwohner Europas zum Opfer fiel, offenbarte auf grausamste Weise die Grenzen menschlicher Belastbarkeit und Toleranz. Nur in wenigen Fällen konnten Erziehung, Kultur, Tradition und Religion im Moment der Gefahr und Todesangst Panikreaktionen und rücksichtsloses Verhalten verhindern. Mitleid und Opferbereitschaft schwanden, die Gesellschaft lebte in einem physischen und psychischen Ausnahmezustand. Die «Psychopathologie» des Schwarzen Todes muß zu denken geben, ja gerade den heutigen Menschen beunruhigen. Die Frage, warum sich die Seuche nach vielen regionalen Katastrophen seit dem 18. Jahrhundert aus Europa weitgehend zurückgezogen hat und selbst die Ballungszentren der dritten Welt von Epidemien verschont blieben, ist durchaus ungeklärt und keinesfalls mit der Wirksamkeit von Antibiotika oder der Vermehrung von «Wanderratten» zu beantworten. Beunruhigend bleibt, daß die modernen Mikrobiologen Katastrophen wie die von 1348/51 für die Zukunft keinesfalls ausschließen können. Mutationen oder die Anwendung bakteriologischer Waffen hätten auch heute verheerende Folgen. Möge uns, was Pestseuchen wie den Schwarzen Tod des Mittelalters angeht, das Privileg der zeitlichen Distanz erhalten bleiben!

Anmerkungen

1 Vorwort

1 Der Begriff wird von Bulst übernommen, vgl. ders. (1989), S. 20.
2 Der Terminus wird seit dem 17. Jahrhundert auf die Pest von 1348/50 bezogen, vgl. Bulst (1979), S. 45.
3 Dies schließt nicht aus, daß Städte wie Hamburg Tausende von Choleraopfern zu beklagen hatten, vgl. Evans (1987).
4 Vgl. hierzu Thompson (1920).
5 Hunger, Seuchen, Krieg und Tod standen bis ins 20. Jh. in engem Zusammenhang. Auch der zweite Weltkrieg bot hierfür viele Beispiele. Zu Dürer vgl. Panofsky (1948).
6 Vgl. Bulst (1979), S. 50–54.
7 Zu den demographischen Einbrüchen nach 1348 vgl. Renouard (1948), S. 463 f.
8 Völlig übertrieben erscheint in diesem Zusammenhang die durch Clemens VI. «offiziell» eruierte Verlustzahl von 42836486 Menschen, vgl. Bulst (1979), S. 52.
9 Vgl. Friedell (1969), S. 63.
10 In jüngster Zeit hat vor allem Zinn diese These unterstützt, vgl. ders. (1989), S. 154 f.
11 Vgl. Kap. 22. Besonders Delumeau hat sich mit diesen Fragen auseinandergesetzt, vgl. ders. (1985) I, S. 140–199.
12 Petrarca sah die Krise der Zeit so längst vor 1348, vgl. Bergdolt (1992), S. 5 f.
13 Vor allem unterschieden sich die Untersuchungen über einzelne Länder. England wurde in letzter Zeit ein beliebtes Forschungsobjekt (vgl. Kap. 17). Die Folgen der Pest für die Bildende Kunst sind praktisch nur in Italien untersucht worden, vgl. Meiss (1978), Polzer (1982).
14 Vgl. Biraben (1976); Bulst (1979 und 1989); Delort (1989); Gottfried (1986); Graus (1963, 1974 und 1981); Haverkamp (1981); Zaddach (1971); Ziegler (1972); Zinn (1989).
15 Zur Pathophysiologie der Pest vgl. Kap. 4; der Pesterreger kann, im Fall der Lungenpest, jederzeit vom Lungenkreislauf in die Alveolen übertreten, so daß er durch Tröpfcheninfektion übertragbar wird.
16 Vgl. Kap. 2 und Kap. 3.
17 Die wörtlichen Zitate finden sich vor allem in Kap. 9–17.
18 Vgl. Zinn (1989), S. 152.

2. Die «Pest» im Altertum

1 Auch im Alten Testament gibt es Beispiele, wo Seuchen als Strafen Gottes erscheinen, vgl. I Samuel IV,8, II Samuel 24, Jesaia 37,36.
2 Der Erreger wurde freilich erst 1894 durch Yersin nachgewiesen, vgl. Biraben (1975) I, S. 7 f.; Becht (1982).
3 Hierzu gehören ferner Gelbfieber, Scharlach, Dysenterie und sonstige Infektionskrankheiten, vgl. Rath (1956), S. 4; zu den Seuchen des Altertums vgl. Sticker (1908), S. 17–23.
4 Wegen seiner nüchternen, objektiven Schilderung und erstaunlichen psychologischen Begabung wurde Thukydides immer wieder kopiert, vgl. Leven (1987), S. 152.

5 Vgl. Sticker (1908), S. 17f.; Rath (1956).
6 Die Bedeutung des Hippokrates dokumentiert sich auch in einer überreichen historischen und medizinhistorischen Literatur. Vgl. Keil (1991) (Lit.).
7 Vgl. Aphorism. IV, 55 und Epid. II–VII. Zu den Kommentaren Galens vgl. Sticker (1908), S. 20.
8 Das entsprechende Verhalten zur Zeit des Schwarzen Todes ist in Kap. 22 ausführlich dargestellt.
9 Vgl. Thukydides II, 47–54; ferner Shrewsbury (1950).
10 Vgl. Rath (1956), S. 5.
11 Vgl. Herodot, Euterpe 41; Tacitus, Annales ab excessu Divi Augusti XVI, 13; Sueton, Nero 39; Cassius Dio LXVII.
12 Durch die Flucht Galens, der großen antiken Autorität, fühlten sich auch die mittelalterlichen Ärzte im Notfall legitimiert, ihre Patienten zu verlassen. Vgl. hierzu Rath (1955), S. 2407 und besonders Kap. 24.

3. Die Pest des frühen Mittelalters

1 Die Vorgänge sind ausführlich bei Leven dargestellt, vgl. ders. (1987), S. 138; ferner Keil (1989), S. 112.
2 Zu Prokop vgl. Veh (1970); zu Agathias Keydell (1967), zu Euagrius Allen (1981); zu Malalás Jeffreys (1986); zu Zacharias Migne: Patrologia Graeca 85; zu Gregor von Tours Anton (1989).
3 Zum Bericht des Thukydides vgl. Leven (1986), S. 138.
4 Leven, loc. cit. (dort Anm. 17).
5 Zur Ausbreitung der Seuche des 6. Jahrhunderts vgl. Keil (1989), S. 112; zu Euagrius und dessen Hinweis auf die Flucht der Kranken vgl. Sticker (1908), S. 27.
6 Hier spielte natürlich Boccaccios meisterhafte Darstellung eine entscheidende Rolle. Sie löste die Beschreibung des Thukydides als Mustervorlage ab. Vgl. auch Kap. 29.
7 Die einzelnen Phasen der Justinianischen Pest sind bei Sticker dargestellt, vgl. ders. (1908), S. 34f.
8 LCI VIII (1976), Sp. 318; vgl. auch Biraben (1976) I, S. 47. Zum Sebastianskult vgl. auch Kap. 22 und 28.
9 Die 1342 beschriebenen Epidemien in Rußland und der Steiermark stellten wohl keine wirkliche Pest dar, vgl. Sticker (1908), S. 42.
10 Vgl. zu den unheilvollen Vorzeichen vor der Pest Biraben (1976) II, S. 7–17.
11 Zit. nach Leven (1986), S. 152.
12 Leven, loc. cit.
13 Zum Bilderstreit, der in Byzanz Bürgerkriege hervorrief und Dynastien stürzte, vgl. Ducellier (1990), S. 288–294.
14 Vgl. Prokop, Bell. Pers. II, 22, 10; zu den Symptomen der Pest siehe auch Haeser (1865), S. 17.
15 Die klinischen Symptome entsprachen denen von 1348; vgl. Sticker (1908), S. 27; ferner Haeser, loc. cit. S. 14
16 Vgl. Rath (1956), S. 5.
17 Vgl. Leven (1986), S. 146f.; ferner Haeser (1865), S. 17. Entsprechende Übertreibungen bezüglich der Opferzahlen waren auch im 14. Jahrhundert üblich.
18 Vgl. Leven (1986), S. 147.
19 Zu den bemerkenswerten politischen und kulturellen Umwälzungen im Nahen Osten – auch für die bildende Kunst – vgl. Treadgold (1988), S. 2–4; Ducellier (1990), S. 124–132.
20 Johannes Kantakuzenos griff sehr bewußt auf Thukydides zurück, vgl. Hunger (1976).
21 Vgl. hierzu auch Biraben (1976), I, S. 46f.

22 Die Cotton-Genesis des 6. Jh. diente so als Vorlage für die Mosaizisten der Vorhalle von San Marco in Venedig im 13. Jahrhundert, vgl. Weitzmann (1984).
23 Genaue Angaben über die Opfer der Pest sind schwierig, vgl. Leven (1986), S. 148 f.
24 Zu Petrarcas Verachtung des Mittelalters vgl. Bergdolt (1992), S. 5.
25 Vgl. den Bericht des Matteo de'Griffoni aus Bologna, abgedruckt und übersetzt bei Bergdolt (1989), S. 100.

4. Ursache, Infektionswege und klinisches Bild der Pest

1 Die Geschichte der Entdeckung des Pestbazillus durch Yersin ist dargestellt bei Biraben (1976) I, S. 7 f.; vgl. auch Rath (1955), S. 2428 f.
2 Der Pathomechanismus der Pestübertragung ist dargestellt bei Biraben, loc. cit.; vgl. auch Keil (1989), S. 113–115; Zinn (1989), S. 159–162.
3 Vgl. Zinn, loc. cit. S. 164; ferner Wiesmann (1974), S. 114.
4 Vgl. Biraben (1976) I, S. 7–10.
5 Zinn (1989), S. 164; Shrewsbury (1970), S. 3. Es ist allerdings bemerkenswert, daß die Chronisten des 14. Jahrhunderts durchaus auch von Epidemien im Winter berichten. Es kommt dabei natürlich auf die absoluten Temperaturen an.
6 Vgl. Keil (1989), S. 113.
7 Die Symptomatik der Pest beschreibt ausführlich Biraben (1976) I, S. 7–10; vgl. ferner Shrewsbury (1970), S. 1–3; ferner Wiesmann (1974), S. 112 f.; zu Prokop vgl. Leven (1986), S. 139.
8 Vgl. die dt. Übersetzung des Dekamerone bei Bergdolt (1989), S. 51; zu den genannten Symptomen Wiesmann, loc. cit.
9 Die Lungenpest führte im Vergleich zur Beulenpest erheblich rascher zum Tod, vgl. Shrewsbury (1970), S. 4–6.
10 Vgl. Ruffié/Sournia (1987), S. 12. Es gibt letztlich auch keinen Beweis, daß der Pestbazillus immer derselbe gewesen sein muß.
11 Der lat. Text dieser Passage der Chirurgia Magna findet sich bei Haeser (1865), S. 36.
12 Von Überlebenden berichtet der Kanoniker Johannes von Parma in Trient, vgl. Bergdolt (1989), S. 104. Nach dessen Bericht zeigten viele Überlebende Dauerschäden. Auch Guy de Chauliac beschreibt solche Fälle, vgl. Haeser, loc. cit. S. 37.
13 Zur Frage der Immunität nach überstandener Pest vgl. Rath (1955), S. 2432. Allerdings brachten Impfversuche unbefriedigende Ergebnisse.
14 Zur Beziehung von Rattenvermehrung und Pestausbrüchen vgl. Shrewsbury (1970), S. 7–16; ferner auch Zinn (1989), S. 164.
15 Vgl. hierzu Harrison (1989), S. 730.
16 Harrison, loc. cit.
17 Die Gramfärbung stellt ein bewährtes Mittel zur Diagnostik von Bakterien dar. Vgl. Wiesmann (1974), S. 112.
18 Vgl. Wiesmann, loc. cit. S. 112–114.
19 Zur Ausbreitung der Pest im 20. Jahrhundert vgl. Zinn (1989), S. 165.

5. Pesttheorien im Spätmittelalter

1 Zur Humoralpathologie vgl. Bergdolt/Keil (1991); zur Luftverpestung bzw. Miasmentheorie Biraben (1976) I, S. 20 f.; Palmer (1985), S. 24.
2 Gerade im Fall der Lungenpest, die durch Tröpfcheninfektion übertragen wurde, war der Atem der Kranken extrem infektiös.

3 Diese ängstliche Haltung der Ärzte beschrieb der Florentiner Chronist Marchionne di Coppo. Zum dt. Text vgl. Bergdolt (1989), S. 67.
4 Vgl. das «Pestconsilium» des Gentile da Foligno, vgl. Sudhoff (1912), S. 332–334.
5 Vgl. den Text bei Sufhoff, loc. cit. S. 334.
6 Dies berichtet der Arzt Francesco aus Foligno, vgl. Bergdolt (1989), S. 151.
7 Hierzu ausführlich Keil (1989), S. 116.
8 Die hohe Ansteckungskraft wird von vielen Chronisten bezeugt, so von De Mussis, dt. bei Bergdolt (1989), S. 23.
9 Vgl. Bergdolt, loc. cit. S. 153; ferner Sudhoff (1912), S. 333 (dort findet sich der lat. Text).
10 Bergdolt, loc. cit. S. 154.
11 Zu den Hintergründen des Pariser Pestgutachtens vgl. Keil (1989), S. 116.
12 Vgl. Hecker (1832), S. 69.
13 Hierzu ausführlich Zitelli/Palmer (1979), S. 22.
14 Vgl. Palmer (1985), S. 24.
15 Besonders deutlich sieht Giovanni Villani eine Verbindung zwischen dem Erdbeben vom Januar 1348 und der Pest, vgl. den dt. Text bei Bergdolt (1989), S. 60 f.; zur italienischen Version vgl. Dragomanni (1845), S. 183–185.
16 Vgl. hierzu die Pestregimina von Gentile da Foligno, Dionysus Secundus Colle, Tommaso del Garbo und Giovanni Dondi, dt. bei Bergdolt (1989), S. 151–166.
17 Die Theriakempfehlung enthalten viele Pestgutachten, vgl. Bergdolt, loc. cit. S. 155 (Gentile da Foligno), S. 166 (Giovanni Dondi, S. 163 (Tommaso del Garbo).
18 Kümmel (1977), S. 47.
19 Kümmel, loc. cit. S. 326.
20 Vgl. Biraben (1976), II, S. 9–15; Zitelli/Palmer (1979), S. 22 f.
21 Bergdolt (1992), S. 29–33; ferner Kibre/Siraisi (1978), S. 135; Siraisi (1981), S. 141 f.
22 Bergdolt, loc. cit. S. 31.
23 Zitelli/Palmer (1979), S. 23.
24 Zu Guy de Chauliac vgl. Haeser (1865), S. 37; zu Dino del Garbo Siraisi (1981), S. 142; zum Planetarium Giovanni Dondis vgl. Bergdolt (1992), S. 30.
25 Zitelli/Palmer (1979), S. 22 f.; zu den genannten Makro-Mikrokosmos-Beziehungen vgl. Bergdolt/Keil (1991), Sp. 211–213.
26 Vgl. Bergdolt (1990), zu Venedig; zur Quarantäne in Ragusa Biraben (1976) II, S. 173–175. Eine zehntägige Quarantäne führte Bernabo Visconti bereits 1374 in Reggio d'Emilia durch.
27 Vgl. den Bericht des Dionysus Secundus Colle, dt. bei Bergdolt (1989), S. 160.
28 Zum dt. Text vgl. Bergdolt, loc. cit. S. 162; zum lat. Text Sudhoff (1912), S. 349 f.; nach der Lehrmeinung war die Luft in einer Stadt, wo die Pest ausgebrochen war, mehr oder weniger miasmenreich. Das Öffnen der Fenster erschien so wenig sinnvoll. Andererseits empfahlen Ärzte nicht selten, die verpestete Luft in Krankenzimmern zu bekämpfen und deshalb diese zu lüften.
29 Dt. Text bei Bergdolt, loc. cit.

6. Pestregimina und Pestconsilia

1 Vgl. Baumgärtner/Mayer (1994).
2 Mithridat war ein Allheilmittel, das auf Mithridates VI., den König von Pontus zurückgeführt wurde, 43 Bestandteile aufwies und den römischen Kaisern als Prophylaktikum gegen Giftanschläge gereicht wurde (so bei Nero).

Der Text von Tommaso del Garbo findet sich dt. bei Bergdolt (1989), S. 163; ferner bei Sudhoff (1912), S. 349 f.
3 Vgl. Sudhoff, loc. cit. (lat. Text)
4 Sudhoff, loc. cit. S. 352 («domini ducis Mediolanensis honorabilem medicum»)
5 Vgl. hierzu Zitelli/Palmer (1979), S. 21–23.
6 Zu Dondis astrologischer Uhr vgl. Bergdolt (1992), S. 30; zu den genannten Verboten ders. (1989), S. 166 (dt. Text).
7 Vgl. Bergdolt (1989), S. 167–170 (dt. Text); ferner Sudhoff (1913), S. 334–336.
8 Vgl. Bergdolt, loc. cit. S. 151–155; Sudhoff, loc. cit. S. 332–334.
9 Der Originaltext des Dionysus Secundus Colle ist bei Haeser abgedruckt, vgl. ders. (1865), S. 41–43.
10 Abgedruckt bei Bergdolt (1989), S. 40.
11 Zur Humoralpathologie vgl. Bergdolt/Keil (1991). Nicht zuletzt wegen dieser inneren Schlüssigkeit, die viele medizinische Probleme mühelos zu erklären schien, blieb die Humoralpathologie bis zum 18. Jahrhundert in Europa – natürlich in Variationen und mit vielen Verbesserungsvorschlägen – vorherrschend.

7. Europa um 1348

1 Vgl. Koller (1987), S. 422 f.
2 Unter den Besuchern Prags (und des Kaisers) befanden sich Cola di Rienzo (1350) und Petrarca (1356)
3 Hoeniger (1882), S. 32; Graus (1963), S. 720–24.
4 Koller (1987), S. 433–35.
5 Zu Clemens VI. vgl. Lenzenweger (1986), Sp. 2143 f. (Bibl.).
6 Vgl. Folz (1987), S. 744; ferner Tuchman (1984), S. 77–96.
7 Es handelte sich in Wirklichkeit um den Franzosen Walter von Brienne.
8 Vgl. Brucker (1990), S. 169; Haverkamp (1987), S. 645.
9 Vgl. Bergdolt (1989), S. 82.
10 Haverkamp (1987), S. 641–44; zu Baiamonte Tiepolo Kretschmayr (1964), S. 181–83; zum Chioggia-Krieg ibd. S. 229–242.
11 Vgl. die Ermordung Andreas', des Ehemanns der Königin Johanna (1345). Haverkamp, loc. cit. S. 645.
12 Lit. bei Manselli (1986), Sp. 26–28.
13 Vgl. Maier (1987), S. 1158 f.
14 Maier, loc. cit. S. 1161.
15 Vgl. Muratori (1728) XII, Sp. 926 f.; dt. bei Bergdolt (1989), S. 110.
16 Vgl. Kap. 22.
17 Vgl. Bergdolt (1992), S. 5–9. Protagonist dieser Bewegung war Petrarca.
18 Diese Grundlagen, ob theologischen, philosophischen oder medizinischen Inhalts, wurden durch die Scholastik vermittelt, die die Humanisten des 14. Jh. heftig bekämpften, vgl. Bergdolt, loc. cit. S. 1–28.
19 Vgl. Zinn (1989), S. 25.
20 Zinn, loc. cit. S. 26.
21 Der Sieg der englischen Bogenschützen gegen die schweren Panzerreiter des französischen Adelsheeres bei Crézy (1346) war hierfür exemplarisch, vgl. Zinn, loc. cit. S. 123.
22 Zur Entwicklung der Uhren vgl. die exzellente Monographie von Dohrn-van Rossum (1992), S. 102–135. Zur Problematik der Bezeichnung vgl. ibd. S. 56 f.; ferner Zinn, loc. cit. S. 108–113.
23 Zur Turmuhr Dohrn-van Rossum, loc. cit. S. 185–201. Der Kirchturmuhr ging die Stadtturmuhr voraus. Zu Wallingford und Dondi vgl. Zinn (1989), S. 108.
24 Es fehlte den Uhrmachern der Zeit freilich noch die Spiralfeder, um

Taschenuhren herzustellen, vgl. Zinn, loc. cit.

25 Die Vergänglichkeit alles Irdischen betonte nicht nur die religiöse Literatur der Zeit, sondern auch Petrarca in seiner Vanitas-Literatur, vgl. Bergdolt (1992), S. 77–105.

26 Tatsächlich gilt Petrarca seit Renan als Vater der Renaissance, als der erste «moderne» Mensch, vgl. Bergdolt (1992), S. 7.

27 Vgl. hierzu Tuchman (1984), S. 37; zu den Katastrophen des Jahrhunderts allgemein Carpentier (1962), hier S. 1074–83.

8. Der Ursprung der Pest

1 Vgl. Muratori (1729) IV, Sp. 11 f.; dt. Text bei Bergdolt (1989), S. 57 f.

2 Vgl. Bergdolt, loc. cit. S. 55. Matteo Villani erlag der Pest 1363.

3 Vgl. Biraben (1976) I, S. 49.

4 Vgl. Sticker (1908), S. 42; Biraben, loc. cit. S. 50.

5 Biraben, loc. cit. S. 51.

6 Vgl. Haeser (1865), S. 23; ferner Lechner (1884), S. 19; bezüglich der Ausbreitung Keil, loc. cit. S. 112.

7 Vgl. Sticker (1908), S. 42.

8 Biraben (1976) I, S. 52

9 Vgl. Ziegler (1972), S. 13.

10 Dt. bei Bergdolt (1989), S. 95.

11 Ziegler (1972), S. 13; neben Marco Polo sind in diesem Zusammenhang Jean de Mandeville und Odericus von Pordenone zu nennen, vgl. Baumgärtner (1992), Sp. 188 f.

12 Vgl. etwa die Weltkarte Fra Mauros von 1460, Kretschmayr (1964) II, S. 489; vgl. auch die Asienkarten des Museo Correr in Venedig, abgebildet bei Biadene (1990), S. 58 f. und S. 87.

13 Engl. Text bei Ziegler (1972), S. 14.

14 Vgl. Kap. 22.

15 Ziegler (1972), S. 14.

16 Vgl. Muratori (1730) XV, Sp. 448 f.; engl. Text bei Ziegler, loc. cit.

9. Die Pest in Osteuropa

1 Vgl. den Bericht des Gabriele de Mussis aus Piacenza, der 1347 in Caffa weilte und Augenzeuge des dortigen Pestausbruchs wurde.

2 Die Belagerten konnten so drei Jahre dem Angriff der Tartaren standhalten, vgl. Bergdolt (1989), S. 20.

3 Der lat. Originaltext findet sich bei Haeser (1865), S. 18, die dt. Übersetzung bei Bergdolt (1989), S. 20 f.

4 Die Lungenpest wurde ja wie Schnupfen durch Tröpfcheninfektion übertragen, vgl. Harrison (1989).

5 Vgl. Bergdolt (1989), S. 21 f.

6 Vgl. Zinn (1989), S. 156–159; ferner Biraben (1976) I, S. 53–55.

7 Sticker (1908), S. 46. Die erste Pest, die die Stadt befallen hatte, war die des Justinian. Sie verwüstete das Land in mehreren Epidemien.

8 Dt. bei Haeser (1865), S. 23.

9 Tatsächlich starb man an der Lungenpest oft bereits nach einem bis zwei Tagen, vgl. Rath (1955), S. 2431. Vgl. auch Kap. 4.

10 Vgl. Haeser (1865), loc. cit. S. 23 f.

11 Zu Johannes VI. Kantakuzenos (Kaiser von 1341 bis 1354) vgl. Carile (1991); ferner Sticker (1908), S. 46 f.

12 Vgl. Haeser (1865), S. 24. Die Übersetzung ist leicht variiert.

13 Sticker (1908), S. 47.

10. Der Schwarze Tod in Italien

1 Vgl. Biraben (1976) I, S. 53 f.

2 Vgl. Bulst (1979), S. 49; ferner Biraben, loc. cit. S. 52.

3 Zur Pesttheorie der zeitgenössischen Ärzte vgl. Kap. 5.

4 Vgl. Haeser (1865), S. 19; dt. bei Bergdolt (1989), S. 22.

5 Haeser, loc. cit.; dt. bei Bergdolt, loc. cit. S. 23.

6 Vgl. Harrison (1989) und Kap. 4. Die Pest wurde mit größter Wahrscheinlichkeit in den Häfen durch den Speichel übertragen.

7 Vgl. Haeser (1865), S. 19 f.; Bergdolt (1989), S. 23 f.

8 Dt. Text vgl. Bergdolt, loc. cit. S. 23.

9 Dt. Text bei Bergdolt, loc. cit. S. 30.

10 Der Originaltext des Berichtes von Michele da Piazza findet sich bei Corradi (1972), S. 189–193; dt. bei Bergdolt, loc. cit. S. 32 f.

11 Vgl. Corradi, loc. cit., Bergdolt S. 33 f.

12 Vgl. hierzu auch Anm. 57.

13 Der Originaltext von Tommaso del Garbo findet sich bei Sudhoff (1912), S. 349 f.; der dt. Text bei Bergdolt (1989), S. 162 f.

14 Dt. Text bei Bergdolt, loc. cit. S. 34.

15 Michele da Piazza beschreibt den Streit unter den Sizilianern ausführlich, vgl. Bergdolt, loc. cit. S. 35.

16 Vgl. Michele da Piazza, loc. cit. S. 36.

17 Dies berichtet Sticker (1908), S. 50.

18 Vgl. Ziegler (1972), S. 63.

19 Vgl. Bergdolt (1989), S. 25.

20 Über die Ereignisse in Piacenza berichtet wiederum De Mussis, vgl. Bergdolt (1989), S. 25 f.

21 Vgl. Bergdolt, loc. cit.

22 Bergdolt, loc. cit. S. 28.

23 Bergdolt, loc. cit.

24 Bergdolt, loc. cit. S. 28 f.

25 Vgl. Palmer (1985), S. 26.

26 Vgl. den Brief an Boccaccio von 1364, dt. Bergdolt (1989), S. 132.

27 So die Paduaner Chronisten Cortusio, vgl. Bergdolt, loc. cit. S. 109. Vgl. Muratori (1728) XII, Sp. 926 f.

28 Vgl. den anonymen Autor der Monumenta Pisana, dt. bei Bergdolt, loc. cit. S. 76.

29 Vgl. Chronica Sanctae Caterinae (1845), S. 530.

30 Vgl. Muratori (1730) XV, Sp. 122–124; dt. Bergdolt (1989), S. 84.

31 Es erinnert an Ulman Stromer aus Nürnberg, der acht Familienmitglieder – allerdings erst während der Pest 1406 – verlor, vgl. Hoeniger (1882), S. 30.

32 Beide werden zumindest nach 1348 nicht mehr erwähnt, vgl. Meiss (1978), S. 66.

33 Vgl. Muratori (1730) XV, Sp. 653.

34 Vgl. Muratori, loc. cit.

35 Vgl. Kap. 5!

36 Viele Quellen sprechen sogar von höheren Verlusten, vgl. Bergdolt (1989), S. 121, 123, 124.

37 Vgl. Nodilo (1883), S. 39, dort auch Anm. 3 (Annales Ragusini Anonymi)

38 Der Bericht der Gebrüder Cortusio ist abgedruckt bei Bergdolt (1989), S. 108 f.

39 Das Pestregimen ist abgedruckt bei Sudhoff (1913), S. 334–336; dt. bei Bergdolt, loc. cit. S. 167.

40 Die Folgen der Pest auf die Universitätsstädte und Hochschulen sind in Kap. 25 dargestellt.

41 Der Originaltext findet sich bei Muratori (1731), XVIII, Sp. 408 f.; dt. bei Bergdolt (1989), S. 98 f.

42 Vgl. Bergdolt (1989), S. 99.

43 Die Chronik des Giovanni da Bazano ist dt. abgedruckt bei Bergdolt (1989), S. 97.

44 Der Originaltext findet sich bei Corradi (1972), S. 194–199.

45 Vgl. Bergdolt (1989), S. 104 f. (dt. Übersetzung).

46 Vgl. Bergdolt, loc. cit. S. 105 f.

47 Vgl. Bergdolt, loc. cit. S. 106.

48 Vgl. Bergdolt, loc. cit. S. 51.

49 Zur Gechichte Genuas zur Zeit des Schwarzen Todes vgl. Ossian de Negri (1974), S. 413–422.

50 Vgl. Bergdolt (1989), S. 24.
51 Vgl. Bergdolt, loc. cit. S. 23–26.
52 Vgl. den Originaltext bei Sudhoff (1912), S. 332.
53 Zu Giovanni di Murta und den Ereignissen in Genua vgl. Ossian de Negri (1974), S. 461; zur Historia Parmensis vgl. Muratori (1728) XII, Sp. 746.
54 Vgl. hierzu auch Kap. 22. Der Aufenthalt in Rom war für die Pilger keinesfalls ungefährlich.
55 Bezüglich Pistoia vgl. Kap. 26.
56 So berichten Michele da Piazza 1361, der anonyme Autor der Monumenta Pisana, spätestens 1389, der Autor einer Chronik von Perugia 1352, Bartolomeo da Ferrara vor 1357, Guglielmo Cortusio spätestens 1364 über den Schwarzen Tod von 1348, vgl. Bergdolt (1989), S. 32, 73, 88, 91 und 107 (jeweils dt. Übersetzungen).
57 Es schien so durchaus sinnvoll (wenn auch grausam), sich von erkrankten Familienmitgliedern zu distanzieren, da sonst, besonders im Fall der Lungenpest, der eigene Tod kaum zu vermeiden war. Allerdings wird der entsprechende Topos allein in italienischen Quellen mindestens zehnmal wiederholt, vgl. Bergdolt, loc. cit. S. 34, 45, 61, 74, 77, 80, 84, 102, 105, und 116. Vgl. auch Anm. 24!
58 Zu den Schwierigkeiten solcher Schätzungen vgl. Bulst (1979), S. 49–54.

11. Die Pest in Venedig

1 Zit. nach Mueller (1979), S. 71.
2 Vgl. Lorenzo de Monacis (1758), S. 314.
3 Lorenzo de Monacis, loc. cit.
4 Lorenzo de Monacis, loc. cit. S. 314 f.
5 Lorenzo de Monacis, loc. cit. S. 315. Der dt. Text findet sich bei Bergdolt (1990), S. 230 f.
6 Vgl. Bergdolt, loc. cit. S. 232.
7 Der lat. Originaltext findet sich bei Brunetti (1909), S. 291 f.
8 Vgl. Bergdolt (1990), S. 232 f.
9 Die Härte der Behörden erklärt sich nur durch die Angst vor der neuen Seuche, deren unübersehbare Konsequenzen man fürchtete.
10 Lat. «morientium», vgl. Brunetti (1909), S. 292.
11 Vgl. de Grazia (1979), S. 78 (lat. Text).
12 Venedig bestand aus sechs Stadtteilen. Es gab hier keine «Quartieri», sondern «Sestieri».
13 Vgl. De Grazia (1979), S. 78.
14 Vgl. Bergdolt (1990), S. 234.
15 Der lat. Text findet sich bei Brunetti (1909), S. 294.
16 Vgl. Palmer (1985), S. 26.
17 «Vel qui videretur infirmus». Vgl. Brunetti (1909), S. 294 f.
18 Hier manifestiert sich das besondere Problem, daß 1348 kein effektives Heilmittel gegen die Pest zur Verfügung stand. Der lat. Text findet sich wiederum bei Brunetti, loc. cit. S. 16.
19 Vgl. Bergdolt (1990), S. 230.
20 Dt. Übersetzung des Boccaccio-Textes bei Bergdolt (1989), S. 235.
21 Vgl. Bergdolt (1992) 2, S. 204 f.
22 Vgl. Venezia e la Peste (1979), S. 80, wo das Testament vom 28. Mai 1348 abgedruckt ist.
23 Vgl. Bergdolt (1990), S. 238.
24 «que multum fetorem inducunt», vgl. Brunetti (1909), S. 295.
25 Vgl. de Grazia (1979), S. 78.
26 Cechetti (1883), S. 380
27 Cechetti, loc. cit.
28 Allerdings gab es auch akademisch gebildete Chirurgen wie Guy de Chauliac, den Leibarzt des Papstes in Avignon, vgl. Keil (1989) (Bibl.)
29 Bergdolt (1990), S. 239 f.

30 Vgl. Bergdolt (1989), S. 40.
31 Brunetti (1909), S. 300.
32 Zit. Mueller (1979), S. 71.
33 Brunetti (1909), S. 21.
34 Vgl. Venezia e la Peste (1979), S. 81 f.; dt. bei Bergdolt (1989), S. 122–124.

12. Die Pest in Florenz

1 Dt. Text bei Bergdolt (1989), S. 38–51.
2 Dt. Text bei Bergdolt, loc. cit. S. 42.
3 Bergdolt, loc. cit. S. 43.
4 Bergdolt, loc. cit. S. 43 f.
5 Bergdolt, loc. cit. S. 45.
6 Vgl. etwa den Topos, daß sich Familienangehörige gegenseitig aus dem Weg gingen. Hierzu Kap. 10, Anm. 57.
7 Dt. Text bei Bergdolt (1989), S. 49.
8 Zit. nach Bergdolt, loc. cit. S. 47.
9 Bergdolt, loc. cit.
10 Vgl. Bergdolt (1990), S. 232; ferner Dragomanni (1845), S. 183–185 (Cronaca di Giovanni Villani).
11 Muratori (1729) IV, Sp. 11–15; dt. bei Bergdolt (1989), S. 62. Zweifellos stellt die hier beschriebene Hilfsbereitschaft eine Ausnahme dar.
12 Bergdolt, loc. cit. S. 61; Muratori, loc. cit. Sp. 12 f.
13 Lat. Text bei Falsini (1971), S. 434 f.
14 Carducci/Fiorini (1903), S. 230–232; dt. bei Bergdolt (1989), S. 66 f.; zur Problematik des ärztlichen Verhaltens vgl. auch Kap. 24.
15 Carducci, loc. cit. S. 231.
16 Carducci, loc. cit.
17 Carducci, loc. cit.
18 Carducci, loc. cit. S. 230 f.
19 Vgl. die Maßnahmen in Venedig (Kap. 11).
20 Vgl. Kap. 5
21 «ed ogni frutta non utile e non sana», vgl. Carducci (1903), S. 231 f.
22 Carducci, loc. cit. S. 232.
23 Sticker (1908), S. 53.
24 Vgl. Boccaccios Bericht, dt. bei Bergdolt (1989), S. 39.
25 Sticker (1908), S. 53.
26 Vgl. Marchionne di Coppo, it. Text bei Carducci (1903), S. 232.
27 Vgl. Bergdolt (1989), S. 51.
28 Lat. Text bei Falsini (1971), S. 438 (dort Anm. 37).
29 ... viene stabilito che fino al primo Novembre possono essere sufficienti cento consiglieri», vgl. Falsini, loc. cit.
30 Vgl. Kap. 11.
31 Vgl. Falsini (1971), S. 441 f.
32 Nach Giovanni Villani hatte Florenz im Jahre 1339 90000 Einwohner, vgl. Dragomanni (1845), S. 324.
33 1352 hatte die Stadt etwa 42000 Einwohner, vgl. Falsini (1971), S. 431. Allerdings hielten sich unzählige Flüchtlinge in der Stadt auf, so daß die Zahl der Pestopfer mehr als 50000 betrug, vgl. loc. cit. S. 428.
34 Das Zitat ist abgedruckt bei Falsini, loc. cit. S. 449.
35 Vgl. Muratori (1729) IV, Sp. 11–16.
36 Falsini (1971), S. 456.
37 Falsini, loc. cit. S. 439.
38 Falsini, loc. cit. S. 486 f.; vgl. auch Bergdolt (1989), S. 64 f.
39 Dt. bei Bergdolt, loc. cit. S. 41.

13. Die Pest in Frankreich

1 Vgl. Ziegler (1972), S. 63; Sticker (1908), S. 56.
2 Allein 50000 Menschen sollen im Stadtgebiet umgekommen sein, darunter z. B. alle 150 Mitglieder des Franziskanerkonvents, vgl. Boehmer (1868), S. 261; ferner Sticker, loc. cit. S. 56.
3 Lat. Text bei Haeser (1865), S. 31, Zl. 778 f.
4 Lat. Text bei Haeser, loc. cit. S. 37, Zl. 15–21.

5 Diese negativen Begleitphänomene der Pest werden ausführlich in Kap. 20 erörtert.
6 Vgl. Haeser (1865), S. 37, Zl. 24–29.
7 Lat. Text bei Haeser, loc. cit. Zl. 27–29.
8 Haeser, loc. cit. S. 38.
9 Haeser, loc. cit. Zl. 17f.
10 Vgl. Renouard (1950), S. 111.
11 Vgl. Boehmer (1868), S. 261; ferner Zaddach (1971), S. 58f.
12 Zaddach, loc. cit. S. 59 und 77 (dort Anm. 75 a).
13 Engl. Text bei Ziegler (1972), S. 66f.
14 Ziegler loc. cit. S. 67. Vgl. auch Kap. 19.
15 Zaddach (1971), S. 59; ferner Tuchman (1984), S. 99
16 Zit. nach Ziegler (1972), S. 66.
17 Ein anderer Bericht desselben Geistlichen ist in Kap. 8 wiedergegeben. Vgl. dort Anm. 13!
18 Engl. Text bei Ziegler (1972), S. 67.
19 Engl. Text bei Ziegler, loc. cit. S. 65; vgl. auch Wilkins (1990), S. 107.
20 Nämlich in der Basilica San Lorenzo in Damaso, wie jüngste Ausgrabungen des Max-Planck-Instituts für Kunstgeschichte Rom (Hertziana) ergaben (noch unpubliziert).
21 Vgl. Valcanover (1990), S. 416.
22 Der lat. Text des Traktats findet sich bei Hoeniger (1882), S. 159–177; zu der zitierten Stelle vgl. S. 159.
23 Dies gilt besonders für die galenische Pesttheorie, vgl. Kap. 5.
24 Vgl. Hoeniger (1882), S. 172, Zl. 13–28.
25 Hoeniger, loc. cit. Zl. 33–40.
26 Hoeniger, loc. cit. Zl. 43.
27 Vgl. Sticker (1908), S. 57f.
28 Biraben (1976) I, S. 58f.; Sticker, loc. cit. S. 59.
29 Ziegler (1972), S. 78.
30 Engl. Text bei Gottfried (1986), S. 56.
31 Jean de Venette, zit. nach Gottfried, loc. cit.
32 Ziegler (1972), S. 78.
33 Vgl. den englischen Text bei Gottfried (1986), S. 55f.; ferner Sticker (1908), S. 60.
34 Vgl. Mollat (1963).
35 Der lat. Originaltext ist abgedruckt bei Hoeniger (1882), S. 152–156; die dt. Übersetzung einer etwas kürzeren Fassung findet sich bei Sticker (1908), S. 60–62. Vgl. auch Zimmermann (1988), S. 8–10.
36 Vgl. Sticker, loc. cit. S. 61.
37 Sticker, loc. cit. S. 61f.
38 Vgl. die Zusammenstellung von Sudhoff (1912, 1913).
39 Michon (1860), S. 94.
40 Sticker (1908), S. 63.
41 Sticker, loc. cit.
42 Ziegler (1972), S. 80.
43 Ziegler, loc. cit.
44 Ziegler, loc. cit.
45 Vgl. Lemaitre (1906), S. 197 (lat. Text).
46 Vgl. Lemaitre, loc. cit. S. 191f. (Zl. 2f.). Besonders die Sommerregen galten nach der humoralpathologischen Seuchenlehre als gefährlich, da sie Schwüle und Hitze verbreiteten.
47 Zur Rolle der Glocken vgl. auch Kap. 22. Das Zitat findet sich bei Ziegler (1972), S. 81.
48 Ziegler, loc. cit. S. 81f.
49 Zit. nach Ziegler, loc. cit. S. 82; Sticker (1908), S. 64.
50 Zit. nach Ziegler, loc. cit. S. 80.
51 Vgl. hierzu die Untersuchungen von Carpentier (1962), S. 1065.
52 Lat. Text bei Lemaitre (1906), S. 196f.

14. Die Iberische Halbinsel

1 Lat. Text bei Lemaitre (1906), S. 198f.
2 Vgl. Ziegler (1972), S. 113.
3 Ziegler, loc. cit. S. 114; vgl. ferner Sticker (1908), S. 64.

4 Zit. nach Ziegler (1972), S. 114.
5 Vgl. Ziegler, loc. cit.
6 Vgl. Tuchman (1978), S. 103 f.
7 Der Traktat des Ibnul Khatib ist bei Müller ediert, vgl. ders. (1863), S. 1–28 (dt. Übersetzung).
8 Vgl. Müller, loc. cit.
9 Sticker (1908), S. 64; vgl. auch Sudhoff (1927), S. 27–81.
10 Sticker, loc. cit. S. 65 f.
11 Vgl. Müller (1863), S. 1–28; ferner Sticker, loc. cit. S. 64.
12 Vgl. Ziegler (1972), S. 82.
13 Sticker (1908), S. 66.
14 Ziegler (1972), S. 115 f.

15. Die Pest in den deutschsprachigen Ländern

1 Lechner (1884), S. 24.
2 Ziegler (1972), S. 84.
3 Zit. nach Lechner (1884), S. 33.
4 Vgl. hierzu Biraben (1976) I, S. 75 bzw. 82; Hoeniger bezweifelt diese Möglichkeit, vgl. ders. (1882), S. 16; siehe auch Lechner, loc. cit. S. 23 f.
5 Zit. nach Hoeniger, loc. cit. S. 16.
6 Vgl. Bueß (1956), S. 50; zu Konrad von Megenberg vgl. Krüger (1972).
7 Lat. Text bei Lechner (1884), S. 14.
8 Lechner, loc. cit.
9 Vgl. die Matseer Annalen, lat. bei Hoeniger (1884), S. 15; vgl. auch Schmölzer (1985), S. 26 f.
10 Crawfurd (1914), S. 125.
11 Vgl. Hoeniger (1882), S. 17.
12 Vgl. Feller (1980), S. 152.
13 Zit. nach Hoeniger (1882), dort Anm. 3.
14 Lechner (1884), S. 28.
15 Stettler (1975), S. 277.
16 Stettler, loc. cit.; vgl. auch Maurer (1989).
17 Bueß (1956), S. 54.
18 Vgl. Kap. 19 und 20.
19 Lat. bei Boehmer (1868), S. 261.
20 Vgl. Kap. 5.
21 Hoeniger (1882), S. 19.
22 Chroniken der oberrheinischen Städte (1870), S. 120 (in Originaldialekt).
23 Chroniken ..., loc. cit. S. 121.
24 Die Aufzeichnung des Johannes Latomus findet sich bei Boehmer (1868), S. 411.
25 Vgl. Boehmer, loc. cit. S. 434 (Chronik des Caspar Camentz).
26 Boehmer, loc. cit. («Anno eodem Iudei omnes et domus eorum per totam Alemaniam igne combusti»).
27 Vgl. die Annales Hirsaugienses des Trithemius, Lechner (1884), S. 37; zur Ausbreitung der Pest siehe Biraben (1976) I, S. 77–85; zu Hugo von Reutlingen Hoeniger (1882), S. 21 f.
28 Hoeniger, loc. cit. S. 22.
29 Lat. Text bei Holder-Egger (1899), S. 381.
30 Holder-Egger, loc. cit.
31 Zit. nach Hoeniger (1882), S. 59.
32 Hoeniger, loc. cit. S. 58 f.; vgl. auch Hecker (1832), S. 30 f.
33 Lat. Text bei Lechner (1884), S. 41.
34 Hirsch (1884), S. 522.
35 Lechner (1884), S. 42.
36 Lechner, loc. cit.
37 Zaddach (1971), S. 65 f.
38 Lechner (1884), S. 39.
39 Lat. Text der Chronik von Oliva bei Hoeniger (1882), S. 24.
40 Lat. Text des Braunsberger Bürgerbuchs bei Lechner (1884), S. 43.
41 So eine Urkunde vom Dezember 1351. Zum lat. Text vgl. Lechner, loc. cit. S. 32.
42 Vgl. Kap. 19.
43 Lechner (1884), S. 33.

16. Skandinavien und die Niederlande

1 Allein in Westgotland starben 466 Priester, vgl. Hecker (1832), S. 39.

2 Sticker (1908), S. 70; Ziegler (1972), S. 112.
3 Ziegler, loc. cit.
4 Hoeniger (1882), S. 25.
5 Sticker (1908), S. 70.
6 Ziegler (1972), S. 112 f.
7 Gottfried (1986), S. 57.
8 Der lat. Text ist abgedruckt bei Haeser (1865), S. 30–36; zum Pariser Pestgutachten vgl. Kap. 13, Anm 35–37.
9 Vgl. Haeser, loc. cit. S. 31 f.
10 Auch das Pariser Pestgutachten unterstrich deren Bedeutung, vgl. Hoeniger (1882), S. 153.

17. England und der Schwarze Tod

1 Vgl. Folz (1987), S. 744. Calais war seit 1347 englisch besetzt.
2 Engl. Text bei Ziegler (1972), S. 119.
3 Zur Diskussion um die Einfallspforte der Pest nach England vgl. Ziegler, loc. cit. S. 119–122; ferner Twigg (1989), S. 77. Zu dem Brief Edwards vgl. ibd. S. 121 f.
4 Zur Eroberung von Calais vgl. die Chronique Normande bei Molinier (1882); der Text Knightons findet sich engl. bei Gottfried (1986), S. 58 f.
5 Die erwähnten Maßnahmen des Bischofs erinnern in vielem an die Anordnungen des Erzbischofs von Catania, vgl. Kap. 23. Zum Zitat vgl. Gottfried (1986), S. 59.
6 Zu Geoffrey the Baker vgl. Gottfried, loc. cit.
7 Zu den genannten Methoden vgl. Bulst (1979), S. 51.
8 Demgegenüber standen Lehrzeitverlängerungen nach der Pest, die durch die Zünfte durchgesetzt wurden. Vgl. Kap. 27.
9 Entscheidend war, daß die Pestopfer außerhalb der Städte beigesetzt wurden. Vgl. Ziegler (1972), S. 124.
10 Vgl. Ziegler, loc. cit. S. 124 f.
11 Zit. nach Ziegler, loc. cit. S. 125.
12 Ziegler, loc. cit. S. 126.
13 Vgl. zum Verhalten der Bischöfe auch Kap. 23.
14 47,6 Prozent der Kleriker von Bath starben.
15 Vgl. Ziegler (1972), S. 128.
16 Ziegler, loc. cit. S. 129. Wahrscheinlich hatte die Auseinandersetzung nichts mit der Pest zu tun.
17 Vgl. Ziegler, loc. cit. S. 135; ferner Shrewsbury (1970), S. 60–63.
18 Zit. nach Ziegler, loc. cit. S. 140.
19 Vgl. Gottfried (1986), S. 62 f.
20 Gottfried, loc. cit. S. 63.
21 Winchester verlor über 50 Prozent der Einwohner, vgl. loc. cit.
22 Vgl. Kap. 5.
23 Vgl. Ziegler (1972), S. 155; zu den Fleischern loc. cit. S. 154.
24 Riley (1868), S. 295.
25 McKisack (1959), S. 220.
26 Hope (1925), S. 407.
27 Die Friedhofsinschrift ist heute verschwunden, vgl. Ziegler (1972), S. 158.
28 Vgl. den Text bei Ziegler, loc. cit.
29 Gottfried (1986), S. 64.
30 Ziegler (1972), S. 159.
31 Gottfried (1986), S. 64 f.
32 Vgl. Kap. 14, Anm. 6.
33 Ziegler (1972), S. 159.
34 Ziegler, loc. cit.
35 Zur Einwohnerzahl Londons vor 1348 vgl. Gottfried (1986), S. 64.
36 Gottfried, loc. cit. S. 65.
37 So Walsingham, vgl. Ziegler (1972), S. 160.
38 Ziegler, loc. cit. S. 144.
39 Vgl. den engl. Text bei Ziegler, loc. cit. S. 145.
40 Ziegler, S. 161.
41 Vgl. Wharton I, S. 375 f.
42 Wharton, loc. cit.
43 Wharton, loc. cit.
44 Vgl. auch den engl. Text bei Ziegler (1972), S. 162.

45 Vgl. Rogers (1906), S. 221; vgl. Kap. 5 und 20.
46 Vgl. Twigg (1989). Im Gegensatz hierzu bestätigen italienische Chronisten, daß mehr junge Menschen starben, vgl. Bergdolt (1989), S. 106; ferner allgemein Biraben (1976) II, S. 28 f.
47 Ziegler (1972), S. 163; vgl. auch Russel (1965/66).
48 Williams (1917), S. 166.
49 Gottfried (1986), S. 65 f.
50 Gottfried, loc. cit. S. 66.
51 Zit. nach Ziegler (1972), S. 198 f.
52 Ziegler, loc. cit. S. 199.
53 Loc. cit. S. 200.
54 Gottfried (1986), S. 67.
55 Butler (1849), S. 37.
56 Vgl. Gottfried (1986), S. 67.
57 Zit. nach Ziegler (1972), S. 195 f.; in Dublin starben 14 000 Menschen.
58 Vgl. hierzu die Diskussion bei Ziegler, loc. cit. S. 196 f.
59 Zur Situation vor der Pest vgl. Bridbury (1977); zur wirtschaftlichen Situation vor und nach der Katastrophe vgl. Schnith (1987), S. 851–59; ferner Bean (1963).

18. Ein Zeuge des Unglücks: Francesco Petrarca

1 Zu nennen wären hier die Beschreibungen von Boccaccio, Villani, Giovanni da Parma, vgl. Bergdolt (1989).
2 Vgl. Boccaccios Bericht bei Bergdolt, loc. cit. S. 38–51.
3 Vgl. Kristeller (1986), S. 4.
4 Vgl. Friedersdorff (1908), S. 187 f. (dt. Übersetzung)
5 So Agnolo di Tura aus Siena, vgl. Bergdolt (1989), S. 83 f.
6 Vgl. Wilkins (1990), S. 104 f.
7 Bergdolt (1992), S. 107. Hierüber berichtet auch Giovanni Villani.
8 Koerting (1878), S. 240.
9 Lat. Text bei Bergdolt (1992), S. 280 (dort Anm. 24).
10 Ital. Text bei Bergdolt, loc. cit. S. 108.
11 Bergdolt, loc. cit. S. 108 f.
12 Bergin (1974), S. 184–95.
13 Bergdolt (1992), S. 109. Allerdings war Petrarcas Beziehung zu seinem Sohn sehr unglücklich.
14 Vgl. den lat. Text bei Wilkins (1990), S. 234.
15 Vgl. auch seinen Brief an Boccaccio, dt. bei Bergdolt (1989), S. 131.
16 Fracassetti (1892) I, S. 190 f.
17 Fracassetti, loc. cit. S. 191.
18 Ital. Text bei Fracassetti, loc. cit. S. 437.
19 Loc. cit. S. 437.
20 Fracassetti, loc. cit. S. 439 f.
21 Fracassetti loc. cit.
22 Lat. Text bei Bergdolt (1992), S. 282, dort Anm. 47.
23 Fracassetti (1859) I, S. 441.
24 Am 18. April 1349 wurde er Kanoniker in Padua, vgl. Wilkins (1990), S. 113.
25 Fracassetti (1859) I, S. 441.
26 Vgl. Bergdolt (1992), S. 33–37.
27 Fracassetti (1959) I, S. 440 f.
28 Wilkins (1990), S. 235.
29 Ital. Text bei Fracassetti (1892) I, S. 140.
30 Fracassetti, loc. cit. S. 141.
31 Wilkins (1990), S. 305.
32 Vgl. Bergdolt (1992), S. 29–32.
33 Vgl. Fracassetti (1892) I, S. 142.
34 Loc. cit. S. 142 f.

19. Die Geißler

1 Pasztor (1989), Sp. 509 f.; Biraben (1976) I, S. 67; Bulst (1989), Sp. 510–12.
2 Pasztor, loc. cit.; Hecker (1832), S. 47.
3 Bulst (1989), Sp. 510.
4 Vgl. Ziegler (1972), S. 87–97.
5 Lerner (1982), S. 78.
6 Lat. Text bei Lerner, loc. cit. S. 96 (dort Anm. 4). Auch Giovanni Vil-

lani und Petrarca sahen dieses Erdbeben als Vorzeichen der Pest.

7 Lerner S. 80.

8 Vgl. die Chronik Closeners, in: Chroniken der oberrheinischen Städte (1870), S. 111 f.; vgl. auch Ziegler (1972), S. 88.

9 Chroniken ..., loc. cit. S. 111–116.

10 Vgl. Lerner (1982), S. 83.

11 D. h. die Chiliasten erwarten eine neue Zeit, d. h. *nicht* das Ende der Welt. Zu Joachim von Fiore vgl. Pasztor (1991) (Bibl.).

12 Vgl. Lerner (1982), S. 84.

13 Vgl. Bignami-Odier (1952), S. 239 f.

14 Vgl. Lerner (1982), S. 88.

15 U. a. ins Katalanische, vgl. Bignami-Odier (1952), S. 238–242.

16 Lerner (1982), S. 89 f.

17 Vgl. hierzu Lerner (1976), S. 12; ferner ders. (1982), S. 91 f.

18 Lerner (1982), loc. cit.

19 Vgl. Hoeniger (1882), S. 12 (lat. Textauszug der Melker Annalen).

20 Vgl. Hoeniger, loc. cit.

21 Nämlich am 1. September, so die Klosterneuburger Chronik, vgl. Hoeniger, loc. cit. S. 12.

22 Vgl. Ziegler (1972), S. 90.

23 Vgl. Chroniken der oberrheinischen Städte (1870), S. 106.

24 Der Bericht stammt von Matthias von Neuenburg, vgl. Boehmer (1868) IV, S. 267 («et habere uxoris assensum»).

25 Vgl. Boehmer, loc. cit. («Nullus recipiebatur, nisi haberet expendere in die ad minus quatuor denarios»); vgl. auch Closener, in: Chroniken ... (1870), S. 106.

26 Vgl. Brandt (1922), S. 9.

27 Closener, vgl. Chroniken ... (1870), S. 107; zur Limburger Chronik vgl. Brandt, loc. cit. S. 10.

28 Hecker (1832), S. 44 f.; in Speyer traten 200 Zwölfjährige zu einer Kreuzbruderschaft zusammen.

29 Vgl. die von Closener in Straßburg wiedergegebene Predigt, in: Chroniken der oberrheinischen Städte (1870), S. 111–120.

30 Vgl. Ziegler (1972), S. 93–95.

31 Vgl. Boehmer (1868) IV, S. 266.

32 Matthias von Neuenburg, vgl. Boehmer, loc. cit.

33 Vgl. Lemaitre (1906), S. 249.

34 Prominenter Kritiker der Kurie war wiederum Petrarca, der in seinem Buch *Sine nomine* Kritik äußerte, vgl. Piur (1925).

35 Vgl. die Legenda Aurea des Jacopus da Voragine, Graesse (1890), S. 470.

36 Vgl. Boehmer (1868), S. 265 (Matthias von Neuenburg): «Et venerunt septingenti da Swewia ...».

37 Vgl. loc. cit. S. 267: («Diviserunt se Argentinae ...»).

38 Vgl. Chroniken der oberrheinischen Städte I (1870).

39 Vgl. Jenks (1976), S. 87–145; zu den Routen der Geißler vgl. auch Lechner (1884) II.

40 Zu den genannten Orten vgl. Lechner, loc. cit. S. 448 f.; der lat. Text der Chronik von Caspar Camentz vgl. Boehmer (1868) IV, S. 434 f.

41 Vgl. Camentz bei Boehmer, loc. cit. S. 434.

42 Vgl. Ziegler (1972), S. 94–96.

43 Lat. Text bei Holder-Egger (1899), S. 380 f.

44 Ziegler (1972), S. 94. Die Zahlenangabe ist allerdings unrealistisch.

45 Ziegler, loc. cit. S. 95; vgl. auch Matthias von Neuenburg, bei Boehmer (1868) IV, S. 275; ferner Hoeniger (1882), S. 14.

46 Vgl. Bulst (1989), Sp. 511 f.

47 Vgl. Kap. 13, Anm. 12.

48 Vgl. hierzu Gottfried (1986), S. 87; ferner auch Kap. 3, Anm. 8.

49 Vgl. Bulst (1989), Sp. 512; Ziegler (1972), S. 94–96.

50 Vgl. die Wiedergabe bei Hecker (1832), S. 89 (Zl. 13)–91 (Zl. 3).

51 Vgl. die Prozession in Florenz mit der Madonna von Impruneta, die Marchionne di Coppo schildert, bei Bergdolt (1989), S. 71.
52 Zit. nach Hoeniger (1832), S. 91 (mit sprachlichen Korrekturen).
53 Vgl. Bulst (1989), Sp. 511.
54 Bulst, loc. cit.
55 Zit. nach Poliakov (1978), S. 13; vgl. auch Tietz (1991).
56 Vgl. die Vision des hl. Dominikus (Anm. 35). Vgl. auch Delumeau (1985), S. 182 und 197.
57 Delumeau, loc. cit. S. 182.

20. Die Judenverfolgungen

1 Zinn (1989), S. 201.
2 Vgl. Stemberger (1978), S. 155 f.; ferner ausführlich Kisch (1955); ferner ders. (1977); Mertens (1981), bes. S. 58–67.
3 Vgl. Zinn (1989), S. 208–210; Tuchman (1984), S. 113 f.; ferner Poliakov (1978) I, S. 56.
4 Tuchman, loc. cit.
5 Wickersheimer (1927), S. 6 f.; ferner Poliakov (1978), S. 6.
6 Zu Guy de Chauliac vgl. Kap. 5; ferner allgemein Keil (1989), Sp. 1806 f.
7 Vgl. Haeser (1865), S. 37.
8 Zu den Berufsverboten vgl. Tuchman (1984), S. 113; ferner Mertens (1981), S. 65 f.; auf die nicht so seltenen Ausnahmen verweist Zinn (1989), S. 218.
9 In der Tat gab es vielerorts christliche Geldleiher, vgl. Zinn, loc. cit. S. 211 und 218. Zu den genannten Banken vgl. Brucker (1990), S. 79 f.
10 Zinn, loc. cit. S. 210.
11 Zinn, loc. cit.
12 Vgl. die Polemik Agobards von Lyon. Hierzu Schubert (1978), S. 118.
13 Vgl. Frank (1981), hier S. 39–42.
14 Zu den antijüdischen Passagen des Neuen Testaments vgl. Schubert (1978), S. 112–115.
15 Zit. nach Schubert, loc. cit. S. 115.
16 Schubert, loc. cit. S. 116.
17 Mertens (1981), S. 60.
18 Vgl. Schubert (1978), S. 118.
19 Schubert, loc. cit. S. 119–121.
20 Tuchman (1984) S. 111 f.; vgl. auch Mertens (1981), S. 46–58.
21 Zu dem berühmten Brief Innozenz' III. von 1204 und dem Konzilsbeschluß von 1215 vgl. Stemberger (1978), S. 165.
22 Vgl. Zinn (1989), S. 210.
23 Delumeau (1985) II, S. 325 f., S. 331 f.
24 Zur Bulle Gregors vgl. Schubert (1978), S. 121–127, zu Thomas von Aquin vgl. Tuchman (1984), S. 112.
25 Vgl. Frank (1981), S. 38; vgl. aber auch Lotter/Ilian (1991), Sp. 792 f.
26 Frank, loc. cit. S. 43.
27 Stemberger (1978), S. 162 f. (zu Bernhard) und 160 (zu Peter von Amiens)
28 Vgl. Stern (1900), S. 10–13, ferner Eckert (1978), S. 91 f. (zu Innozenz IV.) und S. 94–98 (zum Blutschuldvorwurf); ferner Delumeau (1985) II, S. 431–437.
29 Vgl. Pauly (1964); ferner Eckert, loc. cit. S. 94; ferner Rohrbacher/Schmidt (1991), S. 306–313.
30 Stern (1900), S. 14–17.
31 Vgl. Eckert (1978), S. 91.
32 Stern (1900), S. 10–13.
33 Stern, loc. cit. S. 21.
34 Zit. nach Poliakov (1978), S. 5.
35 Vgl. Eckert (1978), S. 99.
36 Eckert, loc. cit.
37 Vgl. Delumeau (1985) II, S. 431–437; ferner Eckert, loc. cit. S. 98–102.
38 Eckert S. 99.
39 Eckert, loc. cit.
40 Vgl. Köhler (1991), S. 232–237.

41 Vgl. Eckert (1978), S. 99.
42 Zu Clemens VI. als Protektor der Juden vgl. Graus (1981), S. 75; ferner Stemberger (1978), S. 169. Zur Rolle der Bettelorden vgl. Delumeau (1985) II, S. 420–437.
43 Vgl. Stemberger (1978), S. 166 f.
44 Stemberger, S. 167.
45 Stemberger, loc. cit.
46 Zit. nach Poliakov (1978), S. 19.
47 Vgl. Zinn (1989), S. 218–221; ferner Haverkamp (1981), S. 91–93.
48 Vgl. Andernacht (1973), S. 10; Kracauer (1925), S. 35 f.; Haverkamp (1981), S. 74.
49 Vgl. Geissler (1976), S. 223 f.
50 Vgl. Schubert (1978), S. 123 und 129.
51 Tuchman (1984), S. 113.
52 Poliakov (1978), S. 28.
53 Poliakov, loc. cit. S. 27–39; ferner Delumeau (1985) II, S. 420–431.
54 Hoeniger (1882), S. 7.
55 Vgl. Kap. 5.
56 Qualität wird hier im Sinne der mittelalterlichen Humoralpathologie verstanden, vgl. Bergdolt/Keil (1991), Sp. 211–213.
57 Poliakov (1978), S. 6.
58 Poliakov, loc. cit. S. 7.
59 Vgl. Chroniken der oberrheinischen Städte (1870), S. 127 (dort Anm. 2).
60 Boehmer (1868) IV, S. 262 («Se nihil mali scire de Iudaeis»).
61 Poliakov (1978), S. 14.
62 Loc. cit. S. 14 f.
63 Poliakov, loc. cit. S. 12.
64 Lat. Text bei Boehmer (1868) IV, S. 68.
65 Vgl. Maurer (1989), S. 205.
66 Maurer, loc. cit. S. 206.
67 Vgl. Boehmer (1868) IV, S. 70 («quorum pars tripudiando, altera psallendo, tercia lacrimando ad ignem processerunt»).
68 Boehmer, loc. cit. S. 72; ferner Maurer (1989), S. 207.
69 Dies trifft für Heinrich von Diessenhofen, Matthias von Neuenburg, den Autor der Limburger Chronik und viele andere zu.
70 Boehmer (1868), S. 71 («a Colonia usque in Austriam»).
71 Vgl. Stettler (1975), S. 280.
72 Vgl. den Originaltext bei Bueß (1956), S. 54.
73 Zit. nach Bueß, loc. cit. S. 56.
74 Vgl. Boehmer (1868) IV, S. 262 (lat. Text).
75 Vgl. loc. cit.: («cur urne de eorum puteis sint sublate»).
76 Vgl. den lat. Text von Matthias von Neuenburg bei Boehmer (1868) IV, S. 262.
77 Vgl. Matthias von Neuenburg bei Boehmer (1968) IV, S. 264 (lat. Text).
78 Boehmer, loc. cit.; vgl. auch Haverkamp (1981), S. 62–65.
79 Matthias von Neuenburg bei Boehmer, loc. cit.
80 Vgl. Delumeaux (1985) II, S. 412–455; ferner Graus (1981), S. 18.
81 Germania Iudaica (1968) II, S. 255 f.
82 Vgl. Matthias von Neuenburg bei Boehmer (1868) IV, S. 264 (dort Anm. 3).
83 Vgl. Germania Iudaica (1968) II, S. 779; vgl. Boehmer (1868) IV, S. 262 f.
84 Vgl. Germania Iudaica, loc. cit.; ferner Voltmer (1981).
85 Vgl. Reuter (1984), S. 60.
86 Germania Iudaica II, S. 923.
87 Germania Iudaica II, S. 517.
88 Vgl. Diessenhofen bei Boehmer (1968) IV, S. 69; ferner Germania Iudaica II, S. 229 f.
89 Vgl. Franke (1963), S. 27; ferner Germania Iudaica II, S. 347 f.
90 Germania Iudaica II, S. 844.
91 Vgl. Boehmer (1868) IV, S. 68–71.

92 Germania Iudaica (1968) II, S. 677; ferner Diessenhofen bei Boehmer, loc. cit. S. 70 («ut a rege Carolo protegerentur»).
93 Boehmer, loc. cit. («qui suos Iudeos in comitatibus Pfirretarum, Alsaciae et Kyburgensi defendebat»).
94 Lat. Text bei Boehmer, loc. cit.
95 Lat. Text bei Boehmer, loc. cit. S. 71.
96 Vgl. Brandt (1922), S. 12 f.; der dt. Text ist leicht verbessert.
97 Vgl. Sprandel (1991), S. 91.
98 Vgl. loc. cit. Zl. 29–31.
99 Vgl. Holder-Egger (1899), S. 380.
100 Holder-Egger, loc. cit.
101 Vgl. Schmölzer (1985), S. 52; Poliakov (1978), S. 14 (zu K. v. Megenberg).
102 Schmölzer, loc. cit. S. 53.
103 Vgl. Gradl (1884), S. 19; Tischler (1981), S. 50.
104 Zu den böhmischen Judengemeinden vgl. Tischler (1981).
105 Zit. nach Kracauer (1925), S. 33.
106 Kracauer, loc. cit.
107 Vgl. Andernacht (1973), S. 5.
108 Kracauer (1925), S. 35.
109 Zur Salvationsklausel vgl. Andernacht (1973), S. 10 f.; ferner Kracauer (1925), S. 33–37.
110 Andernacht, loc. cit.
111 Andernacht, loc. cit.
112 Vgl. Camentz bei Boehmer (1868) IV, S. 434 f.; ferner Haverkamp (1981), S. 73 f.; ferner Andernacht, loc. cit. S. 11–14; Kracauer (1925).
113 Boehmer, loc. cit. S. 435. Vgl. auch Kap. 19, Anm. 40.
114 Boehmer, loc. cit. («... perierunt hac flamma ... plurima ab regibus et imperatoribus nostrae civitati donata olim privilegia»).
115 Vgl. Latomus bei Boehmer (1868) IV, S. 415 f.; vgl. auch Kracauer (1925), S. 39.
116 Vgl. Andernacht (1973), S. 13; dagegen aber Haverkamp (1981), S. 33.
117 Germania Iudaica (1968) II, S. 245.
118 Germania Iudaica II, loc. cit. S. 35 f.
119 Germania Iudaica, loc. cit. S. 262.
120 Germania Iudaica, loc. cit. S. 418.
121 Germania Iudaica, loc. cit. S. 433; ferner Asaria (1959), S. 54–56.
122 Vgl. die kritischen Ausführungen von Haverkamp (1981), S. 31–33, ferner Zinn (1989), S. 208–222.
123 Vgl. das Beispiel Würzburg (Kap. 21).
124 Vgl. Haverkamp (1981), S. 38 f.
125 Haverkamp, loc. cit. S. 39 f.; ferner Schmölzer (1985), S. 53.
126 Haverkamp, loc. cit. S. 46–59.
127 Loc. cit. S. 47.
128 Vgl. Anm. 103.
129 Haverkamp (1981), S. 47 f.
130 Haverkamp, loc. cit.
131 Loc. cit. S. 53.
132 Ferner in Worms, Dresden, Saulgau, Schaffhausen und Zürich, vgl. Haverkamp, loc. cit. S. 49.
133 Loc. cit. S. 47 f.; vgl. auch Delumeau (1985) II, S. 412–437.
134 Vgl. Matthias von Neuenburg bei Boehmer (1868) II, S. 263; ferner Closener (Die Chroniken der oberrheinischen Städte) 1870, S. 127–130.
135 Closener in Die Chriniken ..., loc. cit. S. 128.
136 Haverkamp (1981), S. 64.
137 Vgl. v. Stromer (1978); ferner Haverkamp, loc. cit. S. 65.
138 Und zwar unter Hinweis auf Vorwürfe gegen die Juden in Rostock, Wismar, Stralsund, Thorn und Visby, vgl. Haverkamp, loc. cit. S. 66.
139 Lat. Text bei Haverkamp, loc. cit., dort Anm. 156.
140 Haverkamp, loc. cit. S. 68.
141 Haverkamp, loc. cit. S. 68 f.
142 Vgl. Anm. 60.
143 Haverkamp (1981), S. 71.

144 Loc. cit. S. 71–73.
145 Zit. bei Haverkamp («und auch die burger in der stat irs leibs und guts, die weil die Juden in der stat seint, nicht sicher seint»).
146 Vgl. Anm. 107–117.
147 Vgl. Germania Iudaica (1968) II, S. 591; ferner Haverkamp (1981), S. 39 und 76.
148 Haverkamp, S. 79 f.; ferner auch Germania Iudaica, loc. cit. S. 883.
149 Tuchman (1984), S. 110 f.; Biraben (1976) II, S. 59–61. Zahlreiche weitere französische Städte werden genannt. Zu den Juden in Avignon, die unter dem Schutz des Papstes standen, vgl. Bauer (1897). Zu den Pogromen in Savoyen und den dortigen Vorwürfen der Brunnenvergiftung vgl. Poliakov (1978), S. 12 f.
150 Biraben, loc. cit. S. 60.
151 Vgl. hierzu Ziegler (1972), S. 108.
152 Vgl. Zinn (1989), S. 213.
153 Zinn, loc. cit.
154 Vgl. Haverkamp (1981) mit zahlreichen Beispielen für die Beteiligung der Oberschicht bzw. des Klerus an Pogromen.
155 In Orvieto gab es zwar 1349 Streit um das Erbe jüdischer Pestopfer, doch keine Ausschreitungen, vgl. Biraben (1976) II, S. 64.
156 Zit. nach Poliakov (1978), S. 19.
157 Poliakov, loc. cit. S. 20.
158 Zit. nach Poliakov, loc. cit. S. 17.
159 Vgl. Poliakov, loc. cit. S. 16–23.

21. Das Beispiel einer deutschen Stadt: Würzburg

1 Vgl. Germania Iudaica (1968) II, S. 928 f.
2 Vgl. Jenks (1976), S. 45–50.
3 Zinn (1989), S. 217.
4 Germania Iudaica (1968) II, S. 929.
5 Germania Iudaica, loc. cit. S. 929; Jenks (1978).
6 Zinn (1989), S. 217.
7 Zinn, loc. cit. S. 218.
8 Zinn, loc. cit.
9 Jenks (1978), S. 331.
10 Zinn (1989), S. 219.
11 Vgl. Andernacht (1973), S. 18 f.
12 Vgl. Kap. 20; ferner Haverkamp (1981), S. 30–34.
13 Zinn (1989), S. 219.
14 Jenks (1978), S. 331 f.
15 Vgl. Nohl (1924), S. 260 f.; Haverkamp (1981), S. 66 (lat. Text).
16 Jenks (1978), S. 345.
17 Die ersten erreichten Würzburg am 2. Mai 1349, vgl. Jenks (176), S. 87.
18 Vgl. Jenks (1976), S. 78 (engl. Text).
19 Lat. Text bei Jenks, loc. cit. S. 220.
20 Vgl. Zaddach (1971), S. 59; Biraben (1976) II, S. 59.
21 Vgl. Jenks (1976), S. 81 f.
22 Jenks, loc. cit. S. 81.
23 Vgl. Hofmann (1953).
24 Jenks (1978), S. 345.
25 Jenks (1976), S. 83.
26 Vgl. Haverkamp (1981), S. 35–38; ferner Germania Iudaica (1968) II.
27 Vgl. Jenks (1976), S. 85 f.
28 Vgl. Germania Iudaica (1968) II, S. 602 f.
29 Germania Iudaica, loc. cit. S. 932.
30 Zinn (1989), S. 218.
31 Germania Iudaica (1968) II, S. 932.
32 Vgl. loc. cit.
33 Zinn (1989), S. 222.

22. Die Mentalitätskrise der Vierzigerjahre

1 Vgl. Kap. 20, dort Anm. 61.
2 Vgl. Piur (1925).
3 Vgl. Krüger (1972), S. 852.
4 Vgl. Potthast (1859), S. 268 (Heinrich von Herford).
5 Vgl. Krüger (1972), S. 852.
6 Krüger, loc. cit. S. 853.
7 Krüger, loc. cit. S. 854.

8 Vgl. Baethgen (1924), S. 222 f. (Johannes von Winterthur).
9 Lat. Text bei Krüger (1972), S. 857.
10 Als wichtigster Kommentator galt Averroes vgl. Bergdolt (1992), S. 27 f.
11 Lat. Text bei Krüger (1972), S. 859.
12 Lat. Text bei Bergdolt (1992), S. 207 (dort Anm. 16).
13 Bergdolt, loc. cit. S. 6.
14 Vgl. Kap. 19.
15 Vgl. Zinn (1989), S. 108–113, bes. S. 110 f.
16 Vgl. die in Kap. 19 beschriebene Endzeitstimmung. Allerdings hatten die Chiliasten sehr wohl eine Zukunftsperspektive, vgl. dort Anm. 10–18.
17 Zinn (1989), S. 89–149.
18 Vgl. Zinn, loc. cit. S. 245.
19 Zinn, loc. cit. S. 245–247.
20 Zinn, loc. cit.
21 Vgl. Bergdolt (1989), S. 33.
22 Bergdolt, loc. cit. S. 45.
23 Loc. cit. S. 49.
24 Loc. cit. S. 46.
25 Loc. cit. S. 50.
26 Vgl. Muratori (1729) IV, Sp. 11–25.
27 Vgl. Lechner (1884), S. 96.
28 Lechner, loc. cit. S. 96.
29 Bellosi (1977).
30 Carducci (1903), S. 231 f.
31 Vgl. Kap. 15, dort Anm. 13.
32 Vgl. Brandt (1922), S. 17.
33 Vgl. Lechner (1884), S. 97.
34 Lat. Text bei Lemaitre (1906), S. 229.
35 Zit. nach Hoeniger (1882), S. 83 (lat. Text).
36 Lat. Text bei Lechner (1884), S. 98 («quod mamillae velint exire de sinu»).
37 Vgl. Lechner, loc. cit.
38 Vgl. Muratori (1728) XII, Sp. 926 f.
39 Vgl. Gottfried (1986), S. 79.
40 Gottfried, loc. cit. S. 80.
41 Loc. cit. S. 79 f.
42 Vgl. Zinn (1989), S. 112 f.
43 Gottfried (1986), S. 81.
44 Zinn (1989), S. 110 f.
45 Vgl. Kap. 19.
46 Vgl. Bergdolt (1989), S. 122–124.
47 Zaddach (1971), S. 111–118; Gottfried (1986), S. 85.
48 Die reichen Erblasser wollten als Arme, zusammen mit den Bettelmönchen begraben werden.
49 Vgl. etwa den Bericht der Brüder Cortusio aus Padua, lat. Text bei Muratori (1728) XII, Sp. 926 f.
50 Gottfried (1986), S. 86.
51 Vgl. Hoeniger (1882), S. 127.
52 Zaddach (1971), S. 59 f.; vgl. aber auch ibd. S. 78, dort Anm. 83.
53 Vgl. Hoeniger (1882), S. 127 f.
54 Lat. Text bei Hoeniger, loc. cit. (dort Anm. 2).
55 Vgl. loc. cit.
56 Vgl. Gottfried (1986), S. 86.
57 Gottfried, loc. cit.
58 Gottfried, loc. cit. S. 87; ferner Lehnel (1986), S. 179–212.
59 Vgl. Kap. 3, Anm. 8.
60 Selbst die Lebensdaten sind nicht unumstritten, vgl. Schmitz-Eichhof (1977), S. 21–25.
61 Vgl. Schmitz-Eichhof, loc. cit.; ferner Fusaro (1991).
62 Schmitz-Eichhof, loc. cit. S. 22.
63 Keller (1970), S. 437 f.
64 Vgl. Fusaro (1991), S. 67–78.
65 Zit. nach Gottfried (1986), S. 89; zu Deschamps vgl. auch Vitale-Brovarone (1986), Sp. 719–721.
66 Vitale-Brovarone, loc. cit.
67 Gottfried (1986), S. 89 f.; vgl. hierzu auch Ariès (1985), S. 260–264 und 300–308.
68 Vgl. Rudolf (1980), Sp. 1039–1041.
69 Rudolf, loc. cit. Sp. 1039 f.
70 Rudolf, loc. cit.
71 Vgl. Bellosi (1974); Polzer (1982). Der Triumph des Todes in Pisa entstand etwa 1345–1346!
72 Vgl. auch Delumeau (1985) I, S. 154–199; ferner Zinn (1989), S. 169–177.

73 Delumeau (1985) I, S. 140–199.
74 Delumeau, loc. cit. II, S. 511–571.

23. Das Verhalten des Klerus

1 Vgl. Tuchman (1984), S. 111–114; ferner Sulzbach (1959).
2 Vgl. Haverkamp (1981), S. 46–61. Ausschreitungen fanden sehr oft nach der Messe bzw. nach Predigten statt. Von Bedeutung war zudem die antisemitische Haltung der Kirchenväter, vgl. Schubert (1978), S. 115–121.
3 Lat. Text bei Haeser (1865), S. 34f. (Zl. 1070–1074).
4 Vgl. Ziegler (1972), S. 260.
5 Vgl. die Klage von Henry Knighton (bei Ziegler, loc. cit. S. 263 f.)
6 Vgl. Kap. 17, Anm. 10.
7 Vgl. hierzu Ziegler (1972), S. 164.
8 Zit. nach Zaddach (1971), S. 64.
9 Zaddach, loc. cit. S. 18–63.
10 Nämlich Bischof Bateman, vgl. Zaddach S. 62.
11 Ziegler (1972), S. 126; Zaddach, loc. cit.
12 Ziegler, loc. cit. S. 182.
13 Zaddach (1971), S. 65.
14 Zit. nach Zaddach, loc. cit.
15 Lat. Text bei Lemaitre (1906), S. 258.
16 Zaddach (1971), S. 26.
17 Loc. cit. S. 27f.
18 Zaddach, loc. cit. S. 29.
19 Zaddach, loc. cit. S. 29f.
20 Dies wird bezeugt bei Knighton von Leicester, lat. Text bei Lumby (1889–91) II, S. 63.
21 Zit. nach Zaddach (1971), S. 85 f. (dt. Text).
22 Vgl. den Bericht von Michele da Piazza, dt. bei Bergdolt (1989), S. 38.
23 Vgl. Marchionne di Coppo, dt. bei Bergdolt, loc. cit. S. 70.
24 So Matteo Villani, vgl. Muratori (1729) IV, Sp. 11–15, dt. bei Bergdolt, loc. cit. S. 63.
25 Vgl. Muratori (1728) XII, Sp. 746, dt. bei Bergdolt, loc. cit. S. 102.
26 Vgl. den Bericht des Johannes von Parma, vgl. Corradi (1865), S. 194–199, dt. bei Bergdolt, loc. cit. S. 105.
27 Vgl. Bergdolt, loc. cit. S. 120.
28 Vgl. Zaddach (1971), S. 67.
29 Vgl. Lechner (1884), S. 54.
30 Zaddach (1971), S. 32.
31 Zaddach, loc. cit. S. 34.
32 Zaddach, loc. cit. S. 24. Vgl. auch Kap. 16.
33 Indem sie sich auf sichere Landsitze zurückzogen, vgl. Zaddach S. 62.
34 Lechner (1884), S. 100.
35 Schmölzer (1985), S. 56.
36 Lechner (1884), S. 100f.
37 Lat. Text bei Lechner, loc. cit. S. 101 f.
38 Lechner, loc. cit. S. 104.
39 Zit. nach Ziegler (1972), S. 246; vgl. auch Bitterling (1991), S. 1686–1688.
40 Vgl. Zaddach (1971), S. 64.
41 Zaddach, loc. cit. S. 57.
42 Z. B. Johannes Buridan, Albert von Sachsen oder Nikolaus von Oresme. Hierzu Maier (1956); auch Ziegler (1972), S. 266.
43 So war z. B. Venturino da Bergamo Dominikaner!
44 Engl. Text bei Ziegler (1972), S. 267.
45 Vgl. Zaddach (1971), S. 116–118.
46 Vgl. Ziegler (1972), S. 268.
47 Vgl. Lea (1909), S. 282.
48 Vgl. Rodolico (1945), S. 59–62.
49 Vgl. Meiss (1978), S. 81.
50 Vgl. Meiss, loc. cit. S. 82.
51 Vgl. Kap. 19 und Lerner (1982).
52 Meiss (1978), S. 83.
53 Meiss, loc. cit. S. 84.
54 Loc. cit. S. 85.
55 Meiss, loc. cit. S. 86.

24. Die ärztliche Ethik

1 Vgl. Kap. 5 und 6.
2 Vgl. Sudhoff (1912), S. 87 (lat. Text).

3 Dt. bei Bergdolt (1989), S. 115.
4 Vgl. Carducci/Fiorini (1903), S. 330–332; dt. bei Bergdolt, loc. cit. S. 67.
5 So die Brevi Annali della Città di Perugia (vor 1352), vgl. Fabretti (1850), S. 68.
6 Vgl. Corradi (1865), S. 194–199; dt. bei Bergdolt (1989), S. 106.
7 Vgl. Bergdolt, loc. cit. S. 120.
8 Vgl. den berühmten Brief an den Freund Socrates, dt. bei Bergdolt, loc. cit. hier S. 141.
9 Vgl. Rath (1955), S. 2420.
10 Lat. Text bei Haeser (1865), S. 38 («Et ego, propter diffugere infamiam, non fui ausus recedere»).
11 Vgl. Kap. 5.
12 Vgl. Rath (1957), S. 3 f. (dt. Text).
13 Rath, loc. cit. S. 3.
14 Vgl. Bergdolt (1992), S. 41 f.
15 Originaltext bei Haeser (1865), S. 41–43; dt. bei Bergdolt (1989), S. 160.
16 Vgl. Aeneis XII, 397.
17 Vgl. Bergdolt (1989), S. 40.
18 So der Bericht des Marchionne di Coppo, vgl. Bergdolt, loc. cit. S. 71.
19 Vgl. Amundsen (1977), S. 410.
20 Amundsen, loc. cit. S. 6. Im 13. Jh. ist in Salerno dagegen ein «Doktoreid» nachweisbar, der auf dem Eid des Hippokrates basiert, vgl. Deichgräber (1983), S. 68–71.
21 Vgl. etwa den Autor der Schrift De adventu medici ad aegrotum, vgl. Neuburger (1911) II, S. 293–295; ferner Keil (1971). Auch der Liber de more medicorum wäre hier zu erwähnen, vgl. Brunhölzl (1955), vgl. auch Hirschfeld (1928).
22 So in Venedig, vgl. Bergdolt (1990), S. 238.
23 Vgl. Bergdolt (1992) (1), S. 201 f.
24 Vgl. Amundsen (1977), S. 6–8.
25 Amundsen, loc. cit. S. 7.
26 Vgl. Bergdolt (1992) (1), S. 205.
27 Amundsen (1977), S. 411.
28 Welborn (1966).
29 Vgl. Amundsen (1977), S. 415.
30 Amundsen, loc. cit. S. 415.
31 Loc. cit. S. 416.
32 Vgl. Anm. 28.
33 Von Bedeutung ist hierbei auch das kanonische Recht (Dekret. 5,38), nach dem Krankheit auch eine Folge von sündhaftem Verhalten sein kann.
34 Vgl. Kap. 5.
35 Vgl. Rath (1957), S. 5. Allerdings sind solche Fälle nur aus späterer Zeit bekannt.
36 Vgl. Kap. 6.
37 Erste *sichere* Hinweise finden sich allerdings erst auf einem Fresko kurz nach 1400, vgl. Brossolet/Palmer/Zitelli (1978), S. 63.
38 Z. B. Marchionne di Coppo aus Florenz, Matteo Villani oder Johannes von Parma, vgl. Bergdolt (1989), S. 65–73, 55–65 und 103–107.
39 Rath (1957), S. 8.
40 Vgl. Kap. 13, dort Anm. 35 und 36, ferner Kap. 5.
41 Vgl. Krüger (1972), S. 844 f.

25. Die Universitäten zur Zeit der Pest

1 Nach Absolvierung der studia particularia waren dies die Ordensgeistlichen, vgl. Courtenay (1980), S. 708. Das Theologiestudium war im 14. Jahrhundert nicht an jeder Universität möglich, so in Padua erst ab 1363, vgl. Siraisi (1973), S. 134.
2 Vgl. Bergdolt (1992), S. 10.
3 Vgl. Zaddach (1971), S. 90.
4 Vgl. Kap. 17, dort Anm. 18.
5 Courtenay (1980), S. 697.
6 Ziegler (1972), S. 141.
7 Courtenay (1980), S. 704.
8 Loc. cit. S. 702.
9 Loc. cit. S. 704.
10 Courtenay, loc. cit. S. 705.

11 Vgl. Anm. 1.
12 Courtenay (1980), S. 708.
13 Vgl. Kap. 23.
14 Zaddach (1971), S. 86.
15 Lumby (1889–91) II, S. 63.
16 Zaddach (1971), S. 87.
17 Zit. nach Zaddach, loc. cit.
18 Campbell (1931), S. 169.
19 Vgl. Bergdolt (1992), S. 27–32.
20 Vgl. hierzu Siraisi (1977) und (1981).
21 Zu Blasius von Parma vgl. Federici Vescovini (1961). Lit. bei Bergdolt (1992), S. 219, dort Anm. 2.
22 So arbeitete Vesal im 16. Jh. an einer Neuausgabe Galens mit und übersetzte dessen Schriften De venarum arteriarumque dissectione und De nervorum dissectione, vgl. Ongaro (1981), S. 101.
23 Vgl. Zaddach (1971), S. 85–89.
24 Vgl. Kap. 5 und Rath (1957), S. 2–5.
25 Wobei der psychologische Faktor der ärztlichen Hilfe und Beratung nicht zu unterschätzen war, vgl. hierzu Amundsen (1977), S. 414–421.
26 Vgl. Boccaccio, Marchionne di Coppo oder Johannes von Parma, bei Bergdolt (1989), S. 38–51, 65–76 und 103–107.
27 Vgl. Anm. 20; ferner Bergdolt (1989), S. 10f.
28 Vgl. Bergdolt (1990), S. 239.
29 Vgl. Kap. 13, dort Anm. 35 und 36. Das Gutachten ist abgedruckt bei Hoeniger (1882), S. 149–156.
30 Campbell (1931), S. 146–165.
31 Campbell, loc. cit. S. 151 f.
32 Campbell, loc. cit. S. 152 f.
33 Campbell, loc. cit.
34 Campbell, S. 158.

26. Die Reaktion der Behörden: Das Beispiel Pistoia

1 Vgl. den Bericht Boccaccios, dt. bei Bergdolt (1989), S. 38–51; ferner (zu Venedig) Bergdolt (1990).
2 Dt. bei Bergdolt (1989), S. 43.
3 So in Pistoia, vgl. Muratori (1728) XI, Sp. 524 f.; ferner in Florenz, vgl. Manni (1844), S. 249.
4 Bergdolt (1990); S. 232.
5 Bulst (1989), S. 31.
6 Es handelte sich vor allem um Infektionen des Magen-Darm- und Respirationstraktes. So forderten bereits 1316–20 in Flandern und England dysenterische Epidemien mehrere Tausend Todesopfer, vgl. Russel (1965/66), S. 466–469.
7 Vgl. Bergdolt (1992) (1), S. 203.
8 Vgl. Bulst (1979), S. 55–57; ferner Lechner (1884), S. 71–91.
9 Vgl. Kap. 20.
10 Vgl. Biraben (1976) II, S. 102; Carpentier (1962), S. 131.
11 Bergdolt (1992) (1), S. 205.
12 Vgl. Biraben (1976) II, S. 173 f.; eine Vorform (von zehn Tagen Dauer) gab es 1374 in Reggio d'Emilia.
13 Vgl. den Bericht des Marchionne di Coppo, ferner Bergdolt (1989), hier S. 71.
14 So in Pistoia, vgl. Chiappelli (1887), S. 11 f.; ferner Carpentier (1962); ferner Biraben (1976) II, S. 100.
15 Biraben, loc. cit.; Carpentier, loc. cit.
16 Vgl. die Würzburger Judenverfolgungen, die ohne Pesterfahrung und vor der Ankunft der Geißler stattfanden, vgl. Kap. 21.
17 Vgl. Kap. 22.
18 Vgl. Delumeau (1985) I, S. 155.
19 So das berühmte Beispiel der Pest in Venedig von 1576/77, vgl. Rodenwaldt (1952), S. 86–218. Vgl. auch Bergdolt (1990) (1), S. 203.
20 Sowohl das Quarantänesystem wie die Flucht in die nahe Umgebung einer Stadt wäre nach der Theorie der Aria corrotta sinnlos gewesen, vgl. Bergdolt, loc. cit. S. 204.
21 Bergdolt, loc. cit.
22 Vgl. Schipperges (1964).
23 Vgl. Ongaro (1981), S. 101.

24 Vgl. Bergdolt (1992), S. 33–58.
25 Vgl. Bergdolt (1992) (1), S. 205.
26 Vgl. Delumeau (1985) I, S. 155; vor allem aber Rodenwaldt (1952) S. 86–218.
27 Zitelli (1979), S. 35–37.
28 Vgl. Petrarcas Invectiva contra medicum quendam, Bergdolt (1992), S. 33–61.
29 Vgl. Carpentier (1962), S. 131; ferner Biraben (1976) II, S. 102.
30 Vgl. Bergdolt (1990), S. 233.
31 Bergdolt, loc. cit. S. 234.
32 Vgl. Anm. 13.
33 Vgl. Chiappelli (1883), S. 7–24.
34 Lat. Text bei Chiappelli, loc. cit. S. 8f.
35 Loc. cit. S. 9.
36 Chiappelli, loc. cit. S. 4 (lat. Text).
37 Chiappelli, loc. cit. S. 4.
38 Chiappelli, loc. cit.
39 Ciappelli, loc. cit. S. 9.
40 Loc. cit. S. 10.
41 Chiappelli, S. 11 («ut sonus campanarum non invadat infirmis, nec contra eos timor insurgat»).
42 Chiappelli, loc. cit. («dum tamen pulsetur solum una vice»).
43 Loc. cit. S. 12.
44 Loc. cit. S. 13.
45 Vgl. Kap. 5.
46 So noch in Messina, wo sie eingeschleppt wurde, vgl. Michele da Piazza, dt. bei Bergdolt (1989), S. 32f.
47 Vgl. Petrarcas Brief an Boccaccio, dt. bei Bergdolt, loc. cit., hier S. 131.

27. Wirtschaftliche und soziale Folgen der Pest

1 Vgl. Kap. 19 und Bergdolt (1992), S. 5f.
2 Vgl. Zinn (1989), S. 186–198.
3 Matteo Villani erlag selbst 1363 der Pest!
4 Vgl. Muratori (1729) IV, Sp. 11–15; dt. bei Bergdolt (1989), S. 64.
5 Zinn (1989), S. 188.
6 Vgl. Kracauer (1925); ferner Andernacht (1973); ferner Kap. 20.
7 Zinn (1989), S. 182.
8 Poliakov (1978), S. 16–23.
9 Vgl. Haverkamp (1981), S. 61–68.
10 Zu den gesellschaftlichen Verschiebungen und Vermögensverteilungen nach der Pest vgl. Zinn (1989), S. 188f.
11 Zinn, loc. cit. S. 178; ferner Hecker (1832), S. 40; zur Problematik vgl. Bulst (1979), S. 51–54.
12 Zu den folgenden Pestwellen vgl. Sticker (1908), S. 78–422; zu den pestfreien Gebieten vgl. Hoeniger (1882), S. 27–38. Vgl. auch Bulst, loc. cit. S. 50.
13 Vgl. Bean (1963), S. 432.
14 Zinn (1989), S. 184f.
15 Vgl. die Untersuchung von Shrewsbury (1970).
16 Etwa Guy de Chauliac, der selbst beschreibt, sechs Wochen krank und von allen aufgegeben gewesen zu sein, vgl. Haeser (1865), S. 38; ferner Johannes von Parma, vgl. Bergdolt (1989), S. 104; ferner der Chronist des Breviarium Italicae Historiae, vgl. Bergdolt, loc. cit. S. 115.
17 Rouffié/Sournia (1987), S. 107–109; Zinn (1989), S. 156.
18 Dt. bei Bergdolt (1989), S. 82.
19 Ziegler (1972), S. 32.
20 Ziegler, loc. cit.; Tuchman (1984), S. 37.
21 Vgl. Bridbury (1977).
22 Ziegler (1972), S. 235f.
23 Zinn (1989), S. 89–92.
24 Zit. nach Zinn, loc. cit. S. 229.
25 Vgl. Lütge (1950).
26 Vgl. Kelter (1953), S. 171f.; Zinn (1989), S. 184. Die nach der Pest vielerorts an die Macht gelangten Zünfte verhinderten eifersüchtig eine zu starke innerstädtische Konkurrenz.

27 Zinn, loc.cit. S. 186–189.
28 Die minimal war, da es sich um Abhängige handelte.
29 Vgl. Marchionne di Coppo, besonders aber Boccaccio, dt. bei Bergdolt (1989), S. 72 f. und 50.
30 Zit. nach Ziegler (1972), S. 162.
31 Vgl. Kelter (1953), S. 163–165; ferner van Klaveren (1967), S. 193.
32 Boccaccio bei Bergdolt (1989), S. 71 f.
33 Vgl. Michele da Piazza bei Bergdolt (1989), S. 36 («Besonders das Gebiet um Trapani blieb fast menschenleer zurück»).
34 Lechner (1884), S. 21.
35 Lechner, loc. cit. S. 22.
36 Dt. bei Bergdolt (1989), S. 73.
37 Dt. bei Bergdolt, loc. cit. S. 23.
38 Vgl. Kovalevsky (1895), S. 414 f.; ferner Bulst (1979), S. 55.
39 Kovalevsky, loc. cit. S. 414.
40 Loc. cit. S. 415 f.
41 Vgl. Bergdolt (1990), S. 232.
42 Vgl. Kelter (1953), S. 172 f.
43 In Venedig und Florenz um 1350; zu Deutschland vgl. Kelter (1941), S. 31.
44 Kelter (1953), S. 176.
45 Kelter, loc. cit.
46 Kelter, loc. cit. S. 178.
47 Kelter, loc. cit. S. 179.
48 Kelter, S. 181.
49 Kelter, loc. cit.
50 Zinn (1989), S. 242 f.
51 Potthof (1938), S. 174–176.
52 Zinn (1989), S. 240 f.; ferner Ziegler (1972), S. 232–251.
53 Zinn, loc. cit. S. 89–92.
54 Zinn, loc. cit. S. 85–89; Ziegler (1972), S. 30–39.
55 Kelter (1953), S. 186–193.
56 Kelter, loc. cit. S. 184.
57 D. h. Arbeiter, die städtische Grundstücke bebauten.
58 D. h. sie standen nicht unter Zunftzwang.
59 Vgl. Kap. 20.
60 Jäger (1831).
61 Kelter (1953), S. 193.
62 Vgl. Closeners Bericht in Chroniken der Oberrheinischen Städte (1870), S. 126–130; ferner Kap. 20.
63 Kelter, (1953), S. 189.
64 Kelter, loc. cit. S. 189 f.
65 Zur venezianischen Scuola vgl. Pullan (1981).
66 Kelter (1953), S. 190.
67 Vgl. die Ereignisse in Straßburg (Anm. 62) oder Würzburg (Kap. 21).
68 Kelter (1953), S. 191 f.
69 Kelter, loc. cit. S. 192 f.
70 Vgl. Matteo Villani, dt. bei Bergdolt (1989), S. 64.
71 Zinn (1989), S. 34.
72 Zinn, loc. cit. S. 197.
73 Vgl. Zinn, loc. cit. S. 193.
74 Vgl. Petrarcas Bild der Vita rustica bzw. solitaria (die eng verwandt sind) bei Bergdolt (1992), S. 50–54.
75 Zinn (1989), S. 242.
76 Zinn, loc. cit. S. 236 f.
77 Loc. cit. S. 238–241.
78 Vgl. Anm. 38 und 39.
79 Vgl. Lemaitre (1906), S. 267 f.
80 Lechner (1884), S. 75.
81 Lechner, loc. cit.
82 Interessanterweise liegt das Gehalt des Barbiers kaum unter dem des Stadtarztes. Beide erhalten 1345 40 Iperperi Grundgehalt, vgl. Lechner.
83 Lechner (1884), S. 76 f.
84 Loc. cit. S. 77 f.
85 Vgl. Kelter (1953), S. 184–188.
86 Lechner (1884), S. 87 f.
87 Loc. cit. S. 88.
88 Etwa Nürnberg, vgl. Germania Iudaica (1968) II; S. 604; zu Würzburg vgl. Kap. 21.
89 Vgl. Anm. 85, ferner loc. cit. S. 198 f.
90 Vgl. Jäger (1831), S. 381.
91 Kelter (1953), S. 200.
92 Vgl. Kap. 19 und 22.

93 Ähnliche Entwicklungen sind in vielen anderen Städten nachweisbar, vgl. Kelter (1953), S. 206.
94 Kelter, loc. cit. S. 202.
95 Jäger (1831), S. 564 f.
96 Vgl. Kelter (1953), S. 189.
97 Kelter S. 206.

28. Pest und Bildende Kunst

1 Vgl. Renouard (1950), S. 112.
2 Auch Assisi und Bologna wären zu erwähnen. Zur Lit. über Giotto und seine Schule vgl. Bandera Bistoletti (1989), S. 156–159.
3 Vgl. Brucker (1990), S. 79 f.; Meiss (1978), S. 62.
4 Meiss, loc, cit.
5 D.h. der Darstellung der ägyptischen Anachoreten in der Wüste.
6 Vgl. Meiss (1978), S. 80f., Abb. 85.
7 Vgl. Polzer (1982), S. 109–122.
8 Polzer, loc. cit. S. 111.
9 Vgl. Meiss (1978), S. 74.
10 Vgl. hierzu Polzer (1982), S. 111 und die zugehörigen Anmerkungen.
11 Meiss (1978), S. 9–14.
12 Loc. cit. S. 16–26 («from narrative to ritual»).
13 Vgl. Meiss, loc. cit. S. 94–104.
14 Polzer (1982), S. 117–126; ferner Bellosi (1974); ferner Volpe (1983).
15 Von letzterem sind allerdings wenige Reste erhalten, so die Kranken, die den Tod anflehen, sie zu erlösen, vgl. Abb. bei Meiss (1978), dort Nr. 88. Zur ars moriendi vgl. Palmer (1993).
16 Ein umfassendes Bild des Pestalltags ist unbekannt bzw. nicht erhalten.
17 Vgl. die knappe Notiz eines unbekannten Florentiner Chronisten, dt. bei Bergdolt (1989), S. 82.
18 Vgl. Zinn (1989), S. 89–92; Meiss (1978), S. 59–64.
19 Meiss, loc. cit. S. 74–93.
20 Um 1210 (auf Burg Rodeneck bei Brixen).
21 Vgl. Polzer (1982), S. 111 f.
22 Vgl. Brossolet (1985); ferner Ambroselli (1985).
23 Vgl. Bandera Bistoletti (1989), S. 88.
24 Nämlich bei Homer, vgl. Ilias I, 44–53.
25 Polzer (1982), S. 114.
26 Valentiner (1935), Abb. 27 und 28.
27 Polzer (1982), S. 115.
28 Polzer, loc. cit.
29 Polzer, loc. cit. S. 116.
30 Tatsächlich nehmen Pest-, aber auch Sebastians- und Rochusdarstelllungen mit Beginn des 15. Jh. zu.
31 Vgl. Kap. 3, Anm. 8.
32 Vgl. Ronen (1988).
33 Vgl. LCI VIII (1976), Sp. 318.
34 Polzer (1982), S. 117.
35 Loc. cit. S. 119.
36 Vgl. Rosenfeld (1974), S. 123 f.
37 Rosenfeld loc. cit.
38 Schuster (1991) vgl. vor allem Cosacchi (1965), S. 285–614.
39 Schuster, loc. cit. S. 95.
40 Vgl. Jenks (1983), S. 158–169.
41 Vgl. Jenks, loc. cit.
42 Vgl. Breede (1931).
43 Schuster (1991), S. 93.
44 Schuster, loc. cit.
45 Vgl. Freytag (1989)
46 Freytag, loc. cit. S. 282.
47 Vgl. z. B. Kap. 17, Anm. 5.
48 Vgl. Zinn (1989), S. 232–244; ferner Brucker (1990), S. 96–98.
49 Schuster (1991), S. 94.
50 Schuster, loc. cit.; vgl. auch Kaiser (1991).
51 Breede (1931).
52 Lat. Abdruck bei Breede, loc. cit.
53 Breede, loc. cit. S. 2.
54 Vgl. Bergdolt (1992), S. 102 f.
55 Loc. cit. S. 102.
56 Vgl. Polzer und die dort angegebene Literatur (1982).
57 Vgl. Anm. 40 und 41.
58 Vgl. Ronen (1988) und LCI VIII (1976), Sp. 318.
59 Vgl. LCI VIII (1976), 275 f.

29. Pest und Literatur

1 Sacchetti starb im Jahre 1400. 223 Novellen seines Werks sind erhalten.
2 Vgl. Wesselsky (1978); ferner Wehle (1993).
3 Vgl. Kap. 12, ferner die zeitgenössischen Pestquellen, vgl. Bergdolt (1989).
4 Dt. bei Bergdolt (1989), S. 148.
5 Ital. Text bei Sapegno (1973), S. 396.
6 Vgl. Piur (1925).
7 Ital. Text bei Sapegno (1973), S. 442.
8 Dt. Text bei Bergdolt (1989), S. 145–148.
9 Bergdolt, loc. cit.
10 Dt. bei Bergdolt, loc. cit. S. 136–145.
11 Vgl. Bergdolt (1992), S. 5 f.
12 Haage (1979).
13 Loc. cit. S. 404.
14 Vgl. Kap. 6.

Bildquellenverzeichnis

Berlin, Gemäldegalerie Dahlem: S. 40
Brüssel, Bibliothèque Royale: S. 148
Florenz, Fratelli Alinari: S. 22/23, 59, 99, 193 (=Ausschnitt aus S. 22/23)
New York, The Metropolitan Museum of Art, The Cloisters Collection: S. 209/210

Bibliographie

Quellen

Baethgen, F., Johannis de Winterthur (Vitodurani) Chronica MG SS. Rer. Germ. NS 3. 1924.

Bergdolt, K., Die Pest 1348 in Italien. 50 zeitgenössische Quellen. Mit einem Nachwort von Gundolf Keil. Heidelberg 1989.

Boehmer, J. F., Fontes Rerum Germanicarum IV. Stuttgart 1868 ff.: S. 16 ff. (Henricus de Dissenhofen), S. 149 ff. (Matthiae Neuwenburgensis Cronica 1273–1350), S. 399 ff. (Acta ... collecta per me Iohannem Latomum Francofurtensem ... 793–1519), S. 431 ff. (Acta aliquot Francofurtana collecta a Caspare Camentz (1338–1582)

Brandt, O., Die Limburger Chronik. Jena 1922.

Carducci, G./Fiorini V., Cronaca Fiorentina di Marchionne di Coppo Stefani (= Rerum Italicarum Scriptores XXX). Città di Castello 1903, S. 230–232

Chiappelli, A., Gli ordinamenti sanitari del Comune di Pistoia contro la pestilenza del 1348, in: Archivio Storico Italiano (4. Ser.) XX (1887) S. 3–24.

Chronica antiqua conventus Sanctae Caterinae de Pisis, in: Archivio Storico Italiano VI, 2 (1845), S. 530.

Chroniken der Oberrheinischen Städte: Straßburg I (= Die Chroniken der deutschen Städte vom 14. bis 16 Jahrhundert 8, hg. von C. Hegel) Leipzig 1870, S. 1–151 (= Chronik des Fritsche Closener).

Corradi A., Annali delle epidemie occorse in Italia dalle prime memorie fino al 1850. Bologna 1865 (= Biblioteca di storia della medicina 1, hg. von Ugo Stefanutti. Reprint Bologna 1972), S. 189–194 (Michaelis Platiensis, Historia Sicula) und 194–199 (Johannis de Parma Canonici Tridentini Chronaca).

Dragomanni, F. G., Cronaca di Giovanni Villani, a miglior lezione ridotta. (= Collezione di storici e cronisti Italiae editi e inediti IV). Florenz 1845.

Fracassetti, G., Francisci Petrarcae Epistolae De Rebus Familiaribus et Variae. Florenz 1859 (3 Bd.).

Fracassetti, G., Lettere Senili di Francesco Petrarca. Florenz 1892 (2 Bd.).

Friedersdorff, F., Franz Petrarcas poetische Briefe. In Versen übersetzt und mit Anmerkungen herausgegeben. Halle 1903.

de Grazia, Francesco, Chronicon Monasterii S. Salvatoris Venetiarum, in: Venezia e la Peste (Ausstellungskatalog). Venedig 1979, S. 77 f.

Gradl, H., Die Chroniken der Stadt Eger. Prag 1884.

Haeser, H., Geschichte der epidemischen Krankheiten (= Lehrbuch der Geschichte der Medizin und der epidemischen Krankheiten II). Jena 1865, Anhang S. 12 f. (Agathias), 13–15 (Euagrius), 15–17 (Prokop), 17–23 (Gabriele de Mussis), 23 f. (Kantakuzenos), 24–30 (Boccaccio), 30–36 (Simon de Couvin), 36–38 (Guy de Chauliac), 40 (Nicephorus), 41–43 (Dionysus Secundus Colle (jeweils Ausschnitte zur Pest).

Hirsch, S., Die Chroniken der niedersächsischen Städte: Lübeck (Detmar-Chronik). Göttingen 1884.
Holder-Egger, O., Monumenta Erphesfurtensia Saec. XII, XIII, XIV. Hannover und Leipzig 1899.
Krüger S., Krise der Zeit als Ursache der Pest? Der Traktat De mortalitate in Alemannia des Konrad von Megenberg, in: Festschrift für Hermann Heimpel zum 70. Geburtstag am 19. September 1971, II. Göttingen 1972, S. 839–883.
Lemaitre, H., Chronique et Annales de Gilles li Muisis, Abbé de Saint-Martin de Tournai (1272–1352). Paris 1906.
Lorenzo de Monacis, Laurentii de Monacis Veneti Cretae Cancellarii Chronicon de rebus Venetis ab U. C. ad annum MCCCLIV. Venezia 1758.
Lumby, J., Chronicon Henrici Knighton (= Rerum Britannicarum Medii Aevii Scriptores 92). 2 Bd. London 1889–91.
Molinier, A. und E., Chronique Normande du XIVe siècle. Paris 1882.
Müller, M. J., Abu 'Abdallah Muhammed Ibn 'Abdallah Ibn Sa'id Ibn Al-Khatib Lisanal-Din (Ibn al-Khatib). Dt. Übersetzung, in: Sitzungsberichte der Königl. bayr. Akademie der Wissenschaften II, S. 1–28. München 1863.
Muratori, L. A., Rerum Italicarum Scriptores, Bd. XI–XVIII. Mailand 1728–31.
Nodilo, S., Annales Ragusini Anonymi item Nicolai de Ragnina (= Monumenta spectantia Historiam Slavorum Meridionalium XIV). Zagreb 1883.
Potthast, E., Chronica Henrici de Hervorda. Göttingen 1859.
Sprandel, R., Die Kölner Weltchronik 1273/88–1376. MGH N. S. XV. München 1991.
Stettler, B., Aegidius Tschudi Chronicon Helveticum. 2. Ergänzungsband (= Quellen zur Schweizer Geschichte N. F. Chroniken VIIa). Bern 1975.
Sudhoff, K., Pestschriften aus den ersten 150 Jahren nach der Epidemie des „Schwarzen Todes" 1348, in: Archiv Gesch. d. Medizin 5 (1912) und 6 (1913).

Literatur

Abel, W., Wachstumsschwankungen mitteleuropäischer Völker seit dem Mittelalter. Ein Beitrag zur Bevölkerungsgeschichte und -lehre, in: Jahrbücher für Nationalökonomie und Statistik 142 (1935), S. 670–92.
Allen, P., The „Justinianic" Plague, in: Byzantion 49 (1979), S. 5–20.
Allyn, H. B., The Black Death. Its social and economic results, in: Annals of Medical History 7 (1925), S. 226–36.
Ambroselli, C., Il dardo mortale. Simbologia e medicalizzazione, in: Kos 18 (1985), S. 66–86.
Amundsen, D. W., Medical Deontology and Pestilential Disease in the Late Middle Ages, in: Journal of the History of Medicine 23 (1977), S. 403–21.
Andernacht, D., Die Verpfändung der Frankfurter Juden 1349. Zusammenhang und Folgen, in: Archiv für Frankfurts Geschichte und Kunst 53 (1973), S. 5–20.
Anton, H. H., Gregor von Tours, in: Lexikon des Mittelalters V (1989), Sp. 1579–82.
Anzelewsky, F., Dürers Werk und Wirkung. Erlangen 1988.
Ariès, P., Geschichte des Todes. Dt. von H. H. Henschen und U. Pfau. München 1985.
Asaria, Z., Die Juden in Köln von den ältesten Zeiten bis zur Gegenwart. Köln 1959.
Bandera Bistoletti, S., Giotto. Florenz 1989.

Bauer J., La peste chez les Juifs d'Avignon, in: Revue des Etudes Juives 34 (1897), S. 251–58.
Baumgärtner I., Jean de Mandeville, in: Lexikon des Mittelalters VI (1993), Sp. 188 f.
Baumgärtner I., Mayer H. E., Consilia im späten Mittelalter. Zum historischen Aussagewert einer Quellengattung. Akten des Symposiums des Deutschen Studienzentrums in Venedig vom 18. und 19. 9. 1992 (im Druck)
Baehrel, R., La haine de classe en temps d'épidémie, in: Annales 7 (1952), S. 351–60.
Bean J. M., Plague, Population and Economic Decline in England in the Later Middle Ages, in: The Economic History Review 2. Ser. XV (1963), S. 423–37
Becht, H. P., Medizinische Implikationen der historischen Pestforschung am Beispiel des „Schwarzen Todes" von 1347/51 (= Stadt in der Geschichte 9: Stadt und Gesundheitspflege, hg. von B. Kirchgässner und J. Sydow). Sigmaringen 1982.
Bellosi, L., Buffalmacco e il Trionfo della Morte. Turin 1974.
Bellosi, L., Moda e cronologia B) per la pittura del primo Trecento, in: Prospettiva 11 (1977), S. 12–26.
Bergdolt, K., Die Pest 1348 in Venedig, in: Würzburger Medizinhistorische Mitteilungen 8 (1990), S. 229–44.
Bergdolt, K., Arzt, Krankheit und Therapie bei Petrarca. Die Kritik an Medizin und Naturwissenschaft im italienischen Frühhumanismus. Weinheim 1992.
Bergdolt, K., Keil, G., Humoralpathologie, in: Lexikon des Mittelalters V (1991), Sp. 211–13.
Bergdolt, K., Pest, Stadt, Wissenschaft – Wechselwirkungen in oberitalienischen Städten vom 14. bis 17. Jahrhundert, in: Berichte zur Wissenschaftsgeschichte 15 (1992), S. 201–11.
Biadene, S., Carte da Navigar. Portolani e carte nautiche del museo Correr 1318–1732. Venedig 1990.
Bignami-Odier, J., Etudes sur Jean de Roquetaillade (Johannes de Rupescissa). Paris 1952.
Biraben, J. N., Les hommes et la peste en France et dans les pays européens et méditerranéens (= Civilisations et Sociétés 36). 2 Bd. Mouton, Paris, Le Havre 1975 und 1976.
Bitterling, K., William Langland, in: Lexikon des Mittelalters V (1991), Sp. 1686–88.
Borst, A., Grävenitz, G. v., Patschovsky, A., Stierle, K. H. (Hrg.), Tod im Mittelalter (= Konstanzer Bibl. 20). Konstanz 1993.
Breede, E., Studien zu den lateinischen und deutschsprachigen Totentanztexten des 13. bis 17. Jahrhunderts. Halle 1931.
Bridbury, A. R., The Black Death, in: The Economic History Review, 2. ser. XXVI (1973), S. 577–92.
Bridbury, A. R., Before the Black Death, in: The Economic History Review, 2. ser, XXX (1977), S. 393–410.
Brossolet, J., Il flagello di Dio. Rubens e la peste, in: Kos 18 (1985), S. 50–62.
Brossolet, J., Palmer, R., Zitelli, A., Evoluzione del costume del medico (Katalog), in: Venezia e la peste (Ausstellungskatalog). Venedig 1979.
Brucker, G., Florenz in der Renaissance. Stadt, Gesellschaft und Kultur. Hamburg 1990.
Brunetti, M., Venezia durante la peste del 1348, in: Ateneo Veneto XXII, 2, 1 (1909), S. 290–311 und 2,2 (1909), S. 5–42.

Bueß H., Die Pest in Basel im 14. und 15. Jahrhundert, in: Basler Jahrbuch 1956. Hg. von G. Steiner und A. Staekelin. Basel 1956.
Bulst, N., Der Schwarze Tod. Demographische, wirtschafts- und kulturgeschichtliche Aspekte der Pestkatastrophe von 1347–52. Bilanz der neueren Forschung, in: Saeculum 30 (1979), S. 45–67.
Bulst, N., Krankheit und Gesellschaft in der Vormoderne. Das Beispiel der Pest, in: Maladies et société (XIIe–XVIIIe siècles). Actes du Colloque de Bielefeld. Paris 1989, S. 17–47.
Bulst, N., Flagellanten, in: Lexikon des Mittelalters IV (1989), Sp. 510–12.
Butler, R., Friar John Clyn. Annals of Ireland, in: Arch. Soc. Dublin 1849.
Campbell, A., The Black Death and men of learning. New York 1931.
Carile A., Johannes VI. Kantakuzenos, in: Lexikon des Mittelalters V (1991), Sp. 534 f.
Carmichael, A. G., Plague and the poor in Renaissance Florence. Cambridge 1986.
Carpentier, E., Autour de la peste noire: famines et épidémies dans l'histoire du XIVe siècle, in: Annales 17 (1962), S. 1062–92.
Carpentier, E., Une ville devant la peste: Orvieto et la Peste noire de 1348. Paris 1962.
Carus-Wilson, E. M., An Industrial Revolution in the thirteenth century, in: Economic History Review 11 (1941), S. 39–62.
Cechetti B., La medicina in Venezia nel 1300, in: Archivio Veneto 49 (1883), S. 77–111.
Cosacchi, S., Makabertanz. Der Totentanz in Kunst, Poesie und Brauchtum des Mittelalters. Meisenheim 1965.
Courtenay, W., The Effect of the Black Death on English Higher Education, in: Speculum 55,4 (1980), S. 696–714.
Crawfurd, R., Plague and Pestilence in Literature and Art. Oxford 1914.
Decker-Hauff, H. M., Geschichte der Stadt Stuttgart, Nd. I. Stuttgart 1966.
Deichgräber, K., Der hippokratische Eid. Text griechisch und deutsch – Interpretation – Nachleben. 4. Aufl. Stuttgart 1983.
Delort, R., Natürliche Umwelt und Seuchen. Die Tiere und die Menschen, in: Maladies et société (XIIe–XVIIIe siècles). Actes du colloque de Bielefeld. Paris 1989, S. 49–55.
Delumeau J., Angst im Abendland. Die Geschichte kollektiver Ängste im Europa des 14. bis 18. Jahrhunderts. Dt. von M. Hübner, G. Konder und M. Roters-Burck. 2 Bd. Hamburg 1985.
Dohrn-van Rossum, G., Die Geschichte der Stunde. Uhren und moderne Zeitordnungen. München-Wien 1992.
Ducellier, A., Byzanz. Das Reich und die Stadt. Dt. von G. Wagner Jourdain. Frankfurt 1990.
Eckert, W. P., Die mittelalterlichen Beschuldigungen gegen die Juden, in: Judentum im Mittelalter (Ausstellungskatalog). Eisenstadt 1978, S. 91–108.
Ell, S. R., Interhuman Transmission of medieval plague, in: Bulletin of the History of Medicine 54 (1990), S. 497–510.
Evans, R. J., Death in Hamburg. Society and Politics in the Cholera years 1830–1910. London 1987.
Fabretti, A., Brevi annali della città di Perugia dal 1194 al 1352, in: Archivio Storico Italiano 16 (1850), S. 68.

Falsini, A.B., Firenze dopo il 1348. Le conseguenze della peste nera, in: Archivio Storico Italiano 129 (1971), S. 425–503.
Federici Vescovini, G., Le questioni di perspectiva di Biagio Pelacani da Parma, in: Rinascimento XII (1961), S. 163–243.
Feller R., Geschichte Berns. Bern 1955.
Folz R., Frankreich von der Mitte des 11. bis zum Ende des 15. Jahrhunderts, in: Handbuch der europäischen Geschichte. Hg. von T. Schieder, Bd. I Stuttgart 1987, S. 682–777.
Frank, K.S., Adversus Iudaeos in der alten Kirche, in: Die Juden als Minderheit in der Geschichte. Hg. von B. Martin und E. Schulin. München 1981, S. 30–45.
Franke, H., Geschichte und Schicksal der Juden in Heilbronn. Vom Mittelalter bis zur Zeit der nationalsozialistischen Verfolgungen (1050–1945). Heilbronn 1963.
Freytag, H., Der Totentanz in der Marienkirche zu Lübeck und seine fünfhundertjährige Rezeption, in: Lübeckische Blätter 16 (1989), S. 282–87.
Friedell, E., Kulturgeschichte der Neuzeit. Die Krise der europäischen Seele von der schwarzen Pest bis zum ersten Weltkrieg. München 1989.
Fusaro E., San Rocco, nella storia, nella tradizione, nel culto, nell'arte, nel folklore ed a Venezia. Venedig 1991.
Geissler K., Die Juden in Deutschland und Bayern bis zur Mitte des vierzehnten Jahrhunderts, in: Zschr. für Bayerische Landesgeschichte. Beiheft 7, Reihe B. München 1976, S. 27 ff.
Germania Iudaica II, Von 1238 bis zur Mitte des 14. Jahrhunderts. Hg. von Zvi Avneri. Tübingen 1968.
Gottfried, R.S., The Black Death. Natural and Human Disaster in Medieval Europe. London 1986.
Graesse, Th., Jacobi a Voragine Legenda Aurea, vulgo Historia Lombardica dicta. Reprint der dritten Auflage von 1890. Osnabrück 1969.
Graus, F., Autour de la peste noire au XIVe siècle en Boheme, in: Annales 18 (1963), S. 720–24.
Graus, F., Ketzerbewegungen und soziale Unruhen im 14. Jahrhundert, in: Zschr für historische Forschung 1 (1974), S. 3–21.
Graus, F., Historische Traditionen über Juden im Spätmittelaler (Mitteleuropa), in: A. Haverkamp (Hrg.), Zur Geschichte der Juden im Deutschland des späten Mittelalters und der frühen Neuzeit. Stuttgart 1981, S. 1–26.
Graus, F., Judenpogrome im 14. Jahrhundert: Der Schwarze Tod, in: Die Juden als Minderheit in der Geschichte. Hrg. von B. Martin und E. Schulin. München 1981, S. 68–84.
Grundmann, H., Religiöse Bewegungen im Mittelalter, Untersuchungen über die geschichtlichen Zusammenhänge zwischen der Kirche, den Bettelorden und der religiösen Frauenbewegung im 12. und 13. Jahrhundert. Darmstadt 1970
Haage, B.D. Handschriftenfunde und Nachträge zum „Pestgedicht des Hans Andree“, in: Sudhoffs Archiv 63,4 (1979), S. 392–405.
Harrison, J., Prinzipien der Inneren Medizin, 2 Bd. Basel 1989.
Haverkamp, A., Der Schwarze Tod und die Judenverfolgung von 1348/49 im Sozial- und Herrschaftsgefüge deutscher Städte, in: Fragen des älteren Jiddisch. Trierer Beiträge, Sonderheft 2, S. 78–86.
Haverkamp, A., Die Judenverfolgung zur Zeit des Schwarzen Todes im Gesellschaftsgefüge deutscher Städte, in: A. Haverkamp (Hrg.), Zur Geschichte der Ju-

den im Deutschland des späten Mittelalters und der frühen Neuzeit (= Monographien zur Geschichte des Mittelalters 24). Stuttgart 1981, S. 27–93.
Hecker, J. F. C., Der Schwarze Tod im vierzehnten Jahrhundert. Nach den Quellen für Aerzte und gebildete Nichtärzte bearbeitet. Berlin 1832.
Herlihy, D., Population, Plague and Social Change in Rural Pistoia, 1201–1430, in: The Economic History Review, 2. ser., XVIII (1965), S. 225–44.
Hirschfeld, E., Deontologische Texte des frühen Mittelalters, in: Archiv Gesch. Med. 20 (1928), S. 353–71.
Hoeniger, R., Der Schwarze Tod in Deutschland. Ein Beitrag zur Geschichte des 14. Jahrhunderts. Berlin 1882.
Hofmann, H., Die Würzburger Judenverfolgung von 1349, in: Mainfränkisches Jahrbuch für Geschichte und Kunst (= Archiv des Historischen Vereins für Unterfranken und Aschaffenburg 76). Würzburg 1953, S. 91–114.
Hope W., History of the London Charterhouse. London 1925.
Hunger H., Thukydides bei Johannes Kantakuzenos. Beobachtungen zur Mimesis, in: Jb. Österr. Byz. 25 (1976), S. 181–193
Irsigler, F., Juden und Lombarden am Niederrhein im 14. Jahrhundert, in: A. Haverkamp (Hrg.), Zur Geschichte der Juden im Deutschland des späten Mittelalters und der frühen Neuzeit. Stuttgart 1981, S. 122–62.
Jäger, C., Ulms Verfassung, bürgerliches und commercielles Leben im Mittelalter. Heilbronn 1831.
Jeffreys, E., The Chronicle of John Malalas. A Translation by E. Jeffreys. 1986.
Jenks, S., The Black Death and Würzburg. Michael de Leone's Reaction in Context. Diss. Yale University 1976 (Mikrofilm).
Jenks, S., Die Prophezeiung von PS.-Hildegard von Bingen: Eine vernachlässigte Quelle über die Geißlerzüge von 1348/49 im Lichte des Kampfes der Würzburger Kirche gegen die Flagellanten, in: Mainfränkisches Jahrbuch für Geschichte und Kunst (= Archiv des Historischen Vereins für Unterfranken und Aschaffenburg 100), S. 9–38.
Keil, G., Seuchenzüge des Mittelalters, in: Mensch und Umwelt im Mittelalter, hg. von B. Herrmann. Stuttgart 1989, S. 109–28.
Keil, G., Guy de Chauliac, in: Lexikon des Mittelalters IV (1989), Sp. 1806f.
Keil, G., Hippokrates, in: Lexikon des Mittelalters V (1991), Sp. 31–33.
Keller, H., Reclams Lexikon der Heiligen und der biblischen Gestalten. Legende und Darstellung in der Bildenden Kunst. Stuttgart 1970.
Kelter, E., Das deutsche Wirtschaftsleben des 14. und 15. Jahrhunderts im Schatten der Pestepidemien, in: Jahrbücher für Nationalökonomie und Statistik 165 (1953), S. 161–208.
Keydell, R., Agathiae Myrenaei Historiarum libri quinque (1967).
Kibre, P. Siraisi, N., The Institutional Setting: The Universities, in: Science in the Middle Ages. Hg. von David Lindberg. Chikago 1978, S. 120–44.
Kisch, G., Forschungen zur Rechts- und Sozialgeschichte der Juden in Deutschland während des Mittelalters. Stuttgart 1955.
van Klaveren, J., Die wirtschaftlichen Auswirkungen des Schwarzen Todes, in: Vierteljahresschrift für Sozial- und Wirtschaftsgeschichte 54 (1967), S. 187–202.
Köhler, W., Pest, Pestheilige, Blutwunder und andere Begebenheiten aus der Geschichte der Bakteriologie, in: Jahrbuch 1991 der Deutschen Akademie der Naturforscher Leopoldina (Halle/Saale) 37 (1992), S. 211–238.

Koerting, G., Petrarca's Leben und Werke (= Geschichte der Literatur Italiens im Zeitalter der Renaissance I). Leipzig 1878.
Koller, H., Das Ringen um eine zentrale Landschaft. Der Aufstieg Boehmens, in: Handbuch der Europäischen Geschichte, Hg. von T. Schieder. Stuttgart 1987, S. 413–33.
Kovalevsky, M., Die wirthschaftlichen Folgen des schwarzen Todes in Italien, in: Zeitschrift für Social- und Wirthschaftsgeschichte III. Weimar 1895, S. 406–23.
Kracauer, I., Geschichte der Juden in Frankfurt a. M. (1150–1824). Frankfurt 1925 (Bd. I).
Kretschmayr, H., Geschichte von Venedig Bd. II. Gotha 1920. Reprint Darmstadt 1964.
Kristeller, P. O., Acht Philosophen der italienischen Renaissance. Weinheim 1986.
Kümmel, W. F., Musik und Medizin. Ihre Wechselbeziehungen in Theorie und Praxis von 800 bis 1800. (= Freiburger Beiträge zur Wissenschafts- und Universitätsgeschichte II). Freiburg/München 1977.
Lea, H. C., A History of the Inquisition of the Middle Ages. New York 1987/88.
LCI, Lexikon christlicher Ikonographie. 8 Bd. Hg. von Wolfgang Braunfels. Freiburg 1976.
Lechner, K., Das große Sterben in Deutschland in den Jahren 1348 bis 1351 und die folgenden Pestepidemien bis zum Schlusse des 14. Jahrhunderts. Innsbruck 1884.
Lechner, K., Die große Geißelfahrt des Jahres 1349, in: Historisches Jahrbuch der Görres-Gesellschaft. Hg. von V. Gramich Bd. V. München 1884, S. 437–462.
Lehnel, M. (Hrg.), Geoffrey Chaucer, The Canterbury Tales. Darmstadt 1986.
Lenzenweger, J., Clemens VI., in: Lexikon des Mittelalters II (1983), Sp. 2143 f.
Lerner, R. E., The Black Death and Western European Eschatological Mentalities, in: The Black Death. The Impact of the fourteenth-century plague. Hg. von D. Williman. New York 1982, S. 77–105.
Leven, K., Die „Justinianische" Pest, in: Jahrbuch des Instituts für Geschichte der Medizin der Robert-Bosch-Stiftung. Hg. von W. F. Kümmel. Bd. 6 (1987), S. 137–61.
Lotter, F., Ilian, M, Judenrecht, in: Lexikon des Mittelalters V (1991), Sp. 792 f.
Lütge, F., Das 14./15. Jahrhundert in der Sozial- und wirtschaftsgeschichte, in: Jahrbücher für Nationalökonomie und Statistik 162 (1950), S. 161–213.
Maier, A., Die Stellung der scholastischen Naturphilosophie in der Geschichte der Physik, in: Aus der deutschen Forschung der letzten Dezennien (Festschrift für E. Telschow). Stuttgart 1956, S. 33–40.
Manselli, R., Cola di Rienzo, in: Lexikon des Mittelalters III (1986), Sp. 26–28.
Maurer, H., Konstanz im Mittelalter I (Von den Anfängen bis zum Konzil). Konstanz 1989.
McKisack, M., The Fourteenth Century. Oxford 1959.
Meiss, M, Painting in Florence and Siena after the Black Death. The arts, Religion, and Society in the Mid-Fourteenth Century. Princeton 1978.
Michon, L. A., Documents inédits sur la Grande Peste de 1348. Thèses de l'Ecole de Médicine VI. Paris 1860.
Mertens, D., Christen und Juden zur Zeit des ersten Kreuzzugs, in: Die Juden als Minderheit in der Geschichte, hg. von B. Martin und E. Schulin. München 1981, S. 46–67.
Migne, J. P., Patrologia Graeca 85.

Mollaret, H., Brossollet, J., La peste, source méconnue d'inspiration artistique. Antwerpen 1965.
Mollat, M., Notes sur la mortalité à Paris au temps de la Peste Noire d'après les comptes de l'oeuvre de Saint-Germain-l'Auxerrois, in: Le Moyen Ages XIX (1963), S. 505–27.
Mueller, R. G. Aspetti sociali ed economici della peste a Venezia nel medioevo, in: Venezia e la peste (Ausstellungskatalog). Venedig 1979, S. 71–76.
Maier, F. G., Die Partner des christlichen Abendlands: Byzanz, die orthodoxen Slawen und der Islam, in: Handbuch der Europäischen Geschichte. Hg. von Th. Schieder. II. Stuttgart (1987), S. 268–79.
Neuburger M., Geschichte der Medizin. 2 Bd. Stuttgart 1911.
Ongaro, G., La medicina nello studio di Padova e nel Veneto, in: Storia della cultura veneta 3/III (Dal primo Quattrocento al concilio di Trento). Vicenza 1981, S. 75–134.
Ossian de Negri, T., Storia di Genova. Mailand 1974.
Palmer, N. F., Ars moriendi und Totentanz: Zur Verbildlichung des Todes im Spätmittelalter, in: Borst. A. et al., Tod im Mittelalter ..., S. 313–34.
Palmer R., La gran moría, in: Kos 18 (1985), S. 24–48 (La morte nera).
Panofsky, E., Albrecht Dürer. Princeton 1948.
Pasztor, E., Flagellanten, in: Lexikon des Mittelalters IV (1989), Sp. 509f.
Pauly, F., Zur Vita des Werner von Oberwesel – Legende und Wirklichkeit, in: Archiv für mittelalterliche Kirchengeschichte 16 (1964), S. 94–109.
Piur, P., Petrarcas „Buch ohne Namen" und die päpstliche Kurie. Ein Beitrag zur Geistesgeschichte der Frührenaissance (= Deutsche Vierteljahresschrift für Literaturwissenschaft und Geistesgeschichte 6). Halle 1925.
Poliakov, L., Geschichte des Antisemitismus II: Das Zeitalter der Verteufelung und des Ghettos. Worms 1978.
Polzer, J., Aspects of the Fourteenth-Century Iconography of Death and the Plague, in: The Black Death. The Impact of the fourteenth-Century Plague. Hrg. D. Williman. New York 1982, S. 107–30.
Potthof, O. D., Kulturgeschichte des deutschen Handwerks. Hamburg 1938.
Pullan, B., Natura e carattere delle scuole, in: Le scuole di Venezia. Hrg. T. Pignatti. Mailand 1981, S. 9–26.
Pullan, B., Plague and perceptions of the poor in early modern Italy, in: Epidemics and Ideas. Essays on the historical perception of pestilence. Hrg. T. Ranger. Cambridge 1992, S. 101–123.
Rath, G., Die Pest, in: Ciba-Zschr. 73 (1955), S. 2406–2432.
Rath, G., Ärztliche Ethik in Pestzeiten, in: Münchner Medizinische Wochenschrift 99 (1957), S. 158–60.
Rath, G., Moderne Diagnosen historischer Seuchen, in: Deutsche Medizinische Wochenschrift 81 (1956), S. 2065–69.
Renouard, Y., Conséquences et intérets démographiques de la Peste Noire de 1348, in: Population 3 (1948), S. 459–66.
Renouard, Y., La Peste Noire de 1348–50, in: Revue de Paris 57 (1950), S. 107–119.
Riley, H. T., Memorials of London and London Life. London 1868.
Reuter, F., 1000 Jahre Juden in Worms. Worms 1984.
Robbins, H., A comparison of the effects of the Black death on the economic orga-

nization of France and England, in: The Journal of Political Economy XXXVI (1928), S. 447–79.
Rodenwaldt, E., Pest in Venedig 1575–1577. Ein Beitrag zur Frage der Infektkette bei den Pestepidemien Westeuropas. Heidelberg 1953.
Rodolico, N., I Ciompi. Florenz 1945.
Rogers, J. E. T., Six Centuries of Work and Wages. London 1906.
Rohrbacher, S., Schmidt, M., Judenbilder. Kulturgeschichte antijüdischer Mythen und antisemitischer Vorurteile. Hamburg 1991.
Ronen, A., Gozzoli's St. Sebastian Altarpiece in San Gimignano, in: Mitteilungen des Kunsthistorischen Insituts in Florenz 32 (1988), S. 77–126.
Rosenfeld, H., Der mittelalterliche Totentanz. Entstehung, Entwicklung, Bedeutung. Köln/Wien 1974.
Rouffié, J./Sournia, J. C., Die Seuchen in der Geschichte der Menschheit. Stuttgart 1987.
Russel, J. C., Pestilence and Plague, in: Comparative Studies in Society and History. An international Quarterly 8 (1965/66), S. 464–81.
Sapegno, N., Cecchi, E., Il Trecento (= Storia della letteratura Italiana II). Mailand 1965.
Schipperges, H., Die Assimilation der arabischen Medizin durch das lateinische Mittelalter (= Sudhoffs Archiv Beiheft 3). Wiesbaden 1964.
Schipperges, H., Der Garten der Gesundheit. Medizin im Mittelalter. München 1985.
Schmitz-Eichhof, M. T., St. Rochus. Ikonographische und medizinhistorische Studien (Kölner Medizinhistoirsche Beiträge 3). 1977.
Schmölzer, H., Die Pest in Wien. Wien 1985.
Schnith, K., England vor der normannischen Eroberung bis zum Ende des hundertjährigen Krieges 1066–1453, in: Handbuch der europäischen Geschichte. Hrg. von T. Schieder. Stuttgart 1987, S. 778–862.
Schubert, K., Der christlich-jüdische und der jüdisch-christliche Antagonismus im Mittelalter, in: Judentum im Mittelalter (Ausstellungskatalog). Eisenstadt 1978, S. 112–147.
Schuster, E., Das Totentanzthema in der Bildenden Kunst bis zum Ende des 19. Jahrhunderts, in: Die Waage. Zschr. der Grünenthal GmbH 30 (1991), S. 91–101.
Shrewsbury, J. F. D., The Plague of Athens, in: Bulletin of History of Medicine 24 (1950).
Shrewsbury, J. F. D., A History of Bubonic Plague in the British Islands. Cambridge 1970.
Stemberger, B., Die Juden in Deutschland im Mittelalter bis zur Zeit des Schwarzen Todes, in: Judentum im Mittelalter (Ausstellungskatalog). Eisenstadt 1978, S. 148–74.
Stern, M., Die päpstlichen Bullen über die Blutbeschuldigung. München 1900.
Sticker, G., Die Pest 1: Die Geschichte der Pest (= Abhandlungen der Seuchenlehre 1). Gießen 1908.
Stromer, W. v., Die Metropole im Aufstand gegen König Karl IV. Nürnberg zwischen Wittelsbach und Luxemburg Juni 1348–September 1349, in: Mitteilungen des Vereins für Geschichte der Stadt Nürnberg 65 (1978), S. 55–88.
Thompson, J. W., The Aftermath of the Black Death and the Aftermath of the Great War, in: American Journal of Sociology 26 (1920), S. 565–72.

Tietz, M., Jean d'Outremeuse, in: Lexikon des Mittelalters V (1991), Sp. 340.
Tischler, M., Böhmische Judengemeinden 1348–1519, in: Die Juden in böhmischen Ländern. Vorträge der Tagung des Collegium Carolinum in Bad Wiessee vom 27. bis 29. November 1981. Wien 1983. S. 37–54.
Treadgold, W., The Byzantine Revival. 780–842. Stanford 1988.
Tuchman, B., Der ferne Spiegel. Das dramatische 14. Jahrhundert. München 1984.
Twigg, G., The Black Death in England: An epidemiological Dilemma, in: Maladies et société (XIIe–XVIIIe siècles). Actes du colloque de Bielefeld. Paris 1989, S. 75–98.
Valcanover, F., Tavole cronologiche, in: Tiziano (Ausstellungskatalog). Venedig 1990, S. 401–16.
Valentiner, R. W., Tino di Camaino. A Sienese Sculptor of the 14. century. Paris 1935.
Vasold, M., Pest, Not und Schwere Plagen. Seuchen und Epidemien vom Mittelalter bis heute. München 1991.
Veh, O., Prokop, Perserkriege. Griech. und Dt. München 1970.
Vitale-Brovarone, A., Deschamps, Eustache, in: Lexikon des Mittelalters III (1986), Sp. 721.
Volpe, C., La morte nera del 1348 e i fatti dell'arte, in: Storia dell'arte Italiana II, 1 (Dal Medioevo al Quattrocento). Turin 1983, S. 241–43.
Voltmer, E., Zur Geschichte der Juden im spätmittelalterlichen Speyer, in: Zur Geschichte der Juden im Deutschland des späten Mittelalters und der frühen Neuzeit. Hg. von A. Haverkamp. Stuttgart 1981, S. 94–121.
Wehle, W., Der Tod, das Leben und die Kunst. Boccaccios Decameron oder der Triumph der Sprache, in: Borst, A. et al., Tod im Mittelalter ..., S. 221–60.
Weitzmann, K., The Genesis Mosaics of San Marco and the Cotton Genesis Miniatures, in: O. Demus, The Mosaics of San Marco in Venice II, 1 (The thirteenth century). Chikago 1984, S. 105–142.
Welborn, M. C., The long tradition: a study in fourtheenth-century medical deontology, in: Medieval and historiographical essays in honour of James W. Thompson. Chikago 1938, S. 350f. (Reprint 1966).
Wesselski, A., Boccaccio, Das Dekameron (= Insel Taschenbuch 7). 1978.
Wharton, H., Historia de episcopis et decanis Londini. 1695.
Wickersheimer, E., Les accusations d'empoisonnement portées pendant la premiere moitié du 14e siècle contre les lépreux et les juifs, leur relations avec les épidémies de peste. Antwerpen 1927.
Wiesmann, E., Medizinische Mikrobiologie. 3. Aufl. Stuttgart 1974.
Wilkins, H., Vita del Petrarca. Übersetzt von R. Cesarani. Mailand 1990.
Zaddach, B. I., Die Folgen des Schwarzen Todes (1347–51) für den Klerus Mitteleuropas (= Forschungen zur Sozial- und Wirtschaftsgeschichte 17). Stuttgart 1971.
Ziegler, P., The Black Death. London/Glasgow 1972.
Zimmermann, V., Krankheit und Gesellschaft: Die Pest, in: Sudhoffs Archiv 72 (1988), S. 1–13.
Zinn, K. G., Kanonen und Pest. Über die Ursprünge der Neuzeit im 14. und 15. Jahrhundert. Opladen 1989.
Zitelli, A., Palmer R., Le teorie mediche sulla peste e il contesto veneziano, in: Venezia e la peste (Ausstellungskatalog) Venedig 1979, S. 21–92.

Register